PSYCHOLOGIE SOCIALE

Jacques-Philippe Leyens
Vincent Yzerbyt

Psychologie sociale

Nouvelle édition revue et augmentée

MARDAGA

Hayen, 11 - B-4140 Sprimont (Belgique)
D. 2005-0024-23
I.S.B.N. 2-87009-663-1

A PL

A MH et BO

Avertissement et remerciements

La première édition de ce livre date de 1979. Cela fait près de 20 ans. Beaucoup de choses se passent en sciences, mêmes psychologiques, pendant un tel laps de temps. Cette nouvelle édition n'est pas simplement une mise à jour. Quelques chapitres de l'ancienne édition ont été rassemblés en un seul avec un contenu remanié; d'autres ont gardé leur titre mais avec une organisation et un contenu différents; plusieurs chapitres, enfin, sont nouveaux. Mise à jour ne signifie pas mise au goût du jour. Nous n'avons pas sacrifié l'ancien pour le nouveau mais avons voulu présenter aux étudiants de premier et second cycles un panorama digeste des recherches les plus fiables et les plus prometteuses. En émaillant le texte d'anecdotes et d'exemples de la vie quotidienne, nous espérons avoir montré que l'optique expérimentale que nous défendons ne s'arrête pas à la porte du laboratoire. La psychologie sociale expérimentale a la prétention de traiter de problèmes de société. Nous serions donc très heureux si, outre les étudiants, nos collègues sociologues, assistants sociaux, et psychologues praticiens, ainsi que ce public dit « averti » y trouvent de l'intérêt.

Collègues dans la même université et y enseignant tous les deux la psychologie sociale, nous nous sommes partagés la tâche. VY a pris en charge la deuxième partie du livre tandis que JPhL rédigeait les autres sections. Nous avons bien sûr collaboré mais en respectant nos spécificités; chacun aurait aimé organiser autrement les chapitres écrits par l'autre, en leur donnant parfois des priorités différentes. La possibilité de ces choix est le signe que la psychologie sociale n'est pas encore devenue une «orthodoxie», et sans doute ne le sera-t-elle jamais.

Plusieurs amis et collègues nous ont aidés de leurs remarques et encouragements lors de la rédaction de certains chapitres. Nous remercions très vivement Françoise Askévis-Leherpeux, Anne-Marie de la Haye, Valérie Fointiat, Delphine Martinot, Isabelle Milhabet, Olivier Corneille, Jean-Claude Croizet, Jean-Pierre Deconchy, Eric Dépret, Jean-Pierre Di Giacomo, Fabien Girandola, Gérard Guingouain et François Ric. Dans la mesure du possible, nous avons essayé de suivre leurs suggestions et, dans tous les cas, nous avons apprécié leurs qualités de lecteurs critiques. Nathalie Scaillet a exercé ses talents de chirurgie esthétique sur le texte; s'il reste quelques rides, c'est parce que nous avons refusé un lifting complet! Merci Nathalie. Merci aussi à Fanny Bellour qui a accepté la tâche ingrate de constituer la bibliographie et l'index des auteurs. Notre gratitude enfin à Anne-Françoise Cabiaux pour la mise en page, à Richard Robert pour la réalisation des illustrations, et à Pierre Mardaga pour son enthousiasme contagieux.

Jacques-Philippe Leyens
Vincent Yzerbyt

Louvain-la-Neuve, juillet 1997

Introduction

En juin 1985, après 17 jours de négociation, le gouvernement américain parvient à faire libérer sains et saufs tous ses compatriotes, passagers d'un boeing 727 TWA pris en otages sur l'aéroport de Beyrouth. On s'attend à ce qu'un autre boeing vienne chercher les ex-otages, mais, au lieu de cela, c'est en camions militaires qu'ils gagnent Damas. A vol d'oiseau, la distance n'est pas tellement grande, mais par la route, en camions militaires, en été, après autant de jours entre vie et mort, le voyage ne doit pas être idyllique. Ce n'est pas encore un boeing qui les attend en Syrie mais un avion militaire qui va les amener jusqu'à Francfort. Décidément, le confort des passagers n'a pas la priorité; des passagers qui, d'ailleurs, sortent de l'avion à Francfort avec des couvertures militaires sur le dos, et les bras chargés de deux «choses». Il est prévu que les otages passent quelques jours dans un hôpital militaire américain pour être «déconditionnés» et qu'ils regagnent les Etats-Unis tous ensemble, pour le 4 juillet, fête nationale américaine. Peu d'images de l'arrivée à Francfort sont transmises à la télévision américaine. Après une conférence de presse du porte-parole des otages, les journalistes sont interdits de contacts avec ceux-ci et, finalement, au lieu du retour triomphal dans la mère patrie, chacun est invité à continuer le voyage interrompu ou à rentrer discrètement chez lui.

Pourquoi ces transbahutements jusqu'à Francfort? Pourquoi un hôpital de «déconditionnement»? Pourquoi cette discrétion américaine sur les images de l'arrivée à Francfort? Pourquoi cette interruption d'échanges avec la presse? Pourquoi ce retour triomphal décommandé? La réponse à ces questions est donnée par les deux «choses» que les otages tenaient à la main en descendant de l'avion militaire : des œillets, les fleurs-symboles du Liban, et le Coran!

Le gouvernement américain avait certainement été prévenu que les otages, à Beyrouth, «souffraient» d'un syndrome de Stockholm. D'où les transbahutements et l'hôpital. On se donne le temps de fatiguer davantage les passagers pour les rendre plus réceptifs à une autre influence, de les interroger, et de les faire revenir à la raison — nationale.

Peine perdue, les images le montrent, le porte-parole le proclame, et le retour escamoté le confirme.

Le syndrome de Stockholm est un attachement réciproque entre ravisseurs et otages. Il est dû à la tension extrême que les deux parties ressentent, puisque toutes les deux sont en danger de mort. L'expression a été donnée après une prise d'otages dans une banque de Stockholm. Sur le point d'être arrêté, un homme qui avait voulu dévaliser la banque avait pris en otages trois employées. Après plusieurs jours, il s'était finalement rendu aux autorités mais, lors de son procès, aucune employée n'avait voulu témoigner contre lui, et l'une d'elles l'a épousé.

Cet attachement réciproque entre otages et ravisseurs, comme d'ailleurs entre négociateurs et ravisseurs, est maintenant bien connu; les autorités responsables du dénouement d'une prise d'otages font tout pour le faciliter, et les ravisseurs professionnels tout pour l'éviter. On propose, ou refuse, des lignes téléphoniques à la place de mégaphones; on fait servir des repas à préparer et à manger ensemble, ou séparément : il s'agit de tout mettre en place pour favoriser, ou empêcher, les interactions. Si le syndrome s'installe, des vies humaines seront sans doute sauvées. L'exemple le plus poignant de cette possibilité s'est produit dans un train en pleine campagne néerlandaise. Le train avait été pris en otage par des indépendantistes moluquois qui menaçaient de tuer une personne par jour si leurs revendications n'étaient pas rencontrées. Le jour venu d'une des exécutions, Gerhart Vaders a été désigné. Il a demandé à laisser à sa famille un message qu'il a dicté au chef des ravisseurs. C'est quelqu'un d'autre qui a été exécuté.

L'OBJET DE LA PSYCHOLOGIE SOCIALE

La prise d'otages et le syndrome de Stockholm constituent un raccourci saisissant des phénomènes qu'étudie la psychologie sociale. Le plus évident est l'importance et le statut particulier qui sont donnés à autrui. Dans une prise d'otages, lorsque leur vie ne tient plus qu'à un fil (ou la vie d'autres personnes dans le cas des négociateurs), les gens en viennent à se rapprocher d'autrui, voire à l'aimer, même si c'est lui qui va les tuer.

La psychologie sociale s'intéressera à autrui d'un triple point de vue : sa connaissance, les influences réciproques entre soi et autrui, et les interactions sociales. Sa connaissance tout d'abord. Pour les passagers américains du vol TWA, des pirates de l'air opérant au Proche-Orient ne pouvaient sans doute être que des terroristes, des assassins qui voulaient profiter des médias. Au cours de leur séquestration, leurs impressions des ravisseurs ont manifestement changé, de même que leurs explications d'actes terroristes. Dans le train des Pays-Bas, l'otage à exécuter qui a transmis son message a cessé d'être «un moyen de pression» pour devenir un être capable de sentiments d'amour conjugal et paternel. Comment croyez-vous que cet homme a expliqué le revirement du chef des ravisseurs moluquois? A quoi ou à qui a-t-il attribué sa chance?

Une prise d'otages a sa raison d'être dans une volonté d'influence. Les ravisseurs veulent persuader quelqu'un, une entreprise ou un gouvernement de céder à leurs revendications. Les négociateurs veulent convaincre les ravisseurs de ne pas aggraver leur sort. Les otages cherchent à amadouer leurs geôliers. Chacun emploiera menaces, séduction, pleurs, ou promesses pour arriver à ses fins. Comme on le sait, l'influence ira bien au-delà avec le syndrome de Stockholm. En fait, nous naissons dépendants d'autrui et toute notre vie sociale se passera à être interdépendants.

La perception et l'influence sociales passent par des interactions, entre individus ou entre groupes. Une faction armée est en conflit avec un gouvernement. Des négociateurs, représentant une autorité supérieure, essaient de gérer le conflit de manière à sauver la vie des otages. Les ravisseurs et leurs otages doivent interagir ne serait-ce que pour régler des problèmes de nourriture ou d'hygiène. Des gens s'aiment ou se haïssent et leurs sentiments s'exprimeront dans des interactions.

LA NAISSANCE DE LA PSYCHOLOGIE SOCIALE

Même pour un esprit non-conformiste, la naissance de la psychologie sociale n'a rien de très honorable. On ne sait pas exactement de qui elle est née, quand, et où. Selon certains, elle serait née américaine, en 1908, lorsque le sociologue Ross publia *Social Psychology* et que le psychologue Mac Dougall fit paraître *Introduction to Social Psychology*. Cette assertion contient au moins deux erreurs. Tout d'abord Mac Dougall était plus britannique qu'américain et il n'avait pas encore émigré à Harvard au moment de la publication de son ouvrage. Ensuite, on retrouve le terme de psychologie sociale bien avant 1908, principalement en France et en Italie. Le sociologue Gabriel Tarde avait publié en 1898 ses *Etudes de Psychologie sociale*. En 1902, Paolo Orano avait écrit *Psicologia sociale*, et bien des années auparavant, en 1864, Carlo Cattaneo avait intitulé un de ses essais : *Dell'antitesi come metodo di psicologia sociale*.

Ce qui est sûr, c'est que la psychologie sociale est une bâtarde; dans son hérédité on retrouve notamment de la philosophie, de la biologie liée à la théorie évolutionniste de Darwin, de la psychologie expérimentale, de la sociologie, et de la psychologie criminelle (Di Giacomo, sous presse). Ce qui est rassurant, c'est qu'elle n'est pas une fin de race, et qu'elle ne souffre pas d'hémophilie; cette dernière caractéristique lui sera plusieurs fois utile lorsqu'elle sera égratignée plus ou moins sévèrement.

Les premières expériences de psychologie sociale datent de la même époque, la fin du dix-neuvième siècle, mais encore une fois il n'y a pas reconnaissance officielle. Accréditant la thèse de la naissance américaine, certains avancent le nom de Triplett qui en 1898 publie une expérience sur ce que l'on conviendra d'appeler plus tard la facilitation sociale. Il demandait à des enfants d'enrouler le plus vite possible des moulinets de canne à pêche. Parfois les enfants travaillaient seuls, parfois ils étaient deux à accomplir la tâche dans une même pièce. Les performances étaient supérieures dans le second cas. La présence d'autrui a donc une influence sur le comportement moteur et, dans ce cas précis, une influence bénéfique.

D'après d'autres auteurs, la première expérimentation a eu lieu en France lorsqu'en 1894, Binet et Henri étudient la suggestibilité. Ces auteurs présentent à des enfants d'âges différents une ligne étalon de 4 cm qu'ils doivent retrouver parmi plusieurs autres lignes. Quand l'enfant a répondu, l'expérimentateur lui dit : «En êtes-vous sûr? N'est-ce pas la ligne d'à côté?» Dans une autre variante de l'expérience, les performances de groupes d'enfants sont comparées à celles d'enfants testés individuellement. Binet et Henri observent que les groupes sont davantage corrects que les individus isolés, que la suggestibilité diminue avec l'âge, et que les enfants ayant donné initialement une bonne réponse sont moins influençables que les autres. Ce paradigme de comparaison des lignes deviendra l'un des plus célèbres comme vous pourrez vous en rendre compte dans les chapitres 1 et 7.

La psychologie sociale a environ 100 ans et sa jeunesse suscite des questions. Pourquoi a-t-il fallu attendre l'aube du vingtième siècle pour voir apparaître les premières expérimentations en psychologie sociale? Ce n'est pas une question de difficultés méthodologiques : les mesures des premières expériences étaient rudimentaires et simplistes. Ce n'est pas non plus un manque d'intérêt pour les problèmes de psychologie sociale; ceux-ci étaient tellement importants que 7 des 10 commandements de Dieu dans la Bible y ont trait (tu ne tueras point, tu ne voleras point, tu ne prendras pas la femme de ton voisin, etc.). Les mêmes préoccupations sont présentes dans le code d'Hammourabi (1792-1750 av. J.C.).

On peut expliquer le retard de l'expérimentation sur la préoccupation par le fait que la première était rendue vaine étant donné certaines prescriptions morales, religieuses, ou encore politiques. Il est un fait que, dans une culture où l'on place sur un bûcher celui qui émet un avis contraire à l'autorité, on ne voit pas pourquoi on étudierait les conditions qui font que quelqu'un dévie ou blasphème. Toutefois, lorsque les institutions s'ébranlent et perdent de leur crédit, la prédiction des conduites qu'elles prescrivaient devient malaisée et l'explication de la transgression, comme de la non-transgression d'ailleurs, problématique. C'est alors que l'expérimentation prend un sens (Zajonc, 1958).

Toute intéressante qu'elle soit, cette explication n'est pas convaincante. Tout d'abord, la présence de prescriptions morales ou religieuses n'est pas synonyme d'obéissance et, donc, de rareté des phénomènes qu'elles essaient de combattre. En effet, on ne voit guère l'utilité de prescrire l'honnêteté, par exemple, là où il n'y a pas de malhonnêteté. Que 7 des 10 commandements de Dieu soient relatifs aux interactions sociales suffit à montrer que la seule croyance en Dieu ne règle pas tous les problèmes du commerce avec autrui.

De plus, il existait nombre de problèmes que ne régissait ni la politique, ni la religion ou la morale. Ces problèmes donnaient lieu à des spéculations raffinées et controversées, que beaucoup résolvaient sans aucun doute par leur expérience personnelle. Aucune expérimentation scientifique n'a cependant été consignée à leur propos. C'est le cas, par exemple, de la controverse entre Platon et Aristote à propos de l'effet cathartique du spectacle de tragédies, des conseils d'Aristote sur la façon d'écrire et de mettre en scène une tragédie, ou encore de construire un discours susceptible de persuader les auditeurs. Tous ces problèmes étaient réels; ils étaient débattus, mais il faudra attendre le vingtième siècle pour les voir soumis à l'épreuve expérimentale. Pourquoi alors cette longue attente? Nous avouons ne pas avoir de réponse satisfaisante à cette question. Consolons-nous à la pensée qu'une question sans réponse reste une question ouverte.

Nous avons déjà fait remarquer que plusieurs courants de recherche ont contribué à la naissance de la psychologie sociale. A ces derniers on pourrait ajouter la Psychologie des Foules, mise à l'honneur par Gustave Lebon (1895; voir Moscovici, 1981). Sans qu'il y ait un lien de causalité entre les deux phénomènes, l'étude des foules fera la conquête des milieux politiques sans connaître de succès dans les cercles scientifiques, tandis que la psychologie sociale envahira les laboratoires et deviendra une psychologie sociale psychologique. Il faut entendre par là que les explications avancées en psychologie sociale se situent essentiellement au niveau individuel. D'où l'on pourrait croire que la psychologie sociale n'est qu'un type particulier de psychologie différentielle : de même qu'il existe par exemple une psychologie des différences sexuelles ou intellectuelles, il y aurait une psychologie de l'individu confronté ou non à d'autres individus. Le premier chapitre répondra à cette question.

Chapitre 1
Autrui et la sociabilité

Les romanciers touchent souvent à des réalités profondes. Lorsqu'ils le font avec brio, leurs œuvres deviennent des classiques. C'est le cas de deux versions de Robinson Crusoë, par Daniel Defoe, et par Michel Tournier. Que fait le héros de Defoe lorsqu'il découvre qu'il est seul sur son île, à l'écart de toute route maritime, sans espoir d'être secouru ? Il écrit un journal de bord. Avouez que c'est là une activité éminemment sociale, mais absolument incongrue étant donné la situation. Pour ne pas sombrer dans la déchéance physique et morale, le Robinson de Tournier fera chose plus étrange encore : il rédigera un Code Pénal ! C'est le comble, car à quoi peut servir un code pénal dans une société où le seul législateur est le seul contrevenant possible ? En fait, Defoe et Tournier (dont le titre de sa version est déjà tout un programme : *Vendredi ou les limbes du Pacifique*) nous font la démonstration romancée que, pour continuer à rester un être humain, Robinson a besoin d'un autrui, quel qu'il soit, même sur papier. Un Robinson qui n'aurait jamais connu de semblables n'appartiendrait pas au règne humain ; il éructerait mais ne se mettrait pas en colère, froncerait les sourcils mais ne réfléchirait pas, regarderait le ciel mais ne rêverait pas à la parténogenèse.

Dans ce chapitre, nous aborderons quatre points : 1) le statut particulier d'autrui en psychologie sociale à partir des recherches sur la facilitation sociale ; 2) la nécessité vitale d'autrui pour le bien-être physique et mental des enfants comme des adultes ; 3) le déclenchement quasi automatique du processus de comparaison sociale et certaines de ses conséquences ; et 4) la sociabilité comme équilibre des similitudes et des différences entre soi et autrui.

AUTRUI PORTEUR DE SIGNIFICATIONS : LA FACILITATION SOCIALE

Nous avons déjà fait allusion aux expériences de Triplett qui montraient que la présence de co-acteurs améliorait la performance motrice des sujets. Quelques années plus tard, grâce à une observation purement accidentelle, Meumann (1904) va renforcer l'intérêt pour ce genre de phénomène. Ce chercheur s'intéresse à l'effort musculaire et demande à ses étudiants de travailler à la limite de leurs possibilités physiques pour des tâches simples comme celle de soulever un poids à l'aide d'un doigt pendant un temps déterminé. Alors que Meumann passe par hasard dans son laboratoire où travaille un de ses étudiants, il s'aperçoit que la performance est meilleure depuis son arrivée. Plutôt que d'accuser l'étudiant de ne pas avoir travaillé au maximum de ses forces pendant qu'il était tout seul, Meumann émet l'hypothèse que la présence d'un autrui passif, et non plus seulement d'un co-acteur, est suffisante pour améliorer des performances motrices.

On peut imaginer l'engouement provoqué par ces observations pour une psychologie sociale naissante. La présence d'autrui en situation d'audience ou de co-action a un effet bénéfique. On baptisa le phénomène : Facilitation Sociale. Les recherches ultérieures montrèrent que l'influence ne se bornait pas aux performances motrices; les performances intellectuelles étaient également affectées. On croyait à l'époque que la vue des mouvements d'autrui ainsi qu'un sentiment larvé de rivalité étaient à la base de la facilitation sociale.

Le phénomène semblait très général puisqu'il avait également été observé chez des animaux tels que les fourmis. Chen (1937), de l'université de Pekin, a mesuré le temps qu'une, deux ou trois fourmis, enfermées dans un bocal, attendent avant de commencer à creuser dans le sable, ainsi que la quantité de sable qu'elles déplacent. Deux et trois fourmis se mettent environ six fois plus vite au travail qu'une seule, et, par individu, elles extraient plus de trois fois la quantité déplacée par une fourmi isolée. Si l'on peut parler de facilitation sociale, il est cependant difficile d'invoquer une rivalité entre fourmis. Ce n'est pas le seul problème que rencontrèrent les premières études de la facilitation sociale.

Malheureusement pour les pionniers de la psychologie sociale, les recherches ultérieures montrèrent également que la présence d'autrui a un effet délétère dans certaines conditions que les chercheurs de l'époque ne parvenaient pas à spécifier. C'est ainsi que si les sujets résolvent davantage de problèmes mathématiques ou logiques en situation d'audience ou de co-action, ils commettent également plus d'erreurs. Facilitation ou détérioration sociale? La différence ne peut s'expliquer par des variations de procédure puisque les deux types de résultats sont parfois obtenus par les mêmes chercheurs.

Comme cela arrive souvent lorsqu'un problème tarde à trouver une solution, la facilitation se fit petit à petit oublier jusqu'au moment où, dans les années 60, Zajonc (1967) entreprit d'écrire une introduction à la psychologie sociale en y retraçant les débuts des recherches dans le domaine. Confronté au phénomène de la facilitation, il essaya de trouver une solution. Zajonc (1965) part de la constatation que dans les tâches utilisées pour mettre en exergue un effet positif ou négatif de la présence d'autrui, il existe une compétition de réponses, c'est-à-dire qu'une réponse ne peut être donnée en même temps qu'une autre. Dans le cas de problèmes de mathématiques, par exemple, le fait de donner une solution exclut toute autre solution. Etant donné cette compétition, il y aura donc une hiérarchie de réponses possibles, basée sur leur probabilité d'apparition : certaines réponses, dominantes, auront plus de chances de se présenter que d'autres, subordonnées. Or, on sait depuis les travaux de l'école behavioriste de Hull, que la probabilité d'émission de la réponse dominante est augmentée en cas d'activation physiologique. Cette activation peut provenir de la motivation du sujet et, pense Zajonc, cette motivation peut être déclenchée par les situations d'audience et de co-action.

Que devient la facilitation sociale dans ce raisonnement? L'audience et la co-action augmentent la motivation qui, elle, accroît la probabilité d'apparition de la réponse dominante. Donc, si la réponse dominante est correcte, il y aura effectivement facilitation sociale, alors que si la réponse dominante est incorrecte, il y aura détérioration sociale. En d'autres termes, l'audience et la co-action facilitent la performance mais gênent l'acquisition; elles ont un effet négatif en début d'apprentissage, lorsque les bonnes réponses ne sont pas encore suffisamment maîtrisées (acquisition), et elles ont ultérieurement un effet positif lorsqu'il y a maîtrise des réponses exactes (performance). Les amateurs de théâtre connaissent bien ce phénomène : autant la présence du public perturbe les premières répétitions (lorsqu'on ne domine pas son texte), autant elle porte les acteurs lors de la répétition générale et des représentations (quand il serait souhaitable que le texte soit dominé).

De toute évidence, et par obligation, l'hypothèse de Zajonc repose sur un raisonnement a posteriori. En effet, à la lecture de ses prédécesseurs, il a estimé quelles étaient les réponses dominantes et subordonnées. Pour compléter sa démonstration, Zajonc devra donc créer des tâches *ad hoc*,

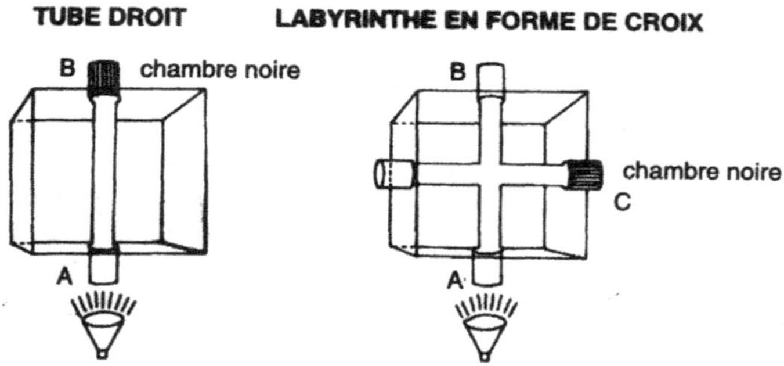

Figure 1.1 — Schéma du matériel expérimental utilisé par Zajonc et ses collaborateurs (1969).

mettant ou non en jeu la motivation et impliquant des compétitions entre réponses dont on sait avec certitude lesquelles sont dominantes.

En outre, Zajonc veut montrer que c'est la simple, la pure présence d'autrui en tant que co-acteur ou auditeur qui importe. Ceci signifie qu'il doit bannir toute situation d'audience ou de co-action qui risquerait de fournir des indices ou des renforcements sociaux susceptibles d'entraîner une facilitation ou une détérioration sociale. Pour ce faire, il recourt à des animaux parce qu'« à coup sûr, ils ne se préoccupent ni de vaine bravoure ni de vain courage et ils n'ont ni patrie à défendre ni réputation à maintenir » (Zajonc, 1967).

Une des expériences s'est faite avec des cafards dont on sait qu'ils détestent la lumière et qu'ils vont toujours se réfugier le plus loin possible d'une source lumineuse; leur réponse dominante face à la lumière est donc bien connue et établie (Zajonc *et al.*, 1969). Dans une condition expérimentale, Zajonc et ses collaborateurs placent un cafard à l'extrémité (A) d'un tube droit où ils allument une lampe : la réaction du cafard est de s'éloigner le plus possible de cette lumière, c'est-à-dire de rejoindre l'autre extrémité (B) où il trouve d'ailleurs une petite chambre noire. Par construction expérimentale, la réponse dominante est donc correcte dans cette condition. Dans une seconde condition expérimentale, par contre, le tube droit est remplacé par un labyrinthe en croix. Lorsque la lampe s'allume en (A), la réaction du cafard est toujours de se diriger vers l'extrémité (B) mais cette fois la réponse est incorrecte : (B) est éclairée car la chambre noire est située en fait au bout de la branche transversale droite (C) du labyrinthe (voir figure 1.1).

Les auteurs comparent le temps mis par des cafards, testés individuellement, à trouver la chambre noire dans les deux conditions. Comme il fallait s'y attendre, la performance est plus rapide dans le tube que dans le labyrinthe. Que se passe-t-il maintenant lorsque des couples de cafards, plutôt que des individus isolés, sont confrontés à ces deux situations? Selon la théorie, la co-action augmente la probabilité d'apparition des réponses dominantes; dans le cas du tube, la réponse dominante est correcte alors qu'elle est fausse dans le cas du labyrinthe. L'hypothèse sera donc que les couples seront plus rapides à trouver la bonne solution qu'un individu isolé dans le tube droit, et moins rapides dans le labyrinthe. C'est exactement ce qui se produit.

En utilisant des parois transparentes pour le tube et le labyrinthe et en plaçant des cafards spectateurs tout au long du parcours, Zajonc *et al.* ont également pu tester les effets d'audience. Les effets sont semblables à ceux de la co-action; par rapport à une condition individuelle, l'audience augmente la rapidité dans le tube et la diminue dans le labyrinthe.

Par de telles expériences, remarquables d'ingéniosité, de quoi Zajonc veut-il nous persuader? Tout d'abord, que c'est la simple, la pure, présence d'autrui qui est responsable des effets. Une substance chimique capable d'entraîner un accroissement de l'activité cortico-surrénale, et donc d'augmenter la motivation, aurait les mêmes effets. En d'autres termes, autrui n'a aucune spécificité. C'est un simple accident de localisation à un moment donné. En second lieu, pour Zajonc, la facilitation sociale est innée, non apprise.

Examinons tout d'abord la question de l'innéité qui est très simple à résoudre. Déjà en 1932, Harlow a montré que des rats élevés en isolement social ne manifestent pas de facilitation sociale lors de l'ingestion de nourriture en situation de co-action, et ce par rapport à une situation d'ingestion en solitaire et par rapport à des rats élevés avec des congénères. Toutefois, comme ont pu le vérifier d'autres chercheurs, la facilitation sociale s'apprend très vite, du moins en ce qui concerne la prise de nourriture.

La simple présence d'autrui est-elle suffisante? Supposez que l'on vous ait entraîné à bien répondre à une tâche intellectuelle de sorte que votre réponse dominante soit correcte. Par rapport à votre performance en situation d'isolement, quand allez-vous montrer de la facilitation? Quand vous êtes observé par des experts en cette tâche? Quand vous êtes en présence de personnes qui ont des difficultés pour apprécier votre performance? Quand un enregistreur fonctionne pour que des spécialistes vous évaluent ultérieurement? Si, comme nous l'assure Zajonc, le facteur déterminant est la simple présence d'autrui, on devrait s'attendre à une meilleure performance en présence d'experts et de non experts. Ce n'est pas le cas : ce sont les experts et l'enregistreur qui ont le plus gros effet (Henchy et Glass, 1968). Pourquoi? La réponse qui vient immédiatement à l'esprit est que le rendement supérieur est dû à la peur de l'évaluation lors d'une situation d'audience. Dans le même ordre d'idées, les effets obtenus en co-action seraient liés à une compétition implicite.

Mais avez-vous déjà rencontré des cafards qui avaient peur d'être évalués? L'explication de la facilitation sociale doit rendre compte aussi bien des résultats des expériences sur les animaux que sur les êtres humains. Cottrell (1972) nous fournit cette explication englobante. Selon cet auteur, la présence d'autrui est initialement neutre mais elle perdrait graduellement sa neutralité en raison de l'expérience que le sujet acquiert au fil d'interactions avec diverses personnes dans des situations variées. Récompenses, blâmes, punitions, etc., sont administrés souvent par et en présence d'autrui. Associée à des anticipations d'événements positifs et négatifs, la présence des autres deviendrait alors suffisante pour élever le niveau de motivation. Entendons-nous bien, ce ne serait pas la présence comme telle qui serait responsable de la facilitation sociale, mais les anticipations positives ou négatives dont elle serait le symbole. Si un spectateur portant un bandeau devant les yeux ne donne pas lieu à des anticipations pertinentes pour la situation dans laquelle je me trouve, il n'y aura pas de facilitation (Cottrell *et al.*, 1968). Si d'autre part, je suis absolument sûr que, quoi que je fasse, j'obtiendrai une récompense, je serai probablement moins motivé à bien réussir que si je sais, par expérience, que la récompense sera conditionnée par mon résultat. Il y a toutes les chances que ce raisonnement vaille également pour les animaux. Un raton élevé en isolement et mis devant une mangeoire avec des congénères ne se précipitera pas sur la nourriture. Du moins dans les premiers temps, car il apprendra vite que s'il ne se précipite pas sur la nourriture, rien ne lui restera.

Autrui n'est jamais neutre à nos yeux; il est toujours porteur d'une signification. C'est précisément dans la mesure où j'agis en fonction d'autrui en tant que porteur des significations que je lui accorde, que l'on peut véritablement parler d'une psychologie sociale.

Il nous semble que le parcours des recherches sur la facilitation sociale illustre aussi bien les difficultés que la psychologie sociale rencontre à affirmer sa spécificité, que ce que peut être une véritable approche psycho-sociale, où autrui n'est pas réductible à une simple substance chimique ou à une simple organisation anatomo-physiologique. Autrui existe dans un rapport de nécessité avec moi en tant que sujet qui fonde mon identité sur son existence réelle, imaginée ou symbolique.

LA NÉCESSITÉ VITALE D'AUTRUI

C'est Henri Wallon (1946), le célèbre psychologue de l'enfant, qui a écrit : « L'individu est essentiellement social. Il l'est non par suite de contingences extérieures, mais par suite d'une nécessité intime. Il l'est génétiquement. » C'est une prise de position et, après plus de cinquante ans, elle n'est toujours pas vérifiée. Elle reste cependant un pari, moins égoïste que celui de Pascal sur l'existence de Dieu, mais plus utile pour comprendre ce qui nous arrive avant l'éventuelle rencontre dans l'au-delà. Que l'on soit ou non d'accord avec Wallon, les faits qui suivent sont troublants.

Quelques heures seulement après sa naissance, le nourrisson est capable de discriminer de véritables pleurs humains de pleurs synthétisés sur ordinateur. Les pleurs «synthétiques» avaient les mêmes caractéristiques physiques que les premiers mais des adultes pouvaient facilement les identifier comme non-humains (Sagi et Hoffman, 1976). Ceci n'est pas la démonstration que l'enfant est génétiquement social car cette expérience a été réalisée sur des bébés de 34 heures, qui avaient donc déjà eu l'occasion de s'entendre pleurer. On pourrait imaginer une maternité où l'on permettrait de conduire la recherche dans les minutes qui suivent la naissance mais ce ne serait toujours pas une preuve. Plus important de notre point de vue est le fait que, dès la naissance, l'enfant soit capable de répondre différemment à des stimulations sociales et non-sociales.

Certains ethnologues considèrent d'ailleurs les pleurs de l'enfant comme un moyen de communication qui, à l'origine des espèces, avait une fonction sociale éminemment importante. En effet, dans les sociétés agricoles vivant dans les savanes, les adultes devaient laisser les enfants seuls pour pouvoir vaquer à leur travail. Les pleurs leur signalaient à distance l'existence d'un danger pour l'enfant. Dans cette optique, il est raisonnable de penser que les pleurs feront place à d'autres systèmes de communication, et ce d'autant plus rapidement qu'ils sont devenus efficaces. C'est l'hypothèse testée par Ainsworth et ses collègues (1974); elles ont montré que plus les réactions des mères face aux pleurs de leurs enfants étaient inadéquates, c'est-à-dire incohérentes d'une fois à l'autre, plus les enfants avaient tendance à pleurer, et moins vite ils passaient au sourire considéré comme un moyen plus développé de communication.

Sans doute sont-ce les grandes catastrophes, naturelles ou provoquées par l'homme, qui mettent le mieux en exergue l'importance vitale d'autrui? En prévision des bombardements de leurs grandes villes par les Allemands au tout début de la Seconde Guerre Mondiale, le gouvernement anglais mit sur pied un plan d'évacuation des écoliers et des tout jeunes-enfants (ceux-ci accompagnés de leur mère) vers la campagne. Très controversée, cette stratégie donna lieu à de nombreuses évaluations à court et à moyen terme. Si les premiers effets furent anodins, alors que les bombardements n'avaient pas encore eu lieu et que le séjour à la campagne pouvait être comparé à des classes vertes, il n'en alla plus de même ultérieurement, quand s'ajoutèrent les bombardements, les réactions de peur de l'entourage, les rumeurs alarmantes, l'annonce de morts et de blessés. Il s'avéra alors que les enfants les plus perturbés étaient ceux qui avaient été évacués, surtout lorsqu'ils étaient accompagnés d'une mère insécurisée (Carey-Trefzer, 1947). Ceci ne veut pas dire que le stress objectif est sans importance, mais simplement qu'il n'est pas le plus important. Il a été prouvé que les enfants palestiniens des territoires anciennement occupés par Israël étaient infiniment plus souvent victimes de stress objectif que les enfants israéliens de même âge, et que leur santé mentale était davantage affectée. Toutefois, Punamaki (1987) a pu montrer que les enfants palestiniens de Cisjordanie et de Gaza souffraient d'autant moins de l'occupation militaire que leurs mères étaient socio-politiquement actives, croyantes et bien entourées socialement. Ces différentes études montrent donc que ce n'est pas tant la gravité de la situation qui perturbe les enfants, que les réactions de l'entourage social ou, pire encore, l'absence d'entourage (voir Leyens et Mahjoub, 1995).

Tout le monde a encore à l'esprit les terribles images des orphelinats roumains. Quelles peuvent bien être les conséquences d'un séjour dans ces enfers alors qu'on sait par ailleurs qu'être bien logé et nourri n'empêche pas un syndrôme d'hospitalisme chez les jeunes enfants (Spitz, 1945)? Ce syndrôme se caractérise par les problèmes suivants : taux de morbidité et de maladie plus élevés que la normale, développement intellectuel retardé, croissance physique ralentie, relations sociales perturbées soit dans le sens de l'apathie, soit dans le sens d'une recherche effrénée d'attention et d'amour. La quantité des soins donnés aux bébés n'est pas en cause. La carence de stimulation perceptive, si elle a un effet, ne suffit pas à expliquer les troubles (Casler, 1965). En fait, les enfants souffrent de l'absence d'un substitut maternel adéquat; les orphelinats d'après-guerre (ou d'après dictature) ne manquent malheureusement pas d'hôtes mais bien d'un personnel expérimenté qui ne confond pas vitamines et hygiène avec affection. Pour que le développement intellectuel des enfants ne soit pas retardé, il n'est nullement nécessaire de recruter des Einstein comme infirmiers ou infirmières : des pensionnaires plus âgées, débiles mais chaleureuses, à qui on donne la responsabilité de quelques orphelins s'acquittent parfaitement de leur tâche et leurs protégés ne souffrent d'aucun retard intellectuel (Skeels, 1965).

Dans ses études sur l'attachement, le psychiatre et psychanalyste anglais Bowlby (1969) s'est intéressé plus particulièrement aux effets de la séparation comme dans les cas d'hospitalisations prolongées et réitérées. Souvent les enfants développent la séquence de réactions suivantes. Au début, c'est la tristesse et le désespoir qui l'emportent. La colère et les invectives à l'endroit des parents suivront. Et que les parents en profitent pour se réjouir tant qu'il est encore temps ! En effet, petit à petit désespoir et fureur feront place à l'apathie, à l'indifférence. Depuis les observations de Bowlby, nous sommes mieux en mesure d'expliquer ces phénomènes. Les enfants que les parents conduisent régulièrement à l'hôpital, parce qu'ils sont par exemple gravement asthmatiques, ont l'impression que, quoi qu'ils fassent, leur sort est inéluctable; ils seront abandonnés. En d'autres termes, ils apprennent l'impuissance (*learned helplessness*), et la seule réaction de protection qui leur reste est l'apathie.

Ce phénomène d'impuissance acquise a été mis en évidence par Seligman (1975), notamment avec des chiens. Voici brièvement en quoi consiste la démonstration. Certains chiens sont suspendus à un harnais et, après un signal quelconque, un choc électrique leur est envoyé à moins qu'entretemps ils n'aient effectué un mouvement bien particulier, comme pencher la tête à gauche, ce qu'ils apprennent très vite à faire. D'autres chiens, mis dans la même situation, n'ont pas cette chance : l'apparition du signal annonciateur du choc électrique les fait gesticuler dans tous les sens mais en pure perte car le choc est chaque fois donné. Dans un second temps, chaque chien est placé dans un des deux compartiments d'une cage grillagée. Le signal déjà connu apparaît et, si le chien ne saute pas dans l'autre compartiment, il reçoit un choc dans les pattes via le sol grillagé. Les chiens du premier groupe, qui ont appris à éviter les chocs en penchant la tête à gauche, découvrent rapidement la solution salvatrice; ce n'est pas le cas des autres qui hurlent, geignent et se ratatinent dans un coin du compartiment non isolé; on a beau les traîner dans l'autre compartiment, ils n'apprennent plus. Avec des aménagements qu'on peut facilement imaginer, le même type d'expérience a été effectué avec des êtres humains; si elle est plus difficile à obtenir, la réaction d'impuissance se manifeste néanmoins. Elle a d'ailleurs été invoquée pour rendre compte de maladies psychiques comme la dépression : les gens déprimés auraient perdu le sentiment de pouvoir contrôler ce qui leur arrive (voir Ric, 1996).

Les enfants placés en institutions hospitalières éprouveraient donc un sentiment d'impuissance acquise : quoi qu'ils fassent, personne ne viendra avant l'heure du repas; qu'ils gémissent ou se fâchent, leurs parents les quitteront. Pour des raisons évidentes, l'investigation systématique des conditions extrêmes d'isolement social n'a pas été effectuée avec des êtres humains mais avec des animaux. Les études les plus célèbres à ce propos sont dues à Harlow (Harlow & Harlow; 1965). Nous nous contenterons de faire ici allusion à quelques uns des résultats obtenus par cet auteur.

Harlow a notamment pu montrer que si un jeune singe rhésus n'a pas de substitut maternel adéquat, ne serait-ce qu'une poupée immobile de la taille d'un singe adulte, il est incapable d'indépendance. Le dispositif expérimental est le suivant : quelques jours après sa naissance, le jeune rhésus est éloigné de sa mère et de ses frères et sœurs pour être élevé en la seule compagnie de deux poupées en fil de fer, dont une est recouverte de tissu. On s'aperçoit que le singe s'attache incomparablement plus à la «mère laine» qu'à la «mère fer», c'est-à-dire qu'il passe beaucoup plus de temps avec celle-ci qu'avec celle-là. Lorsqu'ultérieurement on introduit un objet étranger dans sa cage, par exemple un ourson en peluche qui joue du tambour, c'est la panique. Si la mère laine est présente dans la cage à ce moment-là, il se réfugie dans ses «bras». S'il n'y a aucune mère, ou seulement la mère fer, il ira se terrer dans un coin de la cage après en avoir parcouru frénétiquement les bords en se battant les flancs et la tête; il restera incrustré dans son coin. Le singe à la mère-laine, lui, prendra de l'assurance et ira bientôt toucher les objets inconnus et jusque là terrifiants. En d'autres mots, l'attachement, ou la dépendance, permet l'indépendance.

La mère laine ne peut cependant faire des miracles et lorsqu'après plusieurs mois on remettra le singe avec ses congénères, son comportement social sera perturbé. Il réagira agressivement au mauvais moment, s'automutilera, se montrera inquiet, agité, et un mauvais séducteur. Dans le cas d'une femelle, elle acceptera difficilement la copulation et s'occupera maladroitement de sa progéniture. Devant ces résultats, Harlow intensifiera ses travaux sur l'isolation; que les amis des animaux sautent directement au paragraphe suivant. Certains singes seront complètement isolés dans des sortes de cuves qui ne permettent aucun contact, même lointain, avec leurs congénères; ils y resteront pendant des temps variables pouvant aller jusqu'à un an. De ceux qui ont été isolés de la sorte dès leur plus jeune âge, qui en sortent après un an pour être mis dans une colonie d'autres singes rhésus, Harlow et Suomi (1971) disent qu'ils sont des «végétaux semi-animés».

Très longtemps ces chercheurs penseront que les déficits observés sont irrécupérables car, une fois dans la colonie, les singes préalablement isolés ne font guère de progrès. Cette croyance fut cependant battue en brèche le jour où les « végétaux semi-animés » ne furent plus mis en présence de n'importe quels autres singes mais de plus jeunes qu'eux. C'est ainsi que des singes de 3 mois se révélèrent de parfaits thérapeutes pour des isolés de 6 mois (Suomi *et al.*, 1972) et que d'autres, de 4 mois, se révélèrent aussi efficaces avec des isolés de 12 mois (Harlow et Novak, 1973). Autrui est donc important, mais pas n'importe quel autrui.

Les enfants ne sont pas les seuls à souffrir de l'absence d'autrui. Même les ermites sont sujets à des troubles dus à la solitude, et leur nostalgie d'autrui est tellement commune qu'on lui a trouvé un nom : l'acédie. Une façon des plus efficaces pour « mettre au pas » un enfant turbulent est la vieille méthode du « coin »; privé pendant un certain temps du contact avec autrui, l'enfant « qui n'écoute pas » redeviendra sensible aux approbations et désapprobations sociales (Gewirtz et Baer, 1958). Les adultes turbulents, eux, c'est en prison qu'on les met mais c'est nettement moins efficace que le coin car le taux de récidive est extrêmement élevé. Peut-être parce que la prison, loin d'isoler, constitue un bouillon de mauvaise culture. C'est du moins l'avis que prônaient certains Quakers bien intentionnés et, au dix-neuvième siècle, certains pays adoptèrent leur système. La Belgique fut un de ces pays qui construisirent des prisons dont l'architecture ne permettait plus aux détenus d'avoir des contacts les uns avec les autres. Le résultat ne fut pas celui qui était attendu : en effet, en conséquence du stress dû à l'isolement, le nombre de maladies psychosomatiques augmenta considérablement, et tous les moyens furent bons pour communiquer entre détenus; pas une canalisation n'était porteuse d'un code quelconque.

Les intentions à la base des fameux camps de lavage de cerveaux pendant la guerre de Corée étaient moins altruistes que celles des Quakers, mais les résultats escomptés étaient somme toute identiques. Il s'agissait d'isoler le plus possible les prisonniers, la seule stimulation sociale véritable étant la propagande. L'espoir des théoriciens de ces camps était de rendre les captifs particulièrement perméables aux idées des geôliers. Il semble que ces camps ont davantage frappé l'imagination que lavé les cerveaux; néanmoins, il est intéressant de constater que les personnes les mieux protégées des influences étaient celles qui étaient très attachées aux valeurs familiales et religieuses; en d'autres termes, celles qui avaient intériorisé un autrui qu'elles aimaient et respectaient (McGuire, 1969).

ANXIÉTÉ, GRÉGARITÉ ET COMPARAISON SOCIALE

Les chercheurs vont s'inspirer des camps de lavage de cerveaux pour conduire des expériences de privation sensorielle et perceptive. Durant celles-ci, les sujets sont privés de toute sensation ou perception visuelle, tactile, auditive, etc., et il s'agit de voir comment ils se comportent après plusieurs jours de cette diète. Le salaire est généreux mais la situation extrêmement pénible. Malgré tous ses efforts, Schachter (1959) ne réussit pas à ce que ses sujets restent suffisamment longtemps en état de privation. Il s'interroge alors sur le lien entre anxiété et grégarité. Peut-être la situation de privation est-elle anxiogène et est-ce cela qui entraîne l'abandon? Cette idée d'un lien entre anxiété et affiliation est à la base d'un programme de recherche absolument fascinant. Voici le scénario d'une des premières expériences.

Par groupes de 5 à 8, des étudiantes, volontaires pour une étude scientifique, furent réunies dans un laboratoire où elles rencontraient le Docteur Gregor Zilstein du Service Neurologie et Psychiatrie de la Faculté de Médecine. Le docteur Zilstein portait un tablier blanc et un stéthoscope dépassait de sa poche. En se présentant, il prévenait les sujets qu'ils participeraient à une étude sur les réactions à des chocs électriques et il insistait sur l'importance et l'intérêt de telles recherches. Pour les besoins de la vérification expérimentale, il importait que certaines étudiantes éprouvent beaucoup d'anxiété alors que les autres restent sereines à la perspective de ce qui les attendait. La différence d'anxiété fut induite par les instructions que donnait le Docteur Zilstein. Voici comment ce dernier s'y prit pour provoquer une forte anxiété :

«Ce que nous demanderons à chacune d'entre vous est très simple. Nous voudrions vous donner une série de chocs électriques. Maintenant, je me dois d'être complètement honnête avec vous et de vous dire ce qui vous attend exactement. Les chocs feront mal. Ils seront douloureux. Comme vous pouvez l'imaginer, si, dans une recherche de ce genre, nous devons apprendre tant soit peu qui aidera l'humanité, il faut que nos chocs soient intenses. Nous comptons placer une électrode sur votre main, vous brancher à un appareil comme celui-ci (Zilstein indique des gadgets électriques derrière lui), vous donner une série de chocs électriques et enregistrer diverses mesures telles que votre pouls, votre pression sanguine, etc. A nouveau, je tiens à être honnête avec vous et à vous prévenir que ces chocs seront fort douloureux, mais, bien sûr, ils n'entraîneront pas un dommage permanent.»

Dans la condition de faible anxiété, par contre, les instructions furent les suivantes :

«Je vous ai demandé à toutes de venir aujourd'hui afin de servir de sujets dans une expérience qui a trait aux effets des chocs électriques. Je m'empresse d'ajouter : ne vous laissez pas troubler par le terme de choc; je suis certain que l'expérience vous sera agréable. Ce que nous aimerions que chacune d'entre vous fasse est très simple. Nous voudrions vous donner à chacune une série de chocs électriques très légers. Je vous assure que ce que vous ressentirez ne sera en aucune façon douloureux. Cela ressemblera plus à un chatouillement ou à un fourmillement qu'à quelque chose de déplaisant. Nous placerons une électrode sur votre main, nous vous donnerons une série de chocs très légers, et nous mesurerons des choses telles que votre pouls, votre pression sanguine, mesures avec lesquelles, j'en suis sûr, vous êtes toutes familiarisées par vos visites chez votre médecin de famille. »

Il se fait que, les intructions terminées, la salle d'expérience n'est pas disponible. Il faudra attendre quelque peu, et pour que cette attente s'effectue dans les meilleures conditions, le Docteur Zilstein fait passer auprès des jeunes filles un questionnaire où elles ont l'occasion de dire si elles préfèrent attendre seules, en groupe, ou si cela n'a pas d'importance. Dans cette expérience, aucun choc ne fut jamais donné ; seules les réponses au questionnaire intéressaient Schachter. L'anxiété induite par les instructions du Docteur Zilstein allait-elle conduire les jeunes filles à préférer la grégarité ? C'est effectivement le cas. 63 % des sujets dans la condition de haute anxiété choisissent d'attendre en groupe alors que 33 % seulement des autres sujets émettent cette même préférence.

Se pose maintenant la question du pourquoi. Peut-être les sujets de la condition de haute anxiété veulent-ils se rassembler pour se concerter et négocier l'intensité des chocs avec le fameux Docteur Zilstein ? Dans une autre expérience, Schachter offre donc la possibilité d'attendre en groupe mais il est bien spécifié que toute communication verbale est interdite entre les sujets. Ceux-ci choisissent malgré tout la solution collective. Peut-être les jeunes filles n'ont-elles jamais attendu leur tour devant la porte d'un examinateur et imaginent-elles que l'attente en groupe diminue l'anxiété ? Un élève de Schachter, Wrightsman (1960), leur montre qu'il n'en est rien : leur ayant promis une injection hypodermique, il les fait attendre seules ou en groupe et ce dernier mode d'attente ne les soulage pas plus que le premier de leur anxiété. Les jeunes filles veulent-elles se distraire, se changer les idées ? Ne pouvant leur offrir Venise avant de les faire mourir, Schachter leur propose d'attendre avec un groupe de personnes qui ne recevront pas de chocs électriques. Cette fois-ci, les sujets préfèrent attendre seuls. Schachter n'en tire pas la conclusion que les jeunes filles veulent à tout prix voir Venise mais plutôt que la misère aime une compagnie misérable. En d'autres termes, l'anxiété entraîne un désir d'être avec d'autres, mais pas avec n'importe quels autres.

Arrivé à ce point, Schachter est à court d'idées. Qu'est-ce qui peut bien motiver des personnes anxieuses à rechercher la compagnie d'autrui ? Il se fait que Festinger (1954), l'ancien patron de Schachter, venait d'énoncer une théorie selon laquelle, en l'absence de référents objectifs dans le monde physique, les gens chercheraient à comparer leurs opinions et leurs aptitudes avec celles d'autrui. La comparaison sociale s'étendrait-elle au domaine des émotions ? Ces jeunes filles n'ont jamais reçu de chocs électriques, elles sont dans l'incertitude complète de ce qui les attend — mis à part que cela fera mal — et peut-être veulent-elles comparer, ne serait-ce que de façon non-verbale, leur anxiété avec celle de leurs compagnes ? Une série d'expériences sera donc imaginée pour tester cette hypothèse. On fait croire aux sujets qu'il est possible de mesurer leur émotivité grâce à des appareils psychophysiologiques et, suivant les expériences et les conditions expérimentales, on leur donne des renseignements sur leur seul degré d'émotion, sur celui des autres sujets, ou sur le leur et celui d'autrui ; les renseignements sont précis ou très imparfaits (l'aiguille censée mesurer l'anxiété indique clairement un score d'émotivité ou tremblote). Conformément à la théorie de la comparaison sociale, le désir d'attendre en groupe diminue nettement lorsque les renseignements sont précis et portent à la fois sur l'émotion ressentie par le sujet lui-même et par les autres personnes dans la même situation. Ce n'est donc pas son propre niveau d'émotion qui importe, pas plus que celui des autres, mais bien la comparaison possible entre les deux (Gerard, 1963 ; Gerard et Rabbie, 1961).

Loin de nous l'idée que la grégarité s'explique uniquement par un besoin de comparaison sociale. Après un tremblement de terre, un déraillement de train, ou un attentat, lorsque les survivants se précipitent sur le téléphone pour parler avec leur famille et leurs amis, ce n'est probablement pas pour comparer leurs émotions. Autrui leur permet de se confier et d'être réconfortés ; il existe actuellement toute une littérature sur le support social. Néanmoins, il n'empêche que la comparaison sociale est un processus vital dans notre fonctionnement. En ce sens, il est heureux que, dans son expérience, Wrightsman n'ait pas trouvé que la grégarité diminuait davantage l'anxiété ; cela eut été très possible car autrui sert souvent à réconforter. Si Wrightsman avait trouvé ce résultat, tout le monde aurait été satisfait avec cette explication et l'importance de la comparaison sociale n'aurait pas été mise en évidence.

La comparaison sociale est un processus dans lequel les gens s'engagent de manière quasi automatique (Gilbert *et al.*, 1995) et qu'ils emploient dans des buts divers : se rassurer quant à leurs opinions ou performances, évaluer ce qui est possible, gonfler leur estime de soi, se vacciner contre l'influence, etc. Plus fondamentalement, la comparaison avec les autres permet à chacun de se définir comme sujet à la fois unique et semblable à autrui.

DIFFÉREMMENT SEMBLABLES

Cette notion de comparaison sociale, qui institue une différence entre moi et autrui aussi bien sur le mode de la similitude que de la divergence, est absolument essentielle pour ce que nous entendons par sociabilité. Avant de développer ce point, toutefois, nous voudrions encore résumer des études où les gens ne réussissent pas à attendre à plusieurs. Quand l'Enfer est-il les autres?

Dans le cadre d'études américaines en vue des vols spatiaux, Altman *et al.* (1971) ont imaginé des huis clos bien particuliers. Deux ou trois recrues militaires sont enfermées pour plusieurs semaines dans un espace confiné; ils connaissent ou non la durée exacte de leur séjour, celle-ci est ou non respectée, l'aménagement et les sources de stimulations extérieures sont manipulées, etc. Bref, il s'agit de découvrir les conditions favorisant une cohabitation harmonieuse au sein d'une équipe de navette spatiale. Plutôt que d'envisager ces conditions, nous nous bornerons à contraster les comportements caractéristiques des équipages qui réussissent et de ceux qui finissent par «déserter». On s'aperçoit que, dès le début, ceux qui réussiront se préoccupent de former des liens de cohésion tout en créant des territoires individuels : «c'est ma chaise», «c'est mon côté de table», «je prends la couchette supérieure». Les déserteurs, eux, donnent l'impression d'être persuadés de leur succès; pas besoin donc de perdre son temps en relations sociales, et encore moins de chicaner sur des questions de propriété. Toutefois, lorsque le malaise s'installe, c'est la course effrénée à la territorialité, mais, comme le lièvre de la fable, ils s'y sont pris trop tard. Notre façon d'interpréter ces résultats n'est sans doute pas la plus orthodoxe mais n'est-ce pas normal quand on parle d'enfer? Selon nous, ce qui rend autrui infernal, c'est de ne pas être un «socius» à la fois semblable et différent, de ne pas être un alter ego.

Le chercheur qui a le mieux mis en évidence cette recherche simultanée de similitude et d'altérité est Jean-Paul Codol. La vie en société requiert une similitude de base entre les individus. Comment vivre si je ne puis imaginer que d'autres pensent comme moi, que je ressens les mêmes émotions qu'eux, qu'ils ont les mêmes aspirations que moi (Asch, 1952)? Il ne s'agit pas là de simples désirs. C'est une nécessité fondamentale pour que la vie collective soit possible. A côté de cette nécessité fondamentale existent bien sûr une gratification liée à la similitude ainsi qu'une incitation à se comporter, s'émouvoir et juger comme les autres mais il ne s'agit là que de conséquences. Il en est de même de la différentiation dont l'existence entraîne également des comportements affectivement chargés. Ce sont ces comportements affectivement chargés que les psychologues sociaux étudient.

Comment, dans cette optique, un sujet peut-il à la fois affirmer son conformisme aux règles d'un groupe et sa singularité par rapport aux membres de ce même groupe? Par le phénomène de «conformité supérieure de soi» répondra Codol (1975), un phénomène mieux connu sous le nom de «l'effet PIP» (les initiales de l'expression *Primus Inter Pares*, c'est-à-dire le premier parmi ses pairs). Supposons que la norme partagée d'un groupe soit d'être généreux et que l'on demande à chaque membre s'il est plus ou moins généreux que les autres membres, la réponse majoritaire est : «Je suis plus généreux que les autres». En d'autres termes, l'individu affirme son identité personnelle à travers une apparte-

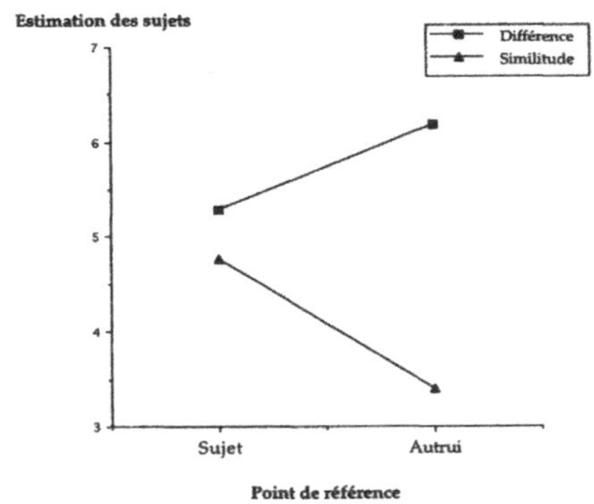

Figure 1.2 — Estimation de la différence et de la similitude entre soi et autrui en fonction du point de référence.

nance au groupe. Cette affirmation est inutile lorsqu'on demande à un membre de se comparer à un autre membre bien précis : dans ce cas, les deux individus sont clairement différents et, dès lors, il ne doit pas recourir à l'effet PIP.

Il est bien certain, maintenant, que l'accentuation de l'identité ou de l'appartenance dépendra des situations et des influences culturelles. Certaines sociétés insisteront surtout sur l'individualité de leurs membres. C'est le cas, par exemple des Esquimaux qui doivent chasser et pêcher en solitaire dans des territoires très étendus où il n'est pas possible d'accumuler beaucoup de nourriture à la fois. D'autres sociétés, au contraire, accentueront l'appartenance au groupe : il s'agit notamment de celles dont l'économie de subsistance repose sur la cueillette, la moisson et l'engrangement collectif; dans de telles sociétés, évidemment, chaque membre doit se conformer à la collectivité sous peine de mettre celle-ci en danger. Les Temne de la Sierra Leone appartiennent à une telle culture. Cette hypothèse d'un lien entre type de socialisation et économie de subsistance, énoncée par Barry *et al.* (1959) a été testée par Berry (1967), qui a fait passer un test de conformisme à des Esquimaux de l'île de Baffin et à des Temne. Il présentait à chaque sujet adulte une feuille de papier sur laquelle étaient dessinées une ligne étalon et huit autres lignes de différentes grandeurs. Il s'agissait de désigner laquelle de ces huit lignes avait la même longueur que la ligne étalon. En outre, l'expérimentateur informait les sujets que la majorité des leurs avait choisi telle ligne comme étant la ligne correcte. En fait, trois fois sur quatre, le jugement prétendument donné par la majorité était erroné. Quoique les échantillons Temne et Esquimaux aient été appariés pour leur acuité visuelle, leur niveau d'éducation et leurs contacts avec la civilisation occidentale, ils donnent des réponses très différentes. Le conformisme pouvant varier de 0 (pas de conformisme) à 15 (conformisme total), les Temne obtiennent 8.9 tandis que les Esquimaux ont un score de 2.6 seulement. Par comparaison, des Ecossais se situent à 3.9. «On n'a pas essayé de questionner les sujets sur leur réaction au test mais un Temne (de Mayola) offrit spontanément le commentaire suivant : "Lorsque le peuple Temne a choisi une chose, nous devons tous accepter la décision — c'est ce que nous appelons la coopération" (...) Les sujets esquimaux, d'un autre côté, bien que silencieux, souriaient calmement et d'un air de connaisseur désignaient une ligne proche de l'exactitude.» (Berry, 1967, p. 417)

Dans plusieurs de ses expériences, Codol (1988) ne demandait pas seulement à ses sujets s'ils avaient plus ou moins que les autres la caractéristique X ou Z, mais il leur offrait également la solution « autant que les autres », qui était d'ailleurs très souvent choisie. En altérant légèrement la question, mais pas le fond du problème, on peut donc demander aux gens dans quelle mesure ils sont différents (« plus » ou « moins ») des autres ou semblables. C'est ce qu'a fait Codol mais en retournant, pour d'autres sujets, l'intitulé de la question : « Dans quelle mesure les autres sont-ils différents de vous (ou semblables à vous) ? » Ce renversement entraîne un changement de point de référence. Dans le premier cas (« ... êtes-vous semblable aux autres ? »), autrui sert de référent; dans le second (« ... sont-ils semblables à vous ? »), c'est la personne qui répond qui est la référence à laquelle les autres sont comparés. Les résultats de ce genre d'étude sont extrêmement instructifs et figurent sur le graphique 1.2. On s'aperçoit tout d'abord que la dimension « différence » est accentuée par rapport à celle de similitude. Etant donné les résultats obtenus par Berry sur les Ecossais, on pouvait s'y attendre; nos sociétés occidentales semblent privilégier l'altérité plutôt que la similarité. Infiniment plus intéressante est l'asymétrie dans les jugements en fonction du point de référence : les gens se jugent plus différents des autres qu'ils ne jugent les autres différents d'eux-mêmes. Corollairement, ils se jugent moins semblables aux autres qu'ils ne jugent les autres semblables à eux-mêmes. A nouveau, nous voyons dans ce phénomène d'asymétrie une manifestation de l'affirmation d'identité qui ne peut se passer d'une appartenance de groupe : à la fois nous sommes différents des autres, mais nous sommes aussi des modèles.

Il est clair, nous semble-t-il, que l'entité valorisée dans cette asymétrie est notre « moi », notre personne, mais que cette valeur ne peut venir que d'autrui (Leyens, 1990). Une recherche de Kwiatkowska (1984, citée dans Jarymowicz, 1989) est très illustrative à ce propos; elle montre que des sujets « normaux » tiennent à se différencier des autres précisément pour les traits qu'ils considèrent comme les plus typiques d'eux-mêmes; c'est naturel, dira-t-on, sinon qu'est-ce qui fait la typicité ? Comme si la typicité devait nécessairement se conjuguer sur le mode de la différence. Ce n'est en tout cas pas l'avis de personnes qui viennent récemment et subitement de devenir invalides : elles, au contraire, s'estiment très semblables aux autres pour les caractéristiques qu'elles jugent très typiques d'elles-mêmes. Ici aussi, la valeur qu'on s'accorde passe par les autres.

En conclusion, la sociabilité constitue un équilibre entre identité personnelle et appartenance à un groupe, entre similitudes et différences (voir également Markus et Kunda, 1986). Un groupe sans individus singuliers est une abstraction, de même qu'un individu unique sans relation aux autres n'est pas un être humain. Cet équilibre n'est pas fixé une fois pour toutes. Il variera selon les cultures et, à l'intérieur de celles-ci, selon les situations. Personnellement, lorsque nous donnons cours, nous aimons nous singulariser par rapport à nos collègues, nous détesterions être n'importe quel professeur. Par contre, quand nous effectuons des achats, nous sommes n'importe quel consommateur et peu nous importe pourvu que nous trouvions les marchandises que nous cherchons... mais cela nous fait bien plaisir si la caissière nous reconnaît.

Ce chapitre, consacré à notre relation à autrui et au regard que lui jette la psychologie sociale, se termine par ce qui deviendra un leitmotiv tout au long de ce livre : le pouvoir des situations ! La psychologie sociale ne s'intéresse pas à un sujet et à un autrui figés. Elle met en exergue la flexibilité des gens en fonction des situations. Cette flexibilité se manifeste dans les perceptions, dans les stratégies d'influence, ainsi que dans les interactions.

PREMIÈRE PARTIE

LA PERCEPTION D'AUTRUI

Dans les années 70, le psychologue américain David Rosenhan s'est présenté dans différents hôpitaux psychiatriques et a demandé à y être admis parce que, disait-il, depuis plusieurs semaines il entendait des voix qui lui parlaient de «vide», de «creux». Plusieurs de ses amis firent la même chose. Au total, douze admissions dans douze hôpitaux différents furent demandées. Toutes furent accordées, onze avec le diagnostic de schizophrénie et une avec celui de psychose maniaco-dépressive. Il faut noter que Rosenhan avait délibérément choisi ce que disaient les voix car, dans la littérature spécialisée, aucune donnée ne parle de psychose existentielle comme y faisait penser le contenu des hallucinations auditives. Une fois admis dans l'hôpital, les pseudo-patients se comportaient normalement, disaient qu'ils n'entendaient plus de voix et demandaient à ce que l'on les laisse sortir.

Les séjours varièrent de 7 à 52 jours avec une moyenne de 19 jours et tous ressortirent avec un diagnostic de schizophrénie ou de psychose maniaco-dépressive «en rémission». Pendant leur séjour, les pseudo-patients passaient leur temps à noter leurs observations : le temps (infime) pendant lequel ils voyaient un médecin, le nombre (astronomique) de médicaments qu'ils recevaient, etc. Ces annotations venaient renforcer l'idée d'anormalité auprès du personnel soignant. Une catégorie de personnes, cependant, ne fut pas dupe : il s'agissait des vrais patients qui disaient : «Vous n'êtes pas de vrais malades; vous êtes des journalistes ou des professeurs».

Inutile de dire que Rosenhan (1973, 1975) provoqua un immense tollé lorsqu'il fit connaître ses résultats. Encore maintenant, ses recherches constituent un sujet sensible chez les psychiatres. Une des réactions souvent entendues par Rosenhan était que «dans notre hôpital, telle erreur ne serait pas possible». Il mit donc un hôpital en demeure de repérer les pseudo-patients qu'il lui enverrait dans les prochains mois. Le temps écoulé, Rosenhan se réunit avec le staff qui avait repéré un certain nombre de pseudo-patients. Tout le monde n'était pas d'accord sur l'identité de ces pseudo-patients mais tous en avaient observés. Hélas pour eux, car Rosenhan n'avait envoyé personne.

Comment se fait-il que des professionnels du diagnostic puissent se tromper à ce point alors que les vrais malades mentaux sont de bons percevants?

Chapitre 2
La formation d'impression

A tout moment, volontairement ou non, nous sommes submergés d'informations d'origines diverses : informations en provenance de nos sens (ce que nous voyons autour de nous, à la télévision, dans les journaux, ce que nous entendons dans les salles de cours ou au bistrot du coin, etc.); informations stockées en mémoire qui refont surface, comme dans l'histoire de Proust et de sa madeleine; informations que nous provoquons en raisonnant ou qui nous viennent quand nous parlons. La **cognition** a pour objet la gestion de ces informations; elle consiste à recevoir, sélectionner, mémoriser, transformer et organiser les informations, à construire des représentations de la réalité, élaborer des savoirs et les communiquer. Elle fait intervenir la perception, la mémoire, la pensée, le langage, tous processus qui s'influencent les uns les autres.

LA CATÉGORISATION

C'est à un véritable raz-de-marée d'informations que nous sommes constamment confrontés. Alors que notre capacité de gestion est très limitée, nous n'avons ni l'impression d'être submergés ni celle de devoir nous priver d'informations. Pour ce faire, nous disposons d'un arsenal de stratégies dont la plus fondamentale est la catégorisation. De quoi s'agit-il? Confrontés à une nouvelle information, nous devons l'identifier, c'est-à-dire la comparer à d'autres déjà connues, et la classer dans une catégorie. Cette opération serait très simple si toutes les catégories se définissaient par une série d'éléments suffisants (si les éléments X sont présents, il s'agit de la catégorie A) et nécessaires (si les éléments X sont absents, il ne s'agit pas de la catégorie A). Par exemple, pour faire partie de la catégorie des «carrés», il est suffisant et à la fois nécessaire d'avoir quatre segments de droite de longueur égale reliés par un angle droit. La plupart des catégories, toutefois, ne procèdent pas par éléments nécessaires et suffisants. Est-il suffisant et nécessaire d'être non marié pour être un «célibataire»? Non, je peux être divorcé par exemple, ou vivre avec une amie depuis des lunes...

Si je vous dis «célibataire», à qui pensez-vous? Au Pape, à votre petite nièce? Suivant la théorie qu'ils affectionnent, les psychologues sociaux estiment que vous penserez à des personnes précises, qu'ils appellent **exemplaires** (on dit aussi **instances**), ou à une idée abstraite, qu'ils appellent **schéma** et où surnage un **prototype** qui serait le meilleur exemplaire de la catégorie, un exemplaire tellement bon qu'il n'existe pas en tant que tel (le vieux garçon qui sent le cigarillo refroidi et les chaussettes non lavées). Si je fonctionne avec des exemplaires, cela signifie que lorsque je rencontre quelqu'un qui pourrait être célibataire, je le compare avec toutes les personnes célibataires que je connais et dont je me souviens. Si je fonctionne avec un schéma, cela veut dire que je compare la personne rencontrée avec mon prototype de célibataire et que le gradient de prototypicité définit l'appartenance à la catégorie. Que l'on favorise l'une ou l'autre théorie n'est pas sans conséquences. Le fonctionnement par exemplaires implique que je corrige constamment le contenu de mes catégories et que je suis dépendant, pour ce faire, de ma plus ou moins grande mémoire. Par contre, le fonctionnement par schémas suppose que je suis relativement conservateur au niveau de mes catégories; une fois celles-ci établies, je ne les changerai guère : par exemple, je serai attentif aux chaussettes et je négligerai le fait que la personne soit non fumeur.

Que l'on procède par exemplaires ou par schémas, à quoi est-on sensible pour définir nos catégories? Une première réponse va de soi. Nous serions sensibles à la **similitude** des caractéristiques. Presque tous les oiseaux chantent et volent, ont des ailes et des plumes. Tous les extravertis n'ont généralement pas de difficultés à lancer une conversation et à raconter des blagues. Le critère de similitude est un critère de réalité. Ce sont des éléments physiques (des ailes) ou des comportements (blaguer) qui dicteraient l'appartenance à telle catégorie plutôt qu'à telle autre. La similitude n'est toutefois ni suffisamment contraignante ni suffisamment englobante pour constituer l'unique critère de catégorisation. Prenez un oiseau et un extraverti. Ils appartiennent manifestement à deux catégories distinctes mais ils partagent pourtant une infinité de similitudes : tous les deux ont des globules et pèsent plus de 5 grammes. D'autre part, qu'est-ce que l'éclair et le tonnerre, une fourchette et une poêle à frire, ont en commun si ce n'est une relation de causalité dans le premier cas et de fonctionnalité dans le second? Qu'ont en commun une piscine et une Rolls si ce n'est qu'elles représentent un signe d'aisance financière?

Va dans la même catégorie ce qui est cohérent. Cette **cohérence** est dictée par les «**théories naïves du monde**» que nous possédons (Medin et Murphy, 1985). Medin (1989) défendra l'idée que nous insufflons une **essence** aux catégories d'objets naturels comme les oiseaux. L'essence des oiseaux, par exemple, serait un code génétique leur permettant à la fois de voler et de chanter. Rothbart et Taylor (1992) soutiendront la même idée en ce qui concerne les catégories sociales. L'essence serait le ciment qui tient ensemble et justifie tous les stéréotypes. Par essence, la personnalité de l'extraverti est d'être sociable, ce qui expliquerait sa familiarité, son exubérance, sa spontanéité, son assurance, et Dieu sait quoi encore (Yzerbyt et Schadron, 1996).

La catégorisation a plusieurs **fonctions** : simplification, maintien des apprentissages, direction dans l'action, ordre et signification.

La première et la plus évidente découle directement de ce qui a été dit plus haut : il s'agit d'une simplification des informations. Plutôt que de tenir compte de chaque objet ou information séparément, nous pouvons recourir à des catégories dont le nombre est beaucoup moins élevé. Dire, le matin, qu'on a été réveillé par les oiseaux est plus simple que d'accuser les merles, les moineaux friquets, les mésanges bleues, les grives musiciennes, etc. Autre avantage de la fonction simplificatrice de la catégorisation, le soir, vous vous rappellerez sans doute avoir été réveillé par des oiseaux et vous retrouverez peut-être parmi ceux-ci les mésanges bleues. Dans tous les cas, les chances de rappel sont plus grandes que s'il avait fallu se souvenir de tout ce qui avait contribué au réveil, en plus de tout ce qui s'était passé dans la journée.

La deuxième fonction de la catégorisation consiste à ne pas remettre en cause l'apprentissage passé lors de chaque confrontation avec une nouvelle information. Même si vous n'avez jamais vu un oiseau tout rouge, le fait de posséder le concept oiseau permettra de ne pas bouleverser votre connaissance de la gent ailée la première fois que vous apercevrez un cardinal (cardinalis cardinalis).

La troisième fonction de la catégorisation est de servir de guide pour l'action. Si vous n'avez qu'une seule catégorie pour désigner les champignons, il est préférable de ne jamais en manger quelle que soit leur forme ou leur couleur.

Enfin, la fonction sans doute principale de la catégorisation est de mettre de l'ordre dans l'environnement et de lui donner un sens. En effet, de même que nous mettons en relation les objets ou informations, les catégories n'existent pas indépendamment les unes des autres dans notre esprit. Nos catégories organisent notre connaissance de l'univers et nous permettent d'aller plus loin que le simple fatras d'informations auquel nous sommes confrontés. En ce sens, l'essentialisme dont nous faisons preuve nous sert notamment à asseoir notre réseau de catégories. Chaque catégorie a sa justification théorique qui la connecte, avec ses similitudes et ses différences, avec les autres catégories en un tout cohérent.

LA PERSONNALITÉ COMME CATÉGORIE PRIVILÉGIÉE

Essayez de donner dix réponses différentes à la question « Qui suis-je ? ». Il y a beaucoup de chances qu'après quelques variables démographiques et caractéristiques physiques (garçon, étudiant, basané, etc.), vos réponses seront des traits de personnalité (sympathique, timide, etc.). Plusieurs recherches ont montré que la catégorie des traits de personnalité est la plus employée pour décrire autrui. Cette propension à recourir à la personnalité augmente d'ailleurs avec la familiarité. La première fois que vous rencontrez quelqu'un qui ne participe pas à la conversation, vous décrirez peut-être son comportement parce que vous ne savez pas si son manque de participation relève de la timidité ou de la prétention. Après avoir rencontré cette personne dans différentes situations, vous aurez décidé si elle est de fait timide, ou tellement prétentieuse qu'elle ne se commet pas avec le petit peuple (Park, 1986).

Les explications du comportement en termes de personne et de personnalité, plutôt que de hasard ou de circonstances, sont à ce point privilégiées dans la culture occidentale que l'on parle de **norme d'internalité** (Beauvois, 1995). Voici un item d'un questionnaire imaginé par Nicole Dubois (1994); il comprend un énoncé et deux solutions, l'une externe et l'autre interne : « Lorsqu'ils discutent avec leur voisin pendant la leçon, 1) certains enfants disent : c'est parce que mon voisin a toujours quelque chose à raconter; 2) d'autres enfants disent : c'est parce que je suis un enfant bavard ». Les enfants d'écoles primaires testés par Dubois devaient choisir, pour chaque item, une des solutions. Certains enfants devaient imaginer que leur instituteur leur posait ces questions et qu'ils devaient y répondre de manière à se faire bien voir. D'autres devaient répondre de façon à donner une piteuse image d'eux-mêmes. Les résultats sont très clairs : lorsqu'il s'agit de passer pour « un bon petit diable », les enfants donnent deux fois plus de réponses internes (par exemple, « Je suis bavard » plutôt que « C'est mon voisin ») que lorsqu'il faut se présenter sous son plus mauvais jour.

L'importance de la personnalité se remarque aussi au niveau du vocabulaire. A notre connaissance, personne n'a jamais compté le nombre de traits de personnalité existant dans le vocabulaire français, mais Allport et Odbert (1936) l'ont fait pour le vocabulaire anglais et ils sont arrivés à plus de 18000 mots ! Voici une dernière illustration du poids de la personnalité dans la façon occidentale de fonctionner. Jim Uleman (1989) a fait mémoriser à des étudiants américains une série de phrases comme celle-ci : « La secrétaire devine à la moitié du roman policier qui est le meurtrier ». Une fois les phrases lues au rythme donné par l'expérimentateur, les participants devaient rappeler le plus fidèlement possible autant de phrases qu'ils pouvaient. Certains participants étaient aidés dans leur rappel par un indice propre à chaque phrase; selon les conditions expérimentales, l'indice consistait en un trait de personnalité potentiellement suggéré par chaque phrase (par exemple, intelligente) ou en un substantif étranger à la personnalité mais sémantiquement lié au contenu de chacune des phrases (par exemple, machine à écrire). Le rappel indicé par un trait de personnalité donnait lieu à une performance significativement supérieure.

Les recherches rapportées dans les paragraphes précédents ont toutes été réalisées dans la culture occidentale. L'importance de la personnalité varie, en effet, suivant les cultures. Elle ne se retrouve par exemple pas de la même façon chez les Japonais et les Indiens. Rappelez-vous les expériences de Codol (chapitre 1) sur l'asymétrie entre moi et les autres. On y avait vu que «moi» était le point de référence valorisé. Lorsqu'on pose à des étudiants d'Inde les questions : «Dans quelle mesure êtes-vous semblable aux autres?» et «Dans quelle mesure les autres sont-ils semblables à vous?», on n'obtient pas du tout les mêmes résultats qu'avec des étudiants français ou américains. Les étudiants indiens tendent à se juger plus semblables aux autres qu'ils ne jugent les autres semblables à eux (Kitayama *et al.*, 1990). La valorisation de la personne n'est donc pas identique partout. Dans la culture orientale, le groupe d'appartenance l'emporte sur la personne singulière (Markus et Kitayama, 1991). De même, si l'on pose à un Japonais la question du «Qui suis-je?», il donnera quatre fois moins de traits de personnalité qu'un Américain (Cousins, 1989).

Nous ne nous aventurerons pas ici à esquisser les raisons de ces différences culturelles qui intéressent de plus en plus de psychologues. Restons dans la société occidentale et voyons comment les gens organisent leurs connaissances au sujet de la personnalité. Le concept de **théories implicites de personnalité** est ici central. Il désigne des croyances générales à propos de la fréquence d'un trait (tous les directeurs d'entreprise sont des capitalistes), de sa variabilité (tous les directeurs d'entreprises privées, et non pas publiques, sont des capitalistes), et de sa liaison à d'autres traits (les capitalistes sont intelligents mais égoïstes). Le fait que ces théories soient dites «implicites» ne signifie nullement qu'elles sont inconscientes, mais plutôt que leurs détenteurs ne savent pas les exprimer de manière formelle et qu'elles n'ont aucun critère objectif de validité (Leyens, 1983).

Les exigences de la vie quotidienne requièrent que l'on recoure à des théories implicites. Tester toutes les hypothèses possibles concernant une personne que l'on rencontre constituerait le summum de l'inefficacité, et il est à parier que les gens éviteraient soigneusement ce maniaque des tests d'hypothèses s'il existait. Plutôt que de tester le nouvel arrivant, on le jugera souvent sur sa mine. En effet, le lien entre physique et psychique correspond à une des théories implicites de personnalité les plus ancrées. Pour preuve, voici le résumé d'une recherche de Chapman et Chapman (1967).

A l'époque, «le dessin d'une personne» était un des tests de personnalité les plus populaires aux USA. Quelqu'un dessinait un personnage et le psychologue était prétendument à même de lire sa personnalité grâce aux caractéristiques du dessin. Empressons-nous de dire que, malgré sa popularité, ce test n'a aucune validité. Les Chapman demandèrent à des psychologues qui employaient ce test quelles caractéristiques de dessin étaient symptomatiques de différents troubles de comportement. Nous nous contenterons ici de n'envisager qu'un de ces troubles : le fait d'être préoccupé par son intelligence. La réponse fut : une grosse tête. Les Chapman posèrent les mêmes questions à leurs étudiants, qui n'avaient aucune connaissance du test. Les réponses furent identiques à celles des psychologues. Ensuite, toujours à des étudiants, les Chapman donnèrent une série de dessins avec, à chaque fois, un trouble de comportement annoté dans un coin du dessin. Ils s'étaient arrangés pour que n'existe aucune corrélation entre les dessins et les troubles. C'est-à-dire que lorsque le trouble «préoccupation au niveau de l'intelligence» apparaissait dans un coin, un tiers des dessins montrait une grosse tête, un tiers une tête moyenne, et le dernier tiers une petite tête. Peine perdue, lorsque les étudiants durent dire la caractéristique symptomatique d'une préoccupation au niveau de l'intelligence, ils répondirent : une grosse tête. Les deux chercheurs allèrent encore plus loin : cette fois, ils firent en sorte qu'existe une corrélation parfaitement négative entre troubles et caractéristiques de dessin. A chaque fois la «préoccupation au niveau de l'intelligence» figurait sur un dessin avec une petite tête. Malgré cela, les étudiants continuèrent à répondre en fonction de leur théorie implicite. A ce jour, personne n'a encore trouvé le moyen de faire disparaître ce qu'on a appelé une **illusion de corrélation**. Autant dire que les physiognomonistes sont des charlatans qui font pour de l'argent exactement ce que tout le monde fait gratuitement. Autant dire, aussi, que si le recours aux théories implicites est obligatoire, et expéditif, il y a un prix à payer : les théories ne sont pas à l'abri d'erreurs même si elles permettent de fonctionner d'habitude avec bonheur.

Les théories implicites se construisent à partir de l'expérience vécue, mais également de la culture ambiante. Certaines théories implicites sont donc spécifiques aux individus qui les défendent, alors que d'autres sont largement partagées. La recherche des Chapman illustre une de ces théories partagées. Il est évident que les interactions sociales seraient des plus chaotiques si les gens ne partageaient pas certaines théories implicites. C'est ainsi qu'on a découvert que les individus fonctionnent allègrement avec une théorie comprenant deux dimensions, l'intelligence et la sociabilité, chacune avec un pôle positif et un pôle négatif (Rosenberg et Sedlack, 1972). Les théoriciens de la personnalité, quant à eux, ont mis à jour l'existence de 5 grands facteurs communs à toute description de personnalité. Manifestement, des liens existent entre ces 5 grands facteurs et les deux dimensions des théories implicites de personnalité : les facteurs «extraversion-introversion», «sympathique-antipathique» et «stable-instable émotionnellement» font penser à la dimension de sociabilité, alors que les facteurs «consciencieux-négligent» et «ouvert-limité» évoquent la dimension d'intelligence.

Sans nous en rendre compte, nous nous promenons donc avec une matrice de traits de personnalité dans la tête. A tout moment, nous sommes prêts à la faire fonctionner, et ce avec une flexibilité admirable. A certains moments, nous procédons par simples **associations** ou corrélations : «le bon-vivant est extraverti». Nous pouvons aussi fonctionner par **dimension** : «ce qui est socialement positif s'oppose à ce qui est socialement négatif, et cela n'a (presque) rien à voir avec l'intelligence». Nous travaillons encore par amalgames de traits positifs et négatifs qui correspondent à des **types** de personnalité : «sociable et égocentrique» ou «créatif et paresseux» ne sont pas des associations qui vont de soi sauf si l'on pense à des stars ou à des artistes (Anderson et Sedikides, 1991). Ces types de personnalité, avec leurs mélanges de traits positifs et négatifs, correspondent assez bien au contenu des **stéréotypes** qui constituent une classe particulière de théories implicites de personnalité. En effet, les stéréotypes sont les croyances partagées par un groupe à propos des caractéristiques de personnalité (et dans une moindre mesure de comportement) de l'ensemble d'un groupe.

Théories implicites et stéréotypes forment l'essentiel de ce qu'on appelle l'**information catégorielle**. Ils évoquent, sous forme d'attributs de personnalité, les attentes que les gens entretiennent à propos de catégories sociales comme les Français, les introvertis, les psychologues, ou les Maghrébins. Comment cette information catégorielle intervient-elle quand les gens se forment une impression de quelqu'un? C'est la question que nous envisagerons dans les sections qui suivent.

PRIORITÉ A L'INFORMATION CATÉGORIELLE : ASCH

Pour étudier comment se forment des impressions comme celles du «jeune cadre dynamique» ou de l'«androgyne», nous suivrons l'itinéraire intellectuel de Solomon Asch (1946), un psychologue gestaltiste qui, encore à l'heure actuelle, est considéré comme un des plus grands théoriciens de la perception sociale.

Asch poursuivait un triple but. Tout d'abord, en bon gestaltiste, il voulait savoir si, à partir de quelques éléments disparates à propos de la personnalité d'un individu fictif, les gens étaient capables de s'en forger une impression cohérente. En deuxième lieu, il voulait montrer que certains de ces éléments disparates pouvaient avoir un statut spécial au sens où ils organiseraient l'impression générale. Il appelait de telles informations, des traits centraux. Enfin, il se posait la question de la direction de l'influence des traits; selon lui, les premiers traits dont on prend connaissance devraient imprimer une certaine direction dans l'organisation de l'impression. En termes techniques, il faisait l'hypothèse d'un **effet de primauté** plutôt que de **récence**.

Dans une de ses multiples expériences, il va donner à ses sujets la liste suivante de traits de personnalité : «intelligent, adroit, travailleur, chaleureux, déterminé, pratique, prudent». Il prévient ses sujets que les traits s'appliquent à une personne fictive qu'il leur demande de décrire en quelques phrases. Ensuite, il leur fait remplir un questionnaire composé d'une liste de traits de personnalité; il s'agit de dire, par exemple, si la personne fictive est généreuse ou non, si elle a bon caractère ou non, si elle est forte ou non, etc.

Les sujets n'éprouvent aucune difficulté à satisfaire les demandes d'Asch. Voici d'ailleurs une description typique du personnage fictif telle qu'elle a été donnée par un des sujets :

«Une personne qui croit dans la justesse de certaines choses, qui veut que les autres considèrent son point de vue, qui serait sincère dans une discussion et voudrait voir son point de vue l'emporter.»

Les inférences obtenues grâce au questionnaire de traits antonymes figurent dans le tableau 2.1. Il est évident que le personnage fictif apparaît sous un jour favorable. Il est généreux, honnête, sociable, il a bon caractère et est même d'apparence agréable. La première question que se posait Asch est donc résolue (voir également Asch et Zukier, 1984).

Pour tester sa deuxième question concernant le statut spécial de certaines informations, une partie des sujets recevra la liste déjà citée de traits; chez d'autres, le terme chaleureux sera remplacé par froid, poli ou bourru. Suivant que figure dans la liste le trait chaleureux ou froid, l'impression générale change du tout au tout comme on peut s'en apercevoir par la description suivante d'un individu froid :

«Une personne pleine d'ambition et de talent qui ne permettrait à rien ni personne de l'empêcher d'atteindre ses objectifs. C'est sa manière qui importe; il est déterminé à ne pas céder quoi qu'il arrive.»

Dans le cas de cet individu froid, les inférences changent également (voir tableau 2.1). Maintenant, il est plutôt antipathique : égoïste, sale caractère, peu humain, il est toutefois honnête.

En d'autres termes, un seul trait est suffisant pour changer l'impression d'ensemble. Ce ne sera pas le cas lorsque poli sera substitué à bourru. Asch dira que, à l'inverse de poli et bourru, froid et chaleureux constituent des **traits centraux** parce qu'ils sont capables à eux seuls de changer l'impression générale. Si l'on se réfère aux théories implicites de personnalité, il est facile de comprendre pourquoi certains traits ont un tel poids dans la perception d'autrui. Rappelez-vous que les gens fonctionnent avec deux dimensions, l'une concernant la sociabilité et l'autre l'intelligence. Or, que savez-vous du personnage fictif d'Asch? Il se situe assurément à l'extrémité positive de la dimension intelligence (il est «intelligent, adroit, travailleur, etc.»), mais tout ce que vous savez à propos de sa sociabilité est qu'il est chaleureux ou froid, poli ou bourru. Poli et bourru ne sont guère informatifs sur le plan de la sociabilité et apportent donc peu de renseignements supplémentaires concernant le personnage fictif. Ce n'est pas le cas de chaleureux et froid qui sont situés aux pôles extrêmes de la sociabilité. Lorsqu'il s'agira de prendre position sur la sociabilité du personnage, les sujets choisiront naturellement les traits qui correspondent à sa sociabilité élevée (générosité, bon caractère, sociable), ou médiocre (égoïste, sale caractère, asocial), et ils maintiendront leur opinion pour les traits qui relèvent autant de la sociabilité que de l'intelligence (honnête). Voilà donc la deuxième question d'Asch résolue. Les traits centraux organisent la perception parce qu'ils ont un poids informatif important.

Pour résoudre sa troisième question, Asch propose à certains de ses sujets la liste de traits de personnalité suivants : «intelligent, travailleur, impulsif, critique, entêté, envieux». Comme précédemment, il leur demande d'écrire en quelques mots ce qu'ils pensent d'un tel individu, ainsi que de répondre au même questionnaire d'inférences que précédemment. A d'autres sujets, il présente exactement la même liste de traits mais dans l'ordre inverse. Comme on peut s'en apercevoir sur le tableau 2.1, un effet de primauté se manifeste clairement car le premier individu (intelligent et... envieux) est jugé beaucoup plus sympathique que le second (envieux et... intelligent).

Tableau 2.1 — Inférences de traits en fonction du type de liste présentée aux sujets (en pourcentages).

	Type de liste			
	«chaleureux»	*«froid»*	*«intelligent»*	*«envieux»*
1. généreux	91	8	24	10
2. sage	65	25	18	17
3. heureux	90	34	32	5
4. d'heureuse nature	94	17	18	0
5. doué d'humour	77	13	52	21
6. sociable	91	38	56	27
7. populaire	84	28	35	14
8. fiable	94	99	84	91
9. important	88	99	85	90
10. humain	86	31	36	21
11. séduisant	77	69	74	35
12. persistant	100	97	82	87
13. sérieux	100	99	97	100
14. mesuré	77	89	64	9
15. altruiste	69	18	6	5
16. imaginatif	51	19	26	14
17. fort	98	95	94	73
18. honnête	98	94	80	79

L'effet de primauté est dû à ce que les premiers traits donnent le ton et indiquent comment il faut comprendre les suivants. Un personnage est «intelligent, travailleur, sapristi c'est vraiment quelqu'un de bien, spontané et pas naïf, c'est merveilleux, il a de la suite dans les idées mais il est envieux, nul n'est parfait». L'autre personnage est «envieux, quelle vilaine qualité, borné, jamais d'accord, agressif, laborieux, et intelligent, mon Dieu, s'il avait pu être bête!». Comme le fait remarquer Brown (1986), les gens recherchent la **cohérence évaluative**; c'est cette cohérence qui leur fera dire par exemple qu'Eltsine est grossier et laid et non pas grossier mais laid; par contre, on dira facilement que Serge Gainsbourg était intelligent mais laid. En d'autres mots, l'emploi spontané que les gens font de «et» et de «mais» règle ce qui est attendu en fonction de la cohérence évaluative. Une autre façon de respecter cette cohérence est de jouer sur les mots, qui s'y prêtent d'ailleurs fort bien : un Hollandais se reconnaîtra éventuellement travailleur et économe mais certainement pas laborieux et avare. C'est la différence entre l'aspect **dénotatif** ou descriptif et l'aspect **connotatif** ou évaluatif (Peabody, 1967). Dans la mesure du possible, les sujets d'Asch vont donc «jouer sur les mots» en prenant comme point d'ancrage le premier trait de personnalité fourni. Celui-ci a un poids informatif particulièrement important puisqu'au moment d'en prendre connaissance, c'est la seule caractéristique connue de la personne fictive.

Les expériences d'Asch sont intéressantes à plusieurs titres. Tout d'abord, elles montrent que si nous sommes rapides à saisir les renseignements particulièrement informatifs (les premiers traits et les traits centraux), nous nous construisons immédiatement une impression générale d'autrui. Nous nous créons tout de suite une théorie concernant autrui, théorie qui dictera notre ingestion des informations ultérieures. Une fois qu'une théorie est en place, bien cohérente, il est extrêmement difficile de la bouleverser. En deuxième lieu, ces expériences suggèrent que nous traitons l'information à propos d'autrui «**en direct**» (***on-line***) plutôt qu'«en différé». En d'autres mots, nous construisons notre jugement d'autrui sur le vif, à mesure que nous recevons les informations et sans attendre de les avoir toutes reçues avant de porter notre jugement. La mémoire de caractéristiques précises intervient donc peu dans l'impression qu'on se fait d'autrui.

Les étudiants sont généralement passionnés par les expériences d'Asch, jusqu'au moment où ils en mesurent les implications. Viennent alors des réactions comme : «Ce n'est pas possible que l'on enferme immédiatement autrui dans une catégorie et que l'on juge tout en fonction de cette catégorie. On n'est pas aveugle, ni borné, on fait attention à qui est vraiment la personne». Le psychologue expérimental Norman Anderson (1981) a eu la même réaction que les étudiants.

PRIORITÉ A L'INFORMATION INDIVIDUALISANTE : ANDERSON

La préoccupation d'Anderson est de connaître l'algèbre mentale que les gens utilisent lorsqu'ils doivent intégrer des informations ayant des valences différentes. Il ne s'intéresse donc pas aux impressions comme telles mais il se dit que les traits de personnalité sont un excellent matériel parce qu'ils varient en positivité et négativité. Anderson demandera donc à un grand nombre d'étudiants de coter une multitude de traits de personnalité de manière à avoir pour chacun d'eux un score de favorabilité. A d'autres étudiants, Anderson donnera des séries de profils, à la Asch, en demandant de les parcourir et de donner pour chaque profil un score global de sympathie. Il s'agissait ensuite de comparer ce score global avec les scores individuels des traits composant le profil.

Tableau 2.2 — Modèle par addition et par moyenne.

Attributs	*Favorabilité*	*Pondération Archiviste*	*Pondération Mannequin*
JEAN			
Intelligent	10	10 x 10	10 x 1
Travailleur	9	9 x 10	9 x 1
Motivé	9	9 x 10	9 x 6
Sympathique	10	10 x 1	10 x 1
Addition	38	290	166
Moyenne (A/4)	9.5	72.5	41.5
LEON			
Intelligent	10	10 x 10	10 x 1
Travailleur	9	9 x 10	9 x 1
Motivé	9	9 x 10	9 x 6
Sympathique	10	10 x 1	10 x 1
Beau	6	6 x 1	6 x 10
Athlétique	4	4 x 1	4 x 10
Addition	48	300	266
Moyenne (A/6)	8	50	44.3

On voit immédiatement que le présupposé de départ d'Anderson est différent de celui d'Asch. Pour Anderson, chaque trait a un score immuable de favorabilité quel que soit le contexte; par exemple, que le trait ambitieux soit accolé à celui de travailleur ou d'opportuniste, il gardera la même valence. Une première façon de vérifier l'intégration des traits individuels dans le score global de sympathie est de calculer la somme des valences de chaque trait composant le profil. Selon Anderson, toutefois, le jugement ne peut se résumer à une simple addition; en effet, il est peu probable que les gens soient plus favorables à l'endroit de quelqu'un à propos duquel ils ont beaucoup de renseignements très légèrement positifs que vis-à-vis de quelqu'un pour lequel ils n'ont que quelques informations mais extrêmement positives. Or, comme le montre l'exemple repris au tableau 2.2, c'est ce qu'implique un **modèle par addition**.

Cet inconvénient est contourné par un **modèle par moyenne** : ce n'est pas la simple addition des traits individuels qui importe mais la moyenne de leurs scores de favorabilité. A la suite d'une série impressionnante de recherches, Anderson montrera que les gens fonctionnent davantage suivant un modèle par moyenne que par addition. Cette découverte a des implications évidentes lorsqu'il s'agit de recommander quelqu'un pour un emploi, par exemple. Le modèle par moyenne enseigne qu'il vaut mieux être sélectif plutôt qu'exhaustif! On se contentera donc d'indiquer que le postulant est «intelligent, travailleur, motivé et sympathique» et on négligera le fait qu'il soit «beau et athlétique». Bien qu'elles soient positives, ces deux dernières qualités abaisseront la moyenne générale.

Comme le modèle par addition, cependant, le modèle par moyenne est incapable de rendre compte de l'effet de primauté trouvé aussi bien dans les recherches d'Asch que d'Anderson. Anderson donnera une explication de l'effet de primauté totalement différente de celle d'Asch. Pour lui, pas question de restructuration cognitive. Il attribue le phénomène à une simple baisse d'attention et, de fait, lorsqu'il présente les traits avec l'instruction de les mémoriser plutôt que d'en faire un portrait cohérent, l'effet de primauté disparaît. Pour tenir compte de l'ordre des renseignements, mais également du contexte du jugement, Anderson proposera d'affecter chaque score de favorabilité d'une **pondération**. Si, dans l'exemple cité plus haut, l'emploi concernait des mannequins masculins plutôt que des archivistes, la favorabilité de «beau et athlétique» aurait dû être fameusement pondérée.

Imaginez maintenant que vous êtes de bonne humeur au moment où vous jugez la sympathie de quelqu'un. Ou que vous avez déjà interagi avec ce quelqu'un et que le résultat a été catastrophique. Allez-vous juger de la même façon? Il y a peu de chances. Anderson a donc proposé d'inclure une impression initiale dans son modèle. Celui-ci prend la forme de l'équation suivante :

jugement global = $p_o f_o$ + Spf/p_o + Sp
où f_o = impression initiale
Spf = somme des scores pondérés de favorabilité des traits
p_o = pondération de l'impression initiale
Sp = somme des pondérations des traits

Le modèle d'Anderson est aussi général qu'ingénieux. Toutefois, nous avouons qu'il ne nous convainc guère. Tout d'abord, il est impensable qu'un trait ne change pas de signification en fonction du contexte. Ensuite, l'introduction d'une impression initiale et de pondérations, connues seulement *a posteriori*, est une manière détournée de tenir compte malgré tout des attentes et hypothèses des gens. Finalement, croyez-vous que les êtres humains sont limités au point de ne pouvoir montrer autant d'attention à la septième information qu'à la première? Que les sujets d'Anderson aient été moins attentifs aux traits figurant au bas des profils qu'à ceux figurant en haut ne fait, par contre, aucun doute. Rappelez-vous qu'Anderson leur fournissait non pas un profil mais toute une pile!

Pendant des années, partisans d'Asch et d'Anderson s'opposeront. Il est évident que les gens tiennent compte et de l'information catégorielle — des théories — et de l'information individualisante -des données. La difficulté réside dans la spécification des conditions favorisant l'une et l'autre approche.

LE MODELE DU CONTINUUM

Lors d'une soirée, vous entrevoyez le psychologue expérimental Renniks. Pour vous comme pour beaucoup de vos copines, tous les psychologues expérimentaux sont ennuyeux, rigides et conservateurs. Vous évitez Renniks et vous finirez la soirée convaincue qu'il est ennuyeux, rigide et fasciste. Admettons maintenant que Renniks se soit installé à votre table; vous voici obligée de faire attention à ce qu'il dit, ne serait-ce que pour dire «Hum hum» de temps en temps. Il parle de ses recherches, insiste sur la régularité dans les études et se montre plus que sceptique quant aux dernières manifestations estudiantines; il y a beaucoup de chances que vous garderez votre stéréotype. Si, par contre, Renniks aborde la question du chômage, évoque la dernière chanson du groupe U2 et vous invite à danser, vous commencerez à hésiter : «C'est un démagogue», ou «Il me fait penser à Jérôme Savary qui, à plus de cinquante ans, vient d'épouser une minette de 18», ou encore «Il me ressemble, je n'arrive jamais à être moi-même dans une soirée». Autre scénario : non seulement Renniks parle chômage et s'y connaît vraiment en musique contemporaine, mais il est spirituel, s'intéresse à vos hobbies et déplore avec vous le hiatus entre les cours et les problèmes de société. Vos stéréotypes concernant les psychologues expérimentaux en prennent

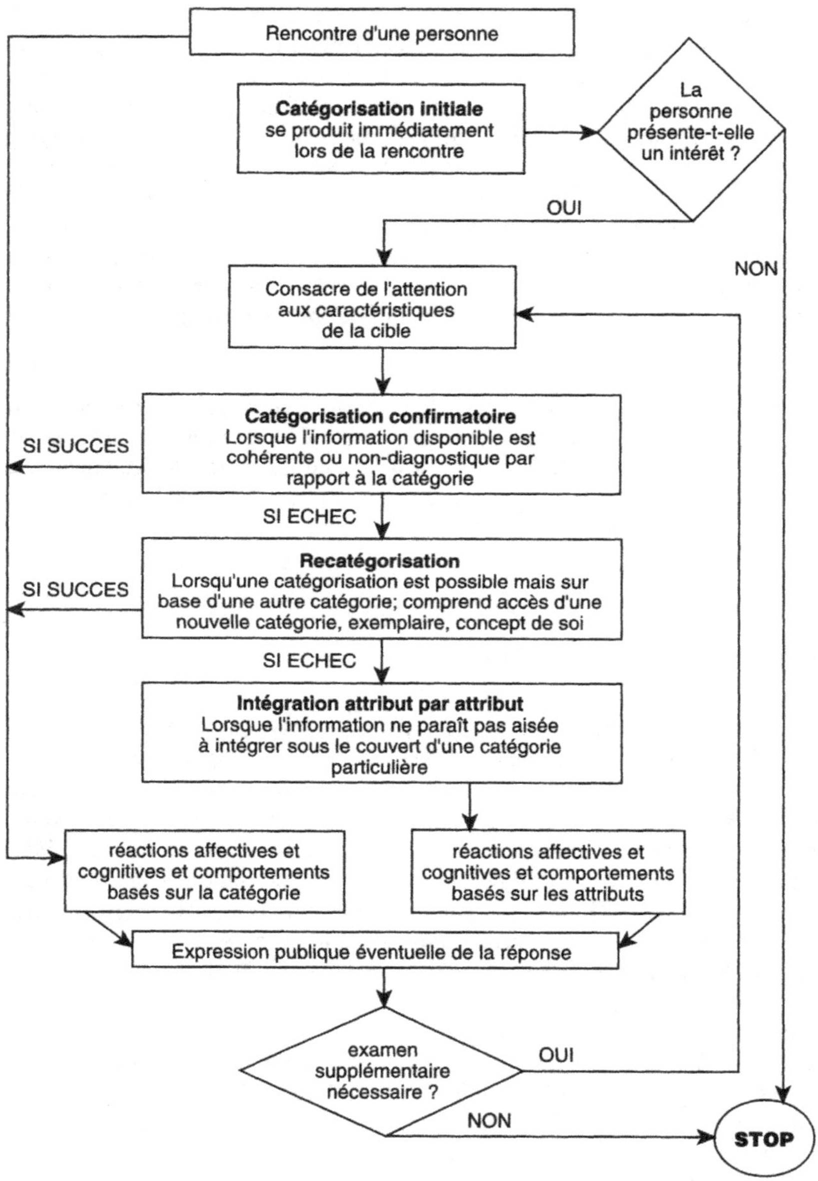

Figure 2.3 — Représentation schématique du Modèle du Continuum.

un coup et vous ne penserez pas à les mentionner quand une copine d'une autre table vous demandera en fin de soirée «Eh, alors, Renniks?»

Dans la séquence que nous avons imaginée, vous êtes passé par plusieurs étapes illustrées sur la figure 2.3. On peut y apercevoir que le passage d'une étape à l'autre dépend de trois facteurs : votre **motivation**, vos capacités d'**attention**, et les **informations** recueillies à propos de Renniks. Cette séquence avec ses éléments correspond au modèle dit du *continuum* développé par Fiske et Neuberg (1990). Le *continuum* va d'un jugement strictement catégoriel, qui a la primauté, à un jugement spécifique qui n'intervient que sous certaines conditions. Le modèle de Fiske et Neuberg est loin d'être le seul à avoir été proposé (Brewer, 1988; Kruglanski, 1989), mais il nous permettra de cerner facilement la littérature.

La catégorisation initiale

Lorsque les gens rencontrent ou entendent parler d'une personne, leur première réaction serait de la catégoriser : une femme, un skinhead. Ils n'en seraient pas nécessairement conscients; la réaction serait spontanée, quasi automatique. Les recherches de Jim Uleman, présentées plus haut dans ce chapitre, militent en ce sens. Mais il y a plus.

Voici une expérience effectuée par Patricia Devine (1989). Elle a d'abord vérifié que des étudiants américains blancs non racistes n'adhéraient pas aux stéréotypes usuels concernant les Noirs mais en connaissaient le contenu aussi bien que des sujets racistes. Un des attributs les plus évoqués à propos des Noirs est leur agressivité. Ensuite, Devine a soumis d'autres sujets, racistes et non racistes, à une exposition subliminale de 100 mots. Chaque mot-amorce était présenté pendant 80 ms et suivi d'un masque (un mélange de lettres) : à cette vitesse, les gens ne sont pas conscients des mots qu'ils voient. La tâche était présentée comme une épreuve de vigilance et les sujets devaient dire si l'amorce était apparue à gauche ou à droite d'un certain point. Dans une condition expérimentale, 80 des 100 mots étaient associés aux Noirs : Harlem, ghetto, drogue, paresseux, crime, nègre, etc. Dans la deuxième condition expérimentale, seulement 20 amorces étaient associées à la catégorie Noirs. Après l'exposition subliminale, tous les sujets lisaient une douzaine de réactions d'un dénommé Donald, d'ethnie non spécifiée, face à différentes situations. Les comportements de Donald étaient ambigus du point de vue de l'agression. Par exemple, Donald réclame son argent de la caissière immédiatement après un achat et refuse de payer l'appartement tant que le propriétaire n'aura pas tenu sa promesse de le repeindre. Les sujets devaient ensuite juger Donald sur diverses échelles dont certaines étaient relatives à l'hostilité.

Les participants de la première condition expérimentale, avec les 80 amorces associées à la catégorie des Noirs, jugeaient Donald plus agressif que ceux de la deuxième condition qui n'avaient reçu que 20 mots liés aux Noirs américains. Plus important, les sujets non racistes ne différaient pas des racistes dans leur jugement de Donald. En d'autres mots, lorsque les gens ne peuvent exercer un contrôle cognitif sur leurs croyances, à cause du caractère subliminal de la présentation des stimuli, ils se laissent prendre au piège de la catégorie et du contenu qu'ils ont entendu seriner depuis leur plus tendre enfance.

Il y a du fatalisme ou du réalisme dans les résultats de cette expérience. La raison et les connaissances cèdent le pas aux préjugés, malgré la meilleure volonté du monde. Mais peut-être l'expérience de Devine est-elle trop simple (Gilbert et Hixon, 1991)? Peut-être l'absence de différence entre personnes racistes et non racistes est-elle due au caractère négatif des concepts amorcés plutôt qu'à l'inévitabilité de la catégorisation (Lepore et Brown, 1997)?

Derrière une personne de race noire se «cache» une myriade de catégories possibles : une Sénégalaise, une collaboratrice d'un professeur, elle ferait bien de soigner son rhume plutôt que de renifler, etc. La plupart du temps, les gens ne se promènent pas avec un badge spécifiant une de leurs catégories; et, lorsqu'ils le font, comme lors de congrès, c'est pour être reconnus comme membres de telle catégorie et non d'une autre. Toutefois, si les gens catégorisent facilement quelqu'un susceptible de l'être de trente-six autres façons, qu'est-ce qui guide leur choix?

Un premier facteur consiste en la **saillance** perceptive : c'est ce qu'on appelle l'effet solo. La seule étudiante ingénieur parmi tous des garçons risque d'être plus souvent jugée en fonction de son appartenance sexuelle qu'en fonction de toute autre caractéristique (Taylor *et al.*, 1978).

Un deuxième facteur susceptible de décider de la catégorisation est fourni par les **buts** poursuivis au moment de la catégorisation. Si, malade, je vois une jeune docteur turc, c'est la catégorie «docteur» qui attirera mon attention et définira la personne (Smith & Zarate, 1990).

Liée au facteur précédent, l'**accessibilité temporaire ou chronique de concepts** est également importante (Higgins, 1996). A un moment donné, et de manière ponctuelle, certains concepts peuvent être plus accessibles que d'autres. Si je viens de regarder le journal télévisé qui a abondamment commenté des émeutes entre policiers et immigrés, et que quelqu'un frappe à la porte, je serai plus enclin à le catégoriser comme étranger que comme représentant de commerce. Sans que j'en aie été nécessairement conscient, la télévision a activé un concept particulier que j'ai utilisé puisqu'il m'était particulièrement accessible. Cette influence n'est pas durable dans la mesure où les concepts accessibles se renouvellent constamment. Certains concepts sont cependant accessibles de manière chronique. Les gens ont ce que Markus (1977) appelle des schémas personnels. Certaines personnes se pensent comme essentiellement honnêtes; d'autres comme indépendantes; d'autres encore comme prolétaires. Ces dimensions font partie de leur définition d'eux-mêmes et c'est en fonction de ces dimensions qu'ils filtrent la réalité. Il est évident que «le» prolétaire aura davantage tendance à catégoriser le monde en classes sociales que ne le ferait, par exemple, quelqu'un pour qui seule compte l'intelligence.

Je peux également catégoriser selon ce que les psychologues cognitivistes appellent une **heuristique**, c'est-à-dire un raccourci, et parfois un court-circuit, de raisonnement qui me fait gagner du temps et de l'énergie au risque de me tromper. Ce livre illustrera différentes heuristiques; ici, il s'agit de celle de la **représentativité** ou de la **similitude** (Tversky, 1977). Supposez que vous entendiez parler d'un de nos amis, qui est petit, timide, aime la poésie orientale et l'ésotérisme. S'agit-il d'un sinologue ou d'un psychologue? Si vous avez répondu «sinologue», vous avez fonctionné selon l'heuristique de représentativité ou de similitude. En effet, vous avez réagi en fonction de ressemblances de surface sans tenir compte du fait que nous comptons probablement beaucoup plus d'amis psychologues que d'amis sinologues et qu'il peut exister des psychologues à la fois petits, timides, amateurs de poésie orientale et d'ésotérisme.

Ces différents facteurs expliquent très bien la réaction des psychiatres à la demande de Rosenhan et de ses amis : ils les ont catégorisés comme psychotiques, soit schizophrènes, soit maniaco-dépressifs. De fait, ils travaillent dans un hôpital psychiatrique, leur travail consiste notamment à faire des diagnostics, ils sont sollicités par des gens qui demandent une hospitalisation, ces gens entendent des voix depuis plusieurs semaines, peu importe ce que disent les voix, il faut répondre à la demande. La saillance est là, le but aussi, l'accessibilité est omniprésente, et c'est finalement l'heuristique de similitude qui l'emporte : cela ressemble étonnamment à un psychotique habituel même si ce qu'il entend est inaccoutumé.

Confirmation de la catégorie

Selon le modèle du continuum de Fiske, les gens passeront à une deuxième étape s'ils sont suffisamment motivés et s'ils en ont les capacités cognitives. S'ils ne sont pas motivés, ou s'ils sont motivés mais dans l'incapacité d'accorder davantage d'attention, ils en resteront à la catégorisation initiale. Sinon, ils passeront à la confirmation. Les gens excellent à confirmer leurs attentes. Le comportement se prête également bien à la confirmation parce qu'il contient en général une bonne dose d'ambiguïté. Le même geste peut être interprété comme un coup agressif ou une bourrade amicale selon qu'il est effectué par un membre d'un groupe dont on attend ou non de l'agressivité (Duncan, 1976; Sagar et Schofield, 1980).

Voici un résumé d'un vaste programme de recherches entrepris par Snyder (1984) qui montre la facilité de la confirmation et ses implications. Cet auteur demande à ses sujets de vérifier, à l'occasion d'une interview, si une autre personne est extravertie, ou dans une autre condition si elle est introvertie. Pour ce faire, il leur demande de sélectionner à l'avance leurs questions parmi une liste qu'il met à leur disposition. Dans cette liste figurent des questions relatives à l'extraversion (par exemple, «Que faites-vous pour animer une soirée?»); d'autres concernent l'introversion (par exemple, «Qu'est-ce qui vous plaît dans le fait de passer une soirée en solitaire?»); et d'autres encore ne concernent ni l'introversion ni l'extraversion. Les gens sélectionnent les questions en fonction de la tâche qui leur est assignée, c'est-à-dire qu'ils choisissent de préférence des questions extraverties pour vérifier l'extraversion et des questions introverties pour vérifier l'introversion.

Si, maintenant, on pose effectivement les questions sélectionnées à des sujets naïfs dont on enregistre les réponses et que l'on fait entendre ces dernières à des juges externes, ceux-ci perçoivent les personnes en fonction des questions posées. En d'autres termes, quelle que soit la véritable personnalité des personnes interviewées, celles qui répondent à des questions extraverties apparaissent aux yeux de tiers plus extraverties que celles qui répondent à des questions introverties (Snyder et Swann, 1978). Fazio *et al.* (1981) ont posé à des sujets naïfs des questions uniquement extraverties ou introverties; après y avoir répondu, ces sujets ont complété un questionnaire d'extraversion-introversion et on s'est aperçu qu'ils avaient été influencés par le type de questions qu'on leur avait posé. Par exemple, s'ils avaient reçu des questions extraverties, ils se disaient davantage extravertis. Cela n'avait évidemment pas bouleversé leur personnalité, mais, malgré tout, leurs réponses au questionnaire étaient différentes de celles d'une population de contrôle. Ces derniers ensembles de résultats montrent donc que la confirmation n'est pas innocente. Dans certains cas, elle amène une **auto-réalisation de la prophétie**, c'est à dire qu'elle transforme une hypothèse en réalité (Darley et Fazio, 1980).

Dans la vie de tous les jours, les gens sont-ils à ce point enclins à confirmer leurs moindres croyances? Dans les expériences de Snyder, les sujets n'étaient pas libres de formuler eux-mêmes leurs questions. D'autre part, les questions à sélectionner n'étaient pas quelconques. Les psychologues les appellent des questions biaisées en ce sens qu'elles présupposent l'extraversion ou l'introversion. La question «Que faites-vous pour animer une soirée?» présuppose non seulement que l'on aille à une soirée mais qu'on l'anime en plus. Ce n'est pas le genre de questions que les gens formulent eux-mêmes avant une interview; dans ce dernier cas, ils inventent des questions dites diagnostiques auxquelles on répond par oui ou par non (par exemple, «Etes-vous timide?») ou des questions qui testent simultanément les deux hypothèses (par exemple «Etes-vous plutôt du type sociable ou réservé?»). Donc, quand on leur donne l'occasion d'être le plus rationnels possible, les gens s'en montrent capables et ne cherchent pas à confirmer à tout prix leur hypothèse (Trope et Liberman, 1996).

Jusqu'à présent, nous avons donné de la stratégie confirmatoire une image négative : elle est stupide et irrationnelle, elle peut mener à des erreurs et à des déformations de la réalité. Ceci n'est vrai que dans la mesure où l'hypothèse n'est pas correcte ou que l'on n'a pas de raison de croire qu'elle l'est. Si l'interview a réellement lieu, que les gens peuvent poser les questions qu'ils veulent, qu'ils se rendent compte que l'interviewée est manifestement extravertie, n'est-il pas normal qu'ils posent des questions biaisées en faveur de l'extraversion? Même aux yeux de tiers, ces questions confirmatoires posées en de telles circonstances sembleront plus informatives, et ce sont les gens les plus compétents socialement qui y auront d'ailleurs davantage recours (Dardenne et Leyens, 1995). Si, en face de quelqu'un qui s'évertue à vous dire qu'il est extraverti, vous lui posez la question «Etes-vous timide?», que croyez-vous que lui et des observateurs penseront de vos talents d'empathie? En fait, une non-recherche de confirmation peut s'avérer désastreuse lorsque l'hypothèse est correcte, ainsi que le montre cette histoire véridique arrivée à un jeune couple. A l'occasion d'examens médicaux de routine, on diagnostique que l'épouse est séropositive. D'où cela peut-il bien provenir puisque chacun des époux dit ne jamais avoir eu de relations avec d'autres personnes, et que la femme n'a pas fait l'objet de transfusions sanguines? Le mari passe des examens qui se révèlent négatifs. On imagine l'ambiance de suspicion dans le couple. Le mari tentera même de se suicider. Finalement, la séropositivité de la femme s'avérera une erreur de diagnostic. Mais, pendant un an, le couple avait fait confiance à l'expertise des médecins plutôt que de chercher à confirmer sa propre hypothèse!

A nouveau, le processus de confirmation permet de mieux faire comprendre ce qui s'est passé dans l'étude des pseudo-patients de Rosenhan. Ceux-ci avaient reçu pour consignes de répondre la vérité lors de l'interview d'admission, sauf pour les voix. Un des pseudo-patients confesse donc que, jeune enfant, il était plus proche de sa mère que de son père alors qu'avec l'adolescence, la tendance s'est inversée. La relation avec son épouse est excellente, les disputes sont peu nombreuses et les enfants ont été rarement fessés. Dans le rapport psychiatrique, cette description devient une absence de stabilité affective, des essais manqués de contrôle émotionnel, et une ambivalence considérable dans les rapports amicaux. Que voulez-vous dire d'autre d'un psychotique? Plus tard, après l'hospitalisation, les psychiatres ne voient quasiment plus les patients mais ils confirmeront leur diagnostic antérieur en interprétant comme un signe d'agitation l'insistance des pseudo-patients à demander la sortie de l'institution psychiatrique. Quant aux infirmières, qui voient un peu plus souvent les patients, les comportements d'annotation systématique doivent de fait leur paraître bizarres.

Les sous-catégories et les sous-types

Comment réagissons-nous lorsque nous rencontrons de l'information qui ne colle pas à notre hypothèse? Me voici en présence d'un homme dont on m'assure qu'il faisait son service militaire quand les Beattles jouaient encore aux billes, qui sifflote un air en vogue, est habillé de manière grunge, et qui émaille son discours des dernières expressions à la mode. Que devient mon stéréotype de la personne âgée?

Comme nous l'avons vu en début de chapitre, nous sommes extrêmement flexibles dans notre façon d'agencer les traits de personnalité et de maintenir nos théories implicites de personnalité et nos stéréotypes. Une façon de s'y prendre est de recourir à des **sous-catégories**. Nous n'avons généralement pas une vue complètement uniforme d'une catégorie donnée. Parmi les personnes âgées, nous distinguons habituellement plusieurs catégories : les vieilles personnes handicapées et malades, les retraités, et les gens d'expérience qui assument des postes d'importance dans la société (Brewer *et al.*, 1981). Ces sous-catégories partagent des attributs communs mais se distinguent également. Lorsque la catégorie générale est activée, ces sous-catégories restent dans l'ombre, mais des informations spécifiques peuvent les faire apparaître au grand jour.

A côté de ces sous-catégories, nous avons également des **sous-types** (Maurer *et al.*, 1995) : les vieux beaux, par exemple. Ces sous-types diffèrent des sous-catégories dans la mesure où ils n'entrent pas vraiment dans la catégorie générale si ce n'est à l'état d'exception. Ces sous-types permettent en fait d'enkyster l'information contradictoire. D'une certaine façon, les psychiatres qui ont signé la sortie des pseudo-patients en leur donnant le diagnostic «en rémission» ont sous-typé. Il est de fait rarissime qu'un tel diagnostic — aussi optimiste — soit accordé, surtout après une moyenne de 19 jours seulement d'hospitalisation.

Si les sous-catégories et les sous-types ne conviennent pas, on peut encore recourir à des **recatégorisations**. Le sexagénaire décrit plus haut peut me faire penser à Dali, ou à Gainsbourg; je le classerai dans la catégorie des génies artistiques qui se doivent de trancher sur le commun des mortels, et s'il n'est ni génie ni artiste, du moins il tranche. Ou bien je peux m'apitoyer sur le sexagénaire qui me fait penser à moi-même quand je suis déprimé. Il devient maintenant le prototype du personnage mal dans sa peau. Comme on le voit ici, alors que j'étais en voie de traiter le sexagénaire en individu spécifique, j'ai fait demi-tour et je lui ai finalement mitonné une catégorie en béton : il n'y a pas à dire, ce bonhomme devrait se faire soigner!

La spécificité individuelle

Dans le modèle du continuum de Fiske, les étapes ultérieures à la catégorisation initiale dépendent, on s'en souvient, de la motivation des sujets et de leurs possibilités d'attention. Dans différentes expériences avec ses collaborateurs, Fiske va s'arranger pour que les informations individualisées ne correspondent pas à l'hypothèse de départ. En faisant varier la motivation des sujets, elle va voir à quelles informations, et dans quelles conditions, les gens vont faire attention. Fiske a traditionnellement induit la motivation en rendant le sort des juges dépendant de celui de leur cible de perception.

Dans une expérience de Erber et Fiske (1984; exp. 1), par exemple, des paires de sujets (un juge et une cible) doivent effectuer une tâche créative et des prix importants seront attribués, soit au meilleur produit de groupe (dépendance), soit au meilleur produit individuel (indépendance). Avant d'entreprendre la tâche, les sujets prennent connaissance d'évaluations effectuées par des pairs de la cible. La moitié de ces évaluations sont cohérentes avec l'idée de créativité, tandis que l'autre moitié est incohérente. Sans que les sujets ne s'en rendent compte, l'expérimentateur chronomètre le temps que les juges passent à lire les évaluations incohérentes et cohérentes. Comme le montre la figure 2.4, l'attention portée aux deux sortes d'évaluation est conforme aux attentes des auteurs. Quand les informations sont cohérentes, l'attention ne diffère pas quel que soit le degré de dépendance. Quand les évaluations sont incohérentes avec la créativité, par contre, l'attention est plus importante dans le cas de la dépendance que dans celui de l'indépendance.

On verra plus tard qu'il y a différentes façons de motiver les gens. L'important ici est de noter que la cible est individualisée par l'attribution de dispositions individuelles. Les sujets ne se contenteront pas d'en rester aux comportements qu'ils ont lus à propos de la cible; ils lui attribueront des traits de personnalité : dynamique, imaginative, ou incompétente et ennuyeuse suivant les cas. Malgré l'individualisation, on en revient donc à une certaine sorte de catégorisation. C'est inévitable :

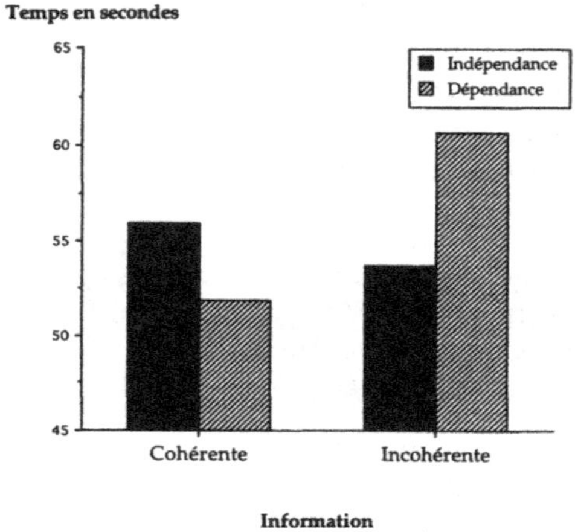

Figure 2.4 — Temps consacré à l'examen des informations selon leur degré de cohérence et le niveau de dépendance (en secondes).

les sujets cherchent à expliquer les comportements de la cible; ils essaient de donner un sens à ce qu'ils ont entendu et lu. Pour ce faire, ils n'ont pas nécessairement recours à une catégorie grossière, «de série»; ils essaient de faire «du sur mesure». Les comportements décrivent; les traits de personnalité donnent l'impression d'expliquer.

Malgré la motivation et l'attention requises par l'**individualisation**, celle-ci ne sera pas nécessairement plus exacte qu'une catégorisation plus englobante. On verra d'ailleurs plus loin dans ce chapitre des exemples d'erreurs par excès d'individualisation. Il n'empêche que l'individualisation, qui particularise une personne, est généralement considérée comme une meilleure réponse que la catégorisation simple, qui traite tous les membres d'un groupe comme équivalents. Ce sentiment de supériorité provient de la valeur attribuée aux différences par rapport aux similitudes et, également, de la connotation négative qu'ont de nombreux stéréotypes.

Dans les paragraphes qui précèdent, nous avons commenté le modèle du continuum en passant en revue certains processus fondamentaux de la formation d'impression : la catégorisation plus ou moins spontanée, le processus de confirmation et la résistance à l'information contradictoire. Dans les trois sections suivantes, nous examinerons plus spécifiquement le rôle de trois ingrédients essentiels dans cette formation d'impression : la motivation, l'attention, et les informations individualisées.

LES INGRÉDIENTS DE LA FORMATION D'IMPRESSION

La motivation

Lorsque les gens sont motivés à prendre en compte les diverses informations qui leur arrivent, ils ont le choix entre différentes stratégies. Nous en distinguerons deux. Une stratégie pourrait être appelée **suffisance**, et l'autre **nécessité** (Lewicka, 1988). La stratégie de suffisance accorde un poids prévalent aux informations confirmatoires. C'est la stratégie adoptée sans doute par les psychiatres de l'expérience de Rosenhan. La stratégie de nécessité, elle, accorde une importance particulière aux informations infirmatoires et elle est surtout utilisée en cas de danger (par exemple, l'erreur serait coûteuse, vous seriez mal jugé, on vous garantit qu'il existe une bonne réponse, etc.).

Admettons que vous ayez été un sujet de l'expérience suivante de Ditto et Lopez (1992). L'expérimentateur vous laisse seul pour réaliser un test de salive destiné à mesurer votre quantité de TAA, un enzime — la thioamine acetylase — dont l'absence dans le corps est susceptible à long terme d'amener des désordres au niveau du pancréas. Vous prenez le test et, selon la condition expérimentale dans laquelle vous vous trouvez, le test révèle que vous avez du TAA ou que vous en manquez. Suivant le résultat, votre réaction sera complètement différente. Si vous avez du TAA, vous adoptez la stratégie de suffisance et, d'ailleurs, dans l'expérience originale, 4 sujets sur 22 seulement recommenceront le test. Si vous n'avez pas de TAA, vous recommencerez le test (13 sur 25 sujets dans l'expérience) en adoptant toutes sortes de tactiques susceptibles, selon vous, de changer son résultat : appliquer la languette sur la langue, cracher dessus, souffler sur la languette, etc. Bref, vous adoptez une stratégie de nécessité.

La logique, et l'exactitude, voudraient qu'on emploie les deux stratégies dans toutes les situations (par exemple, si vous avez du « TAA », ne pas vous contenter d'un seul essai, et, si vous n'en avez pas, ne pas recourir à des comportements superstitieux dans l'espoir de faire apparaître du « TAA »). Toutefois, le pragmatisme a, lui aussi, sa logique. Le recours aux deux stratégies est coûteux et souvent inutile dans la vie de tous les jours. Généralement, donc, les gens se contentent d'une des stratégies en fonction des enjeux. Chacune comporte des avantages, mais aussi des désavantages. Plus haut nous avons vu que la recherche effrénée de confirmation peut se révéler désastreuse, de même que sa non-recherche (rappelez-vous le cas de l'épouse prétendument séropositive). L'expérience qui suit illustre la stratégie de suffisance et montre qu'elle n'est pas nécessairement dénuée de « rationalité ».

Sanitioso *et al.* (1990) ont convaincu les participants à une de leurs expériences que soit l'extraversion, soit l'introversion, était un facteur de prédiction de la réussite académique. Quand ils ont demandé à ces participants de décrire ensuite leur personnalité, ils ont observé que leur prétendu feedback avait influencé ces descriptions. Ceux qui croyaient, par exemple, que l'extraversion prédisait la réussite se décrivaient comme légèrement plus extravertis que normalement. Manifestement, il doit y avoir une «erreur» dans les jugements de ces sujets. En effet, l'introversion ou l'extraversion devrait être indépendante du feed-back. Toutefois, il ne faut pas trop vite conclure que ces sujets ont déformé leur «vraie» personnalité en espérant que les résultats universitaires se conformeraient à leur «nouvelle» personnalité. Lorsque ces sujets ont dû se remémorer des épisodes de leur vie relatifs à la dimension introversion-extraversion, ils se sont d'abord souvenus d'épisodes d'introversion si l'introversion prédisait la réussite, et d'épisodes extravertis si l'extraversion prédisait cette même réussite. Cet accès privilégié au pôle prédicteur de la réussite peut avoir infléchi leur jugement quant à leur «vraie» extraversion ou introversion. Somme toute, les jugements des sujets n'étaient peut-être pas été aussi erronés qu'on aurait pu le penser à première vue.

L'attention

Pour se former une impression satisfaisante de quelqu'un, la motivation n'est pas toujours suffisante. Comme on a pu s'en rendre compte avec l'expérience de Erber et Fiske, résumée plus haut, l'attention ou les capacités cognitives ont également un rôle à jouer. Renversons la situation. Sachant ce que l'on sait d'un stéréotype, ne peut-on faire l'hypothèse que si l'on dispose d'un stéréotype fiable à propos de quelqu'un, les ressources cognitives seront employées à d'autres tâches que la formation d'impression? Voici le résumé d'une expérience qui montre que le recours au stéréotype permet de faire attention à d'autres informations que la cible stéréotypée (Macrae *et al.*, 1994).

Les sujets voient sur un écran d'ordinateur un prénom (par exemple, John), qui est suivi de 10 traits de personnalité, présentés chacun pendant environ 3 secondes. Les sujets doivent se faire une impression de John et de trois autres personnes, également caractérisées chacune par 10 traits, en même temps qu'ils doivent écouter attentivement un enregistrement concernant la géographie et l'économie de l'Indonésie. Pour la moitié des sujets n'apparaissent à l'écran que les prénoms et les traits. Pour l'autre moitié des sujets, chaque prénom est associé à une catégorie différente (par exemple, John est un skinhead) qui correspond à la moitié des traits associés à ce prénom (par exemple, rebelle, agressif, dangereux), les autres traits étant non pertinents par rapport à la catégorie (par exemple, chanceux, curieux, modeste). Quand tout le matériel a été présenté, les sujets ne devront pas donner leur impression des cibles mais devront passer un test de rappel des différents traits pour chaque cible ainsi qu'un test à choix multiples concernant l'Indonésie. Conformément à l'hypothèse, les sujets aidés par l'explicitation de la catégorie se rappelleront davantage de traits stéréotypiques (mais pas de traits non-stéréotypiques) et donneront davantage de bonnes réponses sur l'Indonésie que les sujets qui n'ont pas vu la mention de la catégorie.

En d'autres termes, lorsque nous voyons un salmigondis d'informations concernant un individu, nous éprouvons des difficultés à nous forger une impression de celui-ci, et *a fortiori*, à nous concentrer sur une tâche tout à fait différente. Par contre, lorsque nous disposons d'un «label» adéquat pour une partie des informations, la difficulté diminue au point de nous permettre de pouvoir faire attention à autre chose. Il est d'ailleurs très probable qu'au moment où nous voyons apparaître une catégorie comme «skinhead», nous faisons spontanément des associations qui se confirment par l'apparition des traits stéréotypiques.

De ce qui précède, on a souvent conclu que la confirmation d'un stéréotype ne demandait aucun effort. Ceci est erroné (Yzerbyt *et al.*, 1996). De même que l'on peut faire des efforts pour s'écarter d'une vision stéréotypée, on peut se fatiguer pour confirmer un stéréotype, pour faire correspondre l'information individualisée avec la catégorie de départ. Le Pen ne se donne-t-il pas beaucoup de peine pour maintenir des caricatures?

En conclusion, se reposer sur un stéréotype est économique alors que la prise en compte d'informations individualisées demande des ressources, pour s'éloigner du stéréotype comme pour le conserver. Cette dernière remarque nous amène tout naturellement à considérer l'importance des informations.

Les informations

Comme on a pu s'en rendre compte à l'occasion de la controverse entre Asch et Anderson, le jugement social revient à combiner, de manière équilibrée, des informations catégorielles et des informations individualisées. Avant de combiner, toutefois, il faut remarquer l'information. A l'occasion du modèle du continuum, nous avons vu que les gens n'éprouvent guère de difficultés à repérer l'information catégorielle. Couleur de la peau, appartenance sexuelle, langue, handicap physique, façon de s'habiller, etc., constituent des caractéristiques souvent liées à des catégories sociales. Elles seront facilement remarquées et joueront le rôle d'informations catégorielles, donnant immédiatement lieu à des inférences et à des attentes.

Les informations individualisées, quant à elles, seront d'autant plus aisément prises en compte qu'elles seront **saillantes** et **diagnostiques**. Les informations saillantes retiennent l'attention et les informations diagnostiques fournissent des renseignements valables. Asch avait déjà relevé deux types d'informations individualisées privilégiées :

a) *les traits centraux* et

b) *les premières informations*. Les premières informations concernant un inconnu sont, par définition, saillantes et diagnostiques puisque l'on ne savait jusque là rien sur cet individu. D'autre part, les traits centraux sont saillants et diagnostiques d'une dimension à propos de laquelle aucun renseignement n'avait été fourni auparavant.

c) *L'information concrète, imagée*, est également facilement repérable. «La mort de milliers de soldats soviétiques est une statistique, la mort d'un soldat soviétique est une tragédie», disait Staline. Une image est plus persuasive qu'un tableau de chiffres. A côté d'une moyenne, il y a un écart-type; le cas unique ne connaît pas d'exception. C'est pourquoi un langage métaphorique a davantage d'impact qu'un langage abstrait (Nisbett et Ross, 1980).

d) *Les caractéristiques rares* sont aussi privilégiées. Sont rares les informations polarisées (par exemple : éblouissant ou nullissime). La diagnosticité dépend toutefois du domaine d'application. Les traits négatifs sont particulièrement informatifs dans le domaine de la moralité en ce sens qu'il arrive à tout le monde (même à un pédophile) de se montrer généreux, mais tout le monde n'est pas pédophile. Inversement, les traits positifs sont surtout diagnostiques en ce qui concerne les habiletés : rares sont les génies, mais même ceux-ci commettent des bévues. Au-delà de l'extrémité dans certains domaines, la négativité est en général plus diagnostique que la positivité. C'est un effet de la rareté puisque le vocabulaire compte plus de termes positifs que de termes négatifs. C'est aussi une conséquence du danger possible représenté par une information négative. Savoir qu'un comptable est honnête ne me suffira peut-être pas pour l'engager. Savoir, par contre, qu'il a commis une malhonnêteté m'incitera certainement à ne pas l'engager (Peeters et Czapinski, 1990; Reeder et Brewer, 1979; Skowronski et Carlston, 1989).

e) Enfin, *les caractéristiques incohérentes* par rapport à ce que l'on attend, sur base de rumeurs, d'inférences, ou d'observations, sont également saillantes et devraient donc, elles aussi, attirer l'attention (Srull et Wyer, 1989).

Nous venons de passer en revue les informations individualisées qui ont le plus de chances d'être prises en compte au moment d'un jugement. Cela ne veut évidemment pas dire qu'elles seules sont disponibles et jouent un rôle dans le jugement. La question devient maintenant celle de l'équilibre entre informations catégorielles et individualisées. Pour ce faire, les psychologues sociaux répertorient l'information individualisée en fonction de sa diagnosticité. Il y a tout d'abord les **informations diagnostiques** dont le contenu est directement pertinent pour le jugement, et qui peuvent être **cohérentes ou non** avec les attentes. Il y aussi les **informations pseudo-diagnostiques** : leur contenu est habituellement utile pour connaître quelqu'un (par exemple, son intelligence) mais, pour le jugement en cause (par exemple, la ponctualité), il n'est aucunement diagnostique. Ensuite viennent les **informations non-pertinentes** : leur contenu n'est pas seulement non-diagnostique mais il est aussi trivial (par exemple, la couleur des yeux pour juger la ponctualité).

Quel est le poids relatif des informations diagnostiques conformes à l'information catégorielle et des informations diagnostiques qui contredisent les attentes suscitées par l'information catégorielle? D'une part, on a vu que les gens excellent à interpréter une information individualisée ambiguë dans le sens de leurs hypothèses. D'autre part, il est clair que des informations incongrues doivent faire figure sur fond. Comment concilier cette apparente contradiction (Stangor et McMillan, 1992; Rojahn et Pettigrew, 1992)? Par la pragmatique. Si les individus sont motivés à traiter l'information de la manière la plus correcte possible, s'ils doivent résoudre les incohérences éventuelles à mesure qu'elles se présentent, et si les attentes ne sont pas toutes puissantes, les informations individualisées incohérentes par rapport à l'information catégorielle recevront un statut particulier et seront particulièrement bien mémorisées. Par contre, si les attentes sont très fortes ou si le traitement n'exige pas d'efforts particuliers, ce qui sera récupéré en mémoire ira dans le sens de l'information catégorielle, ne serait-ce que parce que les individus reconstruiront un contenu conforme à leurs hypothèses.

Quel est, maintenant, le poids des informations non-diagnostiques, que celles-ci soient pseudo-diagnostiques ou non-pertinentes? Normalement ce poids devrait être nul puisque l'information est vide pour le jugement. Et pourtant...

Des sujets sont invités à dire quelle solution un juriste ou un professeur de mathématiques choisirait face à un problème d'ordinateur. Chaque solution a été prétestée comme stéréotypique d'un groupe et contre-stéréotypique de l'autre groupe (par exemple, consulter le manuel ou donner un bon coup sur l'appareil). Sans surprise, les sujets choisissent la solution stéréotypique pour chaque groupe. Dans une autre condition expérimentale, le juriste ou professeur de mathématiques est présenté comme ayant 40 ans, marié, avec deux enfants. Dans une troisième condition expérimentale, la même information est donnée sur une bande vidéo par un acteur qui se présente comme juriste ou mathématicien. Les jugements de la deuxième condition sont moins stéréotypiques que ceux de la première, et ils ne sont plus du tout stéréotypiques dans la troisième condition (Denhaerinck *et al.*, 1989).

Beaucoup de psychologues cognivistes estimeront que les sujets des deuxième et troisième conditions expérimentales ont commis une erreur, en quelque sorte paradoxale, puisqu'ils n'ont pas tenu compte du stéréotype, d'une appartenance catégorielle diagnostique, et qu'ils ont été influencés par une information sans valeur aucune (Tversky et Kahneman, 1983; mais voir Gigerenzer, 1991). Cette «erreur» s'appelle la **dilution de stéréotype** (Nisbett *et al.*, 1981) et correspond non pas à la diminution d'un stéréotype, mais à la diminution de son expression suite à la présence d'informations individualisées pseudo-diagnostiques ou non-pertinentes. Ce phénomène a classiquement été expliqué par l'heuristique de similitude : l'information individualisée non-diagnostique diminuerait la ressemblance avec le prototype. Si tout ce que je sais de quelqu'un est qu'il est physicien, l'entièreté de mon information est contenue dans le prototype du physicien; si je sais en plus qu'il s'appelle Albert, est petit, porte une moustache, et a rédigé un contrat de mariage qui ravale son épouse à une sous-employée de maison, un cinquième de mon information seulement correspond maintenant au prototype. Albert ne serait plus un vrai physicien typique. Nous allons voir tout de suite ce qu'il faut penser de cette explication.

LA JUGEABILITÉ SOCIALE

Peut-être les paragraphes précédents ont-ils trop assimilé la perception d'autrui à la résolution d'un problème intellectuel dont on trouve la solution exacte pourvu qu'on y mette l'énergie (la motivation) et le talent (les capacités cognitives). Cette perspective est en train d'être dépassée.

Rappelons tout d'abord qu'il n'y a pas une vérité unique en perception d'autrui. Il y a simplement des consensus plus ou moins partagés. Il n'y a donc pas de validité objective, mais une validation sociale. Ensuite, rien n'assure que le jugement individualisé d'une cible sera plus «exact» qu'un stéréotype. Il n'est pas plus certain que «la vérité» serve les interactions sociales; pour s'en convaincre, il suffit d'imaginer la réponse donnée par un garçon amoureux (mais pas aveugle) à son amie qui lui demande si elle est la plus belle femme au monde.

Un bon jugement social

Plutôt que de vérité ou d'exactitude, nous préférons parler d'adéquation dans les jugements sociaux et nous proposons de tenir compte de quatre niveaux (Leyens *et al.*, 1994).

Le premier niveau est celui de la **réalité objective**. C'est celui auquel les gens se réfèrent quand ils disent qu'ils ont raison. Pourtant, à s'en tenir à ce niveau, il y aurait peu de choses à dire concernant autrui. Bien sûr, quelqu'un qui joue merveilleusement au football doit être un footballeur, mais quelqu'un qui abuse sexuellement d'enfants est-il un pédophile, un malade, un immoral, un pervers, un monstre, ou tout cela à la fois?

Le deuxième niveau est **culturel**. Chaque culture et chaque époque a ses normes concernant ce qui constitue un jugement adéquat et les conditions de son expression. Aux USA, dans les années trente, par exemple, les stéréotypes négatifs vis-à-vis des Noirs florissaient davantage lorsque les questionnaires étaient remplis de manière identifiable plutôt qu'anonyme (Katz et Braly, 1935). A cette époque, il était donc de bon ton de dénigrer les «nègres». La mode actuelle du langage «pc» (*politically correct*) atteste le changement de norme. Le niveau culturel, lui aussi, contribue à la validation sociale du jugement. S'il n'y avait pas de normes concernant le jugement, les gens seraient continuellement indécis. Selon la théorie de la jugeabilité sociale que nous allons exposer, ces différentes informations interviennent dans l'impression que l'on est en droit d'exprimer un jugement, que la cible est jugeable. Voici une expérience qui est devenue un classique de la littérature.

Des sujets visionnent une vidéo mettant en scène une fillette, Hannah. On voyait celle-ci près de son école et dans son quartier. Dans la moitié des cas, il était clair que Hannah provenait d'un milieu défavorisé : l'école était délabrée et le quartier peu ragoûtant. Dans l'autre moitié des cas, l'école était aussi splendide que moderne et le quartier plein de résidences cossues : Hannah venait manifestement d'un milieu privilégié. Après la vidéo, les sujets ont dû juger l'intelligence de Hannah et estimer en quelle année primaire elle se trouvait. Aucune différence n'est apparue entre les deux groupes de sujets. D'autres sujets ont vu la même vidéo suivie d'une autre dans laquelle Hannah effectuait un test d'intelligence. La tâche et la performance avaient été pré-testées de sorte qu'il était impossible de dire si Hannah réussissait bien ou mal. Lorsque ces sujets ont dû juger le niveau scolaire, ils ont trouvé que la riche Hannah était plus avancée que la pauvre Hannah. On ne peut pas dire que ces derniers sujets exprimaient seulement un stéréotype; en fait, ils avaient perçu la seconde vidéo de manière tout à fait différente selon la richesse de Hannah. Le test était perçu comme plus difficile et la performance comme supérieure dans le cas de la riche Hannah que dans celui de la pauvre Hannah.

L'absence de différence entre la Hannah pauvre et la Hannah riche après la première vidéo est éventuellement interprétable en termes de dilution du stéréotype. Mais comment comprendre alors l'apparition d'une différence, dans le sens stéréotypé, après les deux vidéos? Par construction expérimentale, l'information contenue dans la deuxième vidéo était non-diagnostique. D'après Darley et Gross (1983), les auteurs de cette expérience, les sujets n'ont pas répondu suivant leurs stéréotypes dans les conditions où l'on voyait simplement Hannah devant son école et dans son quartier parce que c'eût été un jugement d'une personne basé exclusivement sur une appartenance catégorielle. Les normes de la culture actuelle sont telles que, dans pareille situation, les gens ne se sentent pas en position de juger. Toujours d'après Darley et Gross, une information individualisée, même ambiguë comme la passation du test d'intelligence, est nécessaire pour faire apparaître le stéréotype parce qu'elle permet d'être interprétée en conformité avec ce dernier.

Et si la passation du test n'était là que pour suggérer aux sujets qu'ils ont maintenant de l'information diagnostique et peuvent donc juger? Pour illustrer la plausibilité de cette hypothèse, l'idéal serait de faire croire aux sujets qu'ils ont reçu de l'information alors qu'ils n'ont en fait rien reçu. Voici comment cette apparente gageure a été réalisée (Yzerbyt *et al.*, 1994).

Les sujets participaient à une expérience de perception sociale supposée simuler la vie réelle, où l'on apprend certaines informations sur une personne donnée, où l'on est conduit à faire certaines tâches qui n'ont rien à voir avec l'impression de cette personne, où l'on revient à la personne de départ, etc. Tous les sujets entendaient d'abord le début d'une interview de Monsieur Henrion. Les renseignements n'avaient aucune importance sauf la profession qui était, suivant les conditions, archiviste (lié à l'introversion) ou comédien (associé à l'extraversion). Tous les sujets effectuaient ensuite une tâche d'écoute dichotique : un message différent est envoyé dans chaque oreille et les sujets doivent dire tout haut ce qu'ils entendent dans une des oreilles. Cette tâche a ceci de particulier que les sujets sont conscients d'entendre quelque chose dans l'autre oreille mais sont incapables de dire ce qu'ils entendent. Les textes envoyés dans les deux oreilles n'avaient rien à voir avec Henrion. Après la tâche, la moitié des sujets durent remplir des questionnaires d'introversion/extraversion pour Henrion en répondant «vrai», «faux» ou «je ne sais pas» aux différents items. La plupart des réponses dans cette condition furent «je ne sais pas». A l'autre moitié des sujets, on fit croire qu'ils avaient reçu de l'information concernant Henrion pendant l'écoute dichotique, et on leur demanda de remplir les questionnaires. Cette fois-ci, les sujets répondirent «vrai» et «faux» aux items révélant un Henrion introverti ou extraverti suivant qu'il était archiviste ou comédien. En d'autres termes, les sujets ont eu l'illusion d'être informés sur Henrion et ils l'ont donc jugé. Ce qu'il y a de remarquable dans cette expérience, c'était que les sujets étaient persuadés qu'ils n'avaient pas jugé en fonction de leurs stéréotypes et avaient peine à croire qu'ils n'avaient reçu aucune information supplémentaire concernant Henrion.

Dans la vie de tous les jours, énormément d'indices nous font croire que nous sommes en position de juger. Le statut est un de ces indices, et les publicistes le savent. Combien de personnes ne croient-elles pas qu'Eric Cantona est expert en philosophie? Combien de chirurgiens du cerveau ne s'imaginent-ils pas qu'ils sont plus intelligents que des orthopédistes? Les psychologues qui étudient les processus mentaux supérieurs ne s'arrogent-ils pas la «dureté» de la science psychologique (Caetano *et al.*, 1996; voir Yzerbyt et Schadron, 1996)?

D'après la définition que nous leur avons donnée, les informations pseudo-diagnostiques devraient, elles aussi, provoquer une illusion d'information. Leur contenu est inutile mais donne l'impression d'être informatif. De ce point de vue, le fait de passer un test d'intelligence, même ambigu, dans l'expérience de Darley et Gross n'est certainement pas sans effets lorsqu'il s'agit de juger les capacités intellectuelles. Il en va tout autrement des informations non-pertinentes comme celles de l'expérience avec les juristes et les professeurs de mathématiques confrontés à un problème d'ordinateur. Dans ce cas, il est clair qu'aucune information valable n'est donnée si ce n'est que la cible est individualisée. Par conséquent, on ne juge pas, et on assiste à une dilution du stéréotype. L'explication du phénomène est toutefois fort différente de celle de l'heuristique de similitude (Yzerbyt *et al.*, sous presse).

Le troisième niveau d'adéquation du jugement est celui de l'**intégrité personnelle** et de l'**intégrité sociale**. Les gens ne sont pas masochistes. Il faut donc que leurs jugements ne portent atteinte ni à leur personne ni à leur groupe d'appartenance. C'est une question de survie. Ce niveau sera spécialement illustré dans le chapitre 11 lorsque seront envisagées les relations entre groupes.

Le quatrième et dernier niveau est celui de la **théorie**. Les jugements expliquent le monde, lui donnent un sens et dirigent les actions. Taxer quelqu'un d'agressif n'est pas simplement un constat. C'est une explication «théorique» de son comportement. En ce sens, il n'y a pas de différence fondamentale entre jugement individualisé et jugement stéréotypique. C'est une question de degré de généralité. L'un ne va pas sans l'autre. Il est impossible de particulariser sans catégories préalables, et il est impossible de généraliser sans présupposer la singularité. Dès lors, s'en prendre aux stéréotypes parce qu'ils déguisent la réalité, comme l'ont fait longtemps certains psychologues, c'est accuser un fonctionnement normal. Stéréotyper est non seulement une obligation mais une utilité. Le contenu du stéréotype n'est par contre pas obligatoire. Le stéréotype est donc inévitable mais pas son contenu. Nous illustrerons tout spécialement ce niveau dans le chapitre suivant.

Chapitre 3
L'attribution causale

Rappelez-vous l'expérience de Rosenhan dans les hôpitaux psychiatriques. Chaque fois qu'ils parvenaient à croiser un médecin, les pseudo-patients demandaient à pouvoir sortir de l'hôpital ou à bénéficier de privilèges. La scène ressemblait à ceci :

– «Bonjour Docteur X. Pourriez-vous me dire quand j'aurai droit à des sorties?»

– «Bonjour David. Comment ça va?»

Comme Rosenhan l'a montré dans une autre recherche, si dans un hôpital, vous voulez que l'on réponde à vos questions, fussent-elles anodines, ne signalez pas auparavant que vous cherchez l'annexe psychiatrique. Demandez plutôt le service de médecine interne. Peut-être la jeune femme chargée par Rosenhan de poser les questions anodines à des médecins d'un hôpital universitaire venait-elle simplement visiter un patient, ou chercher son petit ami qui faisait un stage de psychiatrie ou de médecine interne? La simple mention «psychiatrique» jouait comme un stigmate immédiatement attaché à la jeune femme. De même, il vaut mieux passer pour un chercheur d'emploi que pour patient. Le comportement qui semble bien adapté pour le chercheur d'emploi bascule dans l'insanité lorsqu'il émane d'un patient, du moins lorsque des psychologues et psychiatres avec une formation analytique doivent le juger (Langer et Abelson, 1974). Ce chapitre envisagera comment les gens s'y prennent pour expliquer le comportement d'autrui, voire le leur.

Dans la vie quotidienne, nous nous contentons rarement d'une simple description du comportement de quelqu'un que nous rencontrons ou dont nous entendons parler; nous procédons immédiatement à des inférences que les psychologues sociaux appellent des **attributions causales**. Il ne nous suffit pas de constater qu'un occasionnel voisin de table rit à ventre déboutonné et se sert plus souvent qu'à son tour de pommes de terre frites : nous le considérons comme un gai luron, plutôt gourmand que gourmet. Ce processus d'inférence consiste donc à utiliser une certaine information pour lui susciter un supplément, lié à la première par une causalité de type inductif. En d'autres termes, on pourrait dire du processus d'attribution qu'il constitue la démarche scientifique de l'homme de la rue en ce sens que la recherche causale à laquelle cet homme se livre consiste à trouver la structure stable, permanente, non immédiatement perceptible (par exemple, être un joyeux drille), qui sous-tend des comportements particuliers, variables, immédiatement perçus (par exemple, rire sans retenue). Cette recherche ne se limite pas à autrui (**hétéro-attribution**) mais peut s'effectuer aussi sur sa propre personne (**auto- attribution**); c'est ainsi que l'on s'imputera, par exemple, des traits d'agressivité et de sentimentalisme parce que l'on constatera que l'on se met facilement en colère et que le malheur des autres nous arrache souvent des larmes.

La distinction entre l'attribution causale et les phénomènes envisagés dans le chapitre précédent, sur la formation d'impression, est quelque peu arbitraire. D'une part, lorsque les gens doivent se former une impression de quelqu'un à partir d'informations incohérentes avec leurs attentes, ils essaient de s'expliquer l'incohérence et leur jugement dépend de l'explication trouvée. D'autre part, avoir l'impression qu'une personne est, par exemple, psychotique revient à attribuer une cause, une maladie, à des troubles de comportement. Il y a donc un large recouvrement dans les phénomènes étudiés. La grande différence réside dans les questions que les psychologues se sont posées à leur propos. Dans le chapitre précédent il s'agissait avant tout de voir comment les gens intègrent des informations catégorielles et individualisées. Ici, on verra comment ils choisissent une cause parmi un éventail possible allant de causes stables, prédictives des comportements futurs, à des causes fluctuantes, qui ne permettent guère de préjuger de la suite. Dans la formation d'impression, l'équilibre à atteindre se trouve entre informations catégorielles et individualisées; dans l'attribution causale, l'équilibre se situe entre causes attribuées aux dispositions internes des gens, les causes stables, et causes provenant de l'environnement, les causes instables.

LES THÉORIES DE L'ATTRIBUTION

Contrairement à l'allégation de certains empiristes anglais, Michotte (1946) défendra l'idée que les gens ont une impression directe de la causalité physique, même si celle-ci n'existe pas objectivement. Regardez un dessin animé : le héros bouscule le méchant et entraîne sa chute. Manifestement, il n'y a pas de causalité objective impliquée entre les personnages. Tout résulte de la vitesse, de l'amplitude et de la juxtaposition des dessins, et pourtant vous voyez une cause. Michotte a montré cette perception de causalité non pas à partir de personnages de dessins animés mais de figures géométri-

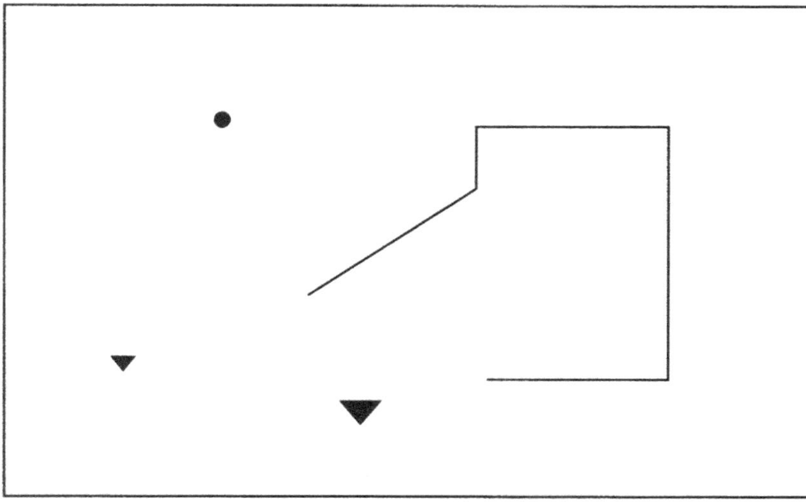

Figure 3.1 — Exemple de matériel utilisé par Heider et Simmel.

ques, des petits carrés noirs et rouges. L'idée sera reprise par Heider et Simmel (1944, voir figure 3.1) qui mettront en scène des figures géométriques de formes et de grandeurs différentes se déplaçant d'une manière apparemment désordonnée sur un écran de cinéma. Les sujets qui observaient ces mouvements anthropomorphisaient la situation, prêtaient des intentions aux formes (par exemple : le gros triangle poursuit le petit triangle qui se réfugie derrière la porte) et expliquaient les mouvements en termes de causalité (par exemple : le petit triangle a peur).

Face à des interactions humaines, pourquoi les individus ne réagiraient-ils pas comme devant des formes géométriques? Pourquoi ne leur appliqueraient-ils pas les mêmes principes? Pour Heider, les réponses à ces questions ne font pas de doute et il en vient à concevoir l'objet scientifique des psychologues sociaux comme l'étude de la psychologie naïve des gens. En effet, si les psychologues veulent comprendre les comportements des personnes, ils doivent comprendre la psychologie naïve qui est à la base de ces comportements. Ce sera, en 1958, la publication de *The psychology of interpersonal relations*, le livre le plus souvent cité en psychologie sociale qui donnera d'ailleurs lieu à une multitude de propositions théoriques et de recherches empiriques.

Contrairement à la plupart des auteurs de manuels, nous ne développerons pas ici les théories telles qu'elles ont été proposées à la suite de Heider (voir Deschamps et Clémence, 1987), mais telles que nous les retrouvons à l'heure actuelle.

L'héritage de Kelley (1967)

Voici une série de faits : pour fêter leur anniversaire de mariage, Osime et son épouse vont voir le film *Le Maître de musique* après être passés par le restaurant et avoir quelque peu forcé sur le vin. A la fin du film, il s'écrie : «*Le Maître de musique* est un chef-d'œuvre». A quoi attribuer son émotion? Trois grandes catégories de causes sont possibles : la personne qui éprouve l'émotion, le stimulus qui a entraîné l'émotion, et les circonstances. Ces différentes causes peuvent d'ailleurs se combiner, comme dans le cas où le film trouve une résonance particulière chez la personne en fonction des circonstances.

Selon Kelley (1967), les gens trouveraient la cause de l'exclamation «*Le Maître de musique* est un chef-d'œuvre!» en considérant trois sources d'information : 1) les personnes, ce qu'il appelle la dimension du **consensus** : Osime est-il seul à éprouver une admiration éperdue ou ses voisins de cinéma partagent-ils son avis? 2) les stimuli, ou la dimension de **distingabilité** : Osime a-t-il ou non l'habitude de crier au chef-d'œuvre devant n'importe quel film? 3) les circonstances, ou la **consistance** dans le temps et/ou les situations : s'il revoit le film en état de sobriété, ou sans sa femme, continuera-t-il à parler de chef-d'œuvre?

Admettons que l'on vous dise

- «Osime a crié au chef-d'œuvre en voyant *Le Maître de musique*;
- Tout le monde crie au chef-d'œuvre en voyant ce film;
- Osime n'a pas crié au chef-d'œuvre en voyant *Pocahontas*.
- Chaque fois qu'il a vu *Le Maître de musique*, Osime a crié au chef-d'œuvre.»

Il y a de grandes chances que vous attribuerez l'émotion d'Osime au film, *Le Maître de musique* de Gérard Corbiau. Le processus semble donc facile et, pourtant, les psychologues ne sont guère d'accord entre eux sur la façon présumée dont vous avez fonctionné. Ainsi, l'information consensuelle est-elle utilisée pour inférer quelque chose au niveau du stimulus («Si tout le monde crie au chef-d'œuvre, le film doit être excellent») ou au niveau de la personne («S'il est le seul à crier au chef-d'œuvre, Osime doit être spécial»)? De même, la distingabilité intervient-elle pour des inférences au niveau de la personne («Si Osime ne discrimine pas, c'est un cas») ou du stimulus («Si Osime discrimine, il doit y avoir quelque chose dans ce film»).

Certains psychologues sont d'avis qu'il faut repérer les conditions à la fois suffisantes et nécessaires pour l'apparition d'un événement; c'est la **méthode** dite **des différences** de Mill (e.g., Hewstone et Jaspars, 1987; Fösterling, 1989). Rappelons qu'un facteur est suffisant si sa présence correspond à la présence de l'événement et qu'il est nécessaire si son absence coïncide avec l'absence de l'événement. Dans l'exemple d'Osime cité plus haut, le facteur à la fois suffisant et nécessaire est le film «*Le Maître de musique*» puisqu'Osime crie au chef-d'œuvre quand il le voit et ne crie pas au chef-d'œuvre quand il ne le voit pas. Dans cet exemple, si la distingabilité avait été basse, il n'y aurait pas eu de facteur à la fois suffisant et nécessaire. En effet, l'événement (crier au chef-d'œuvre) n'aurait jamais été absent, ni chez Osime, ni chez les autres, ni dans le temps. Donc, dans ce cas, si les gens suivent la méthode des différences, ils ne devraient pas faire d'attribution (pour la liste des prédictions émanant de la méthode des différences, voir Hilton *et al.*, 1995). En d'autres termes, ceci revient à dire que si vous entendez qu'Osime crie constamment au chef-d'œuvre, vous ne ferez pas d'attribution le concernant. Ne ferez-vous vraiment pas d'attribution?

D'autres psychologues suivent la **méthode des accords** de Mill (e.g., Orvis *et al.*, 1975; Medcof, 1990). Ils prédisent qu'un haut consensus donne lieu à une attribution au stimulus parce que, chaque fois que l'effet (crier au chef-d'œuvre) se produit, le stimulus est présent. De la même façon, ils prédisent qu'une basse distingabilité entraîne une attribution personnelle parce que chaque fois que l'effet est présent, la personne l'est aussi. Les prédictions issues de la méthode des accords correspondent parfois à celles de la méthode des différences, comme dans le premier exemple donné plus haut, mais, dans d'autres cas, elles sont complètement différentes.

Que font en réalité les gens? Suivent-ils la méthode des différences ou celle des accords? Il semblerait que la réponse dépende du type d'attribution (Hilton *et al.*, 1995). S'il s'agit d'expliquer un événement en trouvant sa cause (c'est le facteur X qui fait qu'Osime crie au chef d'œuvre), les gens auraient recours aux deux méthodes. Par contre, s'il s'agit d'attribuer une disposition à l'acteur (Osime est un fana du cinéma) ou à la cible de l'action (*Le maître de musique* est un film fascinant), ils privilégieront la méthode des accords (mais voir Van Overwalle, 1997). Le problème avec le seul emploi de la méthode des accords, c'est que l'on ne va pas chercher des contre-exemples, c'est-à-dire des situations où l'événement en question n'est pas présent. On se contente de ce qui est présent et on risque dès lors de voir des corrélations là où il n'y en a pas. Si tout le monde jubile en gagnant le gros lot à la loterie, cela signifie-t-il pour autant que le monde est rempli de gens heureux? Si tout le monde réussit l'examen de psychologie sociale, cela veut-il dire que les études universitaires sont faciles?

L'absence d'information en provenance de contre-exemples ne semble pas gêner les gens outre mesure. Très souvent, ils comblent l'information manquante par des croyances; ils présument ce qui est normal ou non dans la situation en question (Hilton et Slugoski, 1986). Si tout ce qu'ils savent d'Osime est qu'il crie au chef-d'œuvre devant tous les films qu'il voit, ils concluront que c'est un dingue du cinéma parce qu'il serait anormal qu'Osime se montre à ce point sélectif qu'il n'aille voir que des chefs-d'œuvre.

Evidemment, le fait de pouvoir fonctionner avec peu d'informations, sans contre-exemples hypothétiques par exemple, est très utile, mais on peut se tromper, et prendre des vessies pour des lanternes.

Les schémas causaux

Kelley (1972) était bien conscient que les gens attribuent une cause à un événement sur base de peu d'informations. Pour ce faire, ils auraient recours à des schémas causaux correspondant à des croyances à propos de la cause d'événements. Kelley propose une série de schémas dont les deux plus célèbres sont le **schéma des causes suffisantes multiples** (SSM) et le **schéma des conditions nécessaires multiples** (SNM). Le SSM est d'application lorsqu'un effet peut être dû à plusieurs facteurs isolés ou conjoints («Jeanne attend famille parce qu'elle désirait un enfant et/ou ne prenait pas la pilule»). Le SNM, quant à lui, s'applique quand plusieurs conditions sont nécessaires pour la production de l'effet («Jeanne attend des sextuplés parce qu'elle désirait des enfants et a suivi un traitement médical»). Comme les exemples le laissent supposer, on aura plus souvent recours à un SNM qu'à un SSM pour expliquer des événements rares et extrêmes, alors que l'inverse se produira pour des événements banals.

Le SSM met en jeu **le principe de soustraction** : dans la mesure où plusieurs causes sont possibles, le rôle d'une cause déterminée est diminué si d'autres causes possibles sont présentes : si l'on sait que Jeanne désirait un enfant, le fait de ne pas prendre la pilule perd de sa valeur causale. A la fois le SSM et le SNM sont capables de mettre en scène **le principe d'augmentation**, à savoir que le rôle d'une cause donnée est augmenté en présence d'une cause qui devrait inhiber l'effet : si l'entourage de Jeanne la pressait de prendre la pilule, ou si le traitement médical était extrêmement douloureux, on peut en conclure que Jeanne avait vraiment la fibre maternelle.

Comme dans le chapitre précédent, on voit donc apparaître en force l'idée de schémas (Kelley, 1983; Lalljee et Abelson, 1983; mais voir Fiedler, 1981) ou de structures causales. Selon certains psychologues, nous disposerions de nombreuses structures (causales) de connaissance de telle sorte qu'en lisant un texte, ou voyant un événement, la cause nous serait immédiatement accessible, et elle serait beaucoup plus concrète qu'une attribution en termes de personne, d'entité ou de circonstances. Prenons l'exemple de l'anecdote suivante (Read, 1987).

Sébastien et Stéphanie dansent ensemble quand Sébastien écrase le pied de Stéphanie qui s'écrie : «Imbécile! Tu ne sais vraiment pas faire attention! Il n'y a que toi pour estropier les gens.» Cette anecdote contient les ingrédients habituellement donnés pour vérifier les trois facteurs de Kelley : Sébastien marche sur le pied de toutes ses partenaires de danse (distingabilité basse), il le fait de manière répétée (consistance élevée), et les autres personnes ne marchent pas sur le pied de leur partenaire (consensus bas). La configuration est telle qu'on attend une attribution concernant la personne de Sébastien, selon la méthode des différences. Or, que se passe-t-il lorsque nous lisons cette anecdote? Sébastien et Stéphanie dansent : c'est une activité qui implique proximité physique, coordination motrice, et peut-être une romance. Sébastien marche sur le pied de Stéphanie : cela fait mal, c'est inhabituel, il ne l'a probablement pas fait exprès, c'est un maladroit. L'attribution dispositionnelle «Sébastien est maladroit» est bigrement concrète. Et elle est encore renforcée quand Stéphanie se fâche, laissant entendre que Sébastien est coutumier et champion de la chose; c'est vraiment un empoté! En d'autres termes, les attributions qui se font sur la base de schémas impliquant des théories naïves sont beaucoup plus riches et complètes que ne l'avait suggéré le modèle original de Kelley (1967).

Une des structures de connaissance les plus étudiées est le **script**, c'est-à-dire une séquence attendue d'événements tant de la part des acteurs que des observateurs de cette séquence. Tout le monde connaît la séquence d'actions qui forme le script du restaurant, un des scripts les plus populaires de la littérature dans le domaine (Abelson, 1976). Il est facile de dire pourquoi une personne s'est engagée dans une telle séquence : elle avait faim ou voulait fêter un événement de manière gastronomique. Mais cette séquence met immédiatement en scène des facteurs culturels. Etre au courant d'une telle séquence, et des facteurs culturels, permet facilement de répondre au «pourquoi» de l'entrée d'une personne au restaurant. Si on va au restaurant au Portugal, c'est qu'on a faim, aux Etats-Unis qu'on n'a pas envie de préparer un repas, en Hollande qu'on célèbre un événement rarissime avec pompe.

Il suffit de peu de choses pour qu'un script soit activé. Gilovich (1981) a demandé à des étudiants en sciences politiques de suggérer une politique d'intervention dans le cas — fictif — d'un petit pays menacé par son puissant rival. Quelques mots différenciaient les conditions. Par exemple, le président de l'époque aux Etats-Unis provenait soit de l'état de New York (comme Roosevelt) ou du Texas (comme Johnson); les habitants du pays menacé fuyaient en voitures et trains, ou en petits bateaux; la salle où étaient donnés les renseignements portait le nom de Churchill ou de Dean Rusk.

Même pour ceux qui ne sont pas familiers avec la politique américaine, les premiers mots évoquent la Seconde Guerre Mondiale alors que les seconds font penser au Viêt-nam. En accord avec le script activé, victoire versus catastrophe, les étudiants américains préconisèrent une réponse beaucoup plus musclée dans le premier cas que dans le second.

Si le script est bien au point, il permet des attributions faciles, tout en s'occupant d'autre chose. Prenez le script d'une requête ; il nécessite trois éléments : une excuse, la requête proprement dite, et la raison de cette dernière. Si le script respecte la structure des trois éléments, le contenu de ceux-ci n'aura guère d'influence. C'est du moins ce que montrent les sujets de Langer, Blank et Chanowitz (1978). Alors qu'ils photocopient des documents dans une bibliothèque, ils sont abordés par quelqu'un qui leur dit : « Excusez-moi, j'ai 5 pages. Puis-je utiliser la photocopieuse parce que je dois faire des photocopies ? » Bizarre autant qu'étrange. Et pourtant la presque totalité des sujets acceptèrent. Presque deux fois plus que les sujets à qui l'on avait dit : « Excusez-moi, j'ai 5 pages. Puis-je utiliser la photocopieuse ? » Dans les deux cas l'information est la même ; seule la structure change et c'est à elle que les sujets réagissent.

Il est évident que les psychiatres de la recherche de Rosenhan ont répondu à un schéma, sans doute de causes suffisantes multiples. Quelqu'un qui demande une hospitalisation et se plaint d'entendre des voix ne peut qu'être sérieusement malade. L'insistance des pseudo-patients à vouloir quitter l'hôpital doit également faire partie d'un script ; rares doivent en effet être les internés qui demandent davantage de médicaments à leur médecin en se plaignant que leur folie va s'aggravant. Enfin, la réticence à soutenir une conversation avec quelqu'un qui cherche l'annexe psychiatrique fait probablement aussi partie d'un script : « C'est comme l'autre fois ; on commence par me demander le service psychiatrique, et puis j'ai droit à la litanie des problèmes ».

L'inférence correspondante

Dans la vie de tous les jours, il est extrêmement utile de faire la différence entre un comportement dû à des causes « internes » à l'acteur ou à des causes « externes », circonstancielles. Dans le premier cas, on pourra prédire le comportement futur de cette personne. Dans le second, ce sera très difficile. C'est à ce problème que se sont attaqués Jones et Davis (1965) dans leur théorie de l'**inférence correspondante**. Ils veulent voir comment, à partir d'un seul comportement, les gens s'y prennent pour inférer une intention, et donc une disposition personnelle chez l'acteur. Somme toute, le problème relève de la psychologie naïve : n'expliquons-nous pas souvent un comportement de manière tautologique en disant, par exemple, qu'un homme a effectué un acte agressif parce qu'il est agressif.

Admettons que vous vouliez à tout prix emprunter la nouvelle veste de votre jeune frère. Trois stratégies sont sans doute possibles. Vous inventez une histoire à dormir debout, avec des mensonges à faire frémir un arracheur de dents mais que vous débitez avec la franchise de Bernard Tapie. Ou bien, vous négociez pendant des semaines avec une subtilité que ne désapprouverait pas un diplomate de l'ONU. Troisième stratégie : vous bourrez de coups votre frère et vous emportez la veste. Admettons encore que vous ayez recours à la troisième solution. Quelle inférence à votre propos faut-il en tirer selon le modèle de l'inférence correspondante?

Le modèle original de Kelley fonctionnait sur le principe de la **covariation**; que l'on emploie la méthode des différences ou celle des accords, il s'agissait de faire varier les informations et leurs effets. Pas question que ce principe opère ici puisqu'il n'y a qu'un seul comportement. Le principe sera celui de la **soustraction**; on éliminera les causes les moins probables d'un comportement pour pouvoir décider qu'il y avait intention et disposition. Le modèle repose sur deux postulats. Tout d'abord, l'acteur doit être capable de réaliser l'acte. Sa réalisation ne doit pas être due au hasard, sinon comment inférer une intention. Dans notre exemple, il est difficile d'imaginer que vous manquez habituellement de force physique. Ensuite, l'acteur doit connaître les conséquences de son acte. Encore une fois, s'il ne connaît pas ces conséquences, comment peut-on lui imputer une intention?

Vous avez choisi les coups? Nous dirons de vous avec certitude que vous êtes agressif. Auriez-vous choisi l'affabulation, nous n'aurions pas nécessairement conclu que vous étiez malin. Pourquoi? D'après le modèle, les observateurs du comportement cherchent les **effets non communs** de ce comportement. Le mal physique est unique à la stratégie coup de poing, alors que le fait d'embobiner votre frère, et de se montrer malin, est commun à l'affabulateur et au diplomate. Newtson (1974) a vérifié que plus les effets sont spécifiques, plus les gens sont sûrs de leur inférence.

Admettons maintenant que vous vous adressiez vertement à quelqu'un qui vient sans vergogne se planter devant vous dans la file d'attente de la pâtisserie. Nous ne dirons plus que vous êtes agressif. L'**effet** est ici **communément désirable**. Votre réaction est en quelque sorte attendue parce que la plupart des gens feraient la même chose dans les mêmes circonstances. Nous ne manquerions pas de faire une inférence, par contre, si vous vous excusiez de ne pas reculer suffisamment vite.

Voici une vérification expérimentale de cette dernière proposition. Des sujets écoutent des enregistrements d'interviews effectuées en vue d'engager des sous-mariniers et des astronautes. D'après l'introduction par le psychologue chargé des interviews, il est clair pour tout le monde, sujets et candidats y compris, que les qualités requises pour vivre dans un sous-marin sont l'extraversion et une propension à la grégarité, alors que l'introversion et l'indépendance doivent caractériser les bons astronautes. D'après leurs réponses aux questions de l'intervieweur, il s'avère que certains candidats se conforment au rôle attendu tandis que d'autres en dévient (en se montrant des candidats astronautes extravertis ou sous-mariniers introvertis). La tâche des sujets est d'évaluer la mesure dans laquelle chaque candidat est réellement conformiste et de type affiliatif, c'est-à-dire possède les qualités requises pour séjourner dans un sous-marin.

La figure 3.2 présente les résultats qui concernent l'affiliation; ceux relatifs au conformisme sont fort semblables; tous confirment exactement les hypothèses. Les attributions sont les plus polarisées lorsque le candidat s'écarte du rôle que l'on aurait normalement attendu de sa part étant donné la situation d'interview en vue d'un engagement professionnel. L'astronaute qui, spontanément et malgré la mise en garde du psychologue, ne parvient pas à réfréner son extraversion est jugé le plus affiliatif et le plus conformiste. Le sous-marinier introverti, d'autre part, est considéré comme le moins affiliatif et le moins conformiste puisque, lui aussi, il transgresse l'attente sociale. Pour l'un comme pour l'autre, les sujets n'hésitent pas à faire des attributions de personnalité. Ce n'est pas le cas dans les deux autres conditions expérimentales qui correspondent au rôle attendu. Dans ces deux dernières conditions, les sujets répondent de manière mitigée, ils ne prennent en fait pas position. A quoi est due en effet l'introversion de l'astronaute ou l'extraversion du sous-marinier? A leur véritable personnalité ou aux contraintes de l'interview (rappelez-vous le schéma des causes suffisantes multiples)? Tout le monde sait que chacun est prêt à se présenter sous son meilleur jour — celui que l'interlocuteur attend — lorsqu'un engagement professionnel est en jeu. Cette expérience de Jones *et al.* (1961) montre donc bien que les gens hésitent à faire des attributions lorsque le comportement est «communément désirable», mais sont beaucoup plus audacieux lorsque le comportement est inattendu.

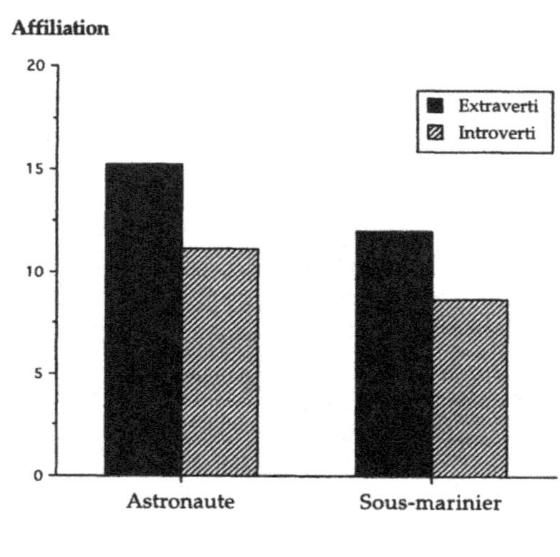

Figure 3.2 — Jugements d'affiliation en fonction de la profession et du comportement de l'interviewé.

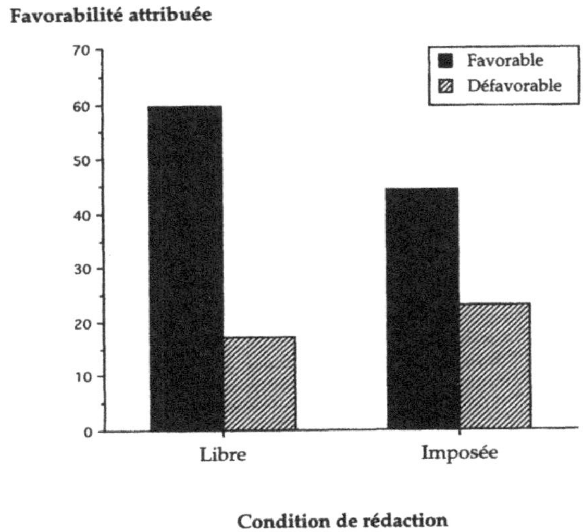

Figure 3.3 — Attitude attribuée en fonction du choix de l'auteur et de la favorabilité du texte.

L'erreur fondamentale

Au départ, Jones et Davis avaient proposé un troisième postulat, à savoir que l'acteur devait être libre de faire l'acte. En effet, comment inférer une intention ou une disposition si l'auteur est obligé de faire ce qu'il fait ? Comme pour la plupart de leurs autres propositions, les auteurs ont voulu vérifier le bien-fondé de ce postulat.

Imaginez la situation suivante. Dans les années soixante, des étudiants américains — dont on sait par ailleurs qu'ils considèrent Fidel Castro comme le diable — doivent juger l'obédience castriste d'une autre personne d'après la dissertation qu'elle vient de rédiger à propos du régime cubain. Selon les conditions expérimentales, les étudiants sont avertis qu'ils liront un essai en faveur ou en défaveur de Castro et que l'orientation de celui-ci a été choisie par l'auteur ou, au contraire, imposée par l'expérimentateur. Puisque tous les étudiants croient que le reste de l'Amérique était également contre Castro, il n'y a rien d'étonnant à ce qu'ils jugent les dissertations anticastristes comme réellement anticastristes, que celles-ci aient été spontanées ou non. Il n'y a rien de surprenant non plus à ce qu'ils considèrent un essai spontanément rédigé en faveur de Castro comme reflétant effectivement un penchant procastriste — les excentriques se rencontrent partout, même aux Etats-Unis. Ce qui est beaucoup plus curieux pour des gens persuadés que tout le monde adopte leur point de vue anti-Castro est qu'ils voient dans une dissertation favorable à Castro, mais imposée par l'expérimentateur, le reflet de l'orientation véritable de son auteur. Sans doute, dans cette dernière condition, les sujets ne vont-ils pas jusqu'à inférer chez l'auteur de la dissertation une attitude aussi procastriste que lorsque le choix est libre ; néanmoins, et c'est le point important, la différence entre les deux conditions imposées est significative alors qu'elle aurait dû être nulle puisqu'il y avait obligation (voir la figure 3.3).

En d'autres mots, et contrairement au postulat de Jones et Davis, les gens infèrent une disposition personnelle même lorsque l'auteur du comportement a été forcé d'accomplir celui-ci. Jones et Harris (1967) ont d'abord cru à un artefact : sans doute la dissertation procastriste était-elle d'une qualité telle que seul un communiste américain aurait pu la rédiger. Peine perdue. De nombreuses expériences ont été menées, avec des essais dont les arguments étaient fournis par l'expérimentateur, sur des thèmes aussi controversés que la légalisation de la marijuana, du mariage des homosexuels, de l'avortement ou de l'euthanasie (Jones, 1990); malgré le manque de créativité et l'opinion partagée de la population face aux thèmes, les gens infèrent une attitude correspondant à la position adoptée dans l'essai. Snyder et Jones (1974) ont forcé leurs sujets à écrire une dissertation allant à l'encontre de leurs opinions personnelles; une fois la tâche terminée, ils devaient évaluer la dissertation d'un autre sujet qui, comme eux, avait obéi aux injonctions de l'expérimentateur. A nouveau, l'attitude attribuée correspondait au point de vue apparaissant sur la feuille. Dans notre laboratoire, l'un de nous (VY) a demandé à des sujets d'ordonner à d'autres étudiants d'écrire une dissertation défendant un certain point de vue; ensuite, il a fait juger les dissertations des derniers par les premiers. Le résultat habituel est apparu : alors qu'ils avaient eux-mêmes donné l'ordre de défendre un point de vue particulier, les sujets estimaient que les rédacteurs croyaient préalablement au bien-fondé de ce point de vue.

Toutes ces recherches montrent que les gens surestiment dans leurs explications le poids de la personnalité et sous-estiment le poids de la situation. On parle à ce propos d'**erreur fondamentale** (Ross, 1977). Le qualificatif «fondamental» signifie ici «extrêmement commun». Dans les chapitres qui suivent, nous prendrons connaissance de faits ahurissants. Sur simple injonction d'un expérimentateur, la presque totalité des gens acceptent d'effectuer une tâche qui privera un chômeur d'un emploi (voir chapitre 7). Lorsque plusieurs personnes étrangères les unes aux autres assistent à un accident, il y a peu de chances que l'une d'entre elles vienne en aide à un blessé (voir chapitre 9). Ces situations correspondent à des événements que nous lisons dans les journaux. Et nous sommes scandalisés par de tels comportements qui ne peuvent émaner que de sadiques. Nous verrons pourtant que la personnalité, à l'inverse de la situation, n'a pas grand chose à voir avec ces réactions.

Comment expliquer cette erreur fondamentale (dans le cas du paradigme de Jones et Harris, on parle plus volontiers de **biais de surattribution** ou de **biais de correspondance**)? Le mécanisme le plus souvent invoqué est celui de l'**heuristique d'ancrage et d'ajustement**. Pour le comprendre, suivons le modèle des 3 C (Caractérisation, Catégorisation et Correction) de Dan Gilbert (1989). Dans un premier temps, il y aurait catégorisation d'un comportement (Octave a écrit en faveur de Castro), suivie, dans un deuxième temps, d'une caractérisation de l'auteur de ce comportement (Octave est procastriste). Ces deux premières étapes correspondent à l'ancrage : l'étiquette donnée au comportement se reflète dans la personnalité de l'auteur. Viendrait ensuite la correction, c'est-à-dire l'ajustement (Octave a écrit en faveur de Castro, mais il n'avait pas le choix; peut-être n'est-il pas aussi procastriste que cela?). L'ajustement serait toutefois insuffisant, ce qui donnerait lieu à l'erreur fondamentale. L'insuffisance proviendrait de ce que, dans la vie de tous les jours, les gens manquent de la motivation nécessaire ou ne disposent pas des ressources cognitives suffisantes pour aller jusqu'au bout de la correction. Ils jugent les autres en même temps qu'ils font trente-six autres choses.

Les appuis empiriques de Gilbert ne manquent pas d'élégance. Jugez-en. Tous les sujets voient la vidéo muette d'une jeune femme lors d'un entretien. La moitié des sujets se contentent de visionner la vidéo alors que l'autre moitié doit, en plus, mémoriser les sous-titres qui résument le contenu de l'entretien. Selon les conditions expérimentales, ce contenu concerne soit les vacances soit les fantasmes sexuels de la jeune femme. Dans tous les cas, le comportement de cette dernière est manifestement anxieux et, finalement, les sujets doivent juger dans quelle mesure elle a une personnalité anxieuse. Catégorisation et caractérisation sont faciles : le comportement est anxieux et, donc, la personne est anxieuse. Ce jugement devrait toutefois être nuancé, ou corrigé, en fonction du contenu de l'entretien. N'est-il pas normal que la personne sommée de vous raconter ses fantasmes sexuels montre quelque anxiété? Cela ne signifie pas qu'elle est anxieuse de nature. De fait, lorsque les sujets visionnent simplement le film, ils jugent la personnalité de la jeune femme devant raconter ses fantasmes sexuels comme moins anxieuse que celle de la jeune femme racontant ses voyages. Les résultats montrent toutefois que la correction demande des ressources cognitives. Lorsque celles-ci ne sont pas disponibles, à cause de la mémorisation des sous-titres, la correction se fait beaucoup moins; contrairement à ce qu'on aurait pu croire à première vue, la mémorisation n'attire pas davantage l'attention sur le caractère embarrassant du contenu de l'entretien (Gilbert *et al.*, 1988; exp. 1).

Gilbert *et al.* (1988; exp. 2) ont également reproduit le paradigme de Jones et Harris. Les sujets devaient voir et écouter la vidéo d'une personne qui a été obligée de prendre position sur un problème quelconque. Le biais classique est retrouvé. Avant de voir la vidéo, d'autres sujets apprennent qu'ils devront également prendre la parole. Cette information leur occupe l'esprit, et la correction est encore plus faible.

Gilbert part du principe que l'inférence se fait spontanément au niveau de la personne et, par conséquent, que le biais de surattribution serait toujours une erreur fondamentale. En fait, il est facile de concevoir des expériences où la situation l'emporte sur la personnalité (Webster, 1993). Nous verrons plus loin dans ce chapitre que si Marie-Antoinette, une vague connaissance à vous, a renversé avec son Alfa un jeune enfant, vous n'hésiterez pas à la taxer d'irresponsable. Pourtant, c'est avec la même vigueur et la même conviction que vous plaideriez les circonstances atténuantes si vous aviez blessé un enfant avec votre voiture.

Ce point introduit un nouvel élément d'explication du phénomène, complémentaire du premier, à savoir les **règles conversationnelles**.

D'habitude, les gens qui conversent adoptent un principe de coopération mutuelle : ils s'efforcent de donner suffisamment d'informations, les meilleures et les plus pertinentes pour leur propos, sans noyer le poisson, et ils attendent la même chose en retour de leur interlocuteur. Si l'on vous dit qu'une expérience porte sur la perception d'autrui, vous essaierez de dire quelque chose concernant cette personne. Si, par contre, l'étude est introduite comme un test des demandes expérimentales (situationnelles) susceptibles d'induire certains comportements, vous partirez de l'idée que c'est vrai et vous vous persuaderez sans doute que, de fait, le comportement reflète moins la personne de son auteur que les subtiles pressions expérimentales. N'avons-nous pas vu dans le chapitre précédent que nous excellions à confirmer nos hypothèses? Le scénario de l'expérience oriente donc le type de réponse à donner, voire la non-réponse. Rappelez-vous l'expérience de Jones *et al.* (1961) avec les astronautes et les sous-mariniers. Les sujets ne prenaient pas position concernant l'astronaute indépendant et le sous-marinier extraverti. En effet, la mise en scène pouvait laisser supposer que les candidats se présenteraient lors de l'interview de manière à être engagés, quitte à masquer leur vraie personnalité. Les gens ne prenaient donc pas position dans ces cas litigieux (voir également Fein *et al.*, 1990).

Il y a un troisième élément d'explication au biais de surattribution. Dans toutes les recherches à son propos, l'étude est présentée comme ayant trait à la perception d'autrui, comme un test où il s'agit de faire preuve d'habilités cliniques pour sonder la personnalité d'autrui. Par ailleurs, dans les théories naïves véhiculées par notre culture, les thèmes controversés (le mariage des homosexuels, la légalisation de l'euthanasie, etc.) sont explicables par la personnalité. Les gens croient qu'être pour ou contre l'euthanasie est une question de personnalité. Il y a donc adéquation entre la demande de l'expérimentateur et le matériel qu'il fournit aux sujets pour prendre leur décision. Leyens *et al.* (1996) ont pu montrer que c'est cette **adéquation** (*applicability*) qui permet aux sujets de se sentir en position de donner un jugement. Les gens jugent lorsqu'ils ont une théorie adéquate. La chose est facile à montrer lorsqu'aucune dissertation n'est distribuée aux sujets.

Dans une première condition expérimentale, les sujets croient participer à une expérience sur la personnalité dans laquelle ils devront juger une personne qui a été obligée d'écrire une dissertation pour ou contre l'euthanasie. Cette personne a, par ailleurs, passé différentes épreuves de personnalité dont on fait circuler un exemplaire vierge de toute réponse. Dans cette condition, le concept amorcé, la personnalité, est applicable au thème de la dissertation, les étudiants de Louvain-la-Neuve croyant en effet que la position concernant l'euthanasie dépend de la personnalité des gens. Puisqu'il y a adéquation, les participants s'estiment en position de juger et pensent que l'opinion du rédacteur à propos de l'euthanasie correspond à la position adoptée dans la dissertation. Les sujets d'une deuxième condition croient que le rédacteur forcé d'écrire pour ou contre l'euthanasie a participé à un examen d'admission universitaire et on leur distribue une feuille, à nouveau vierge de réponses, mais où figurent diverses questions concernant le curriculum scolaire. Cette fois, le concept amorcé est inapplicable car, dans la tête des étudiants, le fait d'être pour ou contre l'euthanasie ne dépend pas du type de scolarité. Lorsqu'on leur demande quelle est l'opinion véritable du rédacteur vis-à-vis de l'euthanasie, ils répondent au milieu de l'échelle, indiquant qu'ils ne savent pas se prononcer. Le même résultat est obtenu quand aucun concept n'est amorcé.

Ces résultats ne signifient nullement que l'adéquation doit nécessairement être personnologique. Dans une autre expérience, la dissertation avait trait non plus à l'euthanasie, mais à la fermeture des mines de charbon en Grande-Bretagne. Ce thème avait été pré-testé comme explicable en termes socio-économiques, et non explicable par la personnalité. Cette fois, le biais de surattribution n'apparut pas quand on amorça le concept de personnalité, mais bien quand la tâche était présentée dans le cadre d'une recherche de sociologie et que l'on distribuait un questionnaire avec des questions relatives au domaine socio-économique.

Le caractère « vraiment fondamental » de l'erreur fondamentale apparaît lorsqu'une dissertation riche est donnée aux sujets. Même si la tâche concerne la personnalité et la dissertation un problème technique, complètement étranger à la personnalité, les gens jugeront spontanément en termes personnologiques (sauf si on les rappelle à la prudence : Corneille *et al.*, 1997). La richesse de la dissertation, malgré son incongruité, fera en sorte que les gens trouveront une adéquation. En d'autres mots, nous nous convainquons facilement que nous avons une information adéquate concernant la personnalité d'autrui. Rappelez-vous l'expérience de l'écoute dichotique résumée au chapitre précédent : il suffisait que les sujets croient avoir reçu de l'information pour qu'ils jugent (Yzerbyt *et al.*, 1994).

D'où nous vient cette propension à mettre en cause la personnalité ? Une première réponse a déjà été fournie au chapitre précédent. Dans notre culture, la personnalité est une catégorie privilégiée et l'individualisme une valeur prépondérante. Il existe d'autres cultures avec d'autres valeurs (Miller, 1984). Une deuxième réponse, corrélative de la première, provient de la conception que notre culture occidentale a de la personnalité, à savoir une structure stable dans le temps. Bien qu'on ait maintes fois démontré que des mêmes personnes ont des comportements différents dans des situations différentes, nous nous imaginons que la personnalité est donnée une fois pour toutes et que, la connaissant, nous pouvons prédire le comportement de quelqu'un en toutes circonstances (Leyens, 1983). Autrement dit, avoir recours à la personnalité nous donne une **illusion de contrôle**.

Une expérience déjà ancienne de Miller *et al.* (1978) met clairement en évidence cette illusion de contrôle. Certains de leurs sujets assistent passivement à un jeu souvent employé en psychologie sociale, qui s'appelle le dilemme du prisonnier et peut se jouer de manière coopérative ou compétitive (voir chapitre 11). D'autres sujets prennent effectivement part à ce jeu face à un partenaire «A», comparse de l'expérimentateur, qui joue de manière coopérative ou compétitive. D'autres sujets encore observent le jeu en sachant qu'ils devront affronter «A» par la suite. D'autres, enfin, ne sont avertis du fait qu'ils devront rencontrer «A» qu'avant de remplir un questionnaire. Dans celui-ci, un item demande «Sur la base du comportement que vous avez vu, dans quelle mesure croyez-vous pouvoir décrire la personnalité de «A» à quelqu'un qui ne l'a jamais rencontré?» Des quatre types de sujets qui ont participé à cette expérience (les observateurs, acteurs, futurs acteurs, et informés de dernière minute), seuls les premiers se disent réticents à pouvoir juger sa personnalité. De fait, ce sont les seuls qui peuvent rester indifférents à la situation et ne pas chercher à la contrôler, ou à l'expliquer, puisqu'ils ne seront jamais confrontés à «A».

Souvent la situation fait varier les rôles et nous confondons rôle et personnalité. C'est pour cette raison que nous avons tendance à croire que le personnel qui nous aide à essayer des paires de chaussures est particulièrement poli, patient et soumis! Cette confusion peut se produire même lorsque nous en faisons les frais comme dans l'expérience suivante. Humphrey (1985) a arbitrairement divisé ses sujets en leaders, qui devaient notamment prendre des décisions et dicter des lettres, et en exécutants, qui devaient, par exemple, effectuer des rangements alphabétiques et transcrire des documents en trois exemplaires. Au bout de quelques heures, tous les sujets remplirent le même questionnaire. Leaders comme exécutants attribuèrent aux premiers plus de qualités de chefs qu'aux derniers et leur prédirent un avenir davantage brillant.

Comme on s'en aperçoit, l'erreur fondamentale n'est pas que l'effet d'une simple heuristique, d'un vulgaire raccourci de raisonnement. Tout au contraire, l'erreur fondamentale atteste la volonté des gens de s'expliquer leur environnement, de lui trouver un sens afin de mieux pouvoir y interagir. Evidemment, volonté n'est pas synonyme d'exactitude.

Tout au long de ce volume, on retrouvera l'erreur fondamentale. Nous avons déjà fait allusion à l'obéissance aveugle qui pousse à des actes apparemment sadiques (chapitre 7) ainsi qu'à la non-assistance à personnes en danger (chapitre 9). L'erreur fondamentale intervient également lorsque nous acceptons de nous comporter d'une façon qui va à l'encontre de nos attitudes originales : ce hiatus provoque une tension parce que nous attribuons la cause du comportement à nous-mêmes plutôt qu'à la situation (chapitre 5). Elle se retrouve aussi dans les relations entre groupes : il est «évident» que les autres sont agressifs alors que nous ne faisons que réagir à leur agressivité (chapitre 11).

Que pouvaient faire les psychiatres de Rosenhan si ce n'est accepter la demande d'admission en institution psychiatrique et donner un diagnostic de psychose? Refuser l'admission sous prétexte que les voix parlaient une autre langue que les manuels? Accepter l'admission sans diagnostic, «pour raisons inconnues»? Somme toute, dans le glissement du diagnostic «schizophrénie» vers «schizophrénie en rémission», on peut voir une heuristique d'ancrage-ajustement (insuffisant). Les psychologues et psychiatres dynamiciens de Langer et Abelson sont, elles, les victimes exemplaires des règles conversationnelles : le chercheur leur demande de regarder un patient; celui-ci ne peut donc qu'être plus mal en point qu'un demandeur d'emploi. Dans tous les cas, les cobayes de Rosenhan et de Langer et Abelson cherchent à donner un sens à la situation dans laquelle ils se trouvent. Il se fait qu'ils travaillent dans une situation éminemment psychologisante. N'est-il pas «normal» qu'ils psychologisent?

Acteur-observateur

Dans son modèle général de l'attribution, Kelley (1965) n'établit pas de différence entre **observateur** et **acteur**. Cette équivalence est davantage encore prônée par Bem (1972) qui, en bon disciple du behavioriste radical Skinner, lui emprunte l'idée selon laquelle nous apprenons à identifier nos états internes à partir de la communauté verbale, c'est-à-dire les autres observateurs qui nous entourent et avec qui nous communiquons. Nous ne pouvons dire que «nous avons une migraine» que parce que les autres nous l'ont appris et nous ont enseigné les indices à détecter. C'est pourquoi, selon Bem, nous fonctionnerions à notre propre égard comme la communauté verbale, extérieure à nous, nous a conditionnés à le faire; acteurs, nous serons toujours des observateurs de notre propre comportement.

Et pourtant l'acteur n'est pas une copie de l'observateur. Tout d'abord, acteur et observateur ne disposent pas de la même quantité d'informations. L'acteur sait l'effort qu'il investit, connaît sa conduite antérieure et est éventuellement conscient de l'effet qu'il veut produire; ce n'est pas toujours le cas de l'observateur. D'autre part, ce qui est important aux yeux de l'acteur ne l'est pas nécessairement à ceux de l'observateur : l'acteur fera donc surtout attention à l'environnement, à la situation, tandis que l'observateur concentrera son intérêt sur le comportement de l'acteur.

A cette différence quantitative vient s'ajouter un traitement différent de l'information : l'acteur et l'observateur assimilent l'information de leur point de vue propre, et ce d'autant plus que l'information disponible n'a pas la même pertinence pour l'un que pour l'autre (Jones et Nisbett, 1972). L'acteur comparerait son action présente à ce qu'il a fait antérieurement, dans d'autres circonstances. Il sera donc porté à donner des attributions situationnelles. L'observateur, quant à lui, comparerait le comportement de l'acteur avec ce qu'il pense que lui-même ou d'autres auraient fait. Il privilégiera donc des attributions dispositionnelles. Si l'on retourne au modèle de Kelley, on s'aperçoit que l'acteur prend en compte la dimension de distingabilité (et de consistance) tandis que l'observateur considère surtout la dimension de consensus et tous les deux suivent la méthode des accords de Mill.

Plusieurs preuves expérimentales étayent cette différence entre acteur et observateur. Lorsque nous devons remplir un questionnaire de personnalité pour nous-mêmes et pour d'autres personnes, nous avons plus souvent recours à la catégorie «cela dépend de la situation» pour nous-mêmes que pour les autres. Cette façon de répondre n'indique cependant pas une tactique pour maintenir intacte l'estime de soi. De même, lorsqu'il s'agit de justifier le choix de nos études, nous parlons et écrivons plus en termes situationnels, factuels, que lorsque nous devons justifier le choix des études de notre meilleure amie : à ce moment, nos descriptions sont davantage dispositionnelles. De plus, si nous nous mettons dans la peau de notre meilleure amie pour justifier nos propres choix, nous agissons alors comme une observatrice (Nisbett *et al.*, 1973).

Ces derniers résultats indiquent qu'un changement de perspective peut altérer le type d'attributions. Frank et Gilovich (1989) ont fait se rencontrer et discuter deux personnes. Trois semaines plus tard, les mêmes sujets devaient se rappeler l'événement et se l'imaginer. La plupart adoptaient spontanément leur point de vue d'acteur et faisaient des attributions situationnelles; une minorité prenait la perspective d'un observateur et tendait à faire des attributions dispositionnelles. Dans une seconde étude, les chercheurs induisirent la perspective à adopter lors du rappel. Conformément aux attentes, les sujets amenés à prendre le point de vue de l'acteur firent plus d'attributions situationnelles que dispositionnelles et l'inverse se produisit chez ceux à qui on avait insufflé le point de vue d'un observateur.

Le langage est une excellente façon de susciter certaines attributions plutôt que d'autres; c'est le **biais linguistique**. Cela peut se faire, et s'effectue souvent, de manière inconsciente. Semin et Fiedler (1991) distinguent notamment quatre sortes de termes : les verbes d'action descriptifs (par exemple, embrasser), les verbes d'action interprétatifs (séduire), les verbes d'état (aimer), et les adjectifs (amoureux). Ces termes varient quant au degré d'abstraction et d'inférence causale qu'ils impliquent : embrasser est beaucoup plus concret qu'aimer ou amoureux et ces derniers suscitent davantage une inférence attributive que le mot embrasser. Il est donc possible que la différence acteur-observateur se marque au niveau des mots employés. C'est de fait ce qu'observent Semin et Fiedler (1989, exp. 1) lorsqu'ils demandent à leurs sujets de décrire certains événements en adoptant le point de vue d'un acteur ou d'un observateur. Davantage de termes abstraits sont utilisés par l'observateur que par l'acteur. Il est également possible qu'acteur et observateur comprennent différemment une question comme «Pourquoi avez-vous choisi les études de psychologie?» L'acteur risque de comprendre qu'on lui demande de justifier telles études plutôt que telles autres et ne fera donc pas d'attribution dispositionnelle. Par contre l'observateur peut comprendre qu'on l'interroge sur telle personne en particulier, et il se centrera donc sur la personne en question plutôt que sur d'autres en faisant des attributions dispositionnelles (McGill, 1989).

Dans une revue de questions, Watson (1982) s'est demandé si la différence entre acteur et observateur est surtout due aux attributions dispositionnelles, aux attributions situationnelles, ou aux deux. Il remarque qu'acteurs et observateurs utilisent plus d'attributions dispositionnelles que situationnelles — ce qui correspond bien à l'erreur fondamentale. Par ailleurs, ce sont les attributions situationnelles qui font la différence en étant davantage employées par les acteurs que par les observateurs.

Ce qui étonne notamment dans les recherches de Rosenhan est que les psychiatres se trompent quant aux pseudo-patients, alors que les vrais patients découvrent la supercherie. Ne pourrait-on pas plaider que les psychiatres sont, davantage que les patients, dans le rôle d'observateurs par rapport aux pseudo-patients? Dans tous les cas, ils disposent de moins d'informations qu'ils doivent résumer de manière abstraite. Ou, si l'on considère psychiatres et vrais patients comme étant tous des observateurs, leur point de vue est certainement différent : les psychiatres comparent les pseudo-patients à des gens qui ne demandent pas d'hospitalisation et ils les acceptent comme malades; les vrais patients se comparent aux pseudo-patients et ils détectent la normalité de ceux-ci.

Illusion de contrôle

En introduisant ce chapitre, on a fait remarquer que l'attribution se résumait souvent à un choix entre causalité interne et causalité externe. Les agences de publicité connaissent bien les implications des causalités interne et externe. Songez notamment aux «caméras cachées» : on arrête une personne dans un magasin et on lui demande ce qu'elle pense des matelas X ou des poudres à lessiver Y. Le téléspectateur qui voit cette séquence publicitaire a toutes les raisons de croire à la validité de la réponse : celle-ci a été donnée de manière impromptue, par la première personne venue, qui ignorait semble-t-il qu'elle était filmée et qui, selon toute vraisemblance, n'a pas agi en vue d'une récompense financière quelconque. Ce n'est pas le cas de l'acteur professionnel dont les fins de mois dépendent essentiellement de ses apparitions à l'écran pour vanter n'importe quel produit.

Etant donné que les imputations de causalité externe ou interne reposent en grande partie sur des pressions exercées par l'environnement, elles devraient s'illustrer de manière privilégiée dans des domaines impliquant des asymétries de pouvoir. C'est ainsi qu'une personne de statut élevé sera plus facilement considérée comme répondant à une causalité interne lorsqu'elle accepte de satisfaire une requête, qu'une autre de statut plus modeste. Ceci se comprend assez bien dans notre culture : un individu prestigieux, détenteur d'une certaine puissance, est censé avoir plus de ressources et de liberté d'action qu'un autre; s'il accède à la requête, c'est donc qu'il le veut bien (Thibaut et Riecken, 1955).

Où les asymétries de pouvoir se font-elles davantage sentir que dans les relations de travail et dans notre mode occidental de production? Imaginez quelqu'un qui accomplit une tâche plus ou moins désagréable pour la somme de 10000 francs et une autre personne qui reçoit 100 francs pour le même travail. Il y a beaucoup à parier que nous attribuerons l'acceptation du travail à la rémunération importante dans le premier cas, tandis que nous jugerons que le second travailleur se plie à la tâche parce qu'il le veut bien. En conséquence, nous estimerons que la tâche est moins déplaisante pour ce second travailleur que pour le premier puisqu'il a bien voulu s'y adonner malgré une faible compensation financière. Il est probable, d'ailleurs, que les attributions ne s'arrêteront pas en si bon chemin. Nous savons que, pour des motifs variés, des travailleurs étrangers acceptent d'effectuer des besognes qui répugnent aux travailleurs autochtones et souvent pour un salaire moindre que ne le jugeraient acceptable ces derniers. Question cynique : pourquoi faudrait-il augmenter la rémunération des travailleurs étrangers puisque, selon notre raisonnement inductif, ils aiment ce qu'ils font? Parce que ce raisonnement comporte une erreur fondamentale, parce qu'il se centre sur les personnes en ignorant les conditions sociales de travail.

Engager à tort une causalité interne, c'est faire preuve d'une **illusion de contrôle**. Les exemples abondent.

Un sujet ayant le rôle de supérieur devait superviser le travail de deux prétendus subalternes qui étaient, en fait, de connivence avec l'expérimentateur. Selon les instructions reçues, le superviseur contrôlait le subordonné A à 9 reprises et le subordonné B à 2 reprises seulement. Alors que les productions finales de A et B étaient absolument comparables, le sujet superviseur indiquait qu'il accordait davantage de confiance à B qu'à A. De plus, quand le superviseur fut libre de contrôler qui et quand il voulait, il continua à surveiller davantage le travail de A que celui de B. L'individu B bénéficiait d'une attribution de causalité interne alors que A était affligé d'une attribution de causalité externe (Strickland, 1958).

Il semble donc que plus souvent un contrôle sera exercé, plus facilement apparaîtra une tendance à déprécier le travail de ceux qui sont contrôlés. Cette réaction risque fort d'amener un cercle vicieux : plus le contrôle est fréquent, plus la dépréciation est importante, plus la passivité augmente chez les subalternes, plus le besoin de contrôler se fait sentir chez les autorités.

Kruglanski (1970) reprend et étend cette problématique. Lorsque, comme dans la première expérience, le superviseur peut se rendre compte que le travail effectué est équivalent aussi bien au point de vue qualité que quantité, on retrouve les premiers résultats : le subalterne qui a été le plus souvent contrôlé est déprécié par rapport à l'autre. L'inverse se produit lorsque le superviseur ignore s'il y a équivalence de la qualité. Dans le doute donc, le superviseur part du principe que son contrôle a un effet bonifiant, et, à nouveau, une causalité externe est attribuée au subordonné qui a été le plus fréquemment surveillé. Le subalterne moins souvent contrôlé bénéficie, quant à lui, d'une attribution de causalité interne. A long terme, par conséquent, il est probable que l'on retrouve le cercle vicieux dénoncé plus haut.

L'illusion de contrôle est particulièrement remarquable dans les troubles du comportement et les maladies. Ce sont en effet des événements à propos desquels les gens aiment croire qu'ils peuvent changer le cours des choses et maîtriser leur destinée. Davison *et al.* (1973) ont traité des insomniaques en leur prescrivant de prendre un somnifère puissant, de respecter un horaire de sommeil et de recourir à des techniques de relaxation. Ce traitement ayant eu des effets bénéfiques chez tous les sujets, sa partie médicale fut interrompue : le médicament fut suspendu mais on demanda à chacun de continuer les techniques de relaxation et de s'en tenir à son horaire de sommeil. De plus, à certains sujets, Davison et ses collègues firent croire que le somnifère qu'ils avaient pris jusqu'à présent n'était en fait qu'un placebo. Il se fait que, conformément aux attentes, les sujets ayant cru prendre un placebo améliorèrent à long terme leur insomnie davantage que les autres. En effet, ceux qui continuaient à croire, avec raison, qu'ils avaient pris un somnifère attribuaient leur amélioration au médicament; une fois celui-ci supprimé, les troubles d'insomnie n'avaient pas de raison de ne pas recommencer. Ceux qui s'imaginent avoir pris un placebo ne peuvent attribuer l'amélioration de leur état qu'aux techniques de relaxation et à leur horaire strict, deux choses qu'ils peuvent toujours maîtriser, ils continuent donc à mieux dormir.

L'illusion de contrôle ne doit pas nécessairement être induite par un chercheur. Les gens sont tout à fait capables de se leurrer eux-mêmes. Le cancer du sein est une maladie particulièrement stressante. En plus de l'atteinte corporelle, il y a le spectre de la rechute et de la dégradation. Beaucoup de femmes luttent contre cette perspective en s'informant au maximum de la maladie. Livres, revues, internet et conversations d'épicerie sont mis à profit. Cette connaissance encyclopédique ne changera rien à l'état du corps; elle permettra sans doute de mieux prédire ce qui se passe, mais elle assurera surtout un mieux vivre en procurant une illusion de contrôle. Le cancer avait provoqué la débacle du contrôle; la connaissance de la maladie donnera l'impression d'un contrôle retrouvé (Taylor, 1983).

L'illusion de contrôle se manifeste aussi dans des circonstances beaucoup moins tragiques, comiques même. Qu'est-ce qui s'oppose davantage au contrôle que le jeu de hasard? Et pourtant le hasard ne sape pas l'illusion de contrôle. Le joueur qui désire un petit nombre lance doucement son dé; celui qui veut obtenir un gros score le lance avec énergie. Langer (1975) a aussi vérifié que l'on risque de plus gros paris face à un partenaire timide plutôt que sûr de lui comme si l'apparence de ce partenaire avait une influence quelconque sur les résultats d'un jeu de pur hasard. De même, lorsqu'on peut choisir son billet de loterie, on sera moins enclin à s'en séparer, même en échange d'un autre billet offrant objectivement plus de chances de gagner, que lorsqu'on n'a pas le choix de son billet, etc. Ou encore, comme l'ont montré Ayeroff et Abelson (1976) dans une tâche de télépathie, on croira avoir reçu ou émis correctement davantage de symboles représentés sur des cartes lorsqu'on a pu choisir les symboles, mélanger les cartes et discuter la stratégie de communication télépathique.

Ces dernières expériences reviennent à démontrer que lorsque des facteurs susceptibles d'influencer l'issue d'un jeu de compétence (compétition, familiarité, choix, implication) sont présents dans un jeu de hasard, ils induisent les joueurs à confondre compétence et hasard, c'est-à-dire à s'illusionner sur leurs capacités de contrôle. Si vous êtes organisateurs de jeux de hasard, travestissez ceux-ci en concours, et vous distribuerez des premiers prix plutôt que des gros lots.

Attributions défensives

Le football n'a rien d'un jeu de hasard mais avez-vous déjà prêté attention aux commentaires des joueurs après un match? Ils diffèrent très fort selon qu'ils suivent une victoire («je suis en forme ascendante», «l'équipe s'entend bien») ou une défaite («le terrain était spongieux», «impossible de jouer seul»). Ces **attributions défensives** servent à protéger l'estime de soi des gens qui les prononcent. Rien d'étonnant, dès lors, à ce qu'elles aient été surtout étudiées dans le cadre de réussites et d'échecs à expliquer. Les psychologues sociaux (Weiner, 1985) ont, à cet effet, non seulement distingué les causes selon leur degré d'internalité, mais également selon leur degré de stabilité. Une cause stable et interne d'une réussite (ou d'un échec) est l'intelligence (ou la bêtise) par exemple; une cause stable et externe serait l'exigence du professeur; une cause instable et interne serait la motivation; enfin, la chance serait une cause instable et externe.

Les différences culturelles selon les rôles sont particulièrement intéressantes du point de vue des attributions défensives. On a remarqué que les hommes expliquent leurs succès par leur intelligence — une cause interne et stable — et leurs échecs par des causes instables — un manque d'effort ou la malchance. Les mêmes hommes expliquent les succès féminins par des causes instables — la chance ou elles ont tellement trimé — et les échecs des femmes par le manque de capacité — une cause interne et stable. Cette mise en valeur de soi dans les attributions est souvent appelée **attribution d'auto-complaisance**. Or, on remarque que les femmes ont tendance à reproduire le discours masculin. En d'autres termes, elles n'adoptent pas les attributions d'auto-complaisance et se dénigrent elles-mêmes (Lorenzi-Cioldi, 1988; voir cependant Sousa et Leyens, 1987).

Paradoxalement, ce dénigrement peut servir l'estime de soi; c'est d'ailleurs pourquoi nous préférons ne pas distinguer attributions de défense et d'auto-complaisance. En adoptant un discours machiste, les femmes ne disent-elles pas «Ce n'est pas notre faute; nous n'en pouvons rien si nous sommes des femmes»? La femme qui a été violée et qui dit «C'est ma faute» fait également une attribution défensive en ajoutant «je n'aurais pas dû emprunter ce sentier» ou «je n'aurais pas dû mettre cette robe collante» (Janoff-Bulman, 1979). En se persuadant de ces causes, dont elle est responsable, elle protège son estime de soi : le viol est la résultante de négligences qui ne se reproduiront plus. Illusion, mais illusion combien réconfortante. Rien n'assure qu'un autre itinéraire ou un jeans changeront quoi que ce soit, mais ils permettront au moins à la personne d'oser sortir de chez elle. Taylor (1989) a magnifiquement développé le thème des «illusions positives» dans le cas de malades incurables. Sans doute connaissons-nous tous des personnes qui attribuent leur maladie à une peccadille (par exemple, boire du café décaféiné) et la rémission à un détail (remplacer le café par du jus d'orange)?

Le processus des attributions défensives est souvent mis en place avant même que la performance ne soit évaluée et avant même qu'elle ait lieu. Face à une tâche qui a la réputation de n'être pas facilement réussie par les membres d'un groupe donné, une personne membre de ce groupe ne se vivra plus comme une individualité mais comme un membre quelconque de ce groupe stigmatisé. Cette déindividuation rendra saillante l'appartenance au groupe, amènera des stratégies d'auto-handicap, induira une anxiété perturbatrice, et diminuera les performances.

Steele et Aronson (1995) ont présenté une tâche verbale difficile à des étudiants américains blancs ou noirs très doués. Suivant la condition, la tâche était censée approcher des processus cognitifs ou évaluer et comparer l'intelligence. Alors que Blancs et Noirs réussissaient bien et de manière équivalente la tâche-processus, la performance des Noirs diminuait en cas d'évaluation et celle des Blancs avait tendance à augmenter (voir figure 3.4). Dans une autre expérience, les sujets devaient répondre à une série de questions avant, croyaient-ils, d'effectuer la tâche-processus ou d'évaluation. Certaines questions consistaient en des mots; elles avaient été construites de manière à pouvoir ou non être complétées en termes de race et de classe sociale (par exemple : MI...... (minority plutôt que minister)) ainsi que d'incompétence (par exemple : ...ERIOR (inferior plutôt que superior)). D'autres questions avaient trait à l'évitement du stéréotype; par exemple, les sujets devaient dire dans quelle mesure ils aimaient le rap, ou encore la mention de la race d'appartenance sur la feuille de réponses était optionnelle. Enfin,

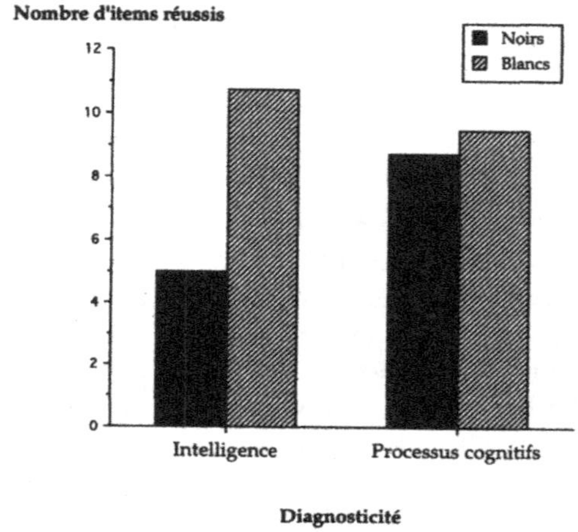

Figure 3.4 — Nombre d'items réussis en fonction de la diagnosticité de la tâche et de la race du sujet.

des questions mesuraient les stratégies d'auto-handicap (par exemple, combien d'heures les sujets avaient dormi la nuit précédente ?). Dans la tâche-processus, non diagnostique de l'intelligence, aucune différence n'apparaît pour aucun type de questions entre étudiants blancs et noirs. Dans la condition diagnostique, les différences sont toutes significatives. Alors que les Blancs dans cette condition répondent comme tous les participants de l'autre condition, les Noirs répondent davantage en termes raciaux et d'incompétence. Ils dénigrent le rap qui s'apparente pourtant à leur ethnie et disent avoir dormi seulement 5 heures. La réaction à la mention de la race est très symptomatique ; seulement 25 % des Noirs de la condition d'évaluation ont renseigné leur race alors que 100 % des autres sujets l'ont fait.

Ce qui est valable pour les Noirs américains l'est également pour d'autres groupes. Le lien entre réussite scolaire et statut socio-économique n'est pas qu'un stéréotype. Les enfants de classes sociales privilégiées ont plus de chances de réussir à l'école et à l'université que ceux provenant de classes moins favorisées. Il n'est donc pas étonnant que les résultats décrits plus haut se retrouvent lorsqu'on tient compte de l'origine socio-économique, plutôt qu'ethnique, d'étudiants français (Croizet et Claire, sous presse ; voir aussi Monteil, 1989).

Pour le membre d'un groupe défavorisé, un moyen d'échapper au stigmate est de se convaincre qu'on ne l'a pas jugé sur sa valeur personnelle, mais à partir de l'image négative attachée à son groupe d'appartenance (Crocker et Major, 1989). Toutefois, pour que ce processus ait lieu, il faut qu'il repose sur une théorie adéquate aux yeux des personnes impliquées. Les femmes, par exemple, ont la réputation d'être moins performantes que les hommes en mathématiques et en informatique. Dans l'esprit de tout le monde, elles y comprises, cette infériorité est génétique. Si on leur fait croire que la différence est sociale, plutôt qu'innée, on ne voit pas apparaître les phénomènes traditionnels... et les femmes se montrent aussi bonnes que les hommes.

Tout au long de ce chapitre, on aura donc vu que les gens ne restent pas passifs devant les événements. Ils cherchent des explications, et pour que celles-ci soient convaincantes, il faut qu'elles reposent sur des convictions profondes. Cette activité attributionnelle peut déboucher sur des comportements apparemment dommageables, comme une diminution de performance chez des membres de groupes stigmatisés. Toutefois, ne serait-il pas plus dommageable qu'existe un hiatus entre croyances et comportements ? Et si les croyances pouvaient changer ?

DEUXIÈME PARTIE

INFLUENCE SOCIALE

Pour ceux qui, en mars 1997, ont eu la chance de voir la comète Hale-Bopp, le spectacle était féerique. Pour les adeptes de *Heaven's Gate*, la «Porte du Paradis», c'était simplement le signal du grand départ. Deus jours après le solstice de printemps, les autorités de San Diego, Californie, ont découvert le suicide collectif : 17 hommes et 21 femmes empoisonnés et asphyxiés. Chaque «voyageur» était muni de ses papiers et d'un peu d'argent. Au pied de chaque lit, une valise était soigneusement préparée. Certains corps masculins présentaient les marques d'une castration. Malgré l'émoi suscité par la nouvelle, ce drame ne constituait pas une surprise. Depuis plusieurs années, les membres de cette secte multipliaient les appels. Le gourou, un certain «Do», disposait même d'un site internet. Ne s'agissait-il pas de garantir la diffusion la plus large à son message? Mission accomplie, du moins de façon posthume : dans le quart d'heure qui a suivi l'annonce du drame, cette permanence électronique a enregistré plus de 900 000 appels.

Cette tragédie est loin d'être unique. En 1978, plus de 900 adeptes de la secte *People's Temple* du révérend Jones acceptaient de boire des coupes pleines d'une boisson aux fraises remplie de tranquilisants, d'analgésiques et d'une dose mortelle de cyanure. Plus récemment, le FBI américain s'est heurté à l'obstination suicidaire des Davidiens de Waco. Au Japon, un gourou a commandité des attentats au gaz mortel dans le métro de Tokyo. Au moment où nous écrivons ces lignes, l'Ordre du Temple Solaire est encore et toujours sous les feux des projecteurs. Et pour cause ! En octobre 1994, 53 corps, dont ceux des deux gourous, le Belge Luc Jouret et le septuagénaire Jo Di Mambro, sont retrouvés dans les localités suisses de Cheiry et Granges-sur-Salvan ainsi que dans la petite ville canadienne de Morin Heights au Québec. En décembre 95, dans le Vercors, et en mars 96, à Saint-Casimir au Québec, de nouveaux attentats-suicides ont emporté 21 autres adeptes. Ces membres ont-ils été emmenés de gré ou de force dans la mort ? Comme le dira un enquêteur belge, «Je ne connais personne qui s'est suicidé avec sept balles dans la tête et qui s'est mis par la suite un sac de plastic sur la tête où ne figure aucun trou normalement laissé par l'impact d'une balle.» Dans plusieurs pays, des commissions parlementaires ont été mises en place. En France, le décès d'un enfant a entraîné l'inculpation des parents qui, membres d'une secte, avaient refusé des vaccins obligatoires. L'Allemagne s'oppose à l'Eglise de Scientologie, malgré une vigoureuse campagne de soutien menée par des vedettes hollywoodiennes adeptes de la secte. Presque journellement, les média relatent les exploits de groupuscules religieux plus fanatiques les uns que les autres. Pendant ce temps, les disciples de la *Unification Church* de Sun Myung Moon continuent de manifester une totale allégeance à leur leader charismatique. Que dire des chantres de *Hare Krishna* ? Et la liste est encore longue...

Comment se fait-il que des êtres normalement constitués renoncent à leurs anciennes croyances pour adopter de nouveaux modes de pensée apparemment aberrants ? Par quels leviers les gourous s'assurent-ils la collaboration de leurs adeptes au point de pouvoir leur extorquer leur fortune ou de les pousser à faire mourir leurs enfants ? Véritable scénario catastrophe de la relation sociale, le phénomène sectaire interpelle les psychologues sociaux. Comme nous le verrons dans cette deuxième partie, tous les ingrédients de l'influence sociale y sont présents. Toutefois, et c'est la particularité du phénomène sectaire, l'exacerbation des mécanismes d'influence y est telle que l'adepte éprouvera une difficulté énorme, souvent insurmontable, à s'extraire du mouvement d'aspiration qui l'entraîne à sa perte.

Chapitre 4
Attitudes et persuasion

Vous déambulez dans un centre commercial. Comme à chaque fois, les soldes sont parvenues à vous attirer dans ce temple de la consommation. Un jeune homme vous interpelle. Adepte de l'Eglise de Scientologie, il vous propose de passer gratuitement un test de personnalité et d'en savoir ainsi plus sur les raisons profondes qui vous empêchent de vous épanouir dans votre vie professionnelle, sociale et affective. Vous ne parvenez pas à le quitter sans accepter une documentation détaillée sur l'œuvre de Ron Hubbard, le fondateur du mouvement. Sur le chemin du parking, un militant de Greenpeace vous encourage à signer une pétition. Plus tard, en début de soirée, le journal télévisé laisse une large place au premier ministre venu défendre une série de mesures qu'il qualifie de courageuses mais nécessaires pour relancer l'économie et réduire le chômage. Malgré les mauvaises nouvelles du monde et une série interminable d'écrans publicitaires, vous patientez. Enfin, votre retransmission sportive favorite débute. C'est à ce moment que retentit la sonnette. Votre voisin vient vous offrir d'être le premier à pouvoir racheter son ancienne voiture...

Pour différents qu'ils soient, ces événements n'en sont pas moins tous liés à un aspect crucial de notre vie en société : le changement d'attitude. A chaque fois, il est question d'instaurer, de renforcer ou de modifier des attitudes. Les attitudes fascinent les psychologues sociaux. Certains ont même décrété qu'elles constituaient l'objet principal de leur discipline. Mais, en fait, qu'est-ce qu'une attitude? Des centaines de définitions émaillent la littérature. Le fil rouge qui s'en dégage est qu'une attitude renvoie à une représentation mentale qui résume notre évaluation à l'égard d'un objet. Dans la mesure où elle correspond à une évaluation, une attitude peut donc s'avérer positive, neutre ou négative. Elle varie également en intensité allant d'une prise de position timide à des réactions plus violentes. Les gens ont des attitudes à propos d'une foule de choses. Il peut s'agir d'autres personnes, comme son meilleur ami, un collègue de travail ou le premier ministre du pays. Il est aussi question d'objets bien concrets, comme une voiture, un mémoire de fin d'études ou un plat cuisiné. Parfois, enfin, certaines attitudes concernent des concepts abstraits comme la solidarité, l'économie de marché ou la démocratie.

LES ATTITUDES

Malgré son immense popularité, le concept d'attitude reste difficile à cerner. La raison majeure est qu'il s'agit d'un construit psychologique, c'est-à-dire d'une réalité hypothétique que les psychologues sociaux évoquent dans leurs explications. En dépit des tentatives de réification, parler d'attitude est avant tout une façon commode de résumer un potentiel. L'attitude n'est pas ancrée au fond de notre tête mais renvoie davantage à la manière dont quelqu'un risque de se conduire. Car l'enjeu est bien là : changer les attitudes permet de modifier le comportement.

Qu'est-ce qu'une attitude?

Les attitudes sont utiles dans toutes sortes de situations et remplissent un ensemble de fonctions (Katz, 1960; Smith, Bruner et White, 1956). Elles nous offrent une certaine connaissance du monde. Elles revêtent aussi un caractère instrumental dans la mesure où elles nous évitent certains déboires et nous garantissent des avantages. Enfin, nos attitudes permettent de communiquer nos valeurs à ceux qui nous entourent. Pour toutes ces excellentes raisons, elles représentent un élément de toute première importance pour nous-mêmes et pour autrui. Mais si les psychologues sociaux veulent exploiter la notion d'attitude dans leurs explications, il est impératif qu'ils puissent l'appréhender de manière positive. A première vue, mesurer une attitude paraît bien anodin. C'est pourtant le plus étonnant des défis. En effet, si l'attitude est cette abstraction qui se terre dans les méandres de l'individu, par quel stratagème peut-on la débusquer? La réponse est à la fois simple et complexe. Simple parce que dans la mesure où l'attitude est censée guider le comportement des gens, il suffit d'observer la manière dont ceux-ci réagissent à l'égard d'un objet attitudinal pour apprécier la direction et l'intensité de l'attitude sous-jacente. Complexe parce que, comme nous le verrons plus loin, la relation entre l'attitude et les réponses observables des individus est plus chaotique qu'il n'y paraît.

Plusieurs stratégies s'offrent aux psychologues sociaux qui désirent mesurer les attitudes. Dans tous les cas, ils devront prendre en compte une réponse évaluative face à l'objet attitudinal. Quel que soit le problème auquel le chercheur s'intéresse, il y a de fortes chances qu'il veuille sonder les réactions, sentiments et opinions d'un certain nombre de personnes à l'aide d'une échelle d'attitude. Le plus souvent, les personnes interrogées devront indiquer leur degré d'accord avec une série de propositions portant sur l'objet attitudinal. Ainsi, si vous voulez savoir à quel point les étudiants de votre cours de psychologie sociale sont favorables à l'écologie, vous pouvez leur présenter un questionnaire demandant s'ils contestent ou soutiennent l'introduction d'une taxe sur l'énergie fossile, s'ils participent ou non à un système de collecte sélective des déchets, etc. Pour peu que vous suiviez scrupuleusement les recommandations émises par les concepteurs de ces divers instruments, vous obtiendrez des mesures d'excellente qualité (Himmelfarb, 1993).

Les échelles d'attitudes ne constituent pas pour autant une panacée. La suspicion quant à la sincérité des réponses a poussé certains chercheurs à mettre au point une série d'instruments basés sur les réponses physiologiques des personnes. De fait, imaginez qu'un psychologue américain veuille sonder les stéréotypes de ses étudiants blancs à propos des Noirs. Il y a fort à parier que les sujets, du moins ceux qui sont racistes, auront à cœur de masquer leurs véritables attitudes et de se conformer aux normes ambiantes de tolérance et d'humanisme. Dans la mesure où les réactions physiologiques sont nettement moins soumises au contrôle conscient des personnes interrogées, elles peuvent s'avérer de meilleurs indicateurs que les réponses à un questionnaire (Cacioppo et Petty, 1979).

Une approche plus insolite consiste à convaincre les répondants que l'on dispose d'un détecteur de mensonge et qu'il leur est donc inutile de dissimuler leurs véritables sentiments à l'égard de l'objet attitudinal. Même si le chercheur n'a aucun moyen effectif de repérer un éventuel mensonge, le seul fait que les répondants le croient suffit souvent à augmenter la sincérité de leurs réponses (Roese et Jamieson, 1993). Parmi d'autres techniques plus sophistiquées, certaines font appel à des mesures de temps de réaction. L'idée est ici de tabler sur l'association cognitive plus ou moins étroite entre des termes positifs ou négatifs et l'objet attitudinal. Pour reprendre l'exemple des sujets américains de race blanche et de leurs attitudes à l'égard de leurs compatriotes noirs, on peut faire suivre le terme Noir ou Blanc d'adjectifs positifs et négatifs et demander aux sujets de dire le plus rapidement possible si l'adjectif en question peut s'appliquer aux Noirs ou aux Blancs. Les résultats à ce genre d'épreuve révèlent l'existence de préjugés que les sujets ne sont pas toujours prêts à dévoiler dans des questionnaires traditionnels (Dovidio et Gaertner, 1986).

Mais, penserez-vous, l'observation du comportement des gens ne constitue-t-elle pas une façon bien plus directe de recueillir des informations concernant leurs attitudes ? Rien ne paraît plus évident. Vous pouvez ainsi relever quels sont les étudiants de votre cours qui déposent des cartons de papier usagé devant le seuil de leur domicile lors du ramassage mensuel. Un tel indicateur semble être un excellent moyen d'apprécier le degré de sympathie pour la cause écologique. On le comprendra aisément, les coûts associés à ce genre d'entreprise freinent plus d'un chercheur. Mais là n'est pas le principal problème...

L'argument majeur en faveur du concept d'attitude repose sur l'existence d'une relation étroite entre l'attitude des gens et leur comportement. Si une personne est favorable à l'écologie, on supposera, par exemple, qu'elle récupère les piles usagées pour les déposer dans les boîtes prévues à cet effet dans les grandes surfaces. Mais que faut-il conclure de cette étude conduite par Kutner *et al.* (1952) avant l'abolition des lois de discrimination raciale aux Etats-Unis. Deux femmes blanches se présentèrent à un restaurant et furent ensuite rejointes par une troisième cliente, de race noire cette fois. Dans chacun des 11 établissements ainsi visités, les trois convives furent servies sans la moindre difficulté. Quelques temps plus tard, les chercheurs contactèrent tous ces établissements en leur demandant s'ils acceptaient les réservations pour des groupes mixtes, c'est-à-dire des tablées réunissant des Blancs et des Noirs. Aucune réponse ne parvint à l'équipe de recherche et aucune lettre ne revint pour cause de destinataire inconnu. Contactés par téléphone, huit des responsables des restaurants prétendirent n'avoir jamais reçu cette lettre et la plupart firent preuve d'une formidable imagination pour tenter d'éluder la question de cette réservation décidément bien embarrassante. Au moins dans ce cas, les attitudes et le comportement ne semblent pas très liés. Une recherche de DeFleur et Westie (1958) fournit un autre exemple de la relation ténue qui peut exister entre les attitudes et les conduites. Dans le cadre d'un cours de sociologie, des étudiants de race blanche sont invités à remplir un questionnaire de préjugés raciaux. DeFleur et Westie repèrent ainsi les 23 sujets les plus racistes et les 23 sujets les moins racistes. Ils leur demandent ensuite s'ils accepteraient de poser pour une photo en compagnie d'une personne de l'autre sexe et de race noire. Le comportement-cible est tout simplement l'acceptation ou le refus de signer une décharge pour différents usages de la photographie. Toutes les autorisations soumises aux participants commencent par les mots « Je donne mon autorisation pour que cette photographie soit » suivis des phrases que voici :

– utilisée dans des expériences de laboratoire où elles ne seront vues que par des sociologues professionnels
– publiée dans un journal technique lu exclusivement par des sociologues professionnels

– montrée à quelques douzaines d'autres étudiants dans le cadre d'une situation de laboratoire
– montrée à des centaines d'étudiants comme support pédagogique dans des cours de sociologie
– publiée dans le journal de l'université comme support publicitaire pour un article concernant la recherche en cours
– publiée dans le quotidien de ma ville natale comme support publicitaire pour un article concernant la recherche en cours
– utilisée dans une campagne nationale vantant les mérites de l'intégration raciale.

Les sujets doivent signer toutes les propositions qu'ils considèrent acceptables. L'hypothèse est évidemment que les 23 racistes resteront en deçà de la réponse moyenne fournie par l'ensemble des 46 participants tandis que les 23 non racistes se situeront au-delà. Malgré la sélection de sujets extrêmes sur l'échelle de racisme, 5 racistes et 9 non-racistes, soit plus de 30 % des participants, fournissent une réponse comportementale qui contredit de façon flagrante leur attitude.

Des dizaines d'exemples semblables peuplent la littérature (voir Wicker, 1969). Pourtant, les chercheurs ont mis bien longtemps à prendre conscience de l'ampleur du problème. Le lien entre l'attitude et le comportement serait-il aussi ténu qu'il faille songer à se débarrasser du concept ? Une telle réaction serait exagérée. Bien des études, et nous en aborderons quelques-unes au long de ce chapitre, attestent le fait que les attitudes rapportées dans un questionnaire permettent bien de prédire les actes des gens. Confrontés au constat pessimiste de Wicker, les psychologues sociaux ont cherché à identifier les conditions dans lesquelles une relation effective entre attitude et comportement est susceptible d'apparaître (Kraus, 1995).

Quand l'attitude prédit-elle le comportement ?

Souvent des problèmes méthodologiques expliquent les résultats décevants concernant le lien entre l'attitude et le comportement. Fishbein et Ajzen (1974) ont ainsi soutenu que si les chercheurs mettaient un soin particulier à concocter leur questionnaire attitudinal, ils étaient par contre très négligents lorsqu'il s'agissait de mesurer le comportement. La définition de l'attitude renvoie à une tendance globale à orienter l'action dans un sens positif ou négatif à l'égard d'un objet. Pour garantir une meilleure prédiction, Fishbein et Ajzen concluent donc qu'il importe de se pencher sur une large panoplie de comportements. Plutôt que de vous contenter de contrôler si les étudiants du cours ont contribué à la dernière collecte sélective de déchets, vous devriez également chercher à savoir s'ils votent pour le parti écolo, utilisent du papier recyclé, restituent les piles usagées, etc. Ensemble, ces différentes observations convergeront pour vous donner une idée assez précise du comportement pro- ou antiécologique des étudiants même si chacun de ces actes n'est qu'imparfaitement lié à leur attitude vis-à-vis de l'écologie.

Au-delà de ces aspects théoriques et méthodologiques, d'autres facteurs régissent l'importance de la relation entre attitude et comportement. Dans leur **théorie de l'action raisonnée**, Fishbein et Ajzen (1975) estiment que ce lien passe par la formulation d'une intention comportementale. Ce n'est que dans la mesure où cette intention est présente dans la situation que l'attitude influencera le comportement. Selon ces auteurs, l'attitude est elle-même ancrée dans l'évaluation des bénéfices et des coûts de la conduite (« Qu'est ce que je gagne à agir de la sorte ? »). Imaginez que vous soyez sur le point de louer un appartement. Une première étape consiste à établir un relevé des caractéristiques des différents appartements possibles. Une deuxième étape consiste à vérifier dans quelle mesure chacune de ces caractéristiques constitue un avantage ou un désavantage. Par exemple, un des appartements visités possède une superbe mezzanine et vous aimez le confort discret de ses nombreux placards. Un autre appartement demandera un investissement en mobilier mais présente un loyer attractif, etc. Ce bilan économique conditionnera votre attitude face aux différentes options qui s'offrent à vous.

Les préoccupations normatives (« Que vont penser les autres si j'agis de la sorte et suis-je sensible à leur opinion ? ») constituent un autre déterminant de l'intention comportementale. Autrement dit, nous ne sommes pas insensibles aux réactions potentielles de notre entourage. Revenons à notre exemple de location d'appartement. En effet, vos amis risquent de faire la moue si vous choisissez un studio à l'autre bout de la ville et vous êtes généralement soucieux de leur avis. Vos parents ont toujours déconseillé les appareils de chauffage au gaz mais vous n'appréciez guère leur ingérence. Ces considérations d'ordre social s'ajouteront à la dimension attitudinale pour déterminer votre intention de louer tel appartement plutôt que tel autre. Cet exemple très simple illustre un des modèles les plus populaires dans le domaine des attitudes, la théorie de l'action raisonnée (Ajzen et Fishbein, 1980; Fishbein et Ajzen, 1975).

Ce modèle rend très bien compte du fait que la réalisation d'un comportement peut être soumise à des impératifs autres que les seules normes ou les seules attitudes. Ainsi, les récompenses ou les désavantages peuvent contrebalancer d'autres considérations. De toute évidence, si les produits de consommation recyclables coûtent plus cher que les produits à usage unique, il est fort probable que les acheteurs pro-écologistes seront tentés d'étouffer leurs sympathies écologiques. C'est sur la base de ce type de raisonnement que les écologistes belges ont obtenu l'instauration des «éco-taxes» : les produits à usage unique sont davantage taxés. Des chercheurs ont ainsi signalé la prépondérance de la composante attitudinale par rapport à la dimension normative dans le comportement de vote (Ajzen et Fishbein, 1980) ou encore dans le choix d'allaiter ses enfants (Manstead, Proffitt et Smart, 1983). A l'inverse, certaines conduites telles que le recours à un avortement (Smetana et Adler, 1980) ou la naissance d'un autre enfant (Vinokur-Kaplan, 1978) seront surtout sensibles aux pressions sociales et moins influencées par la composante attitudinale, même si les deux facteurs jouent un rôle.

Un autre type de contraintes concerne le degré de contrôle que nous sommes capables d'exercer sur l'exécution du comportement. De fait, un étudiant peut être très favorable à la réussite d'un examen, il n'en reste pas moins vrai que certains éléments demeurent hors de son contrôle (Ajzen, 1991). Depuis une dizaine d'années, la théorie de l'action raisonnée s'est enrichie d'une nouvelle composante afin de prendre en compte la maîtrise perçue du comportement. Selon la **théorie du comportement planifié** (Ajzen, 1988), l'intention comportementale s'ancre également dans le degré de contrôle que nous croyons exercer à l'égard du comportement. Le contrôle comportemental perçu concerne l'ensemble des facteurs qui interviennent dans la réalisation du comportement et leur perception en tant qu'éléments facilitateurs ou obstacles. Les performances de la théorie du comportement planifié sont particulièrement remarquables lorsque des incertitudes pèsent sur la performance. En effet, même si l'attitude de l'individu à l'égard d'un acte donné est très positive, il est peu probable que celui-ci s'engage si la mise en œuvre du comportement semble vouée à l'échec. Combien d'entre nous ont renoncé à arrêter de fumer simplement parce que les chances de réussite d'une telle entreprise leur paraissaient quasi nulles ? Notons que dans la mesure où la perception du contrôle est réaliste, on peut s'attendre à ce qu'elle prédise la conduite effective au-delà de l'intention comportementale. Une représentation schématique de la théorie du comportement planifié est fournie à la figure 4.1.

Des étudiantes universitaires étaient priées de communiquer leur attitude quant à une perte de poids dans les 6 prochaines semaines. Afin de pouvoir mesurer leurs normes subjectives, les répondantes devaient aussi indiquer si elles pensaient que certaines personnes de leur entourage estimaient qu'elles devaient perdre du poids et si elles pensaient que ces différentes personnes approuveraient ou désapprouveraient une perte de poids de leur part. Pour ce qui est de la perception de contrôle, les étudiantes devaient estimer sur une échelle de 0 à 100 la probabilité de parvenir à perdre du poids si elles le voulaient et leurs chances de succès dans une tentative de régime. Enfin, les répondantes confiaient leur intention de perdre du poids durant les 6 semaines qui suivaient l'enquête. Conformément à la théorie du comportement planifié, les données

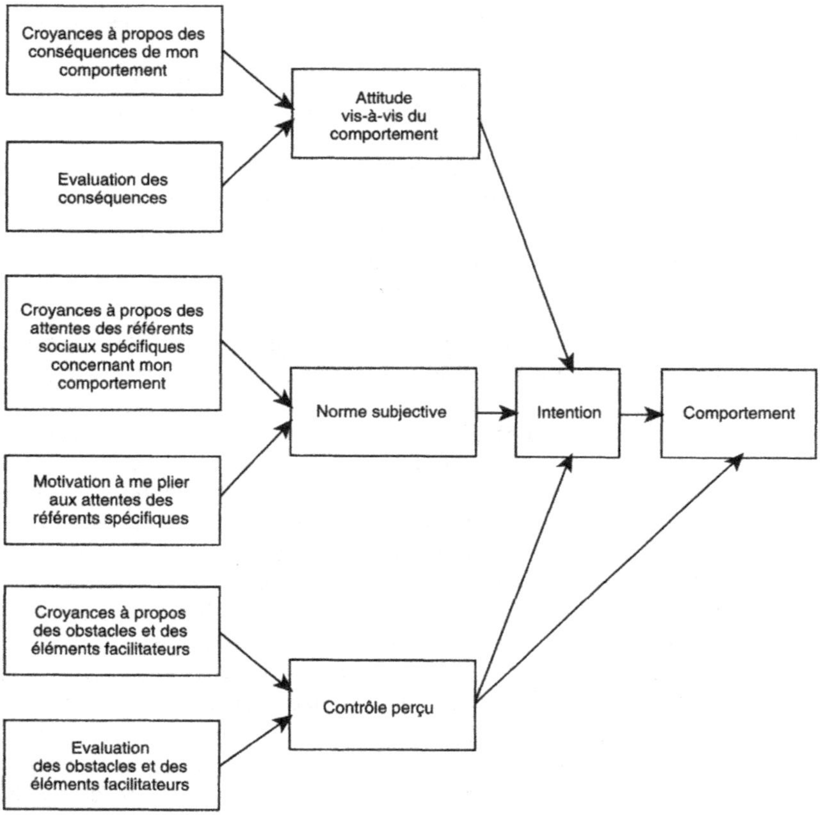

Figure 4.1 — Représentation schématique de la Théorie du Comportement Planifié.

recueillies par Schifter et Ajzen (1985) révèlent que l'attitude, les normes subjectives et la perception de contrôle comportemental sont toutes significativement corrélées avec l'intention de perdre du poids. De façon intéressante, l'exploitation de la mesure de contrôle perçu permet d'améliorer la prédiction basée sur les seules normes subjectives et l'attitude. En fait, chacune des trois variables prédictrices contribue indépendamment des deux autres à façonner l'intention des répondantes. Au niveau du comportement proprement dit, les données montrent que l'intention et le contrôle perçu sont tous les deux des prédicteurs importants. Ces résultats soulignent l'importance de la perception de contrôle dans la prédiction de l'intention comportementale mais aussi l'utilité de mesurer cet aspect pour affiner la prédiction comportementale (Ajzen, 1996; Ajzen et Madden, 1986).

Bien entendu, les travaux de Fishbein et Ajzen ne concernent pas que les comportements très généraux. Prédire un comportement spécifique (mettre les journaux sur son seuil lors du prochain ramassage par les scouts du quartier) doit rester possible pour peu que l'on s'intéresse à une attitude toute aussi précise. Pour Ajzen et Fishbein (1980), il convient d'accorder le niveau de spécificité des différentes mesures en tenant compte de l'action, de la cible, du contexte et du temps. A condition que l'attitude mesurée soit compatible avec le comportement à prédire, la corrélation pourra atteindre un niveau acceptable. Si l'on s'en tient à cet argument, la conduite mesurée par Kutner *et al.* (1952) est à mille lieues de l'attitude rapportée par les tenanciers des établissements parce que la cible du comportement, le contexte et le temps sont en total décalage (LaPierre, 1934).

Un exemple récent vérifie le bien-fondé de la recommandation d'Ajzen et Fishbein concernant le niveau de spécificité. En effet, lorsque Davidson et Jaccard (1979) se sont intéressés à l'utilisation de pilules contraceptives sur une période de deux ans, ils ont constaté que l'attitude globale vis-à-vis des pilules contraceptives n'entretenait aucune relation ($r = .08$) avec le comportement. Par contre, l'attitude à l'égard de l'utilisation de la pilule contraceptive pendant les deux années concernées prédisait le comportement de façon très significative ($r = .57$). En somme, seule l'attitude qui correspond de manière étroite au comportement est susceptible d'exercer un impact significatif.

Une autre clef du succès d'une attitude, peut-on dire, c'est d'entrer en scène lorsque le comportement est sur le point d'être posé. Une expérience de Snyder et Swann (1976) montre bien comment l'attitude peut avoir besoin d'un petit coup de pouce pour imprimer sa marque. Ces auteurs ont d'abord sondé l'attitude de leurs étudiants à l'égard de la discrimination positive à l'embauche. En quelques mots, une politique d'embauche soucieuse de discrimination positive fait en sorte qu'à compétences égales, on préférera engager des femmes ou des membres de minorités ethniques. Deux semaines après cette prise d'information, les mêmes étudiants devaient servir de jurés dans une simulation de procès portant sur un cas de discrimination sexuelle. Avant d'instruire le dossier, certains des participants étaient invités à prendre quelques minutes pour organiser leurs idées et leurs conceptions concernant la discrimination positive. Seuls ces étudiants, dont les attitudes avaient donc été réactualisées, exprimèrent un verdict cohérant.

Une autre façon de mettre en avant les attitudes des gens consiste à rendre ceux-ci davantage conscients d'eux-mêmes. Ainsi, placer une personne devant un miroir peut augmenter sa conscience d'elle-même et accroître de façon très significative les liens entre son attitude et son comportement. Pour des raisons qui n'étonneront guère, les attitudes seront d'autant plus susceptibles de guider les comportements qu'elles sont ancrées dans une expérience directe avec l'objet attitudinal. Fazio et Zanna (1981) ont confirmé ce point en montrant que les attitudes de leurs étudiants à l'égard des expériences de psychologie prédisaient mieux leur participation future lorsque les étudiants avaient déjà pris part à plusieurs expériences que lorsqu'ils avaient seulement eu l'occasion de lire des comptes-rendus d'expériences sans y participer de manière effective. En somme, les attitudes bien établies qui s'appuient sur un large ensemble d'éléments affectifs et informationnels seront mieux à même d'orienter l'action.

Dans le même ordre d'idée, la recherche montre que l'évocation fréquente d'une attitude augmente son impact sur le comportement. A terme, on imagine que l'accès d'une attitude devienne quasiment automatique et constitue une habitude. La seule rencontre de l'objet attitudinal suffit alors à déclencher la réponse attitudinale. De nombreuses études montrent l'importance de l'habitude dans la prédiction du comportement (Verplanken *et al.*, 1994). Des aspects attitudinaux, normatifs ou intentionnels plus récents auront d'ailleurs d'autant moins prise que l'habitude est solidement ancrée (Triandis, 1977). A l'inverse, pour peu que l'individu n'ait pas de raison majeure de mettre ses options comportementales en question, ses conduites s'inscriront dans le droit fil de ses habitudes. On comprend dès lors que le modèle de Fishbein et Ajzen (1975), complété par Ajzen (1988), ne suppose pas qu'un examen minutieux des éléments liés aux attitudes, aux normes ou au degré de contrôle perçu précède chaque conduite. Il suffit qu'une prise en considération de ces différents aspects ait eu lieu dans le passé pour qu'une intention puisse venir à l'esprit de façon spontanée. Le comportement peut s'appuyer sur une analyse approfondie des aspects pertinents ou, au contraire, découler davantage de l'exploitation machinale d'informations activées de manière spontanée (Fazio, 1990). On retrouve ici la distinction abordée au chapitre 2 au sujet des modèles de formation d'impression entre des processus délibérés et des réactions automatiques.

La structure des attitudes

Dans leur théorie de l'action raisonnée, Fishbein et Ajzen distinguent la facette affective de l'attitude de sa composante cognitive (les croyances comportementales), d'une part, et conative (l'intention comportementale), d'autre part. En séparant aussi nettement ces trois aspects, ces auteurs se démarquent de la majorité des auteurs pour qui l'attitude recouvre les trois dimensions : conative, affective et cognitive. Cette conception « tripartite » de l'homme a traversé les âges et marque toute la pensée occidentale. Les différentes composantes de l'homme grec ne siégeaient-elles pas dans ses entrailles, son cœur et, enfin, sa tête ? Certains auteurs contemporains y voient même un lien avec l'évolution de notre cerveau : le cervelet, le système limbique et le cortex (McGuire, 1989).

Les recherches contemporaines au sujet des composantes attitudinales s'appuient sur le modèle hiérarchique proposé par Rosenberg et Hovland (1960). Ces derniers défendent l'idée selon laquelle les versants cognitif, affectif et conatif constituent un premier niveau de facteurs et l'attitude intègre ces trois éléments dans un construit de second ordre. Concrètement, cela signifie que les trois composantes devraient corréler de façon substantielle car elles sont toutes censées renvoyer à la même attitude. Toutefois, dans la mesure où les trois composantes correspondent à des réalités psychologiques distinctes, leurs évaluations ne devraient pas être entièrement redondantes. Ce modèle tricomponentiel a longtemps fait l'objet de débats purement théoriques, les rares arguments empiriques demeurant très difficiles à jauger (Kothandapani, 1971; Ostrom, 1969). Plus récemment, des outils statistiques davantage performants ont permis à des chercheurs tel que Breckler (1984) de traiter la question de façon plus convaincante.

Le propos de Breckler (1984) est de montrer qu'il est possible de discriminer les trois composantes même si celles-ci sont fortement corrélées entre elles. Les participants de l'étude étaient confrontés à un serpent vivant tout en remplissant un questionnaire comprenant des mesures cognitives, affectives et conatives. Pour évaluer la composante cognitive, les sujets exprimaient leur accord ou leur désaccord avec des énoncés tels que «les serpents contrôlent la population de rongeurs» ou «les serpents attaquent tout ce qui bouge». Ils estimaient aussi la mesure dans laquelle ils trouvaient les serpents «gentils ou cruels», «propres ou sales», etc. La composante affective était mesurée par les réactions à des phrases telles que «je me sens anxieux», «je me sens heureux», etc., ainsi que par une échelle d'humeur. L'activité cardiaque de chaque participant était également relevée. Pour apprécier la composante conative, les participants réagissaient à des énoncés tels que «je crie dès que je vois un serpent», «j'aime manipuler les serpents», etc. En outre, on notait la propension des sujets à interagir avec les serpents. Enfin, les participants indiquaient la mesure dans laquelle ils étaient désireux d'approcher différents serpents représentés sur des diapositives en couleur. Les analyses statistiques confirment que les réponses à ces trois ensembles de questions constituent bien des facteurs séparés même si les corrélations entre les trois facteurs demeurent importantes.

L'idée qu'une attitude peut se décliner sur trois modes distincts mais fortement imbriqués intéresse au premier chef toute personne qui entend modifier les attitudes d'autrui. En jouant sur un des trois aspects, on peut en effet espérer bousculer les deux autres et provoquer un changement d'envergure. Une étude rarement évoquée de Rosenberg (1960) illustre bien ce phénomène. Ce chercheur désirait modifier la composante affective tout en minimisant l'intervention d'aspects cognitifs. Il a commencé par mesurer les réactions affectives et les croyances cognitives à l'égard de toute une série d'objets attitudinaux. Il a ensuite hypnotisé l'ensemble des sujets et ordonné à la moitié d'entre eux de changer radicalement la manière dont ils se sentaient face à deux des objets. Selon les sujets, il s'agissait de réagir plus ou moins favorablement qu'avant. De nouvelles mesures effectuées au terme de la séance d'hypnose ont confirmé que les deux groupes de sujets ne différaient guère en ce qui concerne les thèmes non abordés dans la phase d'hypnose. Par contre, les sujets invités à modifier leurs réactions affectives à l'égard de certains objets attitudinaux se sont non seulement conformés aux instructions pour ce qui est de la dimension affective mais ils ont aussi modifié de manière substantielle leurs croyances cognitives. Ces observations de Rosenberg font immanquablement penser à ce qui se passe dans certaines sectes. Grâce à un subtil endormissement de la sphère intellectuelle et à un bouleversement radical des références affectives, l'individu réalise ensuite lui-même l'ajustement cognitif nécessaire en faveur du message sectaire.

De toute évidence, la perspective tripartite offre un moyen aisé d'organiser la myriade de recherches sur le changement d'attitude. Les travaux réalisés depuis un demi-siècle illustrent en effet comment chacune des sphères cognitive, affective et comportementale offre un levier possible en vue de la modification des attitudes et, par voie de conséquence, des conduites. Avant d'aborder en détail les versants émotionnels et comportementaux, ce que nous ferons au chapitre suivant, le reste du présent chapitre sera consacré au phénomène de persuasion, c'est-à-dire aux recherches qui se sont focalisées sur le versant cognitif.

LA PERSUASION

Les guerres présentent ce douloureux paradoxe qu'elles entraînent souvent des progrès considérables sur le plan scientifique. Que n'a-t-on célébré les retombées de la Seconde Guerre Mondiale au niveau de la conquête de l'espace? Moins connu du grand public, l'impact de ce conflit sur la psychologie sociale a été considérable. En effet, les Etats-Unis d'Amérique ont injecté des sommes énormes pour mieux comprendre les mécanismes de propagande et les utiliser au profit de la victoire sur l'Allemagne nazie et le Japon. Sous l'impulsion de Carl Hovland et de ses collègues (1953) basés à l'Université de Yale, ces travaux et leurs prolongements après-guerre marquent une période faste de recherche sur le changement d'attitude. Bien que néo-behavioristes, ces chercheurs ont jeté les bases d'une véritable approche cognitive du changement d'attitude.

Pour Hovland et ses collaborateurs, la situation de changement d'attitude met en présence la source du message, le message en tant que tel, le canal de communication et, enfin, l'audience. Les recherches auront donc pour ambition de vérifier l'impact de facteurs propres à chacun de ces différents aspects. Sont ainsi passés en revue des éléments liés à l'émetteur d'un message (sa crédibilité, sa similitude avec le récepteur, son caractère attirant), à la nature du message (sa tonalité affective, son organisation interne), au récepteur (son intelligence, son estime de soi, sa crédulité) et le canal de communication (le support, le contexte général). Ce schéma classique de «qui dit quoi à qui par quel moyen» reste encore d'actualité et les modèles contemporains du changement d'attitude, même s'ils se distinguent par une volonté d'intégration plus ambitieuse, plongent leurs racines dans les efforts de l'Ecole de Yale.

De façon intéressante, les recherches sur la persuasion ont une série de points en commun (Eagly et Chaiken, 1993). Les participants sont généralement confrontés à un message verbal plutôt complexe. Ce message défend un point de vue particulier à l'aide d'un ensemble d'arguments. D'habitude, ce message est présenté dans un contexte de laboratoire et attribué à une source qui n'est ni présente ni même connue des participants. Dans la plupart des expériences, le message concerne un objet attitudinal vis-à-vis duquel les participants ont une attitude préalable. Le plus souvent, les participants sont opposés à la proposition défendue dans le message. Du côté des théories, cette fois, on trouve également une constante. Les processus cognitifs occupent un rôle central. Fidèles à une approche cartésienne de l'entendement (Gilbert, 1993), les modèles distinguent deux grandes étapes : une première phase de réception du message suivie par une phase de traitement des arguments.

La réception du message

Selon McGuire (1968, 1972), la réception constitue une étape cruciale de la persuasion et recouvre à la fois l'attention accordée au message et la compréhension des informations qu'il contient. On s'en doute, pour pouvoir traiter une communication persuasive, il faut au moins qu'on l'ait remarquée, qu'on y ait fait attention. Les prospectus de vente par correspondance illustrent bien l'importance conférée aux facteurs attentionnels. Les publicitaires déploient des trésors d'imagination pour nous amener à relever leur message. Paradoxalement, le fait d'être submergés d'informations donne à cette étape d'attention une priorité absolue.

Les choses sont tout aussi sérieuses du côté de la compréhension. Que l'attention de l'audience soit attirée ne signifie pas que le message sera bien compris, loin s'en faut. C'est ainsi que les sujets adultes comprennent à peine 60 à 70 % du contenu de spots publicitaires télévisés (Jacoby *et al.*, 1980). Autrement dit, s'il est vrai que les annonces publicitaires ont davantage de chances d'accrocher l'attention en passant par le canal audiovisuel, elles risquent de rester relativement incompréhensibles. Et même si les messages imprimés paraissent plus efficaces à cet égard, tout n'est pas toujours acquis.

Afin d'influencer la qualité de la compréhension, certains auteurs ont varié l'intelligibilité du message. D'autres ont exploité des modalités de communication différentes pour voir si certaines facilitent la réception de l'information alors que d'autres l'entravent. Une expérience de Chaiken et Eagly (1976) combine les deux stratégies. Les participants étaient confrontés à un message facile ou difficile à comprendre. Ce message était présenté sous forme écrite, auditive ou visuelle. La version simple du message concernait un litige entre une entreprise et ses employés et utilisait des phrases relativement courtes et un vocabulaire limité. La version complexe comprenait des phrases compliquées et un vocabulaire sophistiqué. Les résultats attestent que le message compliqué est mieux rappelé et plus persuasif lorsqu'il est présenté sous forme écrite qu'auditive ou visuelle. L'intelligibilité du message semble directement en cause car un pattern très différent émerge dans le cas du message simple. Cette fois, le changement d'attitude est maximal pour le message visuel et minimal pour le message écrit alors même que la compréhension du message est identique dans les trois modalités de présentation.

Les données de Chaiken et Eagly soulignent l'importance du facteur de réception dans le cas d'un message complexe. Lorsque le message est simple, par contre, on ne peut plus invoquer l'intelligibilité du message pour rendre compte des différences d'efficacité du message entre les diverses modalités de présentation. Ce type de résultats suggère que la réception n'est pas seule à influencer le changement d'attitude. L'acceptation du message entre également en ligne de compte.

L'acceptation du message

Si vous voulez influencer autrui par un message persuasif, vous devez d'abord veiller à ce que votre audience fasse attention au message et comprenne bien ce que vous dites. En d'autres termes, éveiller la curiosité et produire un message compréhensible ont statut de conditions nécessaires. Cependant, la réception est loin de suffire à provoquer un changement d'attitude. Il faut également que la personne à qui vous vous adressez adhère au message, qu'elle fasse siens les arguments présentés dans la communication. Selon Hovland, une modification dans la structure attitudinale des gens intervient lorsque ceux-ci apprennent un nouveau message. Cette thèse est issue en droite ligne de la théorie de l'apprentissage : les gens seront d'autant plus susceptibles d'apprendre un message qu'il leur permettra d'assurer des bénéfices ou de prévenir des conséquences fâcheuses.

De façon ironique, l'accumulation de résultats contradictoires récoltés par les tenants de l'Ecole de Yale fournira à McGuire (1969, 1972, 1985) l'occasion de montrer tout l'intérêt de sa conception stochastique. Selon ce modèle, réception et acceptation concourent toutes deux à produire un changement d'attitude. Dans la mesure où certains facteurs exercent une action distincte sur chacune de ces deux composantes, leurs effets sur le changement d'attitude peuvent quelque peu déconcerter les observateurs. Il en va ainsi de l'intelligence. Alors que l'intelligence contribue à la réussite de la tentative de persuasion dans certains cas, elle peut constituer un obstacle dans d'autres. McGuire rend aisément compte de cette apparente cacophonie : l'intelligence est liée positivement à la réception et négativement à l'acceptation. Autrement dit, les gens intelligents sont davantage capables de comprendre un message persuasif mais aussi davantage susceptibles de le contester. Une analyse sensiblement identique sera faite pour rendre compte du rôle de l'estime de soi dans les expériences de persuasion (McGuire, 1968; Rhodes et Wood, 1992).

Les premières conceptions du phénomène persuasif passent totalement sous silence un problème pourtant bien réel. Face à un message persuasif, l'audience reste rarement sans réactions. En d'autres termes, les gens font bien plus qu'enregistrer les seules informations. Imaginez qu'un candidat politique vous parle de son intention de diminuer les impôts de 15 %. Un ensemble de réflexions traverseront sans aucun doute votre esprit. Lorsqu'ils sont en présence d'un discours, les gens réagissent. Ils font des associations avec des informations qu'ils possèdent déjà, détectent les faiblesses du raisonnement, apprécient la valeur d'une déduction, contestent la teneur de la conclusion, etc. Dès lors, pourquoi devrait-on s'attendre à ce que les réponses finales soient influencées par les seuls arguments contenus dans le message? On devrait, au contraire, déceler un impact des différentes idées passées en revue au moment de la communication. L'importance d'une telle élaboration cognitive demeure totalement absente des travaux inspirés par la théorie de l'apprentissage ou le modèle des deux facteurs de McGuire. Il s'agit par contre d'un élément clef dans les conceptions actuelles du changement d'attitude.

L'examen scrupuleux du message

Au cours de la campagne présidentielle de 1988, la chaîne publique Antenne 2 fut violemment attaquée par les partis de droite. En cause, une photo du candidat de gauche, François Mitterrand, visible pendant quelques fractions de secondes au beau milieu du générique du Journal Télévisé. Une telle image pouvait-elle guider les électeurs à leur insu? Rapidement, l'influence subliminale se voyait condamnée pour cause de lèse-conscience. Le plein exercice de la rationalité ne pouvant plus être garanti, il convenait de bannir ce genre de méthode. Cette anecdote est pleine d'enseignements. En particulier, elle souligne à quel point nous valorisons l'évaluation scrupuleuse des arguments d'une communication persuasive.

Les conceptions récentes en matière de persuasion traduisent très bien l'importance accordée au travail cognitif de l'audience. Greenwald (1968) est le premier à avoir mis à l'honneur les réflexions originales de la personne confrontée au message plutôt que le seul apprentissage du contenu de la communication. Pour l'**approche de la réponse cognitive**, c'est le nom de cette conception théorique, le facteur déterminant du changement d'attitude se situe dans l'activité intellectuelle du récepteur. Lorsqu'une personne se retrouve face à un message, elle entreprend un examen critique des arguments. Si l'issue de ce travail cognitif s'avère positive, la personne va pencher en faveur de la position défendue dans la communication persuasive. Si, au contraire, le résultat de cet examen se révèle négatif, les propositions annoncées dans le message seront rejetées (Petty *et al.*, 1981b).

L'impact de la distraction sur la persuasion illustre la valeur heuristique d'une telle conception. Dès 1964, Festinger et Maccoby avaient montré que la distraction des récepteurs pouvait augmenter la persuasion. Par la suite, Osterhouse et Brock (1970) ont montré le rôle médiateur de l'activité de contre-argumentation du sujet. Plus la distraction augmente, plus les sujets éprouvent des difficultés à réagir aux arguments du message. Selon Petty *et al.* (1976), la distraction inhibe la production des réponses cognitives dominantes. Si la majorité des réflexions sont défavorables (comme dans le cas de messages mal argumentés), les sujets distraits seront davantage persuadés. Si, au contraire, les réflexions sont en majorité favorables (comme dans le cas de messages bien argumentés), la distraction diminuera l'impact du message (voir figure 4.2).

Selon l'approche de la réponse cognitive, l'analyse des éléments contenus dans le message se situe au cœur du phénomène de persuasion. La source marquera des points pour autant que la personne confrontée au message ait l'occasion de se pencher sur les arguments et conclu de manière favorable à leur égard. Rien d'étonnant dès lors à ce que la relation entre l'attitude finale des individus et la mémoire des arguments contenus dans le message soit souvent modeste. Par contre, les idées qui ont traversé l'esprit de la personne pendant la diffusion du message devraient permettre de prédire le changement d'attitude. Autrement dit, le fait de passer le contenu d'un message au crible et d'examiner de façon

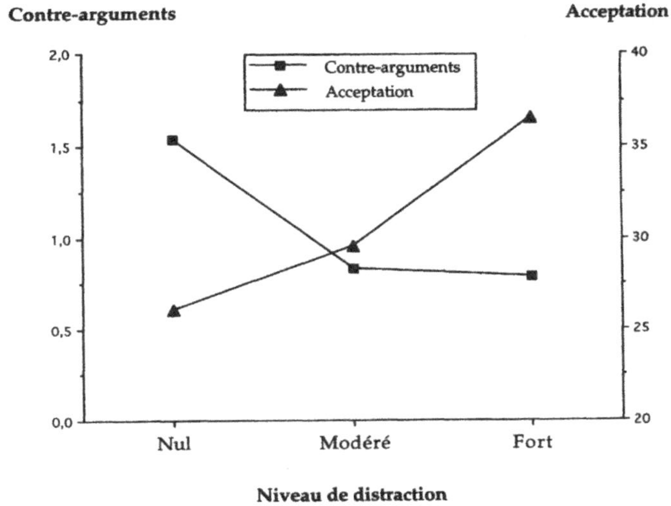

Figure 4.2 — Nombre de contre-arguments et niveau d'acceptation en fonction du niveau de distraction.

systématique ses faiblesses et ses mérites est au cœur du phénomène de changement d'attitude. Pour signifier toute l'importance qu'ils accordent à ce processus, les auteurs parlent de la **voie centrale** de la persuasion (Petty et Cacioppo, 1986) ou encore de **traitement systématique** (Chaiken, 1987). Afin de recueillir des renseignements sur le travail cognitif réalisé pendant la présentation du message, Greenwald (1968) a demandé à ses sujets d'établir de manière scrupuleuse la liste de toutes les pensées qui leur sont passées par la tête durant la tentative de persuasion. Cette mesure, connue sous le nom de « liste de pensées », est devenue un élément incontournable de toute étude sur la persuasion.

Le fait qu'un message emprunte la route centrale ne nous renseigne pas sur l'ampleur du changement de l'attitude. Pour modifier l'attitude dans le sens du message, il faut que ce dernier suscite une majorité de pensées favorables. Si, au contraire, ce sont les réflexions négatives qui dominent, la source du message aura la triste surprise de provoquer un effet boomerang : les gens seront encore moins convaincus à l'issue de la communication. Une expérience de Petty et Cacioppo (1984) illustre ce mécanisme. Les sujets, des étudiants universitaires, devaient écouter un message prônant l'instauration immédiate d'un examen global au sortir de leur cursus universitaire. Tandis qu'une version du message contenait trois arguments, une autre en présentait neuf. Pour la moitié des sujets, les arguments étaient de piètre qualité alors que le reste des sujets, au contraire, entendaient des arguments d'excellente tenue. Les résultats indiquent que les sujets confrontés à de bons arguments se laissèrent convaincre. Le changement était d'autant plus important qu'un grand nombre d'arguments avait été produit. Face à mauvais arguments, par contre, les sujets ne se laissèrent pas influencer. Pire, la présence de neuf arguments de mauvaise qualité eut même pour conséquence de renforcer l'opposition des étudiants à l'introduction de ce nouvel examen.

S'il est facile d'admettre que les communications persuasives engendrent des réactions de la part de l'audience, il est tout aussi clair que chaque message n'est pas scrupuleusement analysé. Combien de fois ne sommes-nous pas amenés à négliger les aspects de contenu pour nous reposer au contraire sur des indices davantage superficiels. La puissance des modèles actuels de la persuasion est qu'ils font une large place à ce mode alternatif de traitement des messages persuasifs.

L'examen superficiel du message

Les individus ne sont pas toujours en mesure de se baser sur les arguments du message persuasif pour en évaluer les mérites. Tant Petty et Cacioppo (1986) dans leur **modèle de la probabilité de l'élaboration** que Chaiken (1987) dans son **modèle du traitement systématique et heuristique** prennent en compte des modes de traitement moins consciencieux. Petty et Cacioppo (1986) furent les premiers à préciser les conditions dans lesquelles les gens traitent les arguments du message en profondeur ou sont, au contraire, tentés de s'en tenir aux indices périphériques (voir figure 4.3). Un premier facteur qui augmente les chances d'un examen central est la motivation à traiter les arguments du message. Autrement dit, les objectifs que nous poursuivons ont des conséquences directes sur la manière dont nous abordons les informations. Lorsque la motivation sera forte, l'attitude se basera avant tout sur l'argumentaire de la communication. Le changement sera donc plus important en présence de bons arguments et moins net si les arguments sont de piètre qualité.

Cette dimension motivationnelle peut prendre plusieurs formes. Imaginez un discours dans lequel votre premier ministre met en avant la nécessité de procéder à des coupes sombres dans le budget de l'éducation. Il est certain que si le plan d'austérité est envisagé pour la rentrée prochaine, vous aurez à cœur de vérifier la qualité de l'argumentaire du chef de gouvernement. Votre attention sera nettement plus diffuse si le discours porte sur les restrictions indispensables en matière de travaux publics. Bref, le fait de mettre en avant certaines conséquences négatives pour l'audience entraîne un souci d'exactitude et, par voie de conséquence, un surcroît d'attention (Kruglanski, 1989; Tetlock, 1985). L'implication peut se faire plus subtilement en mettant les gens face à un miroir pour augmenter leur conscience de soi ou en utilisant des pronoms personnels («vous bénéficierez d'avantages») plutôt que des

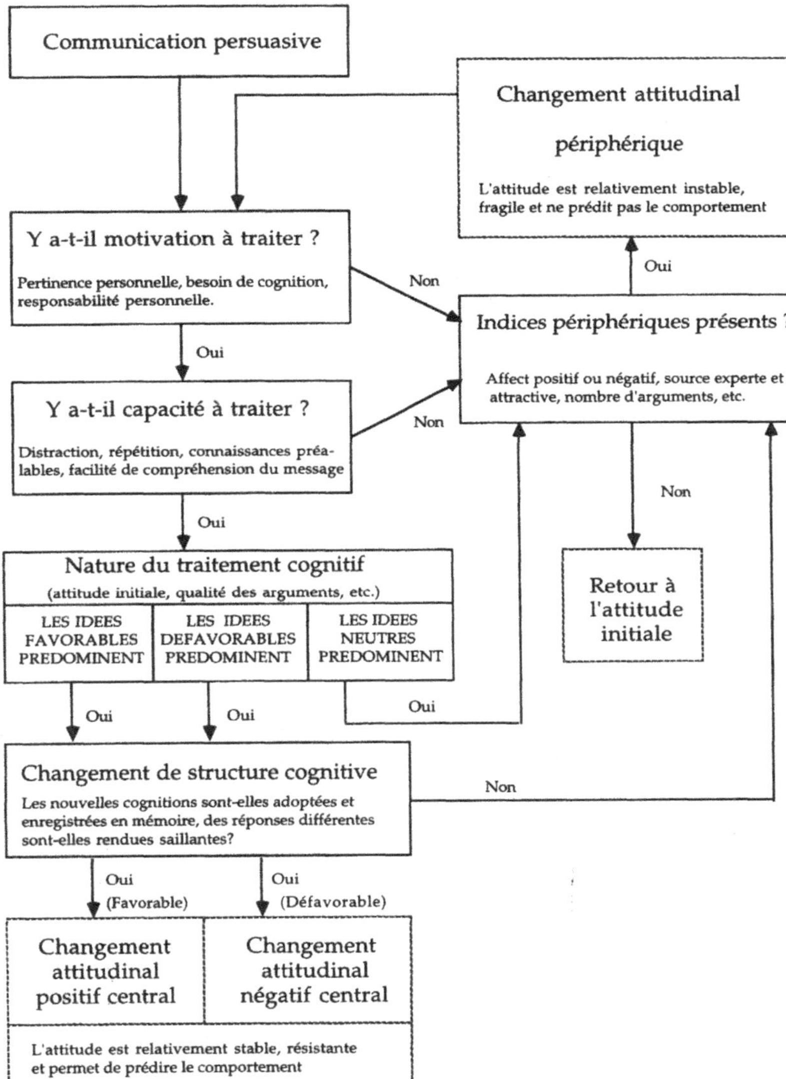

Figure 4.3 — Représentation schématique du Modèle de la Probabilité d'Elaboration.

termes génériques (« les gens bénéficieront d'avantages »). Le fait d'être seul et non plusieurs à évaluer les mérites d'une communication constitue un autre facteur susceptible d'accroître la motivation (Petty, Harkins et

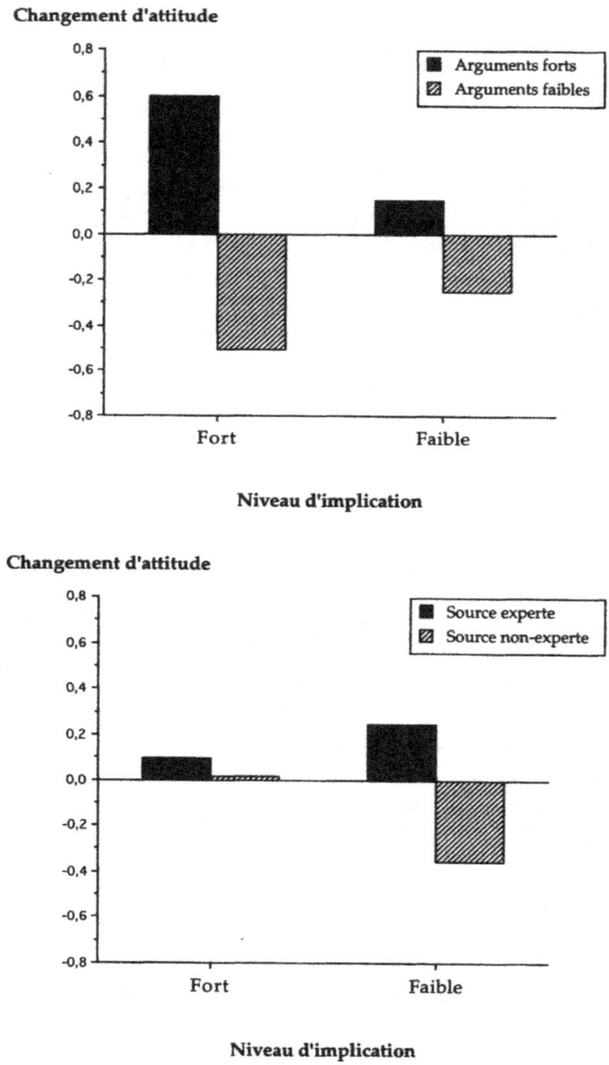

Figure 4.4 — Changement d'attitude en fonction du niveau d'implication et (a) de la qualité des arguments ou (b) de l'expertise de la source.

Williams, 1980). Bien entendu, le message lui même, s'il est mal construit et présente certaines inconsistances, peut éveiller les soupçons, conduire à un examen davantage minutieux et entraîner une réaction boomerang. Autrement dit, l'audience sort renforcée dans son opinion et dénigre encore davantage la position défendue dans le message. De manière générale, tout élément de surprise peut accroître la motivation à traiter le message en profondeur.

Une expérience de Petty *et al.* (1981a) illustre comment la manipulation des enjeux personnels peut orienter les individus vers un traitement central ou, au contraire, périphérique. Il s'agissait d'instaurer un examen global en fin de cursus universitaire. Pour certains participants, le message était de bonne tenue. Pour d'autres, il s'agissait au contraire d'une communication de piètre qualité. Lorsque les expérimentateurs évoquaient la mise en application immédiate de la mesure, les participants réagissaient très différemment selon qu'il s'agissait d'un bon ou d'un mauvais message (voir figure 4.4a). Lorsqu'il était question d'un délai de dix ans avant l'introduction de cette épreuve supplémentaire, la qualité du message importait peu. Inversement, le fait que la source soit un expert (un professeur de pédagogie de l'Université de Princeton) ou non (un lycéen) ne jouait aucun rôle pour les participants fortement impliqués (introduction immédiate) mais influençait nettement les participants peu motivés (introduction différée) (voir figure 4.4b).

De même que la situation a un impact sur la motivation des personnes confrontées à un message persuasif, des caractéristiques individuelles influencent aussi l'inspection méthodique des informations contenues dans le message. A cet égard, Cacioppo et Petty (1982) estiment que les individus n'ont pas tous le même désir de se lancer dans des tâches de réflexion. Le « sport cérébral » n'est pas forcément du goût de tout le monde ! Sur base d'une échelle de personnalité, Cacioppo et Petty (1982) ont évalué le « **besoin de cognition** », c'est-à-dire le degré selon lequel leurs participants prenaient plaisir dans le travail cognitif, recherchaient les stimulations intellectuelles, appréciaient les jeux cérébraux, etc. Comme on pouvait s'y attendre, ceux qui manifestaient un penchant pour les exercices intellectuels examinaient plus volontiers les arguments d'un message et modifiaient leur attitude au regard des mérites de la communication. A l'opposé, les gens qui ne tenaient pas vraiment à réfléchir à tout propos hésitaient à consentir un investissement intellectuel face aux diverses tentatives de persuasion et tenaient davantage compte des indices périphériques (Haugtvedt *et al.*, 1992).

La motivation à traiter le message dépend aussi de notre relation avec l'objet attitudinal. A ce propos, souvenez-vous des diverses fonctions assurées par les attitudes. Outils indispensables pour gérer notre univers, les attitudes nous aident à déterminer nos réactions face aux objets et aux gens. Elles nous garantissent un certain nombre de bénéfices et nous évitent des désagréments. Elles nous fournissent un moyen d'exprimer qui nous sommes et ces manifestations identitaires nous permettent de nous situer par rapport à ceux qui nous côtoient. On peut aborder la dimension fonctionnelle des attitudes sous deux angles différents. Une première manière est de souligner le fait que certains objets renvoient de façon prioritaire à une fonction spécifique. Par exemple, il est très probable que votre attitude à l'égard des foreuses ou des scies sauteuses sert avant tout une fonction utilitaire (Abelson et Prentice, 1989; Shavitt, 1989). Une seconde manière d'assumer le caractère fonctionnel des attitudes, et c'est sans doute celle qui paraît la plus pertinente ici, est de considérer qu'il existe des différences entre les individus quant à la fonction de tel ou tel objet attitudinal (Snyder et DeBono, 1987, 1989). En d'autres termes, les attitudes à l'égard d'un objet ne renvoient pas forcément à la même fonction pour tout le monde. Une attitude positive à propos d'une voiture peut remplir une fonction instrumentale chez certaines personnes et une fonction davantage sociale chez d'autres. Tous les messages persuasifs n'auront donc pas la même efficacité selon que leurs arguments renvoient prioritairement à une fonction plutôt qu'une autre.

Du point de vue fonctionnel, le degré d'auto-contrôle des gens constitue une différence de personnalité tout à fait intéressante. Selon Snyder (1974), en effet, les personnes qui manifestent un haut degré d'auto-contrôle sont très conscientes de la manière dont les autres les évaluent et sont attentives à une bonne insertion sociale. A l'opposé, les personnes qui se caractérisent par un faible degré d'auto-contrôle se préoccupent surtout de leur réaction personnelle et ne s'inquiètent guère de l'adéquation sociale de leur comportement.

Snyder et DeBono (1985) ont comparé les réactions de personnes ayant un haut ou un faible degré d'auto-contrôle face à des messages publicitaires vantant les mérites d'un café instantané. Tandis qu'un des slogans insistait sur les caractéristiques propres du produit («Le café Irish Mocha Mint : un délicieux mélange de trois grands arômes : le café, le chocolat et la menthe»), l'autre slogan était davantage associé à l'image véhiculée par le produit («Le café Irish Mocha Mint : transformez une nuit fraîche en une soirée chaleureuse avec le café Irish Mocha Mint»).

Comme prévu, les participants avec un degré élevé d'auto-contrôle se montraient davantage sensibles au slogan orienté vers l'image du produit. A l'opposé, les sujets dont le degré d'auto-contrôle était faible se révélaient davantage influencés par le slogan vantant les attributs du produit. En total accord avec l'idée selon laquelle la dimension fonctionnelle d'un objet module l'élaboration cognitive, les participants de Snyder et DeBono ont accordé davantage et plus longtemps leur attention aux spots publicitaires correspondant à leur sensibilité.

Outre le versant motivationnel, le modèle de la probabilité de l'élaboration suggère que les capacités cognitives sont indispensables pour que l'audience puisse emprunter la voie centrale (voir figure 4.3). Comme on l'a vu plus haut, le fait d'introduire des éléments de distraction dans un message empêche un examen minutieux des arguments déployés dans la communication. Les faiblesses de la ligne argumentative passent alors inaperçues. Cette technique de poudre aux yeux est très largement utilisée dans la publicité commerciale ou dans la propagande politique. A l'inverse, si le message est de bonne qualité, il vaut mieux éviter que des distracteurs ne viennent en diminuer l'impact.

D'autres moyens permettent de garantir l'investissement intellectuel des récepteurs. Par exemple, la répétition du message, un débit de paroles moins rapide ou le recours à un support écrit ont pour effet de faciliter l'évaluation minutieuse du contenu. La communication peut aussi inclure des questions rhétoriques qui encouragent la réflexion. A l'opposé, des contraintes de temps, une certaine dose d'excitation physiologique (comme lorsqu'on vient de réaliser un exercice physique), ou le recours à un message plus complexe rendent son examen plus ardu. Du côté des différences individuelles, les recherches confirment aussi que les gens au niveau intellectuel élevé dédaignent la route périphérique et s'engagent plus volontiers dans la voie centrale. De même, la connaissance préalable du domaine favorise le recours à un traitement scrupuleux du message. Dans chacun de ces cas, le traitement par la voie centrale a pour conséquence d'amplifier l'impact des bons arguments et de diminuer l'effet des mauvais.

Une recherche de Cacioppo (1979) fournit une illustration pour le moins surprenante du rôle des capacités intellectuelles dans le traitement des arguments. Au cœur des hypothèses de ce chercheur, on trouve l'observation bien établie selon laquelle l'accélération du rythme cardiaque est associée à une augmentation du travail cognitif. Les sujets contactés par Cacioppo étaient tous porteurs d'un pacemaker d'un type particulier : réglés pour ne pas descendre sous la barre des 72 battements par minute, ils pouvaient toutefois atteindre la cadence de 88 pulsations par minute lorsqu'ils étaient mis en présence d'un aimant. Cacioppo a donc demandé à ses participants de lire deux messages contre-attitudinaux, l'un dans des conditions de rythme cardiaque standard, l'autre dans des conditions de rythme cardiaque accéléré. Dans la mesure où les sujets devaient enfiler un tablier avec un aimant placé à hauteur du cœur, ils ne pouvaient prendre conscience de la manipulation. En accord avec les prédictions du modèle de la probabilité d'élaboration, les sujets de cette expérience produisirent nettement plus de contre-arguments lorsque leur rythme cardiaque était accéléré.

Lorsque la motivation ou les ressources cognitives viennent à manquer, une façon commode de faire face aux messages persuasifs consiste à s'appuyer sur des règles de décision simples. Selon Chaiken (1987), nous raisonnerions sur base de principes éprouvés qui nous guident dans la vie quotidienne. Ces **heuristiques** sont précieuses dans la mesure où elles nous évitent d'investir trop de temps et d'efforts pour réfléchir à tout ce que nous devons faire. Ces heuristiques nous sont en fait très familières. Ainsi, la règle «Si la source est experte dans son domaine, alors je peux la croire» compte parmi les plus populaires. Une autre formule consacrée veut que «Si le message est long, il dit vrai». On pourrait en citer bien d'autres comme «Les statistiques ne mentent pas», «Les gens souriants sont généralement crédibles», ou encore «La majorité se trompe rarement», etc.

Les recherches menées par l'Ecole de Yale soulignaient déjà l'impact des facteurs liés à la source. Ainsi, nous savons parfaitement que les stars de cinéma ou les vedettes du petit écran qui font irruption dans les publicités ne sont pas à strictement parler habilitées à vanter les qualités des produits dont elles font la promotion. Dans une étude demeurée célèbre, Hovland et Weiss (1951) confrontent leurs participants à 4 messages. Chacun des messages a trait à un problème différent (p.e., la vente de médicaments antihistaminiques sans ordonnance). Tandis que pour la moitié des participants l'auteur du message est une source hautement crédible (dans l'exemple, une revue scientifique de renom), la source est peu crédible pour l'autre moitié (dans l'exemple, un hebdomadaire à grand tirage). La comparaison des attitudes des participants avant et après la lecture des messages atteste l'avantage de la source crédible. Si les sujets ont accordé une attention égale à tous les messages, la crédibilité de la source n'est pas négligeable.

Le modèle de Chaiken (1987) s'appuie sur l'idée que les heuristiques peuvent être «activées» dans le chef du récepteur soit de manière chronique soit, plus simplement, par les circonstances du moment.

Roskos-Ewoldsen et Fazio (1992) ont présenté un message écologiste attribué à Cousteau en ayant pris soin de demander à leurs sujets d'indiquer préalablement une ou plusieurs fois leur attitude à l'égard de Cousteau. L'expression répétée de l'attitude positive à l'égard de la source entraîna davantage de changements d'attitude, probablement via une accessibilité accrue de la règle de décision selon laquelle «on est généralement d'accord avec les gens que l'on apprécie». Plus récemment, Chaiken et ses collègues (1992) ont vérifié le caractère additif des effets chroniques et passagers des heuristiques. Dans une phase préliminaire, les chercheurs ont identifié les utilisateurs chroniques de la règle «plus un message contient d'arguments, meilleur il est» en invitant les participants à exprimer leur accord avec cette heuristique. Les sujets ont ensuite été réinvités au laboratoire pour prendre part à deux études. La première concernait les proverbes. Tandis qu'une moitié des sujets devait lire une série de phrases destinées à accroître l'accessibilité relative de l'heuristique («plus on est de fous, plus on s'amuse», «plus le navire est grand, plus il vogue loin»), les autres étaient confrontés à des phrases sans aucun rapport («loin des yeux, loin du cœur»). La seconde étude était censée porter sur la formation d'impression. Les participants devaient écouter une cassette dans laquelle un jeune homme défendait l'introduction d'un examen global. Il prétendait avoir 2 ou 10 bonnes raisons de soutenir son point de vue. En fait, tous les messages étaient composés de 6 arguments. Les résultats montrent que les sujets chroniques étaient plus convaincus lorsque le message contenait prétendument 10 plutôt que 2 arguments. Cet effet est encore plus net lorsque l'heuristique était activée au préalable. Les non chroniques se montraient insensibles au nombre d'arguments même s'ils avaient pris part à la phase d'amorçage.

Au-delà des heuristiques de jugement, d'autres stratégies de traitement périphérique permettent de faire face à une communication persuasive. Ainsi, Petty et Cacioppo considèrent que nous sommes parfois amenés à nous appuyer sur un travail de type attributionnel (Eagly *et al.*, 1978). Si un examen attributionnel de la situation de persuasion demeure certes peu exigeant en termes cognitifs, il requiert néanmoins un niveau d'analyse consciente qui ne peut pas toujours être consenti. Certaines stratégies sont encore moins onéreuses sur le plan attentionnel. On songe évidemment aux phénomènes de conditionnement que nous aborderons dans le chapitre suivant.

La distinction entre les arguments du message, les indices périphériques présents dans la situation de communication et même les déterminants du degré d'élaboration, pour séduisante qu'elle puisse être, ne doit pas être prise au pied de la lettre. Ainsi, Petty et Cacioppo rappellent que certaines variables périphériques peuvent inciter les gens à traiter le message de manière plus ou moins approfondie (DeBono et Harnish, 1988), voire même jouer le rôle d'arguments (Petty et Cacioppo, 1980). Pour saisir cette multiplicité des rôles, pensez à l'impact du caractère attrayant de la source. A mesure que votre élaboration augmente, ce facteur endossera le statut d'indice périphérique (c'est une personne sympathique, donc je ne vois pas pourquoi je contesterais ce qu'elle avance), d'incitant supplémentaire de l'élaboration du message (c'est une personne sympathique, cela vaut la peine que j'examine ce qu'elle a à me dire) ou d'arguments proprement dits (sa beauté montre clairement que ce cosmétique est efficace).

Mais, penserez-vous, quelle importance y a-t-il à ce que le changement d'attitude intervienne par la route périphérique ou par la route centrale? Le principal n'est-il pas qu'un changement d'attitude se produise peu importe la stratégie utilisée? Détrompez-vous! Les recherches indiquent de façon très nette que la voie empruntée par les cibles a des conséquences directes sur la durée du changement.

La différence de longévité entre les changements basés sur le contenu du message et ceux découlant d'une heuristique permet de rendre compte du fameux « sleeper effect ». Rappelez-vous l'expérience de Hovland et Weiss (1951) montrant un impact massif de la crédibilité de la source. Les résultats révèlent aussi un retour des participants à leur attitude antérieure quatre semaines après la communication persuasive. Autrement dit, l'impact du message attribué à une source non experte s'efface au fil du temps (Pratkanis *et al.*, 1988). Pour voir chanceler les nouveaux convertis, il suffirait donc de dissocier les indices du contenu du message.

Si, face à un message persuasif, les gens se contentent d'un traitement heuristique, les changements occasionnés sont peu durables. En outre, la résistance face à de nouvelles tentatives d'influence reste limitée. A l'opposé, les changements à l'issue d'un traitement scrupuleux des arguments du message persistent plus longtemps, viennent plus rapidement à l'esprit lorsque les individus sont à nouveau confrontés à l'objet attitudinal, orientent davantage les conduites ultérieures, et sont plus résistants en cas de mise en cause (Haugtvedt & Petty, 1992). Le changement d'attitude par la voie centrale présente donc un intérêt évident. Nous aurons l'occasion de revenir dans les chapitres suivants sur la distinction entre des changements superficiels et des modifications plus profondes lorsque nous aborderons la question de la conformité.

Résister aux tentatives d'influence

Toutes les variables examinées jusqu'à présent ont pour effet de faciliter ou de rendre plus difficile l'examen des arguments du message et ce, d'une manière assez objective. Prenons le cas de la distraction ! Si les gens ont tendance à réagir négativement aux arguments du message, la distraction aura pour effet de réduire le caractère négatif de cette réaction. L'inverse se produira si la communication suscite une majorité de réflexions positives. Mais si l'objectivité paraît certes souhaitable, nul ne contestera que nous avons souvent tendance à résister aux tentatives de persuasion. A cet égard, on peut distinguer trois grandes catégories de situations. Tout d'abord, nous sommes rarement neutres face aux diverses communications auxquelles nous sommes confrontés. Un traitement relativement biaisé des informations n'a donc rien d'étonnant. En deuxième lieu, nous pouvons être parfaitement conscients de l'intention persuasive de la source. Dans ce cas également, on s'attendra à ce que nous fassions preuve d'une certaine fermeté. Enfin, nous pouvons nous préparer à l'avance à une tentative de persuasion. On peut alors s'interroger sur l'utilité de se prémunir en imaginant les divers arguments susceptibles d'être utilisés pour nous déstabiliser et modifier nos attitudes.

Le modèle de Petty et Cacioppo prévoit que l'audience traite parfois les messages de façon partiale. Le degré de connaissances concernant le thème abordé dans la communication constitue un premier facteur important. Il est un fait que nous disposons rarement d'un savoir parfaitement équilibré concernant un thème donné. Notre information préalable est souvent biaisée en faveur d'une position plutôt qu'une autre. Ces connaissances auront pour effet de nous faire basculer dans une direction donnée. Mais, on s'en doute, c'est le facteur motivationnel qui se révèle le plus susceptible de renforcer l'opposition ou l'engouement face au message. Quand vous écoutez un discours politique, vous êtes loin de rester neutre. Si l'orateur prône des mesures antisociales, il n'a guère de chances de vous convaincre. A l'inverse, vous aurez sans doute la tentation de vous enthousiasmer si le message annonce des baisses spectaculaires d'impôts.

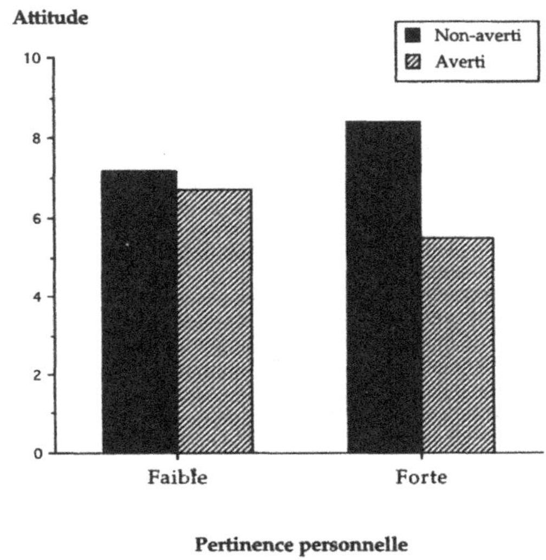

Figure 4.5 — Attitude en fonction du degré de pertinence et de l'avertissement.

Une autre façon très efficace de minimiser l'impact d'un message consiste à annoncer les intentions de la source à l'audience. Avertis, les gens n'optent pas pour un examen impartial des arguments mais tendent au contraire à défendre leurs positions (Freedman et Sears, 1965; Kiesler et Kiesler, 1964). Pour autant, il ne faut pas considérer que l'adoption d'une posture critique nous protège de manière définitive. Même si nous faisons l'effort de regarder les publicités télévisées d'un œil désapprobateur, nos choix alimentaires montrent bien que nous nous laissons piéger par des campagnes de promotion bien menées (Watts et Holt, 1979).

Dans une étude conduite par Petty et Cacioppo (1979), certains participants (le groupe non averti) apprenaient qu'ils allaient écouter une bande enregistrée reprenant un travail réalisé dans le cadre d'un cours de journalisme. Aux autres sujets (le groupe averti), on signalait que le texte cherchait à les persuader de modifier certains aspects du règlement universitaire. Le message comprenait cinq arguments de qualité sur l'introduction d'un examen général avant l'obtention du diplôme. Le changement devait intervenir l'année suivante (pertinence forte) ou dix ans plus tard (pertinence faible). Comme le montre la figure 4.5, les sujets peu concernés ne se montrent pas sensibles à l'avertissement. Par contre, lorsque le message préconise un changement imminent du règlement, les sujets sont nettement moins convaincus quand ils sont avertis que lorsqu'ils ne se doutent pas qu'on tente de changer leur attitude.

L'ultime forme de résistance consiste à ne pas attendre d'être confronté à une communication persuasive. Puisqu'il y a peu de doutes concernant les intentions malveillantes de certains groupes sectaires, pourquoi attendre de se trouver face à leurs propagandistes? Mieux vaut s'exercer à démonter les arguments les plus souvent exploités pour attirer les nouveaux adeptes dans les mailles du filet et se constituer une réserve de réponses en cas de rencontre inopinée. Exactement comme dans le cas de certaines maladies graves telles le tétanos ou la poliomyélite, la meilleure stratégie consiste à se préparer longtemps à l'avance en prenant un vaccin. Chacun sait que cette première rencontre avec une version affaiblie de l'infection crée des anticorps qui nous seront bien utiles lorsque la maladie frappera. De la même façon, une manière de tenir tête à une tentative de persuasion consiste à se doter à l'avance d'une batterie de contre-arguments. Nous devons cette analogie avec le monde médical à McGuire (1964) et à sa fameuse théorie de l'**inoculation**.

De nombreux chercheurs ont démontré l'efficacité de cette stratégie d'inoculation. On s'est ainsi intéressé au délicat problème des jeunes qui commencent à fumer. Les observations révèlent que la pression sociale des pairs est un facteur clef dans ce type de phénomène. Les participants à ces recherches, des jeunes gens, sont «inoculés» avec des contre-arguments comme «je serais vraiment une poule mouillée si je fumais simplement pour te montrer que j'ose le faire» et bien d'autres (McAlister *et al.*, 1980). Les résultats indiquent que, par rapport à d'autres jeunes qui n'ont pas bénéficié de cette phase d'inoculation, leur risque de devenir des fumeurs est nettement réduit. Le plus troublant est que les effets de cette intervention persistent pendant de longues années. Dans un tout autre domaine, des enfants ont été «inoculés» contre le genre de publicités typique des émissions enfantines du samedi matin. D'autres travaux montrent la grande souplesse de cette technique et en font une arme de résistance efficace face à la tentation de la vie sectaire, de la drogue ou de la propagande politique.

Qu'il s'agisse d'inoculer ou d'avertir les cibles de futures tentatives de persuasion, l'idée centrale est de préparer un assortiment de contre-arguments qu'elles pourront opposer au message. On comprend dès lors pourquoi les attitudes basées sur un traitement approfondi ont davantage de chances de survivre à des entreprises de déstabilisation ultérieures. Dans la mesure où les gens se sont dotés d'une panoplie d'arguments en faveur de leur position, toute objection subséquente n'aura que plus de mal à bouleverser cet édifice.

Ce chapitre démontre l'importance du concept d'attitude et son rôle dans notre comportement social. En effet, dans la mesure où les attitudes sont relativement malléables, elles autorisent l'exercice d'une forme d'influence plus acceptable que la contrainte physique. Il est évident que la manière dont nous abordons les messages qui nous sont adressés joue un rôle déterminant dans le succès ou l'échec de la tentative de persuasion. Les modèles actuels montrent que nous pouvons aborder les communications en leur consacrant assez peu d'attention et en nous fiant à des modes superficiels de traitement ou, au contraire, en leur accordant des ressources attentionnelles de façon à examiner les arguments de manière scrupuleuse.

Le chapitre suivant s'inscrit dans le prolongement de celui-ci. Si nous continuerons à traiter la question de la modification des attitudes, nous délaisserons toutefois les aspects cognitifs. Complétant l'examen inspiré par la vision tripartite de l'attitude, notre discussion s'attachera à mieux cerner les antécédents affectifs et comportementaux du changement d'attitude.

Chapitre 5
Le changement d'attitude

Nos compétences en matière de jugement social sont étonnantes. Les chapitres précédents fournissent une myriade d'exemples de notre capacité à générer des descriptions détaillées d'autrui à partir de quelques informations. Sur quoi se basent nos réactions à l'égard d'autrui ? Quelles sont les informations qui affectent nos attitudes à propos des personnes que nous côtoyons ? Une expérience de Niedenthal et Cantor (1986) suggère que des détails anodins guident parfois nos sentiments. Dans cette étude, les participants examinent une série de photographies d'autres personnes. Un portrait psychologique plutôt favorable ou plutôt défavorable accompagne chaque photo. La tâche consiste à indiquer la probabilité que le portrait psychologique soit celui de la personne photographiée. A l'insu des participants, les pupilles des personnes ont été retouchées. Alors que certaines sont dilatées, les autres sont contractées. Les résultats sont peu banals. Les participants jugent la description favorable davantage probable lorsque les pupilles sont dilatées. Inversement, la contraction des pupilles rend le portrait peu flatteur davantage vraisemblable. Une modification minime des photos affecte donc les jugements des observateurs. Autre résultat tout aussi intéressant, aucun des participants ne met en cause la taille des pupilles pour expliquer son verdict.

L'examen du traitement des messages persuasifs dans le chapitre précédent a laissé entre parenthèses l'impact de la dimension affective dans le changement d'attitude. Dans ce chapitre, nous allons considérer un ensemble de travaux qui traitent des émotions. Trois grandes lignes de recherches envisagent le poids des émotions dans le processus de changement des attitudes. La première s'intéresse au conditionnement classique et à l'amorçage affectif. La deuxième concerne l'effet de la simple exposition. La dernière, enfin, examine l'impact de l'humeur sur le traitement de l'information.

Enfin, nous nous pencherons sur un troisième et dernier levier de changement des attitudes, à savoir les comportements. En effet, de même que l'on tente de bouleverser les attitudes des gens dans l'espoir de modifier leurs conduites, un moyen très sûr de transformer les attitudes consiste à agir sur le comportement.

LE POUVOIR DES ÉMOTIONS

« Perrier, c'est fou », « United colors of Benetton » sont des slogans bien connus. Personne ne peut nier l'impact de l'humour dans le premier cas, de l'incongru, voire du choquant, dans le second. De toute évidence, ces publicités jouent sur les émotions. En cette ère de communication planétaire, les marchands de tous bords exploitent de façon croissante les messages émotionnels. Vous rencontrerez le même credo du côté des communications gouvernementales ou des publicités d'intérêt général. Qu'il s'agisse de sécurité routière, de sida ou de drogue, les campagnes de prévention ne craignent pas de cultiver les situations cocasses ou de bousculer les idées reçues. Déjanter les mâchoires ou déranger les entrailles, c'est le leitmotiv. Il en va de même des sectes. Là aussi, la part du lion revient à la dimension affective.

Les messages persuasifs qui font appel à nos sentiments ont un objectif clair. Ils évitent de nous asséner une liste interminable d'arguments et préfèrent susciter des réactions affectives fortes. L'espoir n'est pas seulement d'attirer l'attention, de sortir du lot, mais aussi de changer les attitudes et le comportement d'une manière efficace.

Le conditionnement classique et l'amorçage affectif

Pensez à un parfum, aux vacances, et la nostalgie vous envahira aussitôt. Les publicités pour ce genre de produits n'ont aucun mal à éveiller en nous des émotions positives. Ce qui surprend, c'est de retrouver ces éléments dans des messages publicitaires qui n'ont *a priori* aucun rapport avec le produit évoqué. Des jeunes femmes de rêve vantent ainsi les mérites d'une bière trappiste. Des musiques éthérées — on dit que la musique est la mémoire du cœur — accompagnent l'annonce de privatisation d'une banque. L'industrie publicitaire, vous vous en doutez, a de très bonnes raisons de faire appel à cette stratégie. Le processus psychologique sur lequel elle base sa démarche commerciale porte un nom : le **conditionnement classique**.

Les recherches sur le conditionnement classique remontent aux travaux de Pavlov (1927). En observant des chiens, ce physiologiste russe se rend compte d'un phénomène curieux. L'association répétée d'un stimulus cible (un stimulus neutre au départ : le son d'une cloche) avec un autre stimulus (le stimulus inconditionnel : la nourriture), lié à une réponse (la réponse inconditionelle : la salivation), fait en sorte que le stimulus neutre devient conditionnel et provoque à lui seul la réponse (réponse conditionnelle). Ce constat a inspiré de nombreuses études sur la modification des attitudes. Grâce à une association répétée entre un stimulus neutre et un autre, positif ou négatif, on crée une réponse favorable ou défavorable à l'égard du stimulus neutre. Dans une des premières recherches sur la question, Razran (1940) a présenté des slogans politiques pendant que des étudiants mangeaient un déjeuner gracieusement offert ou alors que des odeurs nauséabondes envahissaient le laboratoire. L'impact des slogans était beaucoup plus important dans le premier que dans le second cas.

Staats et Staats (1958) ont également démontré l'efficacité de la technique de conditionnement classique. Des participants devaient regarder le nom d'un pays (stimulus conditionnel) projeté sur un écran tout en répétant un mot (stimulus inconditionnel) prononcé par l'expérimentateur. Ce mot évoquait ou non une réaction affective (réponse inconditionnelle). Quatre des six pays présentés étaient systématiquement associés à des mots neutres, un pays était couplé à des mots choisis pour provoquer une réaction positive (cadeau, heureux, etc.), et un autre pays était associé à des mots suscitant une réaction négative (échec, laid, etc.). Au terme de la séance, les sujets évaluaient les 6 pays sur une série d'échelles. Comme prévu, le pays associé à des mots positifs fut jugé plus favorablement que celui couplé à des termes négatifs. Plus surprenant encore, Mullen et ses collègues (1986) ont voulu vérifier si les présentateurs de journaux télévisés influencent le choix des électeurs en souriant plus pour un candidat que pour un autre. Ces chercheurs nord-américains ont observé que, contrairement à ce qui se passait sur les chaînes CBS et NBC, le présentateur vedette d'ABC, Peter Jennings, souriait davantage quand il évoquait Ronald Reagan que lorsqu'il parlait de son concurrent, Walter Mondale. Des enquêtes réalisées à la sortie des urnes révélèrent que les téléspectateurs de la chaîne ABC avaient voté davantage pour Reagan que les téléspectateurs de CBS et NBC. Pour tester ces conclusions dans un contexte expérimental rigoureux, Copper *et al.* (1991) ont demandé à leurs participants, certains démocrates, d'autres républicains, de visionner un reportage télévisé présentant un candidat républicain et un candidat démocrate lors d'une élection législative. Dans une première condition, le présentateur souriait chaque fois qu'il mentionnait le candidat républicain. Dans une deuxième condition, le sourire accompagnait le candidat démocrate. Enfin, dans une troisième condition, le présentateur évitait de sourire. Bien sûr, les participants préférèrent voter pour leur propre candidat. Toutefois, ils aimaient davantage le présentateur qui souriait lorsqu'il évoquait leur favori. Enfin, les sujets délaissaient un peu leur favori et rejetaient moins le candidat adverse lorsque le présentateur ponctuait le nom de ce dernier d'un sourire.

Quand nous approuvons quelqu'un, nous sommes portés à hocher la tête. Quand nous nous sentons bien, nous avons tendance à sourire. Quand nous apprécions quelque chose, nous sommes enclins à nous en approcher. Se pourrait-il que les mouvements musculaires qui accompagnent automatiquement nos réactions à l'égard de certains objets puissent, eux aussi, servir de stimulus inconditionnel et affecter nos réponses vis-à-vis d'autres objets? C'est ce que suggère une série de travaux récents. Les gens à qui on demande de bouger la tête de haut en bas, de sourire ou d'effectuer un mouvement d'approche au moment où leur sont présentés certains stimuli manifestent plus de préférence à l'égard de ces objets que les gens invités à bouger la tête de gauche à droite, froncer les sourcils ou effectuer un mouvement de recul. Evidemment, les participants croient effectuer ces mouvements pour des raisons totalement différentes de celles qui les motivent ordinairement (Strack *et al.*, 1988; Wells & Petty, 1980).

En accord avec le **modèle de probabilité d'élaboration**, évoqué au chapitre précédent, le conditionnement devrait d'autant moins changer les attitudes que les individus traitent scrupuleusement l'information. C'est ainsi que si on fait suivre soit des mots, soit des non-mots d'un choc électrique, le conditionnement est meilleur pour les non-mots (Cacioppo *et al.*, 1992). Autrement dit, dès l'instant où les stimuli, parce qu'ils sont connus, déclenchent un examen critique de la part de la cible, l'influence du conditionnement s'amenuise.

Souvenez-vous de la technique de l'**amorçage** (chapitres 2 et 3). Même si les techniques de conditionnement classique et d'amorçage affectif sont à certains égards différentes (le stimulus neutre est présenté après l'amorce affective alors qu'il intervient en même temps ou avant le stimulus inconditionnel), elles se ressemblent aussi. Krosnick et ses collaborateurs (1992) ont montré à leurs participants neuf diapositives sur lesquelles une jeune femme était engagée dans une série d'activités quotidiennes. Avant chaque diapositive, une photographie suscitant une réponse affective positive (par exemple, des jeunes mariés) ou négative (par exemple, des serpents) était exposée pendant 9 ms. A cette vitesse, les sujets n'ont pas de perception consciente et l'on parle donc de perception subliminale. Comme le prévoyaient les auteurs, l'évaluation ultérieure de la jeune femme atteste l'impact des photos.

En somme, l'amorçage affectif et le conditionnement classique sont susceptibles d'orienter le comportement. Ces stratégies sont d'autant moins efficaces que le stimulus est bien connu. Elles ne permettent pas non plus de modifier le comportement quand existent certaines prédispositions dans le chef de la personne à influencer. Ainsi, en présentant de manière subliminale des mots liés à la compétition plutôt que des mots neutres, Neuberg (1989) a pu augmenter le degré d'agressivité des participants compétitifs mais pas des sujets coopératifs. De tels résultats sont rassurants car ils montrent que le bon vouloir l'emporte sur les influences inconscientes.

La simple exposition

Les habitants des grandes métropoles souffrent assez peu d'être entourés de personnes qu'ils ne connaissent pas. Milgram (1970) s'est penché sur ce phénomène en parlant de « l'inconnu familier ». Les contraintes de la vie urbaine sont telles, suggère Milgram, que les mêmes gens se croisent beaucoup plus souvent qu'on ne l'imagine. Ces rencontres répétées, en rue, dans les transports en commun, dans les magasins, engendrent un sentiment diffus de familiarité et de sympathie.

La **théorie de la simple exposition** ne dit pas autre chose : une façon très simple de modifier les attitudes des gens consiste à leur présenter le stimulus à plusieurs reprises. Zajonc (1968) a confronté d'innombrables sujets à des sons, des syllabes, des idéogrammes chinois, des photographies de visages, des mots étrangers, etc. Certains stimuli sont présentés une seule fois, d'autres deux fois, d'autres plus souvent encore. Les données sont merveilleusement cohérentes. Les participants aiment d'autant plus un stimulus qu'ils l'ont vu, ou entendu, souvent. Dès 1910, Titchener estimait que la reconnaissance d'un stimulus produit une « sensation de douce chaleur » alors que l'absence de reconnaissance provoque une « agitation déplaisante ».

L'effet de simple exposition ne dépend pas de la conscience qu'ont les participants de l'existence d'une relation entre un stimulus donné et le nombre de présentations. Kunst-Wilson et Zajonc (1980), par exemple, ont demandé à leurs sujets d'identifier les stimuli qu'on leur avait présentés de façon subliminale. Alors que les sujets étaient incapables de distinguer les nouveaux stimuli de ceux qui leur avaient déjà été présentés, ils manifestaient néanmoins une préférence pour les derniers.

Selon Bornstein (1989) qui a recensé toutes les recherches publiées, la présentation répétée des stimuli exerce un impact d'autant plus important qu'elle est non consciente. L'effet de simple exposition se manifeste également de façon très claire lorsque le traitement des stimuli reste limité et que ceux-ci sont nouveaux, peu importants, ou dépourvus de sens. Autrement dit, dès l'instant où un examen plus poussé prend place, comme c'est souvent le cas avec des mots ou des phrases, un traitement cognitif entre en action et l'effet de simple exposition laisse la place aux réactions cognitives dominantes.

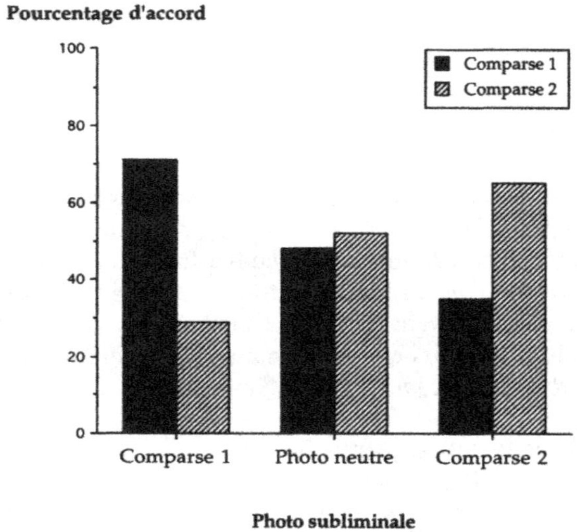

Figure 5.1 — Pourcentage d'accord avec les comparses en fonction de la photo subliminale.

Pour autant, l'effet de simple exposition est loin d'être insignifiant. Bornstein *et al.* (1987) ont présenté à leurs sujets la photo d'une personne pendant 4 ms. Ils leur ont ensuite demandé de discuter d'une série de 10 poèmes avec deux comparses. Selon les conditions, l'un ou l'autre des deux comparses était la personne dont les sujets venaient de voir la photo. Pour chaque poème, les sujets devaient deviner le sexe de l'auteur du poème. A sept reprises, les deux comparses défendaient un point de vue différent et le sujet devait donc se prononcer en faveur de l'un ou de l'autre. Les résultats indiquent que les sujets optèrent significativement plus pour les réponses fournies par le comparse «rencontré» préalablement que pour celui qu'ils n'avaient jamais «vu» (voir figure 5.1).

L'impact de l'humeur

Revenons à la situation de communication persuasive et examinons le rôle de l'humeur dans le changement d'attitude. On peut mettre de l'ordre dans les nombreuses recherches qui ont abordé cette question en distinguant les situations où l'humeur fait partie intégrante du message des situations où elle constitue un élément extérieur à la communication. On peut s'intéresser, par exemple, à l'effet d'un message persuasif qui fait explicitement appel à des éléments d'humour ou de peur. Pensez aux flashes télévisés de sécurité routière. A l'opposé, on peut examiner les conséquences liées à l'humeur de la personne qui reçoit le message. Ainsi, les enfants savent bien qu'il vaut mieux attendre que leurs parents soient de bonne humeur avant de formuler certaines demandes.

Avant de nous pencher sur le contenu émotionnel des messages persuasifs, voyons comment l'humeur de la cible affecte le changement d'attitude. Nous savons que certaines choses nous mettent particulièrement de bonne humeur. Un bon repas ou une journée ensoleillée en sont des exemples. Au-delà des effets de conditionnement évoqués plus haut, Schwarz et Clore (1988) estiment que les gens réagissent souvent en fonction de leur humeur du moment. Evidemment, ce qui cause la bonne (ou mauvaise) humeur n'a souvent pas grand chose à voir avec le contenu de la communication. La météo favorable peut nous inciter à nous déclarer satisfaits de notre existence. Sinclair et ses collègues (1991) ont réalisé un sondage par téléphone sur l'utilité d'un examen général en fin de parcours universitaire. Certaines des personnes étaient contactées par une belle journée ensoleillée, d'autres par un temps maussade. Les résultats montrent que les gens appelés par beau temps expriment davantage leur accord avec l'enquêteur. Que ce dernier développe des arguments médiocres ou de bonne qualité n'affecte guère les résultats. Bien sûr, personne ne sera troublé d'apprendre qu'un emballage publicitaire agréable influence les choix de consommation, choix qui ne prêtent d'ailleurs pas à conséquence. Les choses sont sans aucun doute plus inquiétantes s'il s'avère que les ambiances feutrées des communautés sectaires aiguillent les réactions positives des nouveaux adeptes. Or, pour autant que les exigences de traitement de l'information demeurent modestes, nous avons tendance à nous reposer sur cet «emballage» facilement disponible.

A côté de son rôle informationnel strict, l'humeur influence également la mobilisation des ressources cognitives. Selon Mackie et Worth (1991), les individus dont l'humeur est positive traitent les messages persuasifs de façon superficielle. C'est le plus grand danger des discours sectaires. Immergée dans une atmosphère paradisiaque, la nouvelle recrue aura toutes les peines du monde à engager son sens critique pour contester le bien-fondé des affirmations du gourou.

Tandis que certains participants gagnaient un prix à une loterie, les autres devaient répondre à un questionnaire sur les loteries. Tous étaient ensuite confrontés à un message assez médiocre ou de bonne qualité attribué à une source experte ou non experte. Comme prévu, les sujets se montrèrent peu sensibles à la qualité des arguments et davantage attentifs à l'expertise de la source lorsqu'ils avaient gagné à la loterie. Un profil de résultats inverse apparaissait chez les sujets qui avaient seulement répondu au questionnaire et se trouvaient donc dans une humeur neutre (Worth & Mackie, 1987; voir aussi Bless *et al.*, 1990).

Pourquoi les gens de bonne humeur s'appuient-ils plus volontiers sur des indices périphériques comme la longueur du message, son caractère scientifique, etc., plutôt que sur la qualité des arguments? Deux grandes explications se côtoient. Tout d'abord, on peut mettre en cause la motivation. Ainsi, les gens s'abstiendraient souvent d'effectuer un travail susceptible de les mettre de mauvaise humeur. Peut-être ne voient-ils pas la nécessité d'entamer une analyse sérieuse puisque leur environnement semble leur dire que les choses se passent bien, qu'il n'y a vraiment pas de quoi s'inquiéter ? D'une certaine façon, ils se diraient « je vais bien, tout va bien ». Une toute autre lecture consiste à incriminer la pénurie de moyens intellectuels. Les gens de bonne humeur ne disposeraient pas des capacités cognitives suffisantes pour dresser une évaluation scrupuleuse des arguments. Vous vous en doutez probablement, l'explication motivationnelle et l'interprétation cognitive recèlent chacune une part de vérité.

Comme vous aurez pu vous en rendre compte, l'impact de l'humeur s'exerce de diverses manières. Lorsque les sujets ne tiennent pas trop à réfléchir à la situation, l'humeur oriente leurs réactions en agissant par la voie périphérique. C'est ce que montrent les travaux sur le conditionnement, l'amorçage affectif et la dimension informationnelle de l'humeur. A d'autres moments, l'humeur positive incite les gens à un traitement superficiel du message alors que l'humeur neutre ou négative favorise un examen approfondi des arguments. Restent d'autres circonstances pour lesquelles la probabilité d'élaboration est très élevée, c'est le cas lorsque l'humeur fait partie intégrante de la communication.

Effrayer pour convaincre

Rien n'est plus facile que de trouver des exemples de messages qui font appel à la peur. Que n'a-t-on vu d'affiches le long des autoroutes étalant les traits défigurés d'une conductrice qui avait oublié de boucler sa ceinture ? Pensez aux séances d'information sur les ravages de la cigarette dans le cadre des programmes scolaires. La même stratégie de la terreur se manifeste pour les fléaux de l'alcoolisme, de la drogue ou du sida. Elle est aussi présente dans les campagnes pour le dépistage du cancer du sein qui montrent des images plus que déplaisantes. Cette insistance sur la peur est-elle efficace ? La réponse est : oui, si on ne se contente pas de faire peur.

Dès 1953, Hovland et ses collègues de l'Ecole de Yale avaient compris que le sentiment de peur devrait affecter la motivation et la capacité des gens à traiter un message persuasif. Pour vérifier les effets bénéfiques de la peur sur le changement d'attitude, Janis et Terwilliger (1962) ont mené une étude qui, à bien des égards, préfigure les options théoriques et méthodologiques actuelles. Dans une première phase, les sujets devaient s'imaginer en train de fumer une cigarette. Il s'agissait de livrer toutes les réflexions qui leur venaient à l'esprit. Ce matériel était codé afin de déterminer si les gens étaient opposés ou favorables au tabac. Dans un deuxième temps, les participants étaient confrontés à un message peu ou très effrayant. Dans le premier cas, l'expérimentateur exploitait des termes à la fois objectifs et abstraits pour indiquer que le cancer était la conséquence première du tabagisme. Dans le second cas, le message mentionnait ces mêmes informations mais s'attardait également à décrire les symptômes douloureux, les dommages physiques et le taux de mortalité important associés au cancer du poumon. Après chaque paragraphe, les sujets étaient invités à dire tout haut à quoi ils songeaient. Ces associations permettaient non seulement de vérifier le degré de perturbation émotionnelle au sein de l'assistance mais aussi la nature défavorable ou favorable des réactions des participants. Enfin, à l'issue de cette présentation, les sujets devaient à nouveau s'imaginer en train de fumer et évoquer tout ce qui leur passait par la tête. Sans surprise, le message très effrayant est celui qui émeut le plus l'audience. Plus étonnant par contre, et en accord avec des résultats antérieurs (Janis & Feshbach, 1953), une plus grande frayeur ne donne pas lieu à davantage de changement d'attitude. Au contraire, lorsque la communication table sur une peur intense plutôt que modérée, les données recueillies pendant la présentation du message révèlent un nombre plus important de commentaires défavorables et une quantité plus faible de remarques positives.

Les communications persuasives de peur ont donc un talon d'Achille. Certes, elles attirent l'attention mais elles risquent aussi de provoquer une réponse d'évitement. La plupart des gens n'aiment guère la confrontation à des réalités trop pénibles. Une réaction fréquente consiste à minimiser les problèmes, à contester les arguments ou, de manière plus radicale, à ignorer l'existence du danger. On sait maintenant que, pour atteindre son objectif, un message de peur doit faire bien plus qu'effrayer l'audience. Il doit informer les gens des mesures concrètes, détaillées et efficaces à entreprendre pour changer leurs habitudes (Leventhal, 1970). Des informations très impressionnantes concernant le lien entre tabagisme et cancer du poumon peuvent évidemment déforcer l'envie des fumeurs à continuer dans leur vice. Toutefois, le vrai problème est que les fumeurs ignorent souvent ce qu'il convient de faire de façon concrète pour se débarrasser de cette envie irrésistible d'allumer une cigarette. Par des conseils précis sur des stratégies de modification du comportement, on augmente très nettement leurs chances de dire adieu au tabagisme. Mais même dans ce cas de figure, un des plus gros obstacles reste que les fumeurs doutent de l'efficacité des stratégies proposées. Un message effrayant doit donc convaincre les gens de l'efficacité des solutions proposées. L'argumentaire doit souligner que les recommandations ont toutes les chances de réussir.

Les ingrédients qui permettent de maximiser l'efficacité d'un message effrayant sont résumés dans la **théorie de la motivation à la protection** (Rogers, 1983). Selon cette perspective, vous serez motivés en matière de santé si vous pensez que la menace est réelle, que vous êtes en danger si vous ne faites rien, que certaines conduites permettent de réduire les risques de façon substantielle, et que ces comportements sont à votre portée. La recherche indique que les deux derniers aspects, l'efficacité de la réponse et la capacité à poser les actes indispensables, sont extrêmement importants et parfois même suffisants.

S'il est acquis que la peur motive les gens à traiter l'information, les sentiments négatifs peuvent contribuer de bien d'autres manières encore à renforcer l'impact d'un message. C'est ce que montre une expérience de Meyerowitz et Chaiken (1987) sur le dépistage du cancer du sein. On sait qu'un examen mensuel effectué par la femme elle-même favorise le repérage précoce d'une tumeur cancéreuse et améliore de façon très nette le pronostic de guérison. Le seul problème semble être que très peu de femmes se donnent la peine de consacrer les 5 minutes nécessaires à ce test. Selon Meyerowitz et Chaiken, les gains consécutifs à cette pratique pourtant élémentaire ne sont sans doute pas suffisamment saillants pour la plupart des personnes. Dès lors, pourquoi ne pas informer ces personnes de ce qu'elles risquent de perdre et voir si le pouvoir de conviction augmente.

Les auteurs ont distribué à des étudiantes universitaires des prospectus reprenant toute une série d'informations sur le cancer du sein ainsi que sur la manière de réaliser un examen mammaire à domicile. Pour certaines étudiantes, le prospectus contenait aussi six arguments formulés soit en termes de gains soit en termes de pertes. Voici deux exemples d'arguments exprimés en termes de gains : «En réalisant ces examens mammaires maintenant, vous savez mieux ce que sont des seins en bonne santé et vous êtes donc mieux armée pour noter les changements mineurs qui peuvent se produire avec l'âge. La recherche indique que les femmes qui procèdent à des examens mammaires ont plus de chances de repérer des tumeurs à des stades précoces, tumeurs qui peuvent donc être traitées plus facilement.» Ces mêmes arguments écrits en termes de pertes donnaient ceci : «En ne réalisant pas ces examens mammaires, vous ne saurez pas ce que sont des seins en bonne santé et vous ne serez donc pas à même de noter les changements mineurs qui peuvent se produire avec l'âge. La recherche indique que les femmes qui ne procèdent pas à des examens mammaires ont moins de chances de repérer des tumeurs à des stades précoces, tumeurs qui peuvent donc être traitées plus difficilement.» En dépit de la subtilité de la manipulation, les différences d'impact sont énormes. Quatre mois après l'expérience, les jeunes femmes confrontées au message formulé en termes de pertes continuent à manifester davantage de réactions positives à propos des examens mammaires. Mieux, ce groupe d'étudiantes rapporte avoir réalisé des examens de façon beaucoup plus fréquente que le groupe contrôle ou que le groupe confronté aux arguments exprimés en termes de gains. On le voit, les conséquences négatives d'un comportement constituent un incitant majeur pour le changement d'attitude.

La peur, utilisée à dose raisonnable, est donc une alliée de premier choix dans toute entreprise de changement d'attitude. C'est sans doute encore plus vrai lorsque le message emprunte la voie très personnelle du médecin. L'avertissement doit alors prendre la forme suivante : «Ne vous méprenez à aucun moment sur les coûts associés à une insouciance de votre part mais soyez assurés que le traitement est à votre portée et qu'il peut vous aider.» Souvent, pourtant, les conseils restent lettre morte. Ce qui contribue de manière décisive à modifier la conduite d'un patient, c'est son engagement, verbal ou comportemental, à se soumettre aux injonctions de son médecin. Dans le cas de la secte, c'est le même contrat comportemental qui fera de la recrue potentielle un otage certain. La section suivante aborde de façon explicite le rôle du comportement dans le changement d'attitude.

LE COMPORTEMENT

Les événements se déroulent dans les années vingt à Dallas. Clyde Barrow, un adolescent, mène une vie sans histoire au sein d'une famille nombreuse comme il y en a tant d'autres en cette période de crise économique. Bien sûr, il lui arrive de faire l'école buissonnière mais rien ne laisse entrevoir que ce garçon mourra quelques années plus tard au cours d'une fusillade sur une route de Louisiane. Aucun signe ne permet de dire qu'il sera un criminel à ce point célèbre que Serge Gainsbourg et Brigitte Bardot lui dédieront une chanson ainsi qu'à sa compagne d'infortune. Vous connaissez tous la fameuse ballade de Bonnie and Clyde.

L'histoire de Clyde Barrow est d'une atroce banalité. Les archives rapportent en effet que Clyde avait utilisé une voiture de location pour rejoindre Anne, sa petite amie de l'époque. Suite à une querelle d'amoureux, celle-ci était partie se réfugier chez une tante à 250 km de Dallas. Après quelques jours, la société de location chercha à récupérer la voiture. Lorsque la police se présenta au domicile de la tante, Clyde prit peur et alla se cacher dans les bois. A ce moment, il réalisa sans doute que sa vie avait basculé. Il était devenu un criminel. Après quelques vols de voitures, Clyde se persuada qu'il pouvait s'aventurer dans les épiceries et partir avec la caisse. Rapidement, les banques ne lui firent plus peur. Enfin, les meurtres lui parurent un mal nécessaire. Ce récit ressemble sans doute à celui de milliers d'autres malfrats. De fil en aiguille, un individu en vient à se lire comme un marginal et justifie ses actes en changeant ses attitudes.

La théorie de la dissonance cognitive

Nous l'avons vu, les situations de persuasion tablent sur le fait que le comportement des gens sera modifié pour peu qu'on puisse changer leurs attitudes. A cet égard, l'aventure de Clyde Barrow renverse totalement les données du problème. Elle montre combien les attitudes sont susceptibles de changer après un comportement. Elle suggère en outre que, pour imposer une transformation, ce comportement doit se démarquer suffisamment des attitudes préalables. Ces principes se situent au cœur de la **théorie de la dissonance cognitive** proposée par Festinger (1957). Sans risque de se tromper, on peut dire que cette théorie a fasciné les chercheurs. Elle a fait l'objet de plusieurs centaines de publications scientifiques et a provoqué des débats enflammés entre partisans et adversaires. Après quatre décennies, elle constitue une référence incontournable dans le domaine du changement d'attitude et continue à mobiliser d'importants efforts de recherches (Beauvois & Joule, 1996).

La théorie de la dissonance cognitive est basée sur les rapports entre les éléments de notre système cognitif. Pour Festinger, tout ce que nous savons, tout ce à quoi nous pouvons penser, correspond à un élément cognitif, à une cognition. En outre, les relations entre ces éléments cognitifs peuvent être dissonantes, consonantes ou non pertinentes. Une situation de dissonance existe chaque fois que nos cognitions s'avèrent incohérentes entre elles. De façon typique, un conflit entre notre comportement et nos attitudes entraîne une situation de dissonance. Par exemple, il y a dissonance si on fume des cigarettes tout en sachant que le tabac est une menace pour la santé. Selon Festinger, l'individu qui prend conscience de la dissonance ressent un malaise psychologique et physiologique. Pour revenir à notre exemple introductif, Clyde Barrow a sans aucun doute très mal vécu sa première mésaventure avec la police. Comment réconcilier en effet les différents éléments en présence ? D'un côté, il n'a jamais eu de problèmes avec les représentants de l'ordre et a toujours été un citoyen honnête. De l'autre, il sait qu'il est devenu un voleur de voiture et qu'il a fui devant les agents lancés à sa poursuite. La dissonance peut être plus ou moins prononcée, donc plus ou moins désagréable, et sa grandeur est exprimée par le rapport

$$\frac{\textit{nombre et importance des éléments dissonants}}{\textit{nombre et importance des éléments dissonants + consonants}}$$

L'organisme cherchant normalement à fuir le déplaisir, un individu confronté à une situation de dissonance cognitive cherchera à restaurer la consonance au sein de son système cognitif. Il peut s'y prendre de trois manières différentes. Une première solution consiste à modifier une des cognitions de manière à la rendre consonante avec l'autre (Clyde se rend à la police). Une deuxième consiste à ajouter des cognitions consonantes de manière à réduire l'impact de la cognition dissonante (Clyde passe en revue toutes les tares de la société et tous les abus policiers). Enfin, on peut réduire la dissonance en diminuant l'importance de la cognition dissonante (Clyde estime que les règlements qui gèrent la vie en société sont frivoles). Le véritable coup de génie de Festinger est de proposer que l'individu a tendance à modifier la cognition la moins résistante. Dans bien des cas, suggère Festinger, il est plus aisé d'éliminer la dissonance en modifiant ses attitudes plutôt que son comportement. Sans doute Clyde aura-t-il trouvé plus commode de remettre en question sa vision des forces de l'ordre et de la société en général que de nier son comportement de fuite.

En 1959, Festinger et Carlsmith ont imaginé un des scénarios les plus connus de la recherche sur la dissonance cognitive. Imaginez la situation suivante. Vous arrivez au laboratoire où vous avez à réaliser deux tâches très ennuyeuses. A la fin de l'expérience,

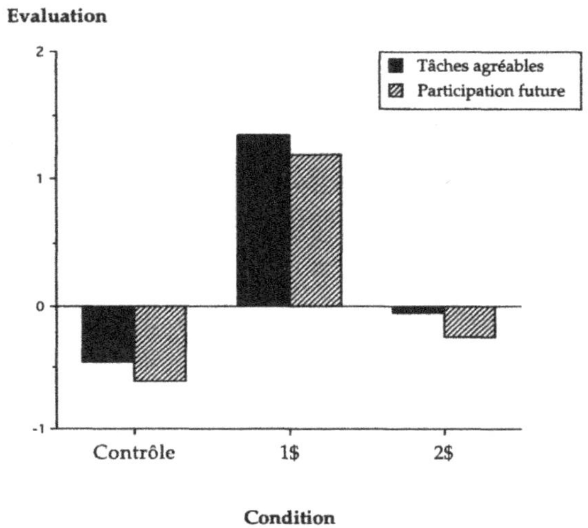

Figure 5.2 — Attitudes à l'égard de la tâche selon les conditions expérimentales.

l'expérimentateur vient vous trouver l'air très embêté. Il vous révèle que l'étude comporte en fait deux conditions. Dans celle à laquelle vous avez participé, les sujets réalisent les tâches sans aucun *a priori*. Dans l'autre condition, un comparse est chargé d'annoncer aux sujets que l'expérience concerne des tâches très plaisantes et intéressantes. L'expérience vise à comparer les performances des sujets naïfs et des sujets informés préalablement. Le problème, explique l'expérimentateur, c'est que le comparse est absent et qu'il ne voit pas comment il pourra avertir le prochain sujet qui fait partie de la condition «information préalable». L'expérimentateur vous demande alors de l'aider. En échange d'une rémunération de 1$, vous vantez l'intérêt des tâches au sujet suivant. Cette mission accomplie, et alors que vous quittez le bâtiment, on vous demande encore de répondre à une petite enquête sur l'intérêt des expériences de psychologie.

Toute cette mise en scène a pour unique objectif de faire mentir les sujets à propos de l'expérience, de leur faire commettre un acte qui contredit radicalement leurs opinions. Selon Festinger, une somme aussi réduite que 1$ devrait générer un état de dissonance important. Vu le contexte expérimental, la seule issue pour les sujets consiste à modifier leur attitude initiale afin de l'accorder davantage avec le comportement qu'ils viennent de réaliser et de restaurer ainsi un état de consonance. Comparés à des participants qui n'ont pas été encouragés à mentir à un autre sujet (rassurez-vous, il s'agissait d'un comparse), qui ont donc dit ce qu'ils pensaient des tâches en question, les sujets de la condition 1$ expriment des attitudes bien plus positives vis-à-vis de la tâche et confirment ainsi pleinement les attentes des auteurs. Cette expérience comporte une troisième condition dans laquelle les sujets se voient offrir la somme rondelette de 20$. La logique de Festinger veut qu'un montant aussi important constitue un élément consonant en faveur du comportement hypocrite. De fait, ceux qui ont reçu 20$ ne changent guère leur attitude à l'égard de l'expérience (voir figure 5.2).

De très nombreuses études vinrent rapidement étayer les propositions contre-intuitives de Festinger. Toutes ces recherches font appel à la soumission forcée c'est-à-dire qu'elles amènent les participants à produire un comportement opposé à leurs convictions. Comme dans l'expérience de Festinger et Carlsmith (1959), les sujets ont à effectuer une conduite qu'ils n'adopteraient pas de façon spontanée. Ainsi, des étudiants sont plus convaincus des qualités nutritives des insectes s'ils ont accepté de manger des sauterelles sur l'injonction d'un expérimentateur froid et antipathique plutôt qu'affable et chaleureux. D'autres recherches montrent que les gens apprécient d'autant plus une discussion parfaitement insipide qu'ils ont rencontré des difficultés à y prendre part (Aronson & Mills, 1959).

On peut également créer de la dissonance en amenant les gens à ne pas faire ce qu'ils feraient spontanément. Des enfants se retrouvaient face à un ensemble de jouets dont un, très attirant, leur était interdit. Dans la condition de menaces fortes, l'interdiction était assortie de promesses de représailles alors que dans la condition de menaces faibles, l'expérimentateur déclarait simplement qu'il ne voulait pas que les enfants touchent au jouet. Les deux formes d'interdiction étaient suffisantes puisqu'aucun enfant n'a enfreint la consigne. Si le fait de ne pas s'amuser avec un jouet attirant n'est pas du tout dissonant quand la menace est forte, il l'est lorsque la menace est minime. «Je n'ai pas joué avec Nounours et pourtant j'aurais pu.» Selon la théorie, on peut s'attendre à ce que l'enfant résolve la dissonance en dévalorisant le jouet. De fait, lorsque les enfants ont eu à réévaluer les jouets, le jouet interdit fut dénigré davantage par les enfants faiblement menacés (Aronson & Carlsmith, 1963; Freedman, 1965). On le voit, une menace juste suffisante conduit à plus de changement d'attitude qu'une forte menace!

Une étude de Staw (1974) montre que les effets de la dissonance ne se limitent pas à des comportements anodins. Pendant la guerre du Viêt-nam, les jeunes américains sont appelés pour servir sous le drapeau. Chez les étudiants, une pratique courante pour rester au pays consiste à s'enrôler dans la réserve des officiers. Les contrats portent soit sur un an soit davantage. Au printemps 69, l'armée annonce que le service de recrutement utilisera désormais un système de loterie : les numéros de 1-122 auront une forte probabilité d'aller au combat contrairement aux numéros de 245 à 366. Les numéros étant distribués en hiver 69, Staw (1974) s'intéresse aux étudiants qui ont signé pour la réserve des officiers dès l'automne 69. Autrement dit, ces étudiants savent qu'il y aura une loterie mais ne connaissent pas encore leur numéro au moment où ils apposent leur signature au bas du contrat. Du côté des réservistes engagés pour un an, et comme on peut s'y attendre, la satifaction est d'autant plus forte que le numéro assigné est petit. Grâce à leur engagement, ces étudiants ont toutes les chances d'échapper au Viêt-nam. Cette différence de réaction bien compréhensible entre les petits et les grands numéros s'inverse chez les étudiants qui ont d'emblée signé pour un bail plus long. Cette fois, les réservistes qui se voient attribuer un grand numéro, et qui ont donc toutes les chances d'échapper au Viêt-nam sans passer par la réserve des officiers, doivent faire face à une forte dose de dissonance. La seule issue consiste pour ces derniers à surévaluer leur appartenance à la réserve des officiers. C'est bien ce qu'observe Staw (1974) tant au niveau de la satisfaction affichée par les réservistes que sur le plan de leurs performances.

La justification des décisions

Dans toute décision, il nous faut abandonner les avantages liés à l'option rejetée et assumer les désavantages de l'option retenue. Rien d'étonnant, dès lors, à ce que cette situation soit susceptible de générer de la dissonance. Une étude réalisée par Brehm (1956) fournit une démonstration brillante des conséquences de la dissonance post-décisionnelle. Des étudiantes devaient évaluer 8 appareils domestiques. Elles avaient ensuite à choisir un appareil parmi les deux qu'on leur proposait. Une fois la sélection opérée et l'appareil reçu, les étudiantes devaient réévaluer les huit objets. Comparées aux étudiantes qui avaient reçu un de leurs appareils préférés, les autres avaient une nette tendance à dévaluer l'objet délaissé et à surévaluer l'objet retenu. Cette tendance était d'autant plus marquée que les appareils étaient initialement jugés de manière similaire, ce qui correspond à une situation de forte dissonance.

Justifier nos décisions est une démarche sans doute salutaire. Rien ne sert de vivre avec des remords. Que vous choisissiez tel emploi, que vous vous lanciez dans telle filière d'étude, que vous achetiez tel modèle de voiture, autant vous satisfaire de vos choix. Le travail de réduction de la dissonance vous assure, si l'on peut dire, le confort psychologique. Ce mécanisme présente cependant un inconvénient majeur : une fois le comportement posé, vous n'avez plus guère tendance à le contester. Bien plus, vous êtes enclins à trouver d'excellentes raisons pour expliquer votre conduite. Et si cette conduite était vraiment une erreur, ou une méconduite ?

Les conditions de la dissonance

Les débuts de la recherche sur la dissonance cognitive sont caractérisés par un certain flou artistique. La fameuse phrase utilisée par Aronson et d'autres chercheurs « If you want to be sure, ask Leon » en témoigne. Ils voulaient dire par là que la seule manière de savoir si une situation expérimentale avait la capacité d'engendrer un état de dissonance était de poser la question à Festinger lui-même. Heureusement, les conditions d'émergence de la dissonance sont maintenant beaucoup mieux définies. A notre avis, la formulation théorique la plus satisfaisante est celle de Cooper et Fazio (1984) et tient en quatre points essentiels.

La toute première condition concerne le caractère aversif du comportement. Festinger estimait que la dissonance pouvait naître de la prise de conscience d'une inconsistance entre des pensées. La recherche indique que cela ne suffit pas. Ainsi, Cooper et Worchel (1970) ont répliqué l'expérience de Festinger et Carlsmith (1959) en y ajoutant une condition. De façon très astucieuse, cette condition exigeait du comparse de se montrer très sceptique face aux propos optimistes du participant. Dans ce contexte, les participants ne manifestent aucun changement d'attitude. Autrement dit, si nos actes n'ont aucune suite fâcheuse, nous n'éprouvons pas d'inconfort psychologique. Les conséquences indésirables de nos actes sont donc plus importantes que le caractère contre-attitudinal de notre conduite.

C'est ce que montre une étude de Scher et Cooper (1989). Les participants, tous étudiants universitaires, étaient amenés à rédiger un texte contre (texte pro-attitudinal) ou pour (texte contre-attitudinal) une proposition d'augmentation des frais de scolarité. Une partie des sujets apprenaient par la suite que leur texte — pour ou contre — aurait pour effet d'entraîner l'adoption de la proposition et les autres que leur texte mènerait au rejet de la proposition. Les résultats indiquent clairement que la position défendue par les sujets importe peu pour le changement d'attitude. Ce qui compte, c'est que les événements prennent une tournure non souhaitée. Cette condition semble donc indispensable pour faire apparaître un état de dissonance (voir figure 5.3).

La deuxième condition ne vous surprendra guère. Pour qu'une personne ressente un malaise suite à une conduite peu glorieuse, il est nécessaire qu'elle en assume la responsabilité. Pour utiliser la terminologie du chapitre 3, elle doit faire une attribution interne. Différents aspects de la situation contribuent à souligner le rôle causal du sujet dans le déroulement des événements. En première instance, la faiblesse de la rémunération limite la possibilité d'invoquer ce facteur pour justifier le comportement. L'impression d'avoir choisi librement amène également le sujet à se sentir responsable (Linder *et al.*, 1967). Autrement dit, le seul fait de se sentir forcé d'écrire un texte peut ôter, du moins sur un plan subjectif, tout sentiment de responsabilité. C'est ce que montre d'ailleurs la condition contrôle incluse dans la recherche de Scher et Cooper (1989) évoquée à l'instant. Répliquant une foule d'autres études, ces auteurs n'observent aucun changement d'attitude quand leurs

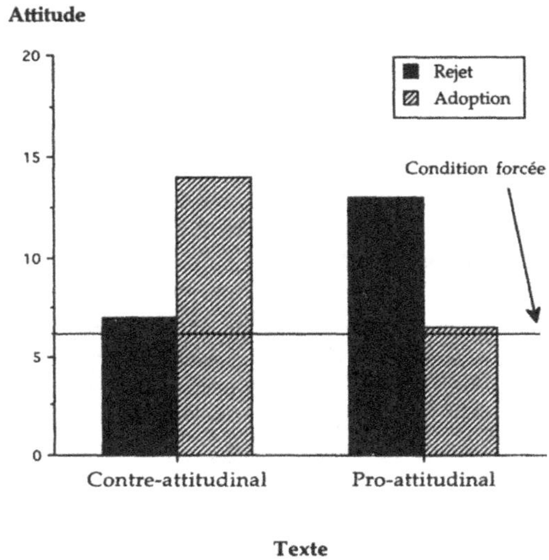

Figure 5.3 — Attitude à l'égard de l'augmentation des frais de scolarité en fonction du type de texte et de son impact.

participants ont manifestement été obligés de prendre parti pour ou contre l'augmentation des frais de scolarité. En somme, si vous êtes à l'origine d'un événement fâcheux mais que vous êtes conscient d'avoir été contraint (par la menace ou l'argent) à agir comme vous l'avez fait, il y a peu de chances que vous changiez votre attitude.

La possibilité de prévoir le cours des choses est un autre facteur qui augmente la responsabilité personnelle. Si, clairement, rien ne permettait d'imaginer que les circonstances évolueraient comme elles l'ont fait, on ne peut décemment vous reprocher votre conduite. La notion de responsabilité personnelle est très proche de celle, plus générale, d'engagement (Kiesler, 1971). Plusieurs aspects de la situation tels le caractère public, répété ou encore difficile du comportement contribuent à renforcer le sentiment d'être fortement engagé dans ses actes. La présence de tels facteurs sont autant d'éléments à charge dans la détermination de la responsabilité (Joule & Beauvois, 1987).

Calder *et al.* (1973) ont conduit une recherche directement calquée sur celle de Festinger et Carlsmith, en manipulant liberté et conséquences du comportement. En échange de deux heures ou de seulement une demi-heure de crédit d'expérience, les sujets devaient mentir au participant suivant en lui disant combien les tâches étaient passionnantes. L'expérimentateur s'arrangeait pour que les sujets se sentent libres ou non de collaborer. En outre, le comparse faisait mine d'être convaincu (conséquences indésirables) ou manifestait un scepticisme certain (conséquences désirables). Vous vous en doutez, les résultats confirment que l'attitude des sujets change uniquement lorsqu'ils sont faiblement rémunérés, n'ont pas subi de pressions explicites et ont eu l'impression de convaincre le comparse.

Nous en arrivons à la troisième condition. Selon la théorie de la dissonance cognitive, un changement attitudinal se produit parce que les sujets ressentent un état de malaise physiologique et psychologique. Pendant longtemps, les chercheurs se sont contentés de postuler le rôle médiateur de la dissonance. Par la suite, des recherches ont établi que le changement d'attitude était réduit si on injectait un tranquillisant aux participants ou si ceux-ci consommaient de l'alcool. Le tranquillisant et l'alcool étaient censés bloquer l'activation physiologique, et donc la dissonance. Il faut attendre 1983 pour que Croyle et Cooper mesurent directement l'activation physiologique de leurs sujets pendant qu'ils rédigent un texte s'opposant ou se conformant à leurs attitudes. Tous les sujets étaient munis d'électrodes permettant d'apprécier la conduction électrique cutanée, une mesure éminemment sensible au degré d'activation physiologique. A la moitié des participants, l'expérimentateur rappelait leur totale liberté de refuser sa demande. Les autres sujets n'avaient pas le choix. Comme on peut s'y attendre, seuls les sujets qui ont rédigé un texte contre-attitudinal en toute liberté ont manifesté une activation physiologique. On sait aussi maintenant que cette activation est ressentie de manière plutôt déplaisante et que ce malaise diminue après le changement d'attitude.

Il ne suffit pas de ressentir un état de dissonance, encore faut-il l'attribuer au comportement. Cette quatrième et dernière condition est d'autant plus importante qu'il nous arrive facilement de commettre des erreurs en essayant d'étiqueter nos états physiologiques (Schachter & Singer, 1962). Certains chercheurs sont parvenus à faire croire à des participants d'expériences que leur malaise provenait du mauvais réglage de lampes fluorescentes, de la perspective de recevoir des chocs électriques, ou d'autres facteurs encore. Chaque fois que les sujets avaient l'opportunité de rendre compte de leur inconfort physiologique en termes de facteurs circonstanciels, leur attitude restait inchangée.

On peut se demander comment les expérimentateurs parviennent à tromper les gens sur l'origine de leur malaise. Une expérience de Zanna et Cooper (1974) nous renseigne sur ce point. L'expérimentateur informe les sujets qu'il étudie les effets d'un médicament sur la mémoire. Après avoir ingéré le médicament, certains sujets apprennent qu'il a des effets secondaires et provoque un état de tension désagréable. A d'autres sujets, l'expérimentateur prétend que le médicament induit une impression de calme. Un dernier groupe de sujets ne reçoit aucune information. En fait, tous les participants reçoivent un placebo. En attendant que les effets de la drogue se fassent sentir, les sujets sont incités ou forcés à prendre part à une autre étude apparemment sans rapport avec la première. Il s'agit d'écrire un message contre-attitudinal. Les données attestent le

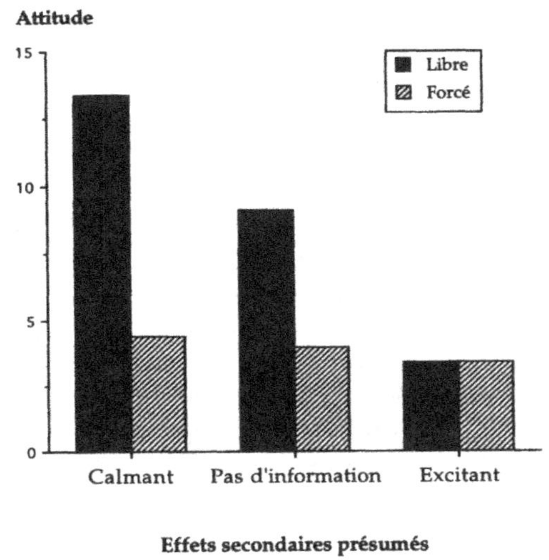

Figure 5.4 — Attitude à l'égard du thème en fonction des effets secondaires présumés et des conditions de rédaction.

rôle d'un travail attributionnel correct dans l'émergence du changement d'attitude Comme le montre la figure 5.4, les participants forcés de rédiger continuent à manifester leur opposition quels que soient les effets secondaires annoncés. Le pattern de résultats est très différent dans le cas où les sujets ne sont soumis à aucune pression explicite pour écrire le message contre-attitudinal et confirme l'impact de la dissonance. Lorsque les participants sont confrontés à la dissonance mais ne peuvent guère attribuer la tension qu'ils ressentent à autre chose qu'à leur récent comportement, c'est-à-dire dans la condition sans effets secondaires, ils opèrent bien un glissement attitudinal en faveur de la position défendue dans le message. Comme prévu, la possibilité d'attribuer la dissonance à la drogue supprime tout changement d'attitude. Mieux, le fait qu'ils se sentent mal à l'aise alors même que le médicament est censé les calmer a pour conséquence d'amplifier le glissement en faveur du message.

En insistant sur les quatre éléments que nous venons de détailler, nous voulons aussi souligner le caractère extraordinaire des intuitions de Festinger. Somme toute, ce scientifique hors du commun était parvenu à créer une situation qui réunissait tous les ingrédients nécessaires au changement d'attitude : un acte dont les conséquences ne sont guère appréciées, une responsabilité personnelle incontestable, ainsi qu'un sentiment d'inconfort qui ne peut être expliqué autrement qu'en référence au comportement. Reste cette question lancinante : pourquoi diable ressentons-nous de la dissonance? Pour quelles raisons sommes-nous mal à l'aise lorsque nous prenons conscience des conséquences désastreuses de notre conduite? Cette question ne trouve pas de véritable réponse dans le modèle de la dissonance cognitive proposé par Cooper et Fazio. Comme nous le verrons dans le point suivant, des éléments de réponse se situent apparemment du côté de l'image de soi.

Le moteur de la dissonance : l'image de soi

L'idée que les comportements dissonants menacent l'intégrité de notre image de soi n'est pas neuve (Schlenker, 1982). Rien de plus normal en effet que de nous sentir mal à l'aise quand nous avons commis des actes contre-attitudinaux aux conséquences négatives. Une voie de sortie possible consiste, comme nous venons de le voir, à justifier notre comportement. Si nous avons soutenu une proposition de diminution du montant des bourses d'études, c'est que nous y croyons. Une telle réaction nous garantit un double bénéfice : nous faisons bonne figure tant à nos propres yeux qu'à ceux d'autrui.

Selon la **théorie de l'affirmation de soi** (Steele, 1988), un état de dissonance se produit lorsqu'un comportement nous fait croire que nous ne sommes pas quelqu'un de moral. Un acte qui ne s'inscrit pas dans le prolongement de nos attitudes et provoque des dégâts nous affuble d'un sentiment d'absurdité et nous fait douter de nos compétences, de notre cohérence. Bref, nous avons l'impression que quelque chose d'inapproprié, d'incongru s'est produit et nous sommes désireux de remettre les choses à leur place. Une stratégie permettant de restaurer une image de soi positive consiste à modifier nos attitudes pour nous mettre au diapason de nos actes.

Du point de vue de Steele, le changement d'attitude ne constitue qu'une des manières parmi plusieurs de préserver l'intégrité du soi. Si les opportunités de restaurer son image sont limitées à l'intérieur du laboratoire, elles sont beaucoup plus nombreuses dans la vie quotidienne. Cela signifie que le changement d'attitude ne sera sans doute pas observé aussi souvent que l'on pourrait s'y attendre. Une étude de Steele et Liu (1983) teste cette idée de manière directe. Tous les participants se retrouvent dans une situation typique de dissonance. Ceux qui se voient proposer une chance de réaffirmer leur valeur, fût-ce par un biais qui n'a rien à voir avec les attitudes concernées dans l'expérience, ne changent en rien leurs attitudes.

Les explications en termes identitaires apportent une éclairage très intéressant à la théorie de la dissonance cognitive. En rendant compte du processus médiateur, elles permettent de mieux saisir l'impact de la responsabilité d'une conduite fâcheuse sur le changement d'attitude et s'avèrent donc largement compatibles avec la formulation générale de la théorie proposée par Cooper et Fazio.

La théorie de l'auto-perception

Une interprétation radicalement différente des résultats obtenus dans le cadre de la théorie de la dissonance cognitive s'appuie sur les théories de l'attribution. Selon Bem (1967; voir le chapitre 3), nous inférons nos attitudes à partir de notre comportement. S'il est vrai que nous avons parfois accès à un ensemble d'informations strictement privées, ces indices sont souvent faibles et diffus. Par conséquent, pour tout ce qui concerne notre personne, nous sommes souvent dans une position comparable à celle d'un observateur extérieur.

Une expérience de Salancik et Conway (1975) illustre la manière dont les gens utilisent les réponses qu'ils donnent à un test pour déduire leur attitude face à la religion. Ces auteurs ont manipulé la formulation d'une longue série de questions comportementales. Dans une version du questionnaire, les items comprennent des adverbes tels que «occasionnellement» ou «parfois», etc., de sorte que la majorité des questions donnent lieu à une réponse positive. Dans l'autre version, les mêmes items sont ponctués d'adverbes comme «fréquemment» ou «tous les jours», et ainsi de suite. Cette fois, les questions entraînent des réponses négatives. A l'issue du questionnaire, les sujets doivent indiquer sur une échelle leur attitude face à la religion. Il apparaît que les sujets qui ont été amenés à utiliser des réponses surtout positives se disent plus religieux que les autres.

Selon Bem (1972), c'est ce processus d'**auto-perception** et non la réduction de dissonance qui permet de rendre compte des résultats obtenus dans les expériences de dissonance cognitive. Rappelez-vous l'expérience de Festinger et Carlsmith. Les sujets payés un dollar pour leur mensonge sont aussi ceux qui manifestent le plus grand changement d'attitude. Pour la théorie de l'auto-perception, cette faible rémunération ne constitue pas une explication rationnelle du comportement. Afin de tester cette conjecture, Bem a tenté de reproduire les résultats de la théorie de la dissonance cognitive en s'arrangeant pour exclure l'intervention d'un état de dissonance. Dans une de ses nombreuses études, il a fourni aux sujets des descriptions très détaillées de la procédure expérimentale mise au point par Festinger et Carlsmith. A l'aide de ces renseignements, les sujets devaient deviner l'opinion des participants de l'expérience à propos de la tâche. Les données obtenues correspondent à celles recueillies par Festinger et Carlsmith. Elles évacuent donc les notions de dissonance et de motivation pour rendre compte du changement d'attitude.

Malgré des débuts flamboyants, la théorie de l'auto-perception ne paraît plus guère menacer les héritiers de Festinger. La raison majeure en est l'accumulation de travaux attestant le rôle de l'activation physiologique dans le changement d'attitude. Après tout, le rôle accordé à l'activation physiologique constitue bien la différence essentielle entre les deux théories. La théorie de l'auto-perception n'a pas pour autant perdu tout son attrait. Elle est d'ailleurs la seule à rendre compte d'une série de phénomènes intéressants. Ainsi, elle permet de comprendre ce qui se produit lorsque les attitudes sont en phase de formation ou sont encore faiblement ancrées. De fait, on imagine mal que quelqu'un puisse ressentir de la dissonance face à un comportement si aucune véritable attitude ne préexiste. Les effets de la surjustification, c'est-à-dire le fait de rémunérer de manière excessive un comportement spontané, s'éclairent également à la lumière de la théorie de l'auto-perception. Face à des incitants extrinsèques saillants, nous sommes souvent tentés de perdre de vue les raisons personnelles qui nous ont poussés à agir.

La théorie de l'auto-perception paraît surtout convenir pour expliquer les changements d'attitude consécutifs à des comportements pro-attitudinaux. Comme on l'a vu plus haut, il existe bien des situations (exceptionnelles) dans lesquelles une conduite conforme à nos attitudes entraîne des effets désastreux. Toutefois, il est rare que les actes pro-attitudinaux engendrent un état de dissonance important. La théorie de l'auto-perception, par contre, prédit que les gens se basent sur leur comportement pour renforcer leur attitude initiale (Fazio *et al.*, 1977). Voilà sans doute pourquoi certaines personnes tiennent tant à nous entraîner dans des comportements anodins. Sans doute comptent-ils sur le processus d'auto-perception pour influencer nos attitudes?

Les techniques de manipulation

Il vous est certainement déjà arrivé d'être la proie de marchands. De quelle technique de manipulation avez-vous été la victime? Une des techniques les plus connues, le «**low-ball**», trouve son origine dans les pratiques intuitives des vendeurs et pourrait se traduire comme un «coup sous la ceinture» (Cialdini, 1988). Elle consiste à obtenir un accord sur la réalisation d'un comportement dont le coût réel n'est divulgué que plus tard. Typiquement, le client est attiré par une série de propositions alléchantes qui disparaissent comme par enchantement (ou plutôt par un coup du mauvais sort) lorsqu'il officialise son désir d'acquérir le bien ou le service.

Au début des années 1970, une méthode populaire pour vendre des automobiles aux Etats-Unis consistait à appâter le client en lui proposant des prix très inférieurs au tarif en vigueur. La remise pouvait grimper jusqu'à 15 %. Une fois le client décidé à acheter le véhicule, il apprenait que le modèle choisi ne pouvait faire l'objet d'une remise aussi importante. Malgré une réduction de prix ridicule, pas plus de 3 %, la plupart des candidats-acheteurs maintenaient leur décision et signaient le contrat de vente.

Pallak *et al.* (1980) ont voulu savoir si la technique de low-ball pouvait augmenter les économies d'énergie. Au début de l'hiver, des enquêteurs ont contacté des utilisateurs de gaz naturel. Un premier groupe d'habitants se sont déclarés prêts à faire des économies mais le résultat ne s'est guère avéré encourageant au sortir de l'hiver. A d'autres résidents, l'enquêteur a offert de publier ultérieurement leur nom dans la presse au titre de citoyens consciencieux et soucieux d'économiser l'énergie. L'effet a été immédiat : une économie substantielle a pu être observée dès le premier mois de consommation. Les chercheurs ont alors signalé à cet échantillon qu'il serait impossible de procéder à la publication des noms. Les habitants n'en ont pas pour autant repris leurs anciennes habitudes de consommation.

Cialdini et ses collaborateurs (1975) ont exploité une autre version du low-ball qui consiste non plus à supprimer des avantages mais à dévoiler une série d'inconvénients une fois la décision prise. C'est une recherche qui ne peut laisser aucun psychologue social indifférent. Ces chercheurs ont appelé des étudiants pour leur demander de participer à une étude sur les processus mentaux. Ils devaient pour ce faire se présenter au laboratoire à 7 heures du matin. Seuls 24 % des personnes contactées se sont déclarées prêtes à participer. Dans une autre condition, les expérimentateurs commençaient par demander à l'étudiant s'il acceptait de prendre part à une étude sur les processus mentaux. Une fois l'accord exprimé, à savoir dans 56 % des cas, ils signalaient que l'expérience débutait à 7 heures du matin et laissaient les étudiants revenir sur leur décision s'ils le souhaitaient. Aucun ne changea d'avis. Qui plus est, 95 % des personnes ainsi prises au piège du low-ball se rendirent au laboratoire à l'heure convenue. Dans le même ordre d'idée, Joule (1987) a pu obtenir que des étudiants fumeurs soient beaucoup plus nombreux à se priver de tabac et ce, pendant 18 heures d'affilée ! Les sujets étaient invités à prendre part à une expérience portant sur la concentration des fumeurs qui se déroulait en deux temps à 18 heures d'intervalle. Soit les participants apprenaient immédiatement qu'ils devraient se priver de tabac entre les deux séances, soit cet aspect de l'expérience ne leur était révélé qu'à la première séance. Alors que 4 % des sujets du groupe de contrôle se privèrent effectivement de tabac, ce chiffre dépassa les 90 % dans le groupe expérimental.

D'autres pratiques commerciales font penser à la stratégie du low-ball. Ainsi, la technique du **leurre** consiste à déclencher une démarche d'achat en sachant pertinemment que le produit proposé n'est plus disponible. Le vendeur espère alors que le client poursuivra sur sa lancée en se rabattant sur un autre élément de la gamme. Lors d'une récente période de soldes, une grande chaîne belge de supermarchés annonçait un poste de télévision d'excellente origine à 50 % du prix habituel. Une réelle occasion ! S'il se présentait au magasin, l'acheteur apprenait que le stock était malheureusement épuisé depuis plusieurs mois. Les vendeurs eurent beau expliquer que les dépliants se basaient sur des données erronées, il est manifeste qu'il s'agissait là d'une stratégie délibérée pour amener le client dans le magasin avec l'intention d'acquérir un nouveau poste TV. Même s'il est impossible de dire combien de personnes achetèrent de ce fait un poste de moindre qualité à un prix à peine inférieur à la normale, le doute est permis (et souhaité !) quant à la légalité de la manœuvre.

Le processus d'auto-perception, associé à notre tendance à justifier nos décisions, explique également le succès d'une autre technique de manipulation connue sous le nom de «**pied-dans-la-porte**». Cette fois, une première demande que l'on s'attend à voir acceptée sans trop de difficultés, sert uniquement de prétexte à une seconde demande, beaucoup plus coûteuse. Cette technique est particulièrement pernicieuse dans la mesure où les décisions relatives au comportement initial sont fréquemment prises sans la moindre hésitation. Rien de plus aisé en effet que de garder la valise de quelqu'un qui doit s'absenter pour téléphoner, d'assister à un cours facultatif, etc. Le problème ne surgit que plus tard... lorsque nous nous lançons dans des actes que nous n'aurions jamais réalisés spontanément.

Le nom de pied-dans-la-porte provient d'une expérience conduite en 1966 par Freedman et Fraser dans des quartiers résidentiels californiens. L'expérimentateur se présentait au domicile des habitants en prétendant représenter un groupe associatif dont l'ambition était de réduire les accidents de la route. Il invitait ensuite le propriétaire à mettre dans son jardin un panneau aussi grand qu'inesthétique sur lequel était inscrit «Roulez prudemment». Seuls 17 % des habitants accédèrent à la demande. A l'insu de l'expérimentateur, d'autres habitants avaient été contactés deux semaines plus tôt pour signer une pétition intimant les politiciens de prendre des mesures afin de réduire le nombre d'accidents de la route. Cette fois, 55 % des propriétaires contactés acceptèrent de mettre le panneau sur leur pelouse.

Selon nous, cette stratégie de pied dans la porte explique en grande partie l'efficacité de certaines pratiques de recrutement dans les sectes. Il n'est pas difficile d'accepter de consacrer un peu de temps pour remplir un questionnaire afin de repérer les points faibles de sa «personnalité». Le drame s'installe lorsque cette première décision, quasi automatique, appelle une réaction plus sévère, puis une autre, et ainsi de suite. Sur un mode résolument plus léger, Coluche met en scène un auto-stoppeur qui, une fois dans la voiture, parvient à manipuler comme il l'entend le malheureux chauffeur.

Comme toutes les techniques, celles qui concernent la manipulation peuvent être mises au service de bons ou de mauvais objectifs. Elle peuvent être utilisées pour augmenter les dons de sang comme pour gruger les naïfs que nous sommes en nous faisant miroiter des mirages.

Soumission, engagement et résistance

Dans une analyse particulièrement séduisante des techniques de manipulation, Joule et Beauvois (1987) distinguent deux grandes classes de comportements liés à la soumission. On trouve d'un côté les conduites qui vont à l'encontre de nos attitudes ou de nos opinions et de l'autre les actes conformes à ces mêmes attitudes et opinions. Nous aimons beaucoup cette perspective. Dans le premier cas, nous l'avons vu au sujet de la dissonance cognitive, on assiste à un bouleversement des attitudes dans le sens des comportements fraîchement émis ainsi qu'à l'émission de nouveaux comportements allant dans la même direction. Dans le second cas, et la logique s'inscrit cette fois dans la continuation des travaux de Bem, la réalisation d'actes non problématiques provoque une consolidation de l'attitude et une stabilisation de l'acte de soumission.

L'intérêt d'une approche oecuménique est évident. Elle met en exergue les effets parallèles de l'engagement. Qu'il s'agisse d'actes problématiques ou non, leurs conséquences comportementales et cognitives n'en seront que plus importantes dès l'instant où des facteurs d'engagement seront présents (Kiesler, 1971). Un deuxième bénéfice de ce rapprochement est de permettre la distinction entre des processus davantage exigeants sur le plan cognitif et d'autres plus superficiels. Dans la mesure où la dissonance cognitive plonge ses racines dans le choc entre une vision positive du soi et la réalisation d'actes peu reluisants, le changement d'attitude résulte sans doute d'un travail cognitif intense. A l'opposé, l'examen de comportements qui s'inscrivent dans le prolongement de positions antérieures doit mobiliser moins de ressources. On peut dès lors s'attendre à ce que le changement d'attitude induit par l'une ou l'autre voie résiste différemment aux tentatives ultérieures de déstabilisation.

La réactance

Souvenez-vous de Roméo et Juliette... Cette histoire montre qu'une augmentation de la pression externe est également susceptible de conduire à une diminution de l'influence. En effet, certaines conditions peuvent amener un individu adopter une conduite totalement opposée à celle qu'on attend de lui. Brehm (1966) a étudié ce phénomène sous le nom de **réactance**. Selon cet auteur, dès l'instant où les options comportementales sont limitées d'une façon apparemment arbitraire, les individus tentent d'affirmer leur liberté d'action. On a ainsi pu montrer que des étudiants désirent davantage lire et pensent d'ailleurs qu'ils vont aimer plus un ouvrage lorsqu'ils croient que le livre est réservé aux adultes que lorsque la vente de l'ouvrage ne subit aucune restriction.

Wicklund et Brehm (1976) ont testé l'hypothèse selon laquelle les victimes d'une censure restaureraient leur sentiment de liberté en soutenant davantage le point de vue censuré. Ils ont mesuré les attitudes de lycéens vis-à-vis de l'abaissement de la limite d'âge pour le droit de vote. L'opinion majoritaire était favorable. Peu après, on a annoncé l'annulation d'une conférence en faveur de la mesure d'abaissement. Alors qu'une moitié des lycéens apprenait que l'exposé était supprimé pour cause de maladie, l'autre moitié était informée qu'il y avait eu intervention de la part du pouvoir organisateur pour interdire le discours. Dans ce dernier cas, les lycéens se sont déclarés davantage favorables à la mesure d'abaissement. Ce résultat n'est pas obtenu dans le groupe de lycéens qui croyaient l'orateur souffrant.

La publicité regorge d'exemples dans lesquels, par une limitation de l'offre («plus que quelques jours de promotion», «stock limité», etc.), on vise à renforcer l'envie du consommateur d'acquérir tel ou tel produit. Selon Cialdini, cette stratégie n'a rien d'étonnant si l'on considère l'énergie que les gens sont prêts à investir pour contester les restrictions qu'on leur impose. Les parents ont d'ailleurs une connaissance intuitive de ce principe. Combien d'enfants, récalcitrants au début, ne se sont pas précipités sur un légume qu'un parent leur «interdisait» soudain de manger. Qu'on ne s'y trompe donc pas! Même l'effet de réactance peut offrir un levier idéal pour le manipulateur averti.

Ce chapitre était consacré à l'examen de deux dimensions importantes dans le domaine du changement d'attitude : les émotions d'une part et le comportement d'autre part. En plus de la dimension cognitive, abordée au chapitre précédent, le manipulateur dispose donc de toute une panoplie de moyens pour façonner les attitudes et, au bout du compte, les conduites des gens. Dans leur ensemble, les recherches sur ce qu'il est convenu d'appeler la persuasion et la manipulation soulignent le rôle crucial des ressources cognitives. A condition de faire appel à ses capacités intellectuelles, l'individu peut résister aux sirènes de son environnement.

Chapitre 6
Les normes sociales

Le chapitre précédent s'attachait à montrer la manière dont les émotions et les conduites modifient nos attitudes. A la persuasion, stratégie davantage cognitive, venaient s'ajouter deux leviers supplémentaires visant à altérer nos opinions, nos sentiments et nos comportements. Ces diverses techniques d'influence mettent surtout en exergue la facette psychologique du changement. Elles n'épuisent donc pas, loin s'en faut, les possibilités. Bien d'autres facteurs orientent nos réactions et contribuent à l'uniformité de nos comportements. En particulier, les idées, les attitudes et les actions de notre entourage exercent une influence incontestable sur nos propres options. Dans les trois chapitres qui suivent, nous nous intéresserons aux processus à l'œuvre dans les situations d'interactions sociales. Il s'agira de mieux comprendre la manière dont nos rencontres avec autrui génèrent des régularités dans nos conduites. Dans cette perspective, les normes sociales ont un rôle crucial. Elles regroupent l'ensemble des règles et prescriptions portant sur la façon de percevoir, de penser, de sentir et d'agir. Ce sont des échelles de référence ou d'évaluation qui définissent une marge de conduites, d'attitudes et d'opinions permises et répréhensibles (Sherif, 1965).

A l'instar des attitudes, les normes sociales contribuent à guider notre comportement. Elles nous apportent ordre, stabilité et, dès lors, prédiction. Véritable lubrifiant social, les normes jouent un rôle primordial dans le fonctionnement social en réduisant la confusion et l'incertitude. De fait, l'harmonie dans nos interactions dépend directement de la bonne application des normes sociales. Nous sommes d'ailleurs très sensibles aux contrevenants (Cosmides, 1989). Vous n'aurez aucune peine à repérer le collègue qui s'esquive chaque fois qu'il convient de payer le café du bureau ou qui prétexte une moindre consommation pour passer un tour de dîme. Parfois, les normes sont explicitement associées à des punitions ou à des récompenses. Si vous êtes pris à rouler à 180 km/h sur une autoroute belge, il vous en coûtera plusieurs dizaines de milliers de francs. Si, toujours en Belgique, vous payez vos impôts de manière anticipative, une réduction vous sera consentie.

Les normes n'ont toutefois pas toujours besoin du bâton ou de la carotte pour être suivies de manière scrupuleuse. Le plus souvent, nous sommes intimement convaincus de leur bien-fondé. Si vous vous rendez en voiture au Royaume-Uni, vous n'hésiterez pas à rouler à gauche même si, par manque d'habitude, vous éprouverez des difficultés à traduire cette décision dans la pratique. Certaines normes sont à ce point inscrites dans notre organisation sociale que nous ne songeons pas un instant à y déroger ou à les mettre en question. Invité à dîner chez des amis, il va de soi que vous apporterez un cadeau. On le voit, suivre les normes sociales rend la vie facile. La vaste majorité des gens qui vous entourent manifestent la même ligne de conduite que la vôtre.

Notre discussion des normes sociales débutera par l'examen du phénomène d'imitation. Même si l'imitation concerne une influence qu'on pourrait qualifier d'involontaire, elle n'en contribue pas moins de façon décisive à façonner nos interactions quotidiennes. En réalité, toute une série de règles sociales s'insinuent par imitation. Comme on le verra, les diverses conditions favorisant l'adoption des comportements effectués par des modèles sont aussi celles qui président à la formation de normes.

LA PREUVE SOCIALE

L'histoire se déroule au congrès du Parti Socialiste Français en août 1990. Allocutions et discussions se succèdent. Tout à coup, après une intervention fort applaudie, des membres de l'assistance commettent une bévue fatale. Ils confondent des journalistes avec des responsables du parti et leur réclament une rémunération. Interloqués, les journalistes ont tôt fait de découvrir le pot aux roses. Ce qui apparaissait comme un engouement sincère pour le discours d'un haut dirigeant n'était qu'une mise en scène. Afin de pallier l'ardeur déficiente des militants, des étudiants et des chômeurs avaient été engagés pour clamer leur enthousiasme. La démission du politicien incriminé fut quasi immédiate. Certes, les amis politiques du manipulateur pourront déplorer son amateurisme dans la supercherie mais ils ne manqueront pas de lui reconnaître une certaine perspicacité concernant la nature humaine. En effet, si le débauchage d'une nuée de supporters choque les esprits emprunts de démocratie et fait songer aux heures les plus noires de la propagande politique, le procédé s'inspire directement d'un phénomène appelé « claque » et qui trouve son origine dans le spectacle de l'art lyrique.

Selon toute vraisemblance, la pratique de la claque remonte aux environs de 1820. C'est vers cette période que deux habitués de l'Opéra de Paris, Sauton et Porcher, constituent une société commerciale connue sous le nom de « L'Assurance des Succès Dramatiques ». L'idée est de garantir aux directeurs d'opéra et autres metteurs en scène la présence d'une audience dévouée au succès de la représentation. Pour ce faire, les deux hommes d'affaires louent les services de plusieurs spectateurs chargés de ponctuer les performances des acteurs ou des chanteurs par des éclats de rires, des « bravo », des pleurs ou encore des « bis ». Ce comportement était à ce point institutionnalisé, notent les historiens, que tout se faisait au grand jour. Des « chefs de claque » pouvaient ainsi faire carrière pendant une vingtaine d'années en occupant toujours les mêmes sièges. Si la claque n'est plus guère pratiquée dans les salles de concert, elle correspond en tous points à l'utilisation d'audiences fictives dans les émissions de télévision. Qu'il s'agisse de Benny Hill, de Mr. Bean, de séries à l'eau de rose ou d'émissions de variétés, les réalisateurs exploitent ce procédé à tour de bras. Pourquoi se gêneraient-ils ? La recherche montre que les « rires en boîte » entraînent l'hilarité des téléspectateurs et ce, malgré leur caractère patent. Mieux, si l'on peut dire, les réparties des acteurs bénéficient d'autant plus du stratagème qu'elles sont de piètre qualité. Pourquoi se le cacher ? Nous sommes très sensibles au comportement des autres. La manière dont agissent nos parents, nos amis, nos voisins exerce un impact énorme sur nos propres conduites. La question de savoir comment les actes d'autrui façonnent nos propres réactions est au cœur des travaux sur l'imitation.

L'imitation et la théorie de l'apprentissage social

Thème central de la psychologie sociale aux yeux des fondateurs de la discipline, l'imitation apparaît comme un processus d'influence quelque peu délaissé aujourd'hui. Si l'imitation engendre une certaine indifférence sur le plan théorique et demeure souvent absente des textes d'introduction à la discipline, c'est sans doute parce que les chercheurs l'associent à un manque de créativité. Selon eux, calquer ses conduites sur autrui ne met pas à l'honneur nos capacités supérieures d'analyse. L'imitation reste pourtant un facteur crucial pour une large panoplie de comportements. Pensez à toutes les situations d'apprentissage. Combien d'entre nous ont commencé d'utiliser un ordinateur en lisant avec soin les notices explicatives ou en procédant strictement par essais et erreurs? En réalité, la vaste majorité des utilisateurs de l'informatique moderne se sont contentés de regarder la manière dont quelqu'un d'autre se débrouillait avant de sauter eux-mêmes dans l'âge électronique. Comme le montre cet exemple de l'ordinateur, les avantages de l'imitation au niveau de l'apprentissage sont évidents. L'imitation est particulièrement efficace lorsque les chances de donner les réponses appropriées de façon spontanée sont faibles.

Comme dans la claque, l'imitation facilite aussi l'expression de toute une série de comportements. Pourquoi, d'après vous, Dash, Ariel et consorts continuent-ils de nous emmener chez des ménagères pour les faire choisir entre deux boîtes de poudre ordinaire et un unique baril de la poudre qui garantit le «plus blanc que blanc»? Pour quelles raisons importe-il autant que des groupes pops construits de toutes pièces atteignent rapidement les sommets des hit-parades? Lorsqu'on veut convaincre les spectateurs que des dialogues sont amusants, ou les consommateurs qu'un produit justifie le débours, le principe de la preuve sociale comme l'appelle Cialdini (1988) est loin d'être une méthode futile. Au contraire, il constitue une arme d'influence redoutable.

C'est Bandura (1971) qui personnifie la recherche moderne sur l'imitation. Dans sa théorie de l'apprentissage social, ce chercheur décortique l'imitation en deux grandes étapes : l'acquisition et la performance. Dans un premier temps, l'individu apprend en observant le comportement du modèle. C'est la phase d'acquisition. Toute une série de travaux fascinants que nous n'aborderons pas ici soulignent l'importance des processus attentionnels et mnésiques à ce stade du processus. On y retrouve un principe déjà abordé dans les recherches de Hovland (voir chapitre 4) sur le message persuasif : hors l'attention et la rétention, point de salut! Dans un second temps, l'individu reproduit spontanément le comportement du modèle. C'est la phase de performance. C'est à cette facette que l'on fait habituellement référence en parlant d'imitation.

Selon la théorie de l'apprentissage social, l'imitation implique au minimum une similitude entre le comportement d'un modèle et celui d'un «élève». Cette ressemblance ne suffit toutefois pas. Si vous voyez un motocycliste s'arrêter, à la suite d'un autre, lorsque le feu de signalisation passe au rouge, vous exclurez sans aucun doute la possibilité que

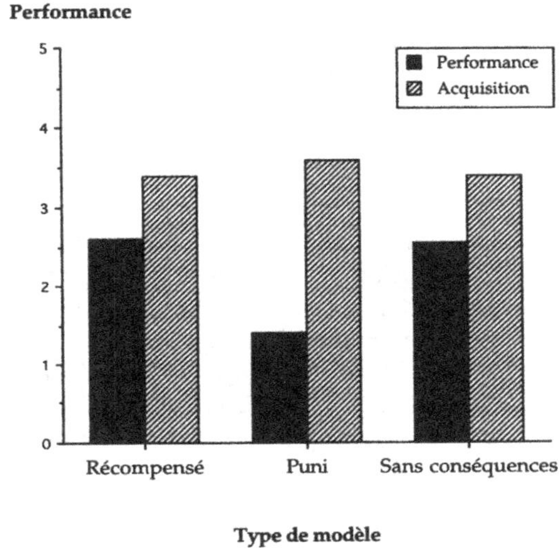

Figure 6.1 — Performance et acquisition en fonction des renforcements vicariants.

le second motocyliste ait imité le premier. La connaissance par chacun d'eux du code de la route suffit à expliquer leur comportement.

Pour être certain d'observer des conduites d'imitation dans son laboratoire, Bandura imagina la méthode des comportements anecdotiques. Cette expression bizarre renvoie à une idée toute simple. Il s'agit d'inciter le modèle à effectuer des conduites qui n'existent pas dans le répertoire comportemental de l'observateur ou qui s'y produisent de manière extrêmement rare. La reproduction de ces conduites par le sujet sera le signe indubitable de l'influence du modèle. Si votre enfant revient du cinéma et vous salue en disant «La force soit avec toi», les chances sont grandes qu'il s'inspire directement du spectacle de «La guerre des étoiles». La probabilité qu'il ait imaginé spontanément cette salutation est quasiment nulle.

Bandura (1965) emploie la méthode des comportements anecdotiques dans une étude devenue classique. Des enfants sont invités à regarder un petit film. Celui-ci montre un modèle qui manifeste une forte agressivité gestuelle et verbale. Dans une première condition, le modèle est récompensé à la fin du film. Dans la deuxième condition, la saynète se termine avec la punition de l'agresseur. Dans une dernière condition, le modèle n'est ni puni ni récompensé. Après la vision du film, chaque enfant est laissé dans une pièce où se trouvent les mêmes jouets que ceux que le modèle a manipulés à l'écran. Des observateurs prennent note des comportements anecdotiques reproduits par l'enfant. Ce test de performance est suivi par une épreuve d'acquisition dans laquelle chaque enfant est prié de rappeler les divers comportements du modèle. Comme le montre la figure 6.1, le niveau d'acquisition est le même dans les trois conditions. En ce qui concerne la performance, par contre, les enfants confrontés au modèle puni manifestent moins de comportements d'imitation que ceux des deux autres groupes qui ne diffèrent guère entre eux. Ces résultats soulignent l'intérêt de distinguer l'acquisition et la performance et révèlent en outre que le renforcement joue essentiellement au moment de la performance.

L'impact du comportement d'autrui sur nos propres conduites se manifeste davantage dans certaines conditions que dans d'autres. L'expérience relatée à l'instant met d'ailleurs en évidence le rôle des conséquences du comportement du modèle. L'imitation est nettement plus aléatoire lorsqu'une punition plutôt qu'une récompense sanctionne le modèle agressif. La thérapie du comportement s'appuie précisément sur l'utilisation judicieuse de ces renforcements vicariants, c'est-à-dire des renforcements que l'on ne reçoit pas personnellement mais qui sont observés chez quelqu'un d'autre. Après l'apport de l'imitation dans le domaine de l'apprentissage et son rôle en tant que facteur de facilitation générale, une troisième fonction importante de l'imitation, celle de désinhibition, se trouve ainsi soulignée.

Dans une des premières études visant à modifier des comportements indésirables, Bandura *et al.* (1967) ont traité des enfants en âge préscolaire qui étaient terrifiés par les chiens. Chaque jour, ces enfants devaient regarder un petit garçon jouer avec son chien pendant une vingtaine de minutes. Ces séances avaient un tel effet qu'après 4 jours seulement, deux tiers des enfants acceptaient de rester seul dans une pièce à caresser un chien. Un contrôle supplémentaire après un mois confirmait d'ailleurs que les enfants avaient plus envie que jamais de jouer avec un chien. Une étude ultérieure (Bandura et Menlove, 1968) montrait que des enfants paniqués à la vue d'un chien se portaient nettement mieux s'ils avaient visionné un film dans lequel plusieurs enfants jouaient avec leur chien. Il n'était donc pas nécessaire que le modèle soit présent; un modèle filmé était tout aussi efficace.

Une recherche de Bandura *et al.* (1969) permet d'en savoir plus sur l'efficacité respective de différentes techniques thérapeutiques. Il s'agit cette fois de sujets d'âges divers et des deux sexes souffrant tous d'une phobie des serpents. Les 48 sujets étaient répartis en trois groupes expérimentaux et un groupe contrôle. Ce dernier ne subissait aucun traitement particulier. Le premier groupe expérimental était soumis à ce qu'on appelle la désensibilisation systématique. Après un entraînement aux méthodes de relaxation musculaire, le sujet doit imaginer une série de 34 scènes de plus en plus anxiogènes impliquant des serpents. Au début, il faut visualiser une photographie de serpent. Vers la fin de l'exercice, le sujet doit s'imaginer en train de jouer avec un véritable serpent. Les instructions sont de suspendre l'évocation d'une scène dès l'instant où elle suscite une réaction émotive. Après une phase de relaxation, la scène est revisualisée jusqu'à ce qu'elle ne provoque plus d'anxiété. Le traitement prend fin lorsque les 34 scènes ont pu être imaginées sans provoquer d'anxiété. En moyenne, le temps nécessaire à ce type de traitement avoisine les 4 heures 30.

Pour le deuxième groupe de sujets, le traitement consiste à visionner un film à son propre rythme. Ce film, d'une durée approximative de 35 minutes, montre différentes personnes en train de manipuler des serpents. Le pouvoir anxiogène des scènes augmente avec le temps. Les premières images présentent des modèles jouant avec des serpents en plastique. A la fin du film, les sujets voient les modèles laisser glisser des serpents vivants autour de leur cou. Chaque fois qu'une scène déclenche trop d'anxiété, les sujets doivent arrêter le film et se relaxer. Une fois la réaction émotive maîtrisée, ils poursuivent la projection. La vision de l'entièreté du film sans anxiété résiduelle prend en moyenne 2 heures et 46 minutes.

Un troisième groupe de «modelage avec participation guidée» a pour instruction d'observer un modèle vivant et de participer petit à petit à l'action. Pendant une quinzaine de minutes, le sujet est placé derrière un miroir sans tain et observe le modèle manipuler un serpent. Le sujet doit ensuite entrer dans la même pièce que le modèle et s'approcher de plus en plus près du serpent. Dans la troisième et dernière phase du traitement, le sujet doit prendre part à l'action et toucher le serpent. Au lieu d'évacuer l'anxiété en recourant à la relaxation musculaire, le sujet est cette fois encouragé à placer ses mains sur les épaules du modèle et à les faire glisser doucement jusqu'à atteindre le serpent. Le traitement est jugé réussi lorsque le sujet parvient à laisser le serpent s'enrouler autour de son corps, ce qui prend quelques 2 heures et 10 minutes.

Un test de guérison révèle que les trois traitements diminuent de façon très nette la phobie des serpents. La palme revient toutefois au modelage avec participation guidée : 92 % des sujets de cette condition manipulent au moins un serpent à mains nues à l'issue du traitement. Tous les sujets qui ne sont pas totalement guéris avec les autres traitements sont donc soumis à cette procédure de manière à vaincre leur phobie. Une deuxième épreuve de confirmation, un mois après l'expérience, atteste la persistance de l'amélioration. En outre, les changements favorables constatés au niveau de l'objet phobique se généralisent à d'autres conditions menaçantes.

Les renforcements vicariants ont donc un impact sur l'imitation. De nombreux travaux ont montré que les attributs du modèle sur l'imitation constituent une autre variable importante. Ainsi, un modèle cordial, sympathique, et prestigieux sera davantage imité. Mais, de toutes les caractéristiques du modèle, la similitude avec l'observateur s'avère sans doute la plus efficace.

La valeur de la similitude

Un bon moyen de cerner les facteurs qui amplifient les effets de la preuve sociale consiste à lorgner du côté de la publicité. A cet égard, on ne peut qu'être frappé par la banalité des modèles utilisés dans certains messages. Pensez aux poudres à lessiver vantées par des mères de famille surprises à leur domicile et toujours prêtes à montrer leur linge de maison. Songez aux jeunes secrétaires ou étudiantes qui se félicitent de leurs serviettes hygiéniques. Une constante se dégage de ces scénarios : tous tendent à nous faire croire que les gens qu'on nous montre sont comme nous. En fait, il s'agit de nous. Pour faire vrai, on ajoute des noms, des adresses, des accents du terroir, etc. Pourquoi, croyez-vous, les publicitaires troquent-ils aussi facilement le prestige d'une grande vedette, ou la crédibilité d'un sportif, contre la mine débonnaire et l'accent ensoleillé d'une Maïté? Tout simplement, parce que nous avons tendance à «copier» les actions de ceux qui nous ressemblent.

Une expérience de Hornstein *et al.* (1968) fournit une démonstration convaincante du rôle de la similitude dans l'imitation. Ces chercheurs ont placé des portefeuilles à divers endroits de Manhattan et ont observé ce qui s'était produit au moment de leur découverte. Chaque portefeuille contenait 2 dollars en liquide, un chèque de 26,3 dollars et diverses informations donnant le nom et l'adresse du propriétaire. En outre, le portefeuille renfermait une lettre révélant que celui-ci avait été perdu non pas une mais deux fois. La lettre, adressée au propriétaire, émanait d'une personne qui expliquait son intention de lui restituer le portefeuille. On pouvait y lire que la personne était heureuse de pouvoir rendre service et que cette bonne action avait illuminé sa journée. De toute évidence, l'auteur de cette lettre avait à son tour perdu le portefeuille sur le chemin de la poste. L'objectif des chercheurs était de vérifier combien de gens allaient suivre l'exemple de l'auteur de la lettre. Leur intérêt spécifique portait sur l'impact d'un aspect bien particulier de la lettre. Alors que certaines lettres étaient écrites dans un anglais standard par quelqu'un qui avait toutes les apparences de l'Américain moyen, les autres étaient rédigées dans un anglais bancal par une personne se déclarant récemment arrivée dans le pays. En d'autres termes, les sujets pouvaient conclure que la première lettre était le fait d'un personne qui leur ressemblait. Alors que seulement 33 % des portefeuilles furent restitués lorsque l'auteur de la lettre était un nouvel arrivant, 70 % des portefeuilles d'abord découverts par un Américain moyen furent expédiés à leur propriétaire.

Pour illustrer l'imitation d'une manière à la fois inattendue et significative, nous aurons recours à des statistiques étonnantes rassemblées aux Etats-Unis par Phillips (1979, 1980). Dans nos sociétés occidentales, le suicide est malheureusement une cause importante de décès, surtout parmi les jeunes. Les scientifiques avancent diverses explications, toutes plus complexes les unes que les autres. Sans vouloir nier le rôle de nombreux autres facteurs, Phillips cherche à cerner la contribution spécifique de l'imitation dans l'occurrence du suicide. A ce propos, connaissez-vous le jeune Werther, ce héros d'un roman de Goethe qui, après bien des déboires, met finalement un terme à ses jours? Il y a deux siècles, ce personnage romantique fit de tels ravages auprès des lecteurs que de nombreux pays durent se résoudre à interdire purement et simplement le roman.

Phillips montrera que le phénomène qui a naguère frappé le lectorat de Goethe est toujours d'actualité. Il parlera d'ailleurs de l'«effet Werther». Le plaisir d'évoquer ces travaux est d'autant plus grand qu'ils montrent de manière admirable qu'on peut s'écarter du laboratoire en conservant une rigueur certaine. En effet, tout aussi implacable et confortable que soit la démarche expérimentale, elle ne doit pas faire oublier que les données existent aussi sans être provoquées. C'est le cas d'archives qui fournissent souvent des indications très précieuses sur des questions qu'on pourrait difficilement manipuler.

Dans les données recueillies par Phillips, on constate avec effroi que chaque suicide rapporté dans la presse entre 1947 et 1968 entraîne une augmentation moyenne de 58 suicides dans les deux mois qui suivent la publication. Ces chiffres ont de quoi bouleverser. L'hypothèse de Phillips est la suivante : chaque publication de suicide renforce l'idée chez les lecteurs que le suicide est une réponse appropriée à une série de difficultés de la vie. L'auteur va plus loin dans l'analyse de ses données. Même si la publication d'un suicide facilite d'autres suicides, cette solution ne convient pas à tout le monde. Certaines personnes seraient tentées par le suicide mais, à cause de l'honneur de la famille, des difficultés avec l'assurance-vie, etc., elles s'arrangeraient pour que l'intention suicidaire passe inaperçue. Si cette analyse s'avère correcte, on devrait constater des pointes inhabituelles dans la fréquence des accidents mortels après la publication d'un suicide. Les données rassemblées par Phillips vont bien dans ce sens. La publication d'un suicide en première page est suivie d'une avalanche d'accidents surprenants : des crashs d'avions privés, des accidents d'avions de ligne, des voitures qui se fracassent contre des piliers de ponts, etc. Dans certains cas, l'augmentation atteint la proportion astronomique de 1000 %. Evidemment, il est tentant d'expliquer ce type de phénomènes par les conditions sociales, économiques et politiques qui prévalent au moment des suicides et des accidents. Ainsi, la crise économique qui pousse certains au suicide peut également en amener d'autres à un niveau de stress tel que des accidents se produisent. Cependant, une telle explication demeure incapable d'expliquer pourquoi les augmentations enregistrées ne touchent que les régions où la publication du suicide a eu lieu. D'autres observations militent en faveur de l'hypothèse de Phillips. Ainsi, si des gens commettent de tels accidents avec l'intention de se supprimer, on peut s'attendre à ce qu'ils ne ratent pas leur coup. C'est effectivement ce qui se passe ! C'est le nombre de morts, plus que le nombre d'accidents, qui augmente de manière dramatique.

Phillips (1980) a également examiné les accidents de voiture impliquant un seul conducteur. Il constate que lorsque c'est le suicide d'un jeune qui fait les honneurs de la presse, ce sont davantage des jeunes conducteurs que l'on extrait des carcasses de voiture par la suite. Par contre, quand des personnes d'âge mûr mettent fin à leurs jours et que la nouvelle paraît dans les journaux, les tués de la route sont nettement plus âgés que d'habitude. A nouveau, un facteur déterminant de l'impact du modèle concerne la similitude entre les observateurs et le modèle. Pour éviter des drames en série de la sorte, certaines municipalités comme Montréal ont tout bonnement renoncé à communiquer les suicides perpétrés sur les lignes du métro. Au vu des données de Phillips, on peut formuler le vœu que les responsables de télévision (comme les directeurs d'école d'ailleurs) soient davantage conscients de leurs devoirs d'information et de discrétion.

LA FORMATION DE NORMES

Si la similitude entre modèles et observateurs facilite l'adoption de diverses conduites, le degré d'incertitude lié à la situation contribue également à la dissémination de certains comportements. Lorsque nous ne savons pas vraiment comment il convient d'agir, nous tendons à prendre exemple sur autrui. Ce faisant, nous omettons une donnée essentielle du problème : les autres personnes font sans doute exactement la même chose que nous ! Cette « ignorance plurielle » est beaucoup plus fréquente qu'on ne le pense. On la retrouve dans les classes d'école ou les amphithéâtres d'université. Combien de fois les étudiants n'interprètent-ils pas le silence de leurs condisciples comme le signe que ces derniers n'ont pas de difficultés à comprendre la matière ? Une expérience réalisée par Miller et McFarland (1987) s'inspire directement de cette situation. Les participants étaient chargés de lire un texte incompréhensible et de demander de l'aide s'ils éprouvaient « de très sérieux problèmes de compréhension ». Non seulement aucun des sujets de l'expérience ne prit la peine de se faire expliquer le texte mais ils présumèrent en outre que les autres devaient avoir compris le texte.

De façon plus inquiétante, certaines recherches suggèrent que l'ignorance plurielle joue un rôle non négligeable dans l'émergence de problèmes aussi graves que la consommation effrénée d'alcool sur les campus universitaires. Ainsi, Prentice et Miller (1993) ont constaté que les étudiants manifestent souvent des comportements qui laissent entendre une tolérance à l'alcool exagérée par rapport à la réalité — boire de manière excessive, amener des alcools durs à des soirées, etc. Vous devinez aisément la conséquence de telles pratiques : la plupart des étudiants pensent que leurs pairs supportent mieux l'alcool que ce n'est le cas. Au bout du compte, ils en viennent à consommer plus d'alcool qu'ils ne le souhaitent, tout simplement parce qu'une telle conduite semble être de mise dans leur environnement.

Nous aurons l'occasion de revenir sur les conséquences de l'ignorance plurielle lorsque nous aborderons les situations de discussion de groupe au chapitre 8 et les comportements d'aide au chapitre 9. Pour l'heure, nous allons poursuivre l'examen de la question des normes en nous penchant sur un programme de recherche qui, même s'il a été réalisé il y a plus de soixante ans, n'en garde pas moins intact son pouvoir de fascination. Mieux que tout autre, en effet, le travail de Sherif (1936) sur la formation de normes souligne la manière dont l'ambiguïté d'une situation engendre une uniformité dans les conduites.

Sherif et l'effet autocinétique

Dans les années trente, la psychologie sociale américaine accorde une importance souveraine aux processus strictement individuels. Dans ce contexte fortement teinté de behaviorisme, il ne peut être question d'inconscient collectif ou de pensée groupale. Se conformer apparaît comme un comportement individuel gratifiant. Autrement dit, une stratégie hédoniste stricte paraît à même d'expliquer la puissance des normes sociales. Sherif, psychologue d'origine turque, n'est pas convaincu. Sans tomber dans le piège du mentalisme, il veut montrer comment les interactions entre plusieurs personnes font émerger des produits originaux qui constituent des règles de conduite, des échelles de référence communes, bref des normes. Ce qui se passe dans un groupe ne peut, selon lui, se comprendre si l'on se borne à étudier les individus de manière isolée.

Pour illustrer son point de vue, Sherif choisit de confronter ses sujets à une stimulation ambiguë. Il s'agit de fixer un point lumineux, distant de quelques mètres, dans l'obscurité la plus totale. Les sujets croient voir bouger la source de lumière en réalité immobile, une illusion connue de longue date sous le nom d'effet autocinétique. La tâche des sujets consiste à estimer plusieurs fois de suite l'amplitude du mouvement. Dans les conditions de passation individuelle, les estimations initiales d'un même sujet sont très différentes les unes des autres. Peu à peu, les réponses se montrent plus cohérentes, se cantonnant dans une certaine fourchette de valeurs. En d'autres termes, les sujets se créent une norme personnelle.

L'intérêt principal des expériences de Sherif réside dans les conditions de passation en petits groupes de deux ou trois personnes dont on connaît la norme personnelle. Bien que les premières réponses soulignent la diversité des points de vue personnels, la succession des estimations fournies par chacun des participants confirme la création rapide d'une norme collective. Les participants se mettent d'accord sur une estimation malgré les divergences initiales (voir figure 6.2). Selon les groupes, la norme collective manifeste l'influence prépondérante d'un des participants, ou le compromis vers une position moyenne ou encore la création d'une norme véritablement originale. Pour Sherif, la nature et la variabilité des solutions groupales indiquent que les groupes engendrent des phénomènes difficilement prévisibles à partir des seuls membres qui les composent.

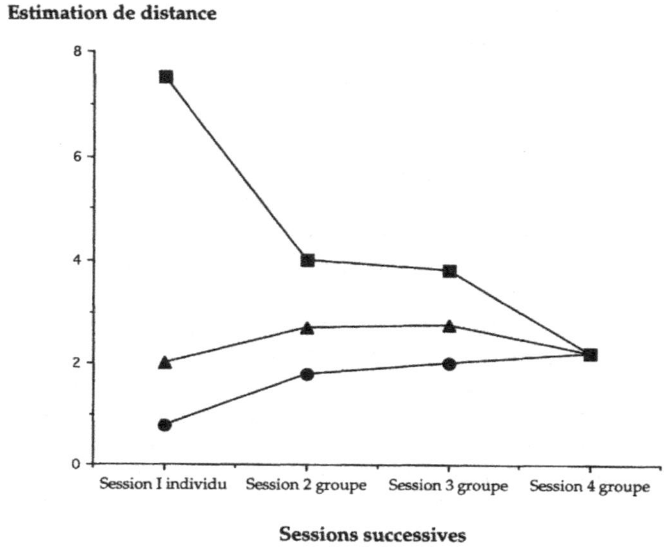

Figure 6.2 — Exemple de réponses dans la situation d'effet autocinétique.

Dans d'autres expériences de Sherif, les sujets effectuaient leurs estimations d'abord de façon groupée puis de manière isolée. Les résultats montrent que les estimations issues du groupe continuent à exercer leur influence sur les réponses des participants qui doivent fournir une nouvelle série d'estimations en l'absence du groupe. Bref, les normes du groupe sont intériorisées.

Enfin, Sherif met également en lumière l'inertie de normes totalement arbitraires (MacNeil et Sherif, 1976). Certains scénarios d'expériences prévoient que des sujets commencent par rencontrer trois comparses. Lorsque chacun a fourni trente estimations, un comparse quitte le groupe et est remplacé par un sujet naïf. Après trente nouvelles estimations, un autre sujet naïf vient relayer le deuxième comparse. Vient ensuite le tour du dernier comparse, lui aussi remplacé par un sujet naïf. A l'étape suivante, un nouveau sujet prend la place du sujet naïf le plus ancien et ainsi de suite pendant plusieurs générations. Les données révèlent que plusieurs générations sont nécessaires pour se défaire d'une norme arbitraire « imposée » par le groupe formé de comparses. En outre, moins la norme initiale est farfelue, moins l'intervention des nouveaux arrivants parvient à effacer la marque des premières estimations.

Les résultats de Sherif sont sans équivoque. Comme il s'y attendait, le produit final du groupe ne peut s'expliquer par la prise en compte des seules individualités du groupe. Sans faire intervenir un quelconque mécanisme de représentation collective et donc sans tomber dans le piège d'un mentalisme discutable, Sherif rend compte des estimations fournies par les participants en s'appuyant sur un processus d'influence mutuelle. Selon lui, le consensus est la conséquence d'une implication sincère des divers membres du groupe dans l'élaboration de la norme. Ce consensus rejaillit positivement sur la confiance ressentie à l'égard de la norme. Parce qu'elle est partagée par tous, la norme est ainsi vécue comme solide. Elle est également intériorisée et correspond davantage à une règle auto-prescrite, une ligne de conduite librement consentie, qu'à une obligation externe. Le rapport avec la théorie de la dissonance cognitive est clair. Tous les ingrédients sont donc réunis pour que les normes exercent un impact prolongé sur les comportements des membres du groupe.

Des abats à la productivité en entreprise

Nous sommes aux Etats-Unis en pleine Seconde Guerre Mondiale. L'industrie alimentaire en général et la production viandeuse en particulier souffrent de l'effort de guerre. Les morceaux de viande de choix comme les steaks, ceux auxquels sont habitués les consommateurs américains, se font rares. Afin de maintenir la santé publique à un niveau satisfaisant, le gouvernement fédéral souhaite que les ménages accroissent leur consommation de foie, de rognons et d'autres abats. La pilule est très difficile à avaler pour le citoyen américain. Qu'on ait recours a des prospectus vantant les mérites des parties moins nobles du bœuf, à des récits en appelant au patriotisme des consommateurs, ou à des conférences distillées en divers points du pays par des experts en nutrition, rien ne semble capable de bousculer les habitudes alimentaires.

Selon Lewin (1943), la seule manière efficace de modifier les habitudes alimentaires consistait à changer les normes sociales, et non personnelles, concernant ce qu'il convenait d'acheter et de servir à table. Pour mettre son idée à l'épreuve, il rassembla des ménagères en petits groupes et leur demanda de discuter les manières de cuisiner les abats et de convaincre leur famille de l'utilité de ces nouvelles pratiques culinaires. Au cours de ces discussions, les participantes se montraient de plus en plus convaincues de l'utilité de changer leurs habitudes alimentaires. Un changement de normes semblait s'opérer. Une enquête ultérieure montra que plus de 30 % des participantes aux divers groupes de discussion avaient effectivement essayé de cuisiner des abats. Ce pourcentage n'était que de 3 % pour les ménagères qui avaient assisté à un exposé et ignoraient donc ce que pensaient les autres personnes de ces nouvelles pratiques.

Les psychologues sociaux ont rapidement compris le parti que l'on pouvait tirer de la technique inaugurée par Lewin. En particulier, le fait de laisser les groupes établir leurs propres normes sociales devait permettre de résoudre un dilemme récurrent dans les environnements de travail, à savoir comment introduire des changements dans les procédures de production sans diminuer la productivité, blesser le moral des travailleurs, et susciter de l'hostilité à l'égard de la direction. Coch et French (1948) ont mené leurs investigations dans une petite usine de pyjamas dont les ouvrières étaient rémunérées à la pièce. Avec ce type de rémunération, tout changement du mode de production peut avoir des conséquences graves sur les revenus. Dans un groupe contrôle, les ouvrières furent simplement informées des nouvelles procédures et des retombées sur leur salaire. Comme prévu, la réaction fut la consternation et la productivité chuta de façon vertigineuse. Dans un deuxième groupe, les travailleuses furent informées des raisons pour lesquelles des changements devaient être introduits et elles furent autorisées à élire des représentantes chargées d'apprendre les nouvelles procédures pour les leur enseigner ensuite. Cette fois, le moral se maintint et la productivité, après une chute passagère, retrouva son niveau initial. Dans un dernier groupe, les ouvrières reçurent les mêmes explications mais l'introduction du changement fut différente. Chaque travailleuse devint une «opératrice particulière» chargée d'imaginer les meilleures façons de mettre en place le changement. Les résultats de cette troisième approche furent particulièrement frappants. Le moral resta au beau fixe et la perte de productivité ne dura qu'un jour. Par la suite, l'augmentation de productivité fut régulière pour se stabiliser à 15 % de plus que le niveau initial. Malgré son efficacité, cette technique de participation totale ne fut pas adoptée d'emblée par tous les dirigeants d'entreprise. Connue sous le nom de cercles de qualité, elle s'est d'abord généralisée au Japon pour se développer ensuite chez des industriels suédois comme Volvo. L'idée est de laisser les travailleurs prendre une série de décisions incombant traditionnellement au management afin d'améliorer à la fois la productivité et la satisfaction des travailleurs (Marks *et al.*, 1986).

Avec Sherif, nous avons vu comment les membres d'un groupe comptent les uns sur les autres pour faire face à une situation ambiguë. Chez Lewin, l'instauration de nouvelles habitudes alimentaires bénéficie quant à elle de l'implication consensuelle des membres du groupe. Ces deux illustrations signifient-elles que l'émergence de nouvelles normes ou que le changement de règles existantes se produit toujours de façon démocratique? Certainement pas. Comme l'expérience princeps de Sherif le met en évidence, l'influence prépondérante de certains individus du groupe est chose courante, soit parce que ceux-ci s'expriment de manière plus assurée, qu'ils paraissent plus intelligents, etc. L'étude de MacNeil et Sherif souligne quant à elle le poids de la majorité de plusieurs comparses face à une minorité d'un véritable sujet. Enfin, si l'on resonge au processus d'imitation, le rapport entre le modèle et l'élève n'est pas de type égalitaire. Bref, certaines pressions, même librement consenties, sont susceptibles de voir le jour dès l'instant où l'on se penche sur des phénomènes normatifs. L'étude de Newcomb (1943) sur les opinions politiques et économiques dans le collège universitaire de Bennington en fournit un superbe exemple.

Newcomb et les groupes de références

Lorsque de nouvelles recrues rejoignent les rangs d'une secte, les anciens modes de penser entrent en conflit avec les conceptions défendues par les membres plus anciens. Comment les individus gèrent-ils le fossé qui sépare leurs convictions antérieures des conceptions de leur nouvel univers? Cette question correspond à celle examinée par Newcomb dans une étude consacrée au passage que constitue l'accès aux études supérieures.

Alors que le collège universitaire de Bennington est fréquenté par des jeunes filles issues de familles riches et conservatrices, la cinquantaine de professeurs y sont nettement progressistes. Ces mêmes positions politiques, sociales et économiques se retrouvent d'ailleurs chez les étudiantes les plus anciennes et les plus populaires. De quelle manière les étudiantes de première année réagissent-elles? Abandonnent-elles les valeurs familiales? Les répercussions de ce nouvel environnement sont-elles identiques chez toutes? Les bouleversements éventuels sont-ils passagers? Les données relevées lors d'un scrutin électoral sont tout à fait claires. Alors que les étudiantes de première année favorisent le candidat conservateur, les troisième et quatrième années manifestent davantage de soutien pour les candidats progressistes. Toutefois, le glissement n'est pas homogène et une étude plus fouillée révèle l'existence de deux groupes de référence bien distincts. Certaines étudiantes continuent de se ranger derrière la norme familiale. Les professeurs les décrivent comme dépendantes de leurs parents. Repliées sur elles-mêmes, elles ne participent guère à la vie sociale du collège et ne jouissent pas d'une grande popularité. Les autres étudiantes sont beaucoup plus progressistes. Actives sur le plan social, elles bénéficient du soutien populaire.

Le changement opéré par Bennington laissera des traces. Une étude réalisée 25 ans plus tard par Newcomb montre que les étudiantes les plus progressistes continuent de se démarquer par rapport aux jeunes femmes de leur âge et de leur statut socio-économique. Un autre résultat éloquent concerne les conjoints. Si leur mari est également issu d'un milieu favorisé, il s'agira plus volontiers d'un intellectuel que d'un homme d'affaires et ses convictions politiques seront également plus progressistes que la moyenne des gens de même statut socio-économique.

En somme, tout indique que le prestige de leurs enseignants et de leurs aînées amène un certain nombre d'étudiantes à abandonner les anciens cadres de référence et les valeurs familiales pour adopter les opinions des premiers. Ce processus se produit lentement mais sûrement. Pour mettre leurs nouvelles convictions à l'abri de la contestation sans renoncer aux avantages de leur condition, ces étudiantes s'arrangent pour épouser un homme issu du même milieu mais qui partage et renforce leurs opinions. A l'opposé, les étudiantes davantage ancrées dans leur famille se montrent moins sensibles aux normes dominantes de l'établissement scolaire. Elles ne parviennent pas à créer un réseau très étendu d'amitiés et côtoient les quelques étudiantes qui professent les mêmes attitudes conservatrices qu'elles.

Les données rassemblées par Newcomb (1965) mettent en évidence le poids de certains épisodes de notre vie. Le simple fait de frayer pendant quelques années avec tel ou tel groupe de personnes peut nous orienter pour le reste de notre vie. Une étude conduite par Siegel et Siegel (1957) montre le phénomène d'une manière plus convaincante encore. Cette recherche exploite le recours à la répartition aléatoire des étudiants entre deux types de logement sur les campus américains, les maisons communautaires d'une part et les dortoirs de l'autre. Tandis que les locataires des maisons communautaires professent des opinions conservatrices, les dortoirs prônent des normes progressistes. Les convictions des étudiants, mesurées en début et en fin d'année, montrent un glissement très significatif des étudiants dans le sens des normes dominantes véhiculées dans leur logement.

A en croire Newcomb, seules les étudiantes qui sont restées en contact étroit avec leurs familles parviennent à échapper à l'influence du nouvel environnement dans lequel elles évoluent. En d'autres termes, une des manières les plus sûres de changer les convictions de quelqu'un et de garantir son adhésion à un nouveau groupe de référence consiste à briser les liens avec ses anciens systèmes de croyances. C'est ce qu'ont parfaitement compris les dirigeants de sectes. En isolant le plus possible les nouveaux adeptes de leur famille et de leurs amis, les groupes sectaires évitent l'accès à des contre-arguments et le contact avec la dissidence.

Dans son étude sur l'évolution des étudiantes, Newcomb plaide pour un équilibre subtil entre la plasticité et la rigidité de la personnalité des gens. Dans certaines conditions, les individus se laissent séduire par de nouvelles manières de penser. Ils abandonnent alors leurs vieux schémas au profit de nouvelles conceptions. C'est le cas des étudiantes qui mettent une certaine distance entre elles et leur milieu familial. Parfois aussi, les gens exercent un choix très net en faveur de convictions bien établies. C'est encore le cas des étudiantes progressistes lorsqu'au sortir de leurs études à Bennington, elles choisissent des maris qui partagent leur point de vue. La manière dont les individus s'insèrent dans un réseau social, ancien ou nouveau, joue un rôle critique à cet égard.

NORMES, ROLES ET MANIPULATION

La désindividuation et les normes de groupe

Manifestement, les situations de groupe ne contribuent pas toujours à l'émergence de comportements sociaux positifs. Il suffit de se rappeler les débordements meurtriers de certains supporters de Liverpool à l'encontre de spectateurs venus encourager l'équipe de Turin lors de la finale de Coupe d'Europe de Football en 1985. En clair, le groupe aurait un effet désastreux sur les individus qui le composent. Ce constat renoue avec les thèses formulées voici plus d'un siècle par LeBon (1895) concernant le rôle de la suggestion dans les situations de foule. Pour cet observateur attentif des troubles sociaux, l'individu plongé dans une foule se trouve en position d'hypnotisé. Sa conscience est dégradée, son esprit critique est mis en veilleuse, ses capacités de raisonnement sont étouffées. Les tendances comportementales, parfois les meilleures, souvent les pires, sont totalement débridées. Bref, c'est le pouvoir absolu de l'irrationalité.

Fort de cet héritage, certains chercheurs ont suggéré que le fait d'être en groupe rend les gens subjectivement moins identifiables, ce qui contribue à lever leurs inhibitions et facilite l'émergence de conduites douteuses. Festinger *et al.* (1952) qualifie ainsi de désindividuation cet état psychologique typiquement observé dans les situations de foule. Plusieurs observations confirment que l'anonymat contribue bien à diminuer la conscience de soi et l'autocritique. En analysant 21 incidents lors desquels une personne menaçait de sauter du haut d'un immeuble ou d'un pont, Mann (1981) a remarqué que les spectateurs n'encourageaient pas la personne au suicide lorsque leur nombre était réduit et que les événements se déroulaient en plein jour. Il en allait tout autrement lorsque la foule était importante ou que la nuit garantissait l'anonymat aux gens. Les épisodes de lynchage donnent lieu au même constat (Mullen, 1986). Les archives révèlent en effet que les gens commettent d'autant plus aisément des atrocités que la foule est grande et que l'identité des participants est difficile à établir.

Selon Zimbardo (1970), l'anonymat contribue directement à l'émergence du vandalisme. La manière dont il a testé son hypothèse est originale. Zimbardo fit l'acquisition de deux vieilles voitures et les abandonna le capot ouvert et sans plaque d'immatriculation. La première fut stationnée dans le quartier populeux et populaire du Bronx de New York; l'autre, à Palo Alto, une petite bourgade bourgeoise non loin de l'Université de Stanford. Dans le premier cas, des «voyous» firent leur apparition après seulement 10 minutes et au bout de 3 jours, la voiture n'était plus qu'une carcasse. Elle avait subi un total de 33 vols et faits de vandalisme. Dans l'autre cas, une seule personne s'autorisa à toucher la voiture en plus d'une semaine. En réalité, il s'agissait seulement de baisser le capot pour empêcher la pluie qui commençait à tomber de mouiller le moteur. Dans une autre expérience où des groupes de participants devaient envoyer des chocs électriques à un autre sujet, Zimbardo s'est arrangé pour instaurer l'anonymat en leur demandant de revêtir un uniforme et de se couvrir le visage d'une cagoule. Les sujets avaient ainsi une apparence qui faisait songer au Ku Klux Klan. Comparés aux participants d'une condition contrôle qui étaient habillés normalement, dont le visage était visible et dont le nom clairement écrit sur des badges, les participants anonymes ont envoyé nettement plus de chocs électriques.

La majorité des chercheurs qui attribuent l'expression d'actes répréhensibles à l'anonymat considèrent également que les situations de groupe tendent à mettre les normes sociales en veilleuse (Diener, 1980). Une fois en groupe, les gens sont moins disciplinés et perdent le contrôle de leurs actes. Les conduites s'ancrent moins dans les attitudes préalables et sont davantage soumises aux contraintes de la situation (Prentice-Dunn et Rogers, 1989). Dans cette perspective, les conduites normatives résultent davantage de la politique du bâton et de la carotte que d'une réelle intériorisation. On le voit, le conflit avec le point de vue proposé par Sherif évoqué plus haut est patent. De plus, cette approche impose la méfiance à l'égard des situations de groupe. Ces dernières n'acculent-elles pas les gens à se soumettre à leurs impulsions les plus viles ? Elles aboutissent donc à l'émergence de réponses antisociales. Au fil des années, plusieurs voix se sont élevées pour mettre en doute ce point de vue et redorer le blason des groupes. Reicher (1987) est sans conteste le psychologue social le plus représentatif de cette tendance.

Selon Reicher, on peut parfaitement concilier le phénomène de la désindividuation et l'idée que les situations de groupe rendent les normes sociales davantage saillantes. En outre, rien n'oblige les individus en groupe à perpétrer des actes condamnables. Ce chercheur se base notamment sur les acquis de la théorie de l'identité sociale que l'on examinera en détail au chapitre 11. Ainsi, il admet sans problème que le groupe réduit la conscience de soi individuelle de ses membres. En réalité, la situation de groupe conduit les gens à se définir non plus comme des individus mais comme des membres du groupe. En d'autres termes, le groupe accroît la conscience de soi des gens en tant qu'éléments interchangeables du groupe. Ce glissement a pour conséquence importante de rendre les normes sociales du groupe très accessibles. L'impression de consensus aidant, ces dernières sont d'ailleurs ressenties comme d'autant plus impératives. Concrètement, les membres du groupe se tournent plus volontiers vers les autres pour savoir comment il convient de penser et d'agir. Ils se comportent comme de purs représentants du groupe. En somme, la désindividuation renforce la tendance des gens à se ranger sous la bannière de leur groupe. Que les normes dominantes dans la situation privilégient une conduite de vandale ou un comportement de bon samaritain ne change rien au problème. On peut donc s'attendre au meilleur comme au pire. Il est indéniable que des manifestations peuvent dégénérer et donner lieu à des débordements impensables en temps normaux. Mais il est tout aussi fréquent de voir des catastrophes susciter des

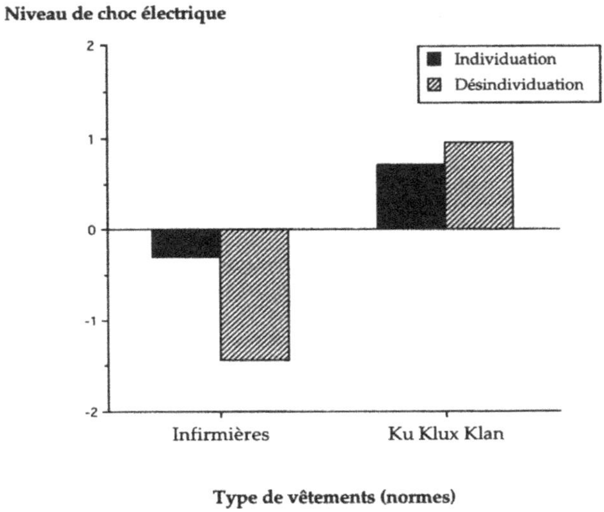

Figure 6.3 — Niveau de choc électrique en fonction des normes et des conditions d'anonymat.

actes de solidarité humaine remarquables. Voilà une lecture des faits qui plairait sans aucun doute à Sherif.

Le caractère heuristique de l'approche de Reicher n'est plus guère mis en question. Divers cas d'émeutes ont fait l'objet d'analyses méticuleuses à la lumière des propositions du psychologue britannique (Reicher, 1996). Du côté de l'univers contrôlé du laboratoire, une expérience de Johnson et Downing (1979) fournit à notre avis l'illustration la plus intéressante de cette perspective centrée sur le groupe. Un intérêt évident de cette étude est qu'elle présente certaines similitudes avec les conditions déjà imaginées par Zimbardo. Cette fois, les participantes devaient endosser une tenue du genre Ku Klux Klan ou endosser un uniforme d'infirmière. Dans les conditions de désindividuation, les participantes devaient en outre porter une cagoule masquant l'entièreté du visage à l'exception des yeux. Comme le montre très bien la figure 6.3, les sujets désindividués augmentent le niveau des chocs électriques infligés à une collègue s'ils sont habillés dans le style Ku Klux Klan. A l'inverse, la désindividuation des sujets déguisés en infirmières augmente de manière spectaculaire le comportement altruiste déjà observé chez les autres participants. Ces résultats attestent de manière très claire que les normes sociales initialement présentes dans la situation sont amplifiées en situation de désindividuation.

Si l'on suit cette logique, les uniformes noirs, traditionnellement associés à la mort, devraient déclencher des comportements violents. De fait, Frank et Gilovich (1988) notent que les équipes de football américain ou de hockey dont les maillots sont noirs se rangent quasiment toujours en tête du nombre de punitions sur une saison. On le voit, il ne fait aucun doute que les situations de groupe diminuent la conscience de soi. Le phénomène de désindividuation est donc bien réel. Le désaccord entre la lecture traditionnelle et l'analyse de Reicher porte, c'est crucial, sur l'absence supposée des normes sociales en situation de groupe et sur le caractère forcément condamnable des réactions de la foule. Certes, les situations de groupe font en sorte que l'influence des valeurs personnelles diminue au profit des facteurs contextuels mais les normes du groupe peuvent alors prendre le relais et conduire les membres à se dépasser... pour le meilleur et pour le pire. Le tout est de bien prendre la mesure des normes qui sont activées dans la situation. Le chapitre 8 fournira l'occasion de revenir sur ce point lorsque seront abordées les recherches sur la polarisation de groupe.

Normes et contexte

D'une certaine manière, il en va de la norme comme de la loi : nul n'est censé l'ignorer. Certaines conditions faciliteront toutefois la mise en pratique d'une norme sociale spécifique. Selon Cialdini *et al.* (1990), rappeler la norme de manière explicite vaut mieux que de tabler sur son évocation spontanée. Ces auteurs illustrent ainsi l'adage selon lequel « Si cela va sans dire, cela va encore mieux en le disant ». Une campagne récente de la sécurité routière belge fournit une parfaite illustration de cette profession de foi. Vu le coût astronomique du nettoyage du réseau routier national, les autorités ont cherché à modifier les habitudes des automobilistes. Le concept proposé par l'affiche diffusée sur tout le territoire est on ne peut plus direct. Une planche de bande dessinée montre un automobiliste se débarrassant du contenu de son cendrier ainsi que d'autres déchets. Dans une bulle attribuée à un observateur anonyme, on voit tout simplement un cochon.

Pour voir dans quelles conditions les automobilistes allaient se débarrasser de leurs détritus et souiller la voie publique, Cialdini et ses collaborateurs (1990) ont apposé des prospectus sur les pare-brises des voitures stationnées sur le campus. Sur certains des prospectus, la norme était activée de manière expresse. Le message indiquait : « Avril est le mois durant lequel on garde l'Etat d'Arizona propre : ne pas jeter sur la voie publique, SVP». Sur les autres prospectus, le message n'avait aucun lien avec la norme étudiée : « Avril est le mois des Beaux-Arts en Arizona : pensez à rendre visite à votre musée local, SVP». Grâce à des observateurs judicieusement placés sur le campus, les chercheurs ont pu relever que 25 % des conducteurs confrontés au dernier message s'en sont débarrassés avant de monter dans leur voiture. Lorsque la norme était rappelée de façon directe, seulement 10 % des conducteurs jetèrent le prospectus sur la voie publique. De toute évidence, un rappel ne coûte pas cher et permet de modifier de façon importante le comportement des gens.

Reste que l'évocation des normes se fait le plus souvent de manière implicite. Une bretelle d'autoroute encombrée de canettes et de papiers signale qu'il est parfaitement légitime de se défaire de ses crasses à cet endroit. Mieux, voir une personne envoyer une boîte de bière sur le côté de la chaussée aura un effet radicalement différent selon que les abords de la route sont déjà souillés ou sont restés immaculés jusque-là. Dans le premier cas, les autres automobilistes semblent comprendre le message comme une incitation à vider leur voiture des déchets qu'elle contient. Au contraire, lorsque la route est d'une propreté irréprochable, le fait de voir une autre personne polluer entraîne un respect accru pour l'environnement chez la plupart des gens. En d'autres termes, tout se passe comme si un milieu encrassé active la norme de pollution alors qu'un environnement net place la norme opposée à l'avant-plan.

On l'a évoqué en début de chapitre, les normes sociales constituent un aspect capital de la vie en société. Sans elles, nous serions constamment en porte-à-faux par rapport à nos interlocuteurs. Les échanges ne pourraient se faire sur une base confortable et les malentendus seraient légion. Il suffit de voir les difficultés de relation que rencontrent des personnes de cultures différentes pour se convaincre de l'importance d'une bonne maîtrise des normes.

Une norme très intéressante concerne l'espace personnel (Hall, 1966). L'espace personnel est cette distance que l'on désire maintenir entre soi et les autres. Il vise autant à nous protéger qu'à signifier aux autres la nature plus ou moins intime des relations que nous sommes prêts à entretenir avec eux. Au sein de la culture nord-américaine, Hall distingue 4 types d'espace personnel. L'espace intime (moins de 45 cm) concerne les interactions intenses avec autrui. Le toucher et l'odeur ont une grande importance. Il s'agit de la distance impliquée dans nos relations amoureuses ou dans nos contacts intimes. La distance personnelle (entre 45 cm et 1,25 m) s'observe lors des interactions avec des amis ou dans les conversations au sein d'un couple. L'échange est chaleureux mais le contact physique est évité. La distance sociale (entre 1,25 m et 3,50 m) est utilisée pour les rapports moins personnels comme les relations de type professionnel. Enfin, la distance publique (plus de 3,50 m) se rencontre le plus souvent dans des contacts mettant en jeu des personnes de statuts différents. De nombreux facteurs comme la taille de la pièce, l'âge et le sexe affectent l'espace personnel. En outre, les recherches indiquent aussi que cet espace personnel varie selon les cultures. Les gens du Sud mantiennent autour d'eux un espace plus réduit que les habitants du Nord. Des Italiens ou des Grecs à qui on demandait de placer cinq poupées dans une position d'interaction confortable gardaient moins de distance entre les poupées que des Américains ou des Suédois. A ce propos, Hall décrit une scène cocasse se déroulant dans les couloirs des Nations unies. Il s'agit d'un diplomate arabe qui tombe «nez à nez» avec un collègue britannique. Ce dernier se place à 1,25 m ou 1,50 m, la distance qu'il juge raisonnable pour tenir une conversation. L'autre s'avance pour atteindre une distance de 30 cm à 60 cm, indispensable selon lui pour un contact fructueux et personnalisé. Sur ce, le diplomate anglais recule en se demandant comment il est possible d'être aussi «collant». Du coup, son interlocuteur arabe s'empresse de faire les deux pas nécessaires à la restauration de l'intimité de la discussion. Bref, les observateurs amusés peuvent admirer une valse d'un type particulier tandis que chacun des interlocuteurs se demande ce qui motive l'autre à briser sans cesse l'harmonie du «tête-à-tête».

Mais les normes, on s'en doute, n'interviennent pas seulement pour réguler les échanges entre les personnes ou groupes au sein de différentes cultures. Certaines normes ont un caractère quasiment universel. Elles sont d'ailleurs tellement bien inscrites dans notre fonctionnement quotidien que d'aucuns spéculent sur leur utilisation pour en tirer profit. L'exemple le plus frappant est sans doute celui de la norme de réciprocité. Selon Gouldner (1960), la norme de réciprocité stipule que les individus sont tenus de retourner aux autres le comportement qu'ils leur adressent. Œil pour œil, dent pour dent! Les sphères d'application de cette norme sont virtuellement infinies. Ainsi, nous sommes disposés à nous montrer compétitifs face à ceux qui sont compétitifs avec nous. Nous avons tendance à aider les gens qui nous aident (voir chapitres 9 et 10). Nous ne résistons pas à l'envie de confier des secrets à ceux dont nous sommes les confidents. Nous nous laissons persuader par les gens qui se sont naguère laissés convaincre par nos arguments. Nous faisons des concessions à ceux qui nous font eux-mêmes des concessions, etc.

Pour bénéfique qu'elle puisse être en général, la norme de réciprocité présente aussi un caractère potentiellement désagréable (Cialdini, 1988, 1995). C'est ce qu'ont très bien compris certains stratèges de la vente. L'idée est toute simple. Elle consiste à vous faire un don dans l'espoir d'obtenir un retour d'ascenseur. Combien de cadeaux inattendus parviennent ainsi chaque année dans votre boîte aux lettres? Combien de fois vous encombre-t-on d'un cadeau aussi inutile que bon marché? L'objectif est toujours le même : vous contraindre à entamer une relation de réciprocité. Le problème est que, si vous acceptez l'invitation, vous le ferez souvent à vos dépens. De ce point de vue, les recherches expérimentales confirment le bien-fondé des démarches commerciales : nous aurions une fâcheuse tendance à répondre aux faveurs d'autrui par des concessions plus grandes encore.

Une étude de Regan (1971) fournit une démonstration à la fois simple et convaincante des pièges de la réciprocité. Alors qu'un participant s'apprête à effectuer une série de jugements esthétiques, il est rejoint par un complice de l'expérimentateur se présentant comme un autre sujet. Ce complice se montre soit très antipathique soit, au contraire, très sympathique. A un certain moment, l'expérimentateur annonce un temps mort. Le complice s'absente quelques instants pour revenir les mains vides ou avec deux boîtes de Coca-Cola dont une est offerte au sujet. Au terme de l'expérience, le complice propose au sujet de lui acheter des billets de tombola au prix de 25 cents. Comme le montre la figure 6.4, les participants achètent bien plus de billets lorsqu'ils se sont vus offrir une boisson gazeuse au préalable. A l'époque de la réalisation de cette étude, le prix unitaire d'un Coca-Cola était de 10 cents, ce qui signifie que l'investissement initial est plus que rentabilisé. Un autre résultat fascinant est le manque d'impact de l'humeur du complice sur la décision de lui acheter ou non des billets de tombola.

Une expérience de Berry et Kanouse (1987) met à jour d'autres conséquences du recours à cette fameuse norme de réciprocité. Un des problèmes récurrents dans les enquêtes est le faible taux de réponse, même si le renvoi du questionnaire rempli est suivi d'une rémunération. Pour remédier à cette situation, Berry et Kanouse ont imaginé de payer les gens avant même qu'ils n'aient répondu. Si un chèque de 20$ accompagnait un long questionnaire, 78 % des personnes contactées renvoyaient leurs réponses. Si,

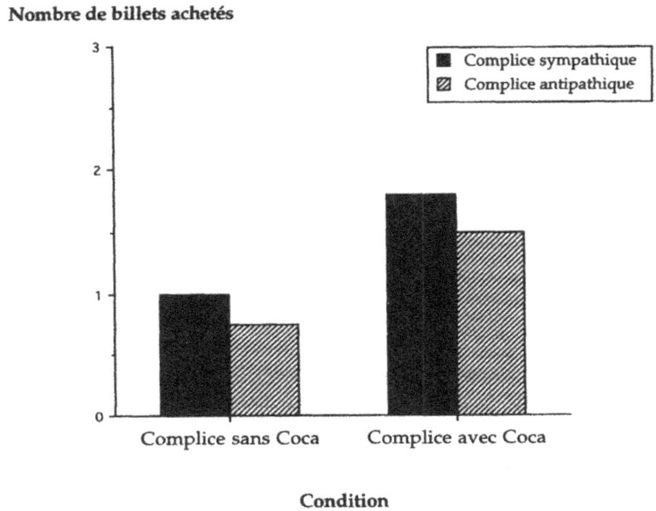

Figure 6.4 — Nombre de billets de loterie achetés en fonction de la faveur et du degré de sympathie du comparse.

par contre, les gens apprenaient que 20$ leur seraient expédiés dès la réception de l'enquête dûment complétée, deux tiers d'entre eux réagissaient dans les temps. En somme, le chèque obligeait les répondants. Les données concernant l'encaissement des chèques envoyés d'emblée s'avèrent tout aussi intéressantes. Alors que 95 % des gens qui postèrent leurs réponses encaissèrent leur chèque, seulement 26 % des personnes n'ayant pas répondu à l'enquête se permirent de toucher l'argent. En d'autres termes, le fait de ne pas avoir rempli sa partie du contrat diminue la probabilité d'accepter un cadeau. Ces résultats attestent l'efficacité et la rentabilité du procédé.

La situation de marchandage, bien connue des touristes qui visitent les pays chauds, met en scène une forme particulière de la norme de réciprocité. En psychologie sociale, cette technique commerciale est connue sous le nom de «porte-au-nez». Il s'agit d'augmenter le taux d'acceptation face à une requête en la faisant précéder par une première offre totalement exorbitante. Dans une étude de Cialdini et ses collaborateurs (1975), des étudiants étaient invités à prendre en charge un groupe de jeunes délinquants à l'occasion d'une excursion au zoo. En réalité, cette perspective n'enchantait guère les étudiants qui refusaient dans 83 % des cas. Dans une autre condition, les expérimentateurs s'étaient arrangés pour faire précéder leur requête par une demande encore plus importante : consacrer deux heures par semaine pendant une période de deux ans à conseiller de jeunes délinquants. Le refus unanime de cette demande avait toutefois pour effet de multiplier par trois le nombre d'étudiants prêts à encadrer la visite au zoo. La même technique permet d'augmenter les dons financiers en proposant une nouvelle transaction après qu'un montant initial exhorbitant ait été refusé (Reingen, 1978). D'autres auteurs ont même exploité ce procédé pour accroître de manière substantielle le nombre de donneurs de sang (Cialdini et Ascani, 1976). Plus récemment, Burger (1986) a identifié une autre utilisation de la norme de réciprocité à des fins mercantiles. Le slogan bien connu du «et ce n'est pas tout» capture l'essence de la technique. Il s'agit de faire une offre et, avant même que l'interlocuteur ne puisse réagir, de surenchérir par l'annonce d'un avantage supplémentaire (un cadeau, une réduction du prix, etc.). Apparemment, le succès de la technique tient au désir de la victime de renvoyer l'ascenseur après une concession spontanée de la part du vendeur. Une dernière variante consiste à présenter une gamme de produits à l'acheteur potentiel en veillant toujours à commencer par les produits les plus chers pour passer ensuite aux articles moins onéreux. Les données indiquent que cette méthode génère un chiffre d'affaires plus important que la stratégie inverse, sans doute parce que l'examen ultérieur de marchandises meilleur marché s'assimile à une concession de la part du vendeur.

Dans la mesure où les concessions réciproques constituent un moyen répandu et efficace de résoudre des conflits, nous aurions largement automatisé ce type de réaction. Toutefois, une application abusive de cette tendance peut servir des objectifs de manipulation (Cialdini, 1988). L'idée de réciprocité n'est pas sans évoquer une notion souvent rencontrée en psychologie sociale, à savoir l'équité (Adams, 1965). L'équité renvoie à l'idée que chacun doit recevoir en fonction de ce qu'il a investi. Ainsi, les résistances à la redistribution des richesses s'ancrent dans la conviction que ceux qui n'ont rien fait ne doivent pas vivre sur le compte des autres. De même, on peut penser que les gestes philanthropiques s'appuient sur le sentiment que tout être humain a droit à sa part du «gâteau». Nous y reviendrons au chapitre 9 lorsque nous examinerons la question de l'altruisme.

Les poids des rôles

Les rôles partagent beaucoup de points communs avec les normes sociales. A l'instar de Shakespeare, certains psychologues sociaux prétendent que la vie en société n'est rien d'autre qu'un immense théâtre avec ses personnages, ses scènes, etc. (Goffman, 1959). Aux multiples rôles de l'œuvre correspondraient les statuts sociaux. Aux différents protagonistes de la pièce correspondraient les membres du groupe social. Les rôles reprendraient les spécifications permettant à chacun de contribuer à la pièce qui ne cesse de se jouer devant nos yeux. Certains rôles, comme celui d'ami, sont très informels et implicites, d'autres, comme celui de juge d'instruction, sont très codifiés et explicites. Les rôles permettent une saine division des tâches au sein des groupes, ils fournissent des attentes sociales à propos des différents membres du groupe et précisent à chacun quelle est sa place au sein de l'entité sociale.

Les rôles sociaux nous renseignent sur le genre de comportements qu'il convient de poser dans un contexte donné. Une des illustrations les plus célèbres de l'impact des rôles sur les conduites des gens nous vient d'une étude conduite par Zimbardo (1971; Zimbardo *et al.*, 1973). Vus de façon rétrospective, les moyens humains et matériels mis en œuvre pour cette expérience sont considérables et en font un événement barnumesque dans l'histoire de la discipline. Jugez plutôt! Pour mener son étude à bien, Zimbardo investit tout le sous-sol de la Faculté de Psychologie de Stanford. Il y construit une prison destinée à servir quinze jours. Pour recruter les sujets de son expérience, tous des étudiants, il publie une annonce dans le journal local et leur promet une rétribution de 15$ par jour pendant 2 semaines. Sur les 70 candidats qui se déclarent prêts à participer, les tests psychologiques permettent de former un groupe de 24 adultes en excellente condition physique et mentale, issus de tous les milieux et originaires de tous les endroits du continent nord-américain. De façon très claire pour les sujets, 12 d'entre eux se voient aléatoirement assigner le rôle de prisonniers tandis que le sort confie le rôle de gardiens aux 12 autres. Zimbardo s'apprête donc à accueillir des jeunes gens parfaitement informés que les rôles ont été répartis au hasard et que tous sont rémunérés pour prendre part à cette étude.

Pour le reste de la mise en scène et une fois l'expérience proprement dite lancée, tout est fait pour se rapprocher autant que faire se peut d'une véritable situation de prison. Les «prisonniers» sont arrêtés à leur domicile, alignés devant une voiture de police, fouillés, menottés, et conduits à la prison sirènes hurlantes. Arrivés dans le sous-sol de l'université, ils sont déshabillés et se voient appliquer des produits contre les poux et autres parasites. Ils reçoivent ensuite une casquette destinée à dissimuler leurs cheveux ainsi qu'une sorte de longue blouse à porter sans sous-vêtements. Enfin, ils sont conduits à l'intérieur de cellules. Les «gardiens» sont confrontés au scénario totalement inverse. On leur donne un uniforme, des lampes de poches, des lunettes de soleil, et, le plus important, l'autorité sur les prisonniers. L'internement commence!

L'ambition de Zimbardo est claire : mettre en exergue des attitudes et des conduites typiques de gardiens et de prisonniers. Les faits iront bien au-delà de ses espoirs les plus fous même si tous les participants savent que le simple lancer d'une pièce a fixé leur sort. Non seulement les prisonniers se révoltent mais les gardiens organisent immédiatement la répression. Ils privent de nourriture ceux qui en demandent et forcent à manger ceux qui osent se lancer dans une grève de la faim. Ils soumettent les prisonniers à toutes sortes de sévices physiques : ils les privent de sommeil, ils les font exécuter des tâches dégradantes comme nettoyer les toilettes à mains nues, ils confinent certains des prisonniers à l'isolement total, ils les obligent à demander la permission d'aller aux toilettes, forçant certains à se contenter d'un seau hygiénique. Le résultat est que les prisonniers deviennent rapidement apathiques. Bref, gardes et prisonniers reproduisent la plupart des comportements avilissants que l'on peut rencontrer dans de vraies prisons. Le problème de cette simulation est d'avoir trop bien marché. Zimbardo arrêtera l'expérience après six jours, soit une semaine avant le terme prévu.

Pourquoi les gardiens se sont-ils montrés aussi brutaux? Pour répondre à cette question, Zimbardo organisa une série de discussions entre les ex-gardiens et les ex-prisonniers. Au cours de ces sessions, les participants qui s'étaient vu attribuer le rôle de prisonniers évoquèrent spontanément l'existence de trois types bien différenciés de gardiens. Il y a d'abord les bons gardiens. Ceux-là expriment de la gentillesse et tentent le plus souvent de venir en aide aux prisonniers. Viennent ensuite les gardiens «moyens» qui, même s'ils ne sont pas d'un grand secours, évitent tout de même de commettre des exactions. Enfin, les mauvais gardiens sont ceux qui donnent libre cours à une grande dose de brutalité.

Cette distinction entre trois catégories de gardiens renvoie à une observation maintes fois rapportée par les rescapés de prises d'otages ou par les rares survivants des camps de la mort nazis. S'il existe de nombreux gardiens scrupuleux, la simulation de Zimbardo atteste l'impact prépondérant des mauvais gardiens dans ce genre de situation. Ce sont leurs conduites, inutilement violentes, qui influencent le plus l'ensemble des gardiens. Sans doute l'explication se situe-t-elle dans l'indulgence complice des bons gardiens à l'égard des normes de la situation. Chaque fois qu'un mauvais gardien résout un problème avec un prisonnier en usant de la force de manière disproportionnée, il communique aux autres gardiens sa vision de ce qu'il convient de faire dans la situation. A moins de voir les bons gardiens manifester de façon publique leur désapprobation, l'escalade de la brutalité est inéluctable.

L'expérience de Zimbardo a d'autres implications encore. On y voit comment des gens qui se trouvent dans les mêmes rôles manifestent des conduites similaires. On y constate aussi comment des personnes qui occupent des rôles distincts adoptent des comportements diamétralement opposés. Tout ceci alors que les participants de l'expérience ne sont ni très différents les uns des autres, ni très semblables les uns aux autres. Chacun d'entre nous est amené à assumer des rôles différents à divers instants de la journée : mari, ami, professeur, automobiliste, sportif, etc. Toutefois, le fait que nos interlocuteurs ne nous voient souvent évoluer que dans un registre très limité de rôles tend à masquer la complexité de nos comportements et la richesse de notre personne. Nous avons déjà eu l'occasion de souligner les dangers de cette partialité au moment de traiter l'erreur fondamentale d'attribution.

Ce chapitre a permis de mettre en évidence une série de facteurs qui contribuent à l'uniformité des conduites sociales. En effet, les régularités comportementales émergent comme un produit de l'activité consensuelle des groupes. C'est particulièrement le cas lorsque les circonstances appellent la définition de nouvelles normes sociales. Dans le cas de l'imitation ou lorsque des normes sont bien ancrées dans le tissu social, un phénomène identique résulte d'une acceptation quasiment automatique dans le chef des individus. Pour autant, il ne faudrait pas considérer que les rapports égalitaires constituent la seule manière de susciter un haut degré de conformisme. C'est assez évident dans le cas de l'imitation. Le modèle entretient un rapport hiérarchique vis-à-vis de l'«élève», ne serait-ce que sur un plan affectif. Lorsque Marilyn Monroe se suicida le 6 août 1962, les statistiques américaines rapportèrent 200 suicides de plus que la normale dans le mois qui suivit. Un constat identique prévalut dans le scénario expérimental imaginé par Sherif. La norme créée par les groupes correspondait rarement à une position médiane. Dans le même ordre d'idées, certaines étudiantes du Bennington College étaient manifestement plus influentes que d'autres. Enfin, l'expérience de Zimbardo (1971; Zimbardo *et al.*, 1973) montre bien que les mauvais gardes finissent par imposer leur point de vue. Une norme pourrait-elle s'imposer parce que certains taisent leur opposition? La frontière qui sépare l'acceptation volontaire de la soumission est fine. Le chapitre suivant aborde de façon explicite les phénomènes de conformisme et de soumission.

Chapitre 7
Conformité et obéissance

Le chapitre précédent nous a rappelé à quel point les interprétations de la réalité sont multiples. Rien d'étonnant dès lors à ce qu'une bonne coordination entre individus réclame l'existence de certains guides et à ce que les membres d'un groupe s'influencent les uns les autres pour se doter de normes de conduites. Les expériences de Sherif illustrent de façon remarquable la manière dont les gens se tournent les uns vers les autres pour trouver des clefs d'interprétation de la réalité et y répondre. Parfois, pourtant, certains écarts apparaissent entre les différents membres du groupe. La majorité se rend compte que certains individus, voire des composantes importantes du groupe, ne partagent pas le point de vue dominant. Presqu'automatiquement, il s'agira alors de faire rentrer tout le monde dans les rangs et d'imposer les vues majoritaires. En cas de réussite, on parlera de **conformité** de la part de l'individu ou du sous-groupe qui abandonne ainsi ses positions initiales pour adopter le point de vue majoritaire.

LA CONFORMITÉ

Tout le monde se rappelle sans doute les mésaventures de l'empereur et de son nouvel habit, un conte de Hans Christian Andersen. Cet empereur était très vaniteux et dépensait sans compter pour ses toilettes. Un jour, de fieffés escrocs prétendirent lui tailler des habits dotés de pouvoirs magiques : ils seraient invisibles pour les sots et les incultes. Quand il essaya ses nouveaux habits, l'empereur fut bien embarrassé de constater qu'il ne les voyait pas. Etait-il donc un inculte, un imbécile, contrairement à ses conseillers qui s'extasiaient sur les merveilles qu'il portait? Il voulut montrer à ses bons sujets la magnificence de sa nouvelle tenue. Bien sûr, tous s'étonnèrent de voir leur empereur défiler sans vêtements, mais aucun n'eut l'audace de contredire la foule des admirateurs. Tout aurait pu se passer dans la dignité si une voix innocente n'était venue rompre le charme. Non, décidément, cet enfant avait beau regarder, il ne voyait aucun habit et, au grand dam du souverain, il s'empressa de dire ce qu'il voyait. Cela servit de leçon à notre empereur vaniteux.

Par ses mésaventures, l'empereur du conte d'Andersen illustre à la perfection un aspect central de l'influence sociale : nous ne nous basons pas seulement sur notre expérience intime pour définir ce qu'est la réalité mais nous nous reposons également beaucoup sur les autres. Nous sommes sensibles au point de vue des gens parce qu'ils vivent dans le même monde que nous. Dès lors, chaque fois que nous sommes en désaccord avec notre entourage, nous nous trouvons dans une position délicate. Que faire dans ces cas-là? Comment résoudre de telles crises? L'option la plus sage consiste souvent à nous en remettre aux autres.

L'effet Asch

Qu'autrui vienne à notre rescousse pour compenser l'ambiguïté du monde environnant a longtemps été un postulat indiscuté de la psychologie sociale. Les propositions théoriques de Festinger (1950, 1954) résument cette perspective. Selon cet auteur, nous avons un besoin constant d'évaluer notre position par rapport aux autres. Pour connaître exactement nos opinions, nos capacités et nos sentiments, nous exploiterons dans la mesure du possible des indicateurs objectifs. Tout le monde sera d'accord pour dire qu'un chronomètre offre un bon moyen de mesurer sa vitesse de course. Par contre, si les critères objectifs viennent à manquer ou n'existent pas, nous nous tournerons vers autrui. Dans la sphère sociale, les circonstances nous forceront souvent à interpeller les autres afin de valider nos opinions.

La normalisation mise en évidence dans le scénario de Sherif peut facilement s'interpréter de ce point de vue. Les jugements des sujets convergent dans la mesure où le phénomène paraît difficile à évaluer sur la seule base sensorielle. Convaincus que l'effet autocinétique renvoie à la réalité, les sujets tentent de s'accorder. D'ailleurs, s'ils apprennent qu'il s'agit d'une illusion d'optique (Sperling, 1946) ou que les désaccords sont fréquents (Alexander *et al.*, 1970), ils renoncent à se concerter. Selon Asch, les réponses à l'effet autocinétique mettent en évidence la rationalité des sujets et discréditent une explication en termes de simple suggestion. Certes, les gens peuvent douter, auquel cas ils consulteront leurs semblables, mais, s'ils ont confiance en leurs propres réactions, ils resteront indifférents aux avis d'autrui. Pour étayer cette interprétation, Asch imagine de tester les limites de l'influence sociale en confrontant ses sujets à des stimuli démunis de toute ambiguïté (rappelez-vous l'introduction du livre et le matériel de la première expérience de psychologie sociale par Binet et Henri). Les prédictions sont simples : si le matériel ne prête pas à confusion, toute tentative d'influence se révélera vaine. Au grand étonnement d'Asch, les faits apporteront un démenti cinglant à ses hypothèses. C'est le célèbre effet Asch!

Huit étudiants font face à un tableau. L'expérimentateur les informe qu'ils vont participer à une expérience destinée à tester l'exactitude de leur perception visuelle. A 18 reprises, il va déposer deux cartons rectangulaires à un mètre de distance sur le tableau. Une seule ligne noire est dessinée sur le carton de gauche tandis qu'il y en a trois, chacune de grandeur différente, sur le carton de droite. Une de ces 3 lignes a une longueur égale à celle du carton de gauche. A chaque essai, l'expérimentateur demande laquelle des trois lignes est équivalente à la ligne étalon. Les sujets donnent leur jugement les uns après les autres, à haute voix, toujours dans le même ordre, en commençant par la gauche.

Le premier essai ne présente aucune difficulté : tout le monde est d'accord; la tâche est d'ailleurs dépourvue de toute ambiguïté. Il en va de même pour l'essai 2. Au troisième essai, cependant, un phénomène étrange se produit. Le premier sujet répond sans hésitation ainsi que les cinq suivants qui donnent la même réponse que le premier. Pendant ce temps, le sujet 7 s'agite de plus en plus, il croise et décroise les jambes, se passe la main dans les cheveux et sur le visage. Le sujet 8, lui, reste impassible. Le même contraste d'émotions va apparaître à l'essai 4 : le sujet 7 sera toujours aussi nerveux et les autres aussi sereins.

Que se passe-t-il dans la tête du sujet 7?

Premier essai : «Voyons, c'est facile, la réponse est la ligne 2. D'ailleurs tout le monde est d'accord. Vraiment, c'est enfantin.»

Deuxième essai : «Evident! C'est un... Bon, on est tous d'accord.»

Troisième essai : «C'est 3, cette fois. Quoi? Qu'a dit le premier? N'est-ce pas un qu'il a dit. Bon, comme c'est original... Quoi! le n° 2 dit 1 aussi. Allons bon, que se passe-t-il ici? Un rassemblement de farfelus... ou alors moi? Le n° 3 dit 1 aussi, et 4 et 5 et 6. Ils sont tous d'accord. Maintenant, c'est mon tour. Que vais-je bien dire? Ils ont l'air de me regarder. Bah, si je disais 1 comme les autres? Mais non, sapristi, c'est 3 la bonne réponse, ou alors je peux aller chez l'opticien. Allez, je vois 3, je dis 3. «Trois!» Ca y est, ils me regardent tous, ils ont l'air de s'amuser. Et le n° 8 dit 1 aussi. Il ne pouvait pas dire 3 comme moi? Je me serais senti mieux : peut-être les autres avaient-il imité le premier.»

Quatrième essai : «Qu'a-t-il dit de nouveau? Deux? Mais c'est 1! Et voilà les autres qui disent de nouveau la même chose. Décidément, cela s'aggrave; que dois-je faire maintenant? Si je dis 1, car c'est 1, il n'y a pas de problème, je ne suis quand même pas aveugle, si je dis 1, de quoi aurai-je l'air? Ils vont éclater de rire, me prendre pour un idiot. Ils ne peuvent quand même pas tous se tromper. Si un d'eux au moins disait 1. Mais allez donc... Ca y est, c'est mon tour. «Deux». Oui, j'ai dit 2 mais je suis presque certain que c'est 1. Ah! tout seul, ce serait beaucoup plus facile, mais la prochaine fois, on ne m'aura... je crois qu'on ne m'aura plus.»

Vous l'aurez deviné, ce scénario est truqué. Le pauvre sujet 7 se retrouve piégé dans une toile savamment tissée par le chercheur. La ruse consiste à lui faire croire que les autres participants de l'expérience sont eux aussi d'authentiques sujets. En réalité, ces derniers mettent en scène un plan très précis visant à ébranler la confiance du seul véritable participant à l'étude. Pour 12 des 18 jugements de lignes, les comparses ont mission de fournir unanimement une mauvaise réponse.

Asch comptait sur la résistance des sujets. Les résultats sur les 12 essais critiques montrent qu'au total, 37 % des réponses, c'est-à-dire plus d'une réponse sur trois, sont conformes à celle formulée par le reste du groupe. Ce taux de suivisme est considérable si l'on tient compte de la facilité de la tâche. En effet, lorsque des sujets sont testés de manière individuelle, moins de 1 % des réponses s'avèrent fausses. Ce niveau global de conformité, s'il est impressionnant, cache toutefois des disparités importantes entre les sujets. Ainsi, un sujet sur quatre reste indépendant tout au long de l'expérience. A l'opposé, un tiers des sujets s'aligne de façon préférentielle sur la mauvaise réponse fournie par les autres participants. Ce qui frappe également, c'est que, pour un sujet donné, l'influence du groupe n'évolue guère : si la majorité ne s'impose pas d'emblée, elle ne parvient ensuite que difficilement à faire fléchir les réponses. Ces différences suggèrent l'existence de deux catégories d'attitudes : l'indépendance et le conformisme.

Pour se renseigner sur les raisons du comportement de ses sujets, Asch avait l'habitude de conduire des entretiens post-expérimentaux détaillés. Dans le cas présent, les comptes-rendus des participants confortent l'idée qu'il existe bel et bien deux grandes catégories de réactions. D'un côté, la manifestation d'indépendance se caractérise par un sentiment de confiance du sujet dans ses propres perceptions ou par un sentiment de retrait et de défiance par rapport aux autres participants. De l'autre, on retrouve la stratégie de suivisme. Certains sujets avouent avoir eu peur des réactions négatives des autres membres du groupe. D'autres reconnaissent avoir suivi l'avis de la majorité parce que son unanimité plaidait en faveur de l'exactitude.

On imagine la surprise des chercheurs lorsqu'ils prirent connaissance des résultats de l'expérience d'Asch. Comment est-il possible que des gens se conforment autant dans une situation où la réponse exacte paraît aussi évidente ? L'engouement fut immédiat et on inventa des procédures expérimentales plus économiques qui sont encore d'application aujourd'hui (Crutchfield, 1955).

Dépendance informationnelle et dépendance normative

Les entretiens réalisés par Asch frappent par la redondance des préoccupations mentionnées par chacune des deux catégories de sujets. De toute évidence, les raisons de l'indépendance et du conformisme touchent aux mêmes sphères et suggèrent l'existence d'un double conflit. Le premier type de souci renvoie à un désir d'objectivité face à l'environnement. Les gens sont habitués à faire confiance à leurs sens et les réponses des autres participants amènent le doute. Comment se doivent-ils de réagir ? Le second souci est davantage social et prend en compte les relations avec les autres participants. En effet, les sujets ne tiennent pas à se placer en marge du groupe et sont prêts à faire des concessions. Ils iront jusqu'à mettre en veilleuse leur point de vue pour sauvegarder la bonne entente entre les membres du groupe.

Deutsch et Gerard (1955) évoquent ce double conflit en parlant de deux types d'influence. La **dépendance informationnelle** renvoie à la prise en compte des opinions d'autrui pour en savoir plus sur la réalité. La **dépendance normative**, quant à elle, est l'influence liée à la recherche d'approbation sociale. Cette dichotomie distingue les facteurs qui renseignent quant à la vérité des choses et ceux qui spécifient les comportements appropriés dans une situation. Une telle grille de lecture correspond aux propositions théoriques de Festinger qui, avec Lewin, a été un des grands papes de la psychologie sociale. La **théorie de la comparaison sociale** de Festinger, déjà abordée plus haut, s'apparente à la dépendance informationnelle. Les gens s'appuient sur leur entourage social pour valider leur opinion sur la réalité. Dans sa **théorie des pressions vers l'uniformité**, Festinger (1950) s'intéresse également aux raisons qui poussent les membres d'un groupe à se conformer les uns aux autres. Il identifie notamment une fonction dite de locomotion du groupe qui concerne très directement le succès du groupe. Selon lui, les pressions du groupe sur ses membres sont d'autant plus fortes que ceux-ci dépendent les uns des autres pour réaliser les buts qu'ils se sont assignés et que l'uniformité paraît indispensable pour la réalisation des objectifs du groupe. Manifestement, les pressions vers l'uniformité renvoient à l'idée de dépendance normative.

La nature des liens qui unissent l'individu et la source d'influence est également au cœur de l'analyse théorique proposée par Kelman en 1958. Selon cet auteur, il convient de distinguer trois types d'influence : la complaisance, l'identification et l'internalisation. La complaisance concerne un changement de surface qui vise avant tout l'obtention de bénéfices ou l'évitement de désagréments. La réponse publique obéit à une source d'influence qui, sous une forme ou une autre, maîtrise les récompenses et les punitions. L'identification correspond à un changement dont l'objectif principal est d'établir ou de maintenir une relation positive entre la cible et la source d'influence. La source d'influence jouit d'un certain attrait parce qu'elle possède des attributs qui rendent la relation désirable. Le changement provoqué par l'identification se produit tant sur le plan public que privé mais dépend de la pérennité de la relation avec la source d'influence. L'internalisation prend place lorsque la cible adopte la position avancée par la source d'influence pour ses mérites propres. La crédibilité de la source constitue ici une dimension cruciale. Le changement de la structure de connaissances est profond et durable. Alors que la complaisance renvoie essentiellement à l'idée de dépendance normative, l'internalisation évoque plutôt la notion de dépendance informationnelle. L'identification recouvre une zone où les deux types de dépendance jouent un rôle. Enfin, le caractère public et/ou privé du changement provoqué dans chacun des cas suit le même schéma. Quoique bien d'autres analyses théoriques ou empiriques des formes d'influence et de pouvoir puissent être abordées, la typologie de Kelman a le mérite de fournir un cadre à la fois simple et heuristique pour la compréhension des phénomènes d'influence sociale.

Un des fondements des expériences sur la conformité concerne la croyance ferme des sujets dans l'objectivité du stimulus. Le suivisme devrait donc diminuer si on laisse entendre qu'un même stimulus peut donner lieu à différentes réponses. On retrouve ici un effet déjà observé chez Sherif. C'est parce que les gens croient qu'il existe une et une seule réalité, commune à tous, que la normalisation opère. C'est pour les mêmes raisons que survient la conformité. Lorsqu'une explication sensée rend compte du différend entre les participants, aucun malaise ne s'installe et les sujets ont confiance dans leur perception.

C'est ce que montre très bien une expérience de Ross *et al.* (1976). Dans un scénario à la Asch, les expérimentateurs annoncent aux sujets qu'ils recevront une récompense en cas de bonne réponse. Les sujets apprennent en outre que les autres participants de l'étude suivent des règles légèrement différentes et se verront octroyer une prime supplémentaire si leur réponse est bonne. Dans un tel contexte, les sujets se disent sans doute que les réponses farfelues de leurs collègues s'expliquent par un désir de risquer gros. En tous cas, le taux de conformité est effectivement beaucoup plus faible. Ces résultats attestent le travail attributionnel des participants. L'assurance face aux autres sujets n'existe que parce que leur réponse est jugée fausse. Si les gens n'ont aucune raison de douter de leur propre perception, la conformité n'a plus cours. L'expérience de Ross *et al.* (1976) souligne donc les conditions nécessaires pour induire les préoccupations informationnelle et normative. C'est vers les facteurs qui affectent précisément ces deux types de conflit que nous tournons maintenant notre attention.

Unanimité de la majorité et ambiguïté du stimulus

Si nous pensons que les autres partagent notre point de vue mais que les faits viennent démentir cette attente, nous nous trouvons devant un réel problème. Face à ce genre de situation, nous mettons en doute notre perception et prenons en considération les avis extérieurs. Différents aspects de la situation imaginée par Asch provoquent directement une dépendance informationnelle. Un facteur décisif est l'**unanimité** de la réponse majoritaire. De fait, nous considérons généralement que l'accord entre plusieurs individus est la plus sûre garantie contre l'erreur individuelle. Face à un lunatique qui donne une mauvaise réponse, il nous sera facile de garder le cap. Tout le monde peut se tromper ! La situation change de manière radicale lorsqu'un nombre important de personnes partagent la même opinion. Cette fois, penserons-nous, le jugement exprimé touche sans doute à la réalité des choses.

Asch (1955) avait pressenti l'impact de la taille de la majorité. Il a reproduit son scénario original en variant le nombre de comparses. Les données confirment les prédictions. Lorsque le sujet est seul, il ne commet quasiment pas d'erreurs. Quand un comparse l'accompagne et fournit des réponses fantaisistes, l'influence reste dérisoire. Les choses changent de façon spectaculaire à partir de trois complices : la fausse réponse s'impose alors bien plus facilement (Gerard *et al.*, 1968). D'autres travaux, conduits en-dehors du laboratoire, confirment l'intérêt de rassembler un nombre suffisant de personnes pour exercer un impact. 1, 2, 3, 5, 10, ou 15 personnes s'arrêtent dans une rue animée de New York et regardent en l'air. La proportion de passants « naïfs » qui lèvent la tête augmente de façon spectaculaire quand on passe de 1 à 5 personnes. Vous aurez reconnu ici un nouvel effet de la **preuve sociale** (Latané, 1981).

L'unanimité ne permet pas seulement de minimiser les chances qu'une erreur vienne se glisser dans les estimations des sujets. Par définition, une réponse unanime implique aussi la répétition de la réponse majoritaire. Dans le domaine scientifique, les vertus de la répétition sont immenses. Pour le chercheur, reproduire un résultat scientifique constitue le meilleur moyen de montrer sa maîtrise d'un phénomène. L'exemple des sciences, forme ultime d'acquisition du savoir objectif, permet en fait de nous aiguiller vers une autre dimension critique du consensus, celle de l'indépendance des points de vue. Un résultat scientifique aura en effet d'autant plus de chances de s'imposer que des scientifiques d'horizons divers dans des laboratoires différents seront à même de le reproduire. De la même façon, une opinion sera d'autant plus influente qu'elle émane de personnes indépendantes.

Wilder (1977) a voulu tester le fait que ce n'était pas tant le nombre mais l'indépendance des avis qui comptait dans la situation d'Asch. Avant de se prononcer sur un cas judiciaire, le sujet devait regarder une bande vidéo dans laquelle six personnes exprimaient leur opinion sur le cas en question. Les données révèlent que deux groupes de trois personnes exercent plus d'influence qu'un seul groupe de six personnes. Trois groupes de deux personnes entraînent encore davantage de conformité. De toute évidence, l'importance numérique ne peut rendre compte des résultats de cette étude car le sujet se trouve toujours confronté au même nombre d'avis dans les différentes conditions de l'expérience. C'est l'indépendance apparente des membres de la majorité qui confère à cette dernière sa crédibilité (Harkins & Petty, 1987).

L'unanimité semble jouer un rôle crucial dans l'émergence de la conformité. C'est en effet par l'homogénéité d'une série d'opinions indépendantes que le sujet se laisserait convaincre. Que se passerait-il si cette belle régularité était mise en défaut? Plusieurs expériences ont mis une telle situation en scène. Elles montrent que le taux de conformité diminue de façon très sensible dès l'instant où un **dissident** vient mettre à mal la cohérence de la majorité.

Asch (1956) avait déjà pensé à mettre en scène un groupe majoritaire au sein duquel viendrait se manifester un dissident. Comme le jeune enfant dans l'histoire des habits de l'empereur, cet allié permet au sujet de tenir tête aux pressions de la majorité. En réalité, il suffit que le rebelle se démarque du reste de la majorité, en donnant par exemple une réponse encore plus fausse que celle des autres participants, pour que le sujet puisse manifester son indépendance (Allen, 1975). Le taux de conformité diminue même si le marginal est malvoyant et semble répondre au hasard (Allen & Levine, 1971). Le pouvoir de la majorité ne réside donc pas tant dans le poids du nombre que dans celui d'une consistance jamais mise en défaut. Un accord unanime permet d'écarter la possibilité que les caractéristiques individuelles des membres de la majorité sont responsables de leur réponse (rappelez-vous aussi le modèle de Kelley, 1967, au chapitre 3). A l'opposé, le support social d'un seul allié suffit pour miner l'influence majoritaire. Dans une superbe extension de cette problématique, Nemeth et Chiles (1988) ont montré que le seul spectacle de la dissidence peut engendrer la dissidence. Dans cette étude, certains sujets voient d'abord un individu répondre «vert» à une série de diapositives bleues tandis que les autres personnes présentes dans la situation donnent la bonne réponse. D'autres sujets observent l'ensemble des participants fournir la bonne réponse «bleu». Tous sont ensuite confrontés à une majorité qui estime que des diapositives manifestement rouges sont «oranges». Même si le dissident ne fournissait pas la réponse correcte, les sujets ayant assisté à son «combat» sont davantage susceptibles que les autres de résister à la pression majoritaire et de donner la bonne réponse «rouge». Les données présentées dans la figure 7.1 révèlent en outre que plus le comportement dissident observé antérieurement s'est avéré consistant plus les sujets paraissent en mesure d'exprimer leur propre point de vue. En somme, le fait de voir un individu tenir tête à une majorité unanime, en particulier lorsqu'il ne montre aucun signe de faiblesse, peut influencer d'autres gens et leur donner le courage de résister.

Un autre aspect du conflit informationnel concerne le caractère équivoque du stimilus. Plus le stimulus est **ambigu** ou difficile à juger, plus le doute s'installe chez le sujet, plus il est amené à prendre en considération le point de vue de la majorité et plus il tend à se conformer. Asch

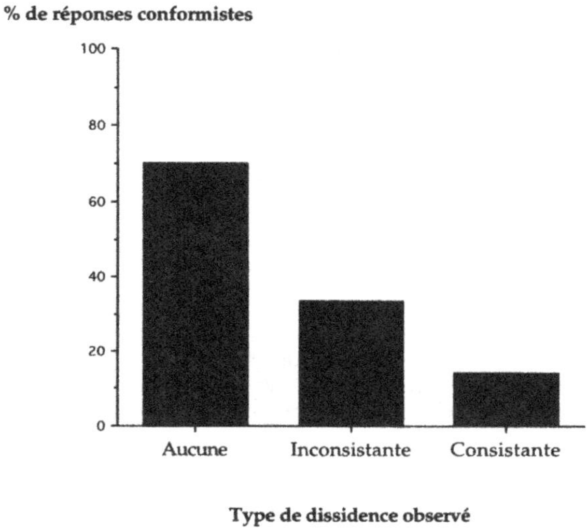

Figure 7.1 — Pourcentage de réponses conformistes selon le type de dissidence observé.

avait déjà remarqué que des différences ténues, plutôt que grossières, entre les lignes utilisées provoquaient davantage de conformité.

Après les premières études d'Asch, les recherches se sont concentrées sur la difficulté des items et les compétences des individus. Si la tâche concerne des questions ardues, les participants se sentent moins à l'aise et se rangent plus volontiers derrière l'avis de leurs collègues (Coleman *et al.*, 1958). D'autre part, lorsque les gens sont amenés à croire qu'ils possèdent un savoir-faire dans une sphère donnée, l'influence du groupe est fortement réduite. A l'inverse, si les sujets s'estiment plutôt mauvais dans une tâche particulière, la conformité augmente. On peut certes jouer sur les compétences, avérées ou fictives, de l'individu isolé mais on peut aussi tabler sur les capacités présumées des autres participants. Ainsi, faire croire que les membres de la majorité sont spécialement doués pour les exercices utilisés dans l'expérience, parfois simplement en augmentant le nombre d'essais neutres pour lesquels la majorité donne systématiquement la réponse exacte, accentue le suivisme du minoritaire lors des essais critiques.

De toute évidence, les stimuli utilisés par Asch ne posent aucun problème de perception. C'est ce constat qui rend d'ailleurs l'émergence de la conformité à ce point spectaculaire. Or, en gestaltiste convaincu, Asch s'intéressait surtout au travail cognitif de ses sujets. Les sujets allaient-ils réorganiser leurs perceptions en fonction des réponses exprimées par la majorité? Cette préoccupation théorique caractérise les recherches d'Asch (1940) antérieures à celles qui viennent d'être présentées. L'idée était de contrer une vision mécaniciste de la conformité selon laquelle les gens adopteraient le point de vue de la majorité pour des raisons strictement utilitaires. Asch voulait montrer que la connaissance de l'avis de la majorité équivaut à un changement de parties qui modifie radicalement la perception de l'entièreté du problème.

Dans une étude datant de 1940, Asch demande à des étudiants de ranger 10 professions (comptable, ingénieur, industriel, journaliste, avocat, dentiste, médecin, professeur, artiste et politicien) en fonction des cinq qualités suivantes : intelligence, utilité sociale, conscience professionnelle, idéalisme et stabilité du caractère. Dans un groupe contrôle, les sujets doivent réaliser cette tâche sans recevoir d'informations complémentaires. Un deuxième groupe de sujets apprend au préalable que 500 étudiants ont accordé la première place aux politiciens pour l'ensemble des qualités. Dans un troisième groupe, les sujets sont informés que 500 étudiants ont placé les politiciens en dernière position pour les cinq qualités concernées. A un dernier groupe, on dit que les politiciens ont été rangés en première position pour deux qualités (utilité sociale et stabilité du caractère) mais occupent la dernière place pour les trois autres caractéristiques (intelligence, conscience professionnelle et idéalisme). Outre l'impact massif de l'opinion du groupe de référence, Asch montre également que les sujets songent à des politiciens très différents selon que les jugements des 500 étudiants sont favorables ou défavorables. Ce constat n'est pas compatible avec une interprétation purement mécaniciste de la conformité mais s'accorde parfaitement avec l'idée d'une réorganisation cognitive de la part des sujets.

Pour Asch, la majorité détermine l'objet du jugement et non le jugement de l'objet. En d'autres termes, le changement d'opinion ne correspond pas à un changement réel de l'évaluation de l'objet mais laisse penser que d'autres caractéristiques sont prises en considération. Malheureusement pour Asch, les interviews menées à l'issue de son expérience ne recèlent guère de traces de ce genre de processus. Il est évident, toutefois, que l'utilisation d'un stimulus clair constitue un véritable problème. Il ne faut pas être grand sorcier pour constater que les lignes ne laissent pas beaucoup de place à la créativité des sujets. Qu'adviendrait-il par contre si le stimulus se prêtait davantage à un travail de réinterprétation? Un matériel à la fois moins structuré et plus riche devrait sans doute générer davantage de réactions compatibles avec la perspective gestaltiste chère à Asch.

Des sujets sont confrontés à des jugements d'autres membres du groupe à propos de phrases telles que «je ne m'écarterais jamais de mon chemin pour venir en aide à quelqu'un si je devais pour cela renoncer à ma satisfaction personnelle». Des études préalables indiquent que la plupart des gens contestent cet énoncé. Le scénario expérimental faisait donc en sorte que la majorité exprime son accord avec la phrase. En présence d'une telle opposition, les sujets modifiaient de façon substantielle le sens qu'ils donnaient à la phrase. Alors que l'interprétation recueillie chez des sujets contrôles traduisait généralement « s'écarter de son chemin » par quelque chose comme « être dérangé », les sujets expérimentaux y voyaient l'idée de « risquer sa vie », faisant donc référence à des conséquences beaucoup plus graves. Autrement dit, une relecture assez radicale de l'énoncé permettait aux participants de réconcilier leur point de vue avec les réactions inattendues des autres membres du groupe. Pour vérifier de manière directe cette interprétation des résultats, Allen et Wilder (1980) ont donné à d'autres participants des énoncés réécrits dans le sens indiqué. Comme prévu, ils ont constaté encore davantage de conformité.

Si la restructuration cognitive est difficile à réaliser dans le paradigme mis au point par Asch, le processus de réinterprétation prédit par Asch et mis en lumière par Allen et Wilder est sans doute plus fréquent qu'on ne le pense. Bien entendu, il ne vaut que dans la mesure où l'unicité de la réalité n'est pas remise en cause. Là où plusieurs avis sont censés se côtoyer, comme dans le domaine des goûts et des couleurs, les sujets manifesteront moins de conformité. Même si mes collègues portent l'impressionnisme aux nues, mon admiration pour les œuvres de Delvaux, Magritte et Ensor ne me gênera guère. C'est ce que montre très bien une étude de Crutchfield (1955). A chaque essai, les participants se voyaient présenter deux dessins et devaient indiquer leur préférence. Grâce à des informations recueillies au préalable, on savait qu'un des deux dessins était plus apprécié que l'autre. L'expérimentateur s'arrangeait alors pour faire croire au sujet que la majorité des participants de l'expérience avait sélectionné le dessin le moins populaire. Dans ces conditions, les sujets se rallient très peu à l'avis majoritaire. Manifestement, le conflit informationnel est moins important lorsque la tâche de jugement concerne la politique, la moralité, l'art, etc., bref, lorsque les gens se situent dans la sphère subjective (Kaplan & Miller, 1987). Toutefois, si le taux de conformité décroît lorsque l'objectivité du stimulus diminue, les sujets demeureront sensibles à d'autres impératifs. Ainsi qu'en témoignent les entretiens rassemblés par Asch, la dimension normative joue aussi un rôle crucial dans l'émergence du suivisme.

Publicité des débats et cohésion du groupe

L'importance de la dimension normative est mise en relief dans une expérience d'Asch (1955) trop peu citée à notre avis. Dans ce scénario, les sujets apprenaient qu'ils arrivaient trop tard pour participer à l'expérience avec le reste du groupe et ne se voyaient donc pas autorisés à répondre en public. Moyennant une légère modification de procédure, l'expérimentateur les autorisait néanmoins à prendre part à l'expérience. Ils devaient simplement noter les réponses exprimées par les autres participants ainsi que la réponse qu'ils auraient eux-mêmes fournie si l'occasion leur en avait été donnée. Leur avis était alors transmis directement à l'expérimentateur. Dans la mesure où les réponses de ces sujets demeuraient secrètes, ceux-ci ne devaient pas craindre de passer pour des imbéciles s'ils émettaient un avis contraire à celui du groupe. En d'autres termes, si les réponses recueillies dans ces conditions cessaient de refléter l'influence des autres participants, c'est que les pressions normatives jouaient un rôle dans l'émergence de la conformité. Les résultats confirment cette conjecture. Même si les jugements de ces «retardataires» n'étaient pas aussi bons que ceux des sujets isolés, leurs réponses s'avéraient nettement meilleures que celles obtenues dans la condition publique de base.

L'écart entre les **réponses privée et publique** montre de manière indubitable que les préoccupations normatives modulent les réactions des sujets (Deutsch & Gerard, 1955). C'est une différence fondamentale entre la situation mise au point par Asch et celle imaginée par Sherif. Même s'ils plient momentanément devant le poids de la majorité, les sujets d'Asch ne modifient pas vraiment leur vision des choses. De fait, lorsqu'ils sont testés à nouveau de façon individuelle, leurs réponses redeviennent excellentes. On se rappellera que c'est tout le contraire qui se produit dans les expériences de Sherif. Même après un laps de temps d'une année, les sujets confrontés à l'effet autocinétique manifestent encore l'influence des normes de leur groupe (Rohrer *et al.*, 1954).

La manipulation explicite de l'**anonymat** n'est pas la seule stratégie permettant de mettre en évidence la dépendance normative. Les **buts** poursuivis par le groupe sont aussi de nature à amplifier l'intensité du conflit normatif. Dans une étude de Deutsch et Gerard (1955) calquée directement sur celle d'Asch, certains sujets apprennent que les groupes qui auront commis le moins d'erreurs se verront remettre des billets gratuits pour un spectacle. Par rapport à d'autres participants qui ne reçoivent pas cette instruction supplémentaire, les sujets motivés de la sorte manifestent davantage de conformité. On peut donc supposer que l'existence d'un objectif de groupe a renforcé la dépendance mutuelle des membres du groupe. En tout état de cause, le sujet naïf se montre davantage prêt à adopter le point de vue du groupe même si cela va à l'encontre de sa propre perception. L'intérêt de cette expérience est qu'elle incorpore un aspect omniprésent dans les situations naturelles, les desseins propres au groupe, et souligne les risques qui y sont associés. Nous reviendrons sur cette question dans le chapitre suivant lorsque nous aborderons le phénomène de pensée de groupe.

On ne s'étonnera pas d'apprendre qu'une forte **cohésion** du groupe exacerbe les tendances conformistes dans la mesure où elle accentue la dépendance normative des membres. Il en va de même pour les sentiments positifs que les membres du groupe peuvent ressentir les uns pour les autres (Festinger *et al.*, 1952). Dans le cas d'un groupe aimé, l'acceptation publique de l'opinion majoritaire risque d'ailleurs de se muer en adhésion sincère; de la complaisance on passe à l'identification et, peut-être même, à l'internalisation.

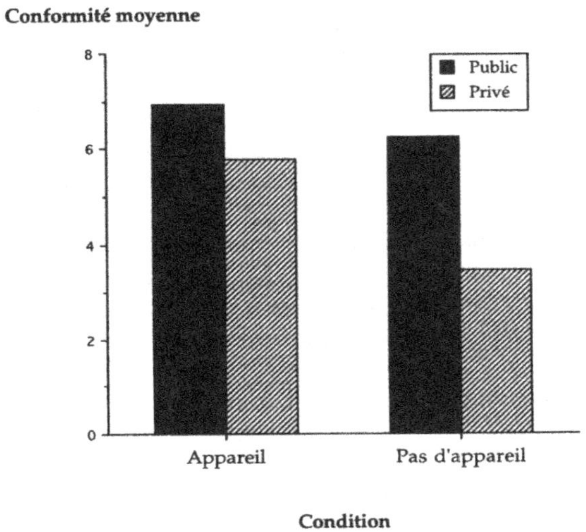

Figure 7.2 — Niveau moyen de conformité en fonction de l'existence présumée d'un appareillage et des conditions d'expression de l'attitude.

Dans la mesure où la plupart des psychologues sociaux ont surtout voulu illustrer une de ces deux facettes, ils ont concocté des scénarios privilégiant tantôt l'aspect normatif tantôt l'aspect informationnel. Or, dans la plupart des situations, les contraintes normatives et informationnelles se combinent pour déterminer le niveau de conformité. Une étude réalisée par Insko *et al.* (1983) présente la particularité d'examiner l'impact conjoint de ces deux dimensions (voir également Deutsch & Gerard, 1955). Dans cette recherche, les sujets se retrouvent en groupe de six et doivent indiquer si une diapositive de couleur projetée au centre de l'écran est identique à une autre projetée à droite ou à une troisième projetée à gauche. Pour une série d'essais critiques, les réponses des quatre participants qui précèdent le seul vrai sujet de l'étude et du dernier participant se démarquent de celles données par des sujets testés individuellement. Les conditions expérimentales varient sur deux aspects. D'une part, les réponses sont publiques ou privées. La dépendance normative devrait amener davantage de conformité en situation publique qu'en situation privée. D'autre part, l'expérimentateur évoque l'existence d'un appareillage lui permettant d'établir la réponse correcte ou avoue, au contraire, qu'il lui est impossible de déterminer l'exactitude des réponses. En principe, la dépendance informationnelle devrait pousser les sujets à se rallier davantage à l'avis de leurs collègues lorsque le chercheur mentionne l'existence d'un appareil de mesure fiable. Comme le montre la figure 7.2, les données confirment pleinement les hypothèses. Les conditions d'expression publique donnent lieu à davantage de suivisme. De même, la prétendue possibilité d'identifier les réponses exactes augmente le taux de conformité. Enfin, et ce n'est pas sans intérêt, toutes les conditions expérimentales se distinguent significativement d'une condition de contrôle dans laquelle les sujets réalisent la tâche seuls. Ce résultat suggère que les opinions des sujets ne relèvent pas seulement de la conformité publique mais aussi de l'internalisation.

Nous l'avons rappelé plus haut, la distinction entre dépendances informationnelle et normative trouve ses racines dans une série de propositions théoriques de Festinger. La dépendance informationnelle renvoie à la validité subjective de nos opinions. Selon Festinger (1950, 1954), cette dernière dépend de la manière dont nos opinions résistent à la réalité. Si notre conviction concerne un aspect de la réalité physique, celle-ci peut aisément être mise à l'épreuve. Pour vérifier si un verre résiste aux coups ou se brise facilement, il suffit de le frapper avec un marteau. En d'autres termes, des instruments objectifs ou simplement nos sens nous renseignent quant à la valeur de notre avis. Dans une série de cas, cependant, la validation des opinions devra passer par la sphère sociale. Ainsi, s'il s'agit de déterminer la valeur artistique du dernier film de Spielberg, les indicateurs objectifs font défaut et nos sens ne nous informent pas davantage. Reste la possibilité de faire appel à l'appréciation d'autrui. Mais n'importe qui ne peut pas nous rassurer sur le bien-fondé de notre conception des choses. Aux dires même de Festinger (1950), une opinion sera déclarée correcte si elle rencontre l'approbation des membres de notre groupe de référence. Selon Turner (1991), le fait de devoir recourir à la validation normative pour établir la validité subjective de nos opinions montre à quel point la dépendance informationnelle est fondamentalement sociale.

La théorie du référent informationnel

Pour Turner (1991), la validité d'une information, d'une opinion, d'un comportement n'est pas une propriété intrinsèque ou objective de l'information, de l'opinion ou du comportement, mais découle au contraire d'un processus de comparaison sociale. En clair, pour asseoir la validité de ce que nous voyons, pensons et faisons, nous dépendons de l'avis de gens que nous jugeons dignes de foi. Il se fait que les gens qui nous ressemblent et font partie des mêmes groupes que nous seront les mieux à même de nous renseigner quant à l'exactitude de nos opinions. Voilà qui montre l'imbrication étroite des dimensions informationnelle et normative. Même s'il n'est pas en porte-à-faux par rapport aux intuitions de Festinger, un tel constat remet en cause toute une tradition de recherche sur la conformité. Il range au rayon des utopies simplistes l'ambition qui consisterait à vouloir séparer les deux types de dépendance.

L'imbrication des deux types de dépendance est patente dans une recherche conduite par Linde et Patterson (1964). Ces auteurs ont confronté à une situation de type Asch des sujets normaux et des sujets paraplégiques confinés dans leur chaise roulante. Le taux de conformité était significativement plus important lorsque les groupes étaient homogènes (la majorité et la minorité comprenaient soit tous des paraplégiques soit tous des normaux) que lorsque les groupes étaient hétérogènes (un paraplégique face à une majorité de sujets normaux ou un sujet normal face à des paraplégiques). Les résultats de Linde et Patterson ne mettent pas seulement en cause la pertinence d'une antinomie entre les facettes normative et informationnelle. Ils soulignent aussi l'importance de la notion de **groupe de référence** dans le phénomène d'influence. Cette notion permet de comprendre que l'expérience typique d'Asch donne lieu à du conformisme pour autant que les sujets minoritaires accordent du crédit aux autres participants. N'avons-nous pas vu que la conformité s'estompe lorsque le témoignage des comparses perd de sa pertinence ou quand la tâche de jugement porte sur des préférences plutôt que sur des jugements de faits? C'est parce que les sujets sont convaincus que les autres participants ont affaire au même monde qu'eux et qu'une seule réponse doit prévaloir que l'influence se manifeste.

La **théorie du référent informationnel** traite la question de l'influence sociale en veillant précisément à y incorporer la notion de groupe de référence. Cette approche prend donc en compte la validation sociale des opinions. Au cœur de la théorie, on trouve le processus d'**auto-catégorisation**, processus que nous examinerons plus en détail dans le chapitre 11 lorsque nous aborderons la théorie de l'identité sociale. A ce stade, contentons-nous de dire que les gens se définissent à différents niveaux (être humain, membre du club de pétanque ou de snooker, moi en tant qu'individu distinct de tous les autres) selon les contextes dans lesquels ils se trouvent. Dans la situation d'Asch, par exemple, tout est fait pour que le sujet naïf considère les autres participants comme des pairs. En d'autres termes, le sujet et les autres membres de la session font partie du même groupe. Selon la théorie du référent informationnel, les gens cherchent à connaître les normes des groupes dont ils font partie. Quels sont les actes à poser? Que faut-il éviter? Quelles opinions sont valorisées? Quels points de vue sont à bannir? Bref, l'objectif est de repérer les caractéristiques marquantes du groupe et d'identifier la manière dont ce dernier se démarque des autres groupes. Une fois réalisées les étapes de constitution subjective du groupe et de repérage des normes, l'individu veille ensuite à internaliser au mieux ces dernières. Dans la mesure où l'ensemble des membres du groupe réalisent les mêmes opérations, on observera forcément une convergence des idées et des comportements.

Une série d'observations anecdotiques appuient la théorie du référent informationnel. Dans une étude amusante, Reingen (1982) rapporte que des étudiants acceptent davantage de donner leur sang lorsqu'ils se voient présenter une liste de gens qui leur ressemblent et dont on leur dit qu'ils ont déjà contribué à la collecte de sang. Mieux, plus la liste est longue, plus l'effet est important. Plusieurs résultats rapportés par Asch et d'autres chercheurs s'avèrent aussi compatibles avec l'analyse de Turner et de ses collègues (1987). En particulier, on peut mentionner le fait que les participants manifestent de la conformité même quand la situation minimise les niveaux de dépendance informationnelle et de dépendance normative. Ainsi, dans une étude d'Asch déjà citée, lorsque le sujet arrive en retard et est invité à communiquer son point de vue par écrit, le taux de conformité s'établit autour de 12,5 %. Lorsque des sujets de Deutsch et Gerard (1955) sont tenus de répondre de manière anonyme (dépendance normative minimale) et que le stimulus est présent dans la situation (dépendance informationnelle minimale), 23 % d'entre eux continuent à adopter l'avis erroné du groupe. Ces chiffres indiquent que les gens se conforment donc sans aucune raison apparente. Pour Turner (1991), ces chiffres sont le signe de l'adoption sincère par les sujets des normes ambiantes. Mais, au-delà d'une réinterprétation des multiples expériences réalisées par leur prédécesseurs, les théoriciens du référent informationnel ont également imaginé des expériences qui soulignent les limites des positions concurrentes et le caractère heuristique de leur propre perspective.

Dans une étude calquée sur le paradigme d'Asch, Hogg et Turner (1987) invitent les participants à se prononcer sur le degré d'approbation sociale conféré par divers traits de personnalité. Chaque sujet entend six autres participants s'exprimer avant lui. Les réponses de ces derniers suggèrent l'existence de deux sous-groupes, l'un soulignant l'approbation, l'autre la désapprobation découlant de la possession du trait en question. Pour chaque trait, le même sous-groupe exprime l'avis de la population de référence et donc, en toute vraisemblance, l'opinion intime du sujet. Dans la mesure où le sujet s'identifie au sous-groupe qui exprime un avis identique au sien, il ne devrait pas se contenter de faire la moyenne des avis des autres participants mais devrait adopter les normes de ce sous-groupe. Les résultats confirment cette hypothèse et se démarquent ainsi d'une interprétation en termes strictement informationnels. De plus, lorsque, dans une autre condition, les six comparses sont non plus implicitement mais explicitement catégorisés en deux sous-groupes, le sujet se conforme encore davantage à la norme de son sous-groupe. On voit mal aussi comment expliquer ces résultats en termes normatifs. Les sujets répondent de manière anonyme et, même s'il pensent se rencontrer à la fin de l'expérience, il leur est impossible de dire qui a dit quoi.

Pour montrer l'importance de l'auto-catégorisation dans le processus de formation de normes, Abrams et coll. (1990) ont quant à eux exploité le paradigme de l'effet autocinétique. Il s'agit de montrer que les individus exploitent le comportement des individus qui participent à l'expérience afin d'identifier les groupes en présence. Ceci fait, ils se rallient aux normes de leur groupe. De façon assez classique, la tâche expérimentale des six participants, parmi lesquels se glissent 3 comparses, consiste à estimer l'amplitude du mouvement d'un point lumineux. Même si l'attribution du tour de parole paraît aléatoire, l'expérimentateur s'arrange en fait pour que les 3 comparses s'expriment en dernier lieu. Chacun d'entre eux est couplé à un des véritables sujets. Leur mission, du moins pour ce qui concerne les trois premiers essais, consiste à fournir une estimation de 5 cm supérieure à la réponse du sujet. A partir du quatrième essai, les comparses se maintiennent à plus ou moins 2 cm de leur troisième estimation. Du point de vue de la dépendance informationnelle, les vrais sujets devraient remarquer l'écart qui les sépare des autres participants et les rejoindre peu à peu. Du point de vue de la théorie du référent informationnel, les vrais sujets devraient reconnaître l'existence de deux catégories différentes et maintenir la distance entre eux et les trois comparses. Les données confortent pleinement cette dernière prédiction.

Si la théorie du référent informationnel renvoie à l'idée bien établie du groupe de référence, l'utilisation de cette dernière notion est particulièrement originale. En effet, il est question ici d'appartenances groupales d'une extrême versatilité et plus forcément de tendances lourdes qui marquent de façon permanente toutes les sphères de la vie d'un individu. Selon Turner, les gens ne sont pas une fois pour toutes catalogués dans une catégorie donnée mais ils se montrent capables de moduler d'un instant à l'autre les découpages qu'ils opèrent dans le monde environnant. Un va-et-vient incessant se fait entre les informations recueillies à propos des gens qui nous entourent et la manière dont nous les catégorisons.

A ce stade, certains lecteurs seront peut-être intrigués. De fait, les résultats de chercheurs comme Wilder (1977) montraient que les gens sont très sensibles à des avis indépendants. Moins il semblait y avoir de connivence dans la majorité, plus le taux de conformité était important. Voici maintenant que la théorie du référent informationnel insiste sur l'impact de la similitude entre les membres de la majorité et de la minorité. Comment réconcilier ces deux points de vue? La réponse est simple. Il importe que les membres du groupe de référence nous ressemblent en ce qui concerne la tâche de jugement, mais qu'ils présentent aussi certaines différences entre eux de manière à ce qu'aucun attribut commun ne puisse rendre compte de leur avis, aussi surprenant soit-il. La simultanéité de la similitude et de la différence est précisément ce qui rend les membres de notre propre groupe aussi convaincants. Nous reviendrons sur ce point lorsque nous traiterons la question de l'influence minoritaire dans le chapitre suivant.

Comment montrer que l'effet simultané de la diversité et de la similitude renforce l'influence des membres des groupes auxquels on appartient? Des participants croyaient prendre part à une recherche sur les liens qui existent entre les caractéristiques de personnalité de la source et de l'audience. Leur mission consistait à écouter l'enregistrement de quatre étudiants prétendument issus d'une ou de plusieurs universités. Chacun d'entre eux développait pendant environ 1 minute 30 deux arguments en faveur d'une réduction du financement central de l'éducation nationale, thème peu populaire auprès des étudiants. Pendant le temps de parole de chacun des intervenants, les participants pouvaient voir sa photo sur une diapositive projetée devant eux. Selon les conditions, les sujets étaient confrontés à quatre photos montrant clairement que les étudiants étaient issus de la même université qu'eux, Rutgers, ou d'une université concurrente, Princeton. Comme prévu, les résultats confirment que les participants sont davantage influencés par les étudiants issus de la même université qu'eux. Toutefois, les sujets considèrent que les étudiants de leur propre université expriment des points de vue davantage indépendants. Ils voient aussi plus de similitude entre les étudiants appartenant à l'université concurrente qu'entre les étudiants inscrits à la même université qu'eux. Ils estiment que, comparés aux quatre étudiants de l'université de Princeton, ceux qui viennent comme eux de Rutgers sont moins typiques de leur université.

Enfin, ils retiennent davantage d'arguments et sont davantage en mesure de préciser qui a fourni tel ou tel argument lorsqu'ils sont confrontés à des étudiants issus de la même université qu'eux (Wilder, 1990).

Plus de 40 ans après sa création, le scénario expérimental d'Asch fascine toujours les chercheurs. Les informations qu'il a permis de recueillir à propos des conduites de conformité sont d'une valeur inestimable. Résumant toute l'admiration qu'il éprouvait pour ce paradigme, Milgram, un élève d'Asch, a un jour déclaré : «Pour moi, l'expérience d'Asch est une sorte de diamant intellectuel en perpétuel mouvement. Dirigez vers lui la lumière d'une nouvelle analyse et il diffracte cette énergie pour lui donner des formes aussi nouvelles qu'intéressantes.»

Si l'on repense à la situation des adeptes d'une secte, on comprend leur difficulté à garder leur indépendance. Tout est fait pour éviter la dissidence, les liens avec les groupes de référence traditionnels sont systématiquement traqués et étouffés, l'unanimité est instituée en règle absolue, l'appartenance groupale est exacerbée, les opinions sur lesquelles porte l'endoctrinement font l'objet d'une réorganisation cognitive extrême. Bref, l'adepte se trouve dans la pire des positions pour résister au groupe. Un autre facteur contribue sans aucun doute : c'est le statut particulier du gourou. C'est ce rapport à l'autorité qui va nous occuper dans la deuxième partie de ce chapitre.

LE POIDS DE L'AUTORITÉ

Jusqu'à présent, nous avons considéré le conformisme induit par une majorité quantitative ou qualitative. Nous nous tournons maintenant vers les effets d'une majorité qualitative particulière, qui tient son pouvoir non pas nécessairement d'une expertise quelconque, mais de l'autorité dont elle est investie.

Autorité et orthodoxie

L'Eglise catholique est éminemment autoritaire et peut-être n'est-ce pas un hasard. Ce qui rassemble ses adhérents, ce sont des problèmes de foi difficiles à traiter de manière rationnelle. Comment, sur une base aussi «fragile», l'Eglise a-t-elle pu connaître une telle réussite qui dure depuis 20 siècles? Il est probable qu'en tant qu'institution, elle a mis en place de remarquables processus d'influence et de contre-influence. Deconchy (1971, 1980) s'est employé à en débusquer quelques-uns.

Des élèves de l'enseignement catholique français se sont vus délivrer en classe des fascicules avec des mots inducteurs à propos desquels ils devaient donner des associations. Un de ces mots inducteurs était «Dieu». Suivant la condition expérimentale, le fascicule émanait de l'évêché, d'un centre de linguistique, ou d'un centre de recherche sur la pensée rationaliste et athée (dans ce dernier cas, le directeur de l'établissement ajoutait qu'il n'avait pas pu empêcher la participation à cette recherche). En d'autres mots, la troisième condition est menaçante pour les sujets. Il s'agira pour ceux-ci de faire attention à ce qu'ils diront. Et c'est effectivement ce qui se produit. Non seulement le nombre de termes différents associés à Dieu est beaucoup moins grand dans cette condition que dans les deux premières, mais le recouvrement avec le vocabulaire du *Catéchisme National* est beaucoup plus important. Ces résultats montrent que lorsque le système est menacé de l'extérieur — par des athées —, les participants même très jeunes réagissent par un discours **orthodoxe**, c'est-à-dire conforme à l'idéologie du groupe, qui en dit le moins possible «pour protéger l'idéologie attestée et la cohérence du groupe» (Deconchy, 1971, p. 113).

Deconchy a également tiré parti de sessions de recyclage théologique et pastoral pour susciter des changements de croyance. Nous nous limiterons à quelques résultats. Dans un premier temps, les participants devaient classer en 4 types différentes propositions habituellement acceptées par des croyants, comme par exemple «le Baptême fait entrer dans la Vie de Dieu». Les 2 types extrêmes étaient : «il faut croire cette proposition pour faire partie du groupe-église» et «on ne peut la croire pour faire partie du groupe-église». Plus tard dans la session, la base rationnelle de ces mêmes propositions était sapée par des arguments émanant, disait-on, de grands scientifiques catholiques. Enfin, les participants devaient à nouveau classer les propositions en 4 types et se prononcer sur la pertinence rationnelle des arguments avancés par les prétendus scientifiques. Conformément à ses attentes, Deconchy (1980) trouve que davantage de propositions attaquées rationnellement sont classées comme «on doit y croire sous peine de ne plus faire partie de l'Eglise» et que les gens réagissent d'autant plus de cette façon qu'ils estiment la polémique rationnellement peu pertinente. On voit ici que la tentative d'influence a un effet boomerang. Lorsque leurs croyances sont fragilisées, les sujets orthodoxes et désireux de le rester deviennent plus dogmatiques qu'avant, tout en refusant d'attribuer de la valeur à ce qui les a fait changer d'opinion.

Assurément, l'Eglise catholique a été capable de mettre en place de formidables stratégies de régulation sociale. Son autorité suscite une **obéissance** remarquable de la part des croyants et c'est sans doute une des raisons de son succès en tant qu'institution. C'est d'ailleurs sur l'obéissance que nous allons maintenant nous pencher.

Les recherches de Milgram

Le téléphone sonne dans un service hospitalier. A l'autre bout du fil, un médecin intime l'ordre à l'infirmière de garde d'administrer une dose de 20 milligrammes du médicament X à l'un des patients. Quatre raisons font que l'infirmière devrait manifester une extrême prudence face à cette demande. Tout d'abord, la prescription est communiquée par téléphone, en violation directe avec le règlement de l'hôpital. Ensuite, l'usage du médicament X n'est pas autorisé et ce dernier n'est d'ailleurs pas de stock dans le service. Un troisième problème concerne la dose prescrite, proprement excessive et de toute évidence dangereuse. Enfin, la prescription émane d'un total inconnu. Que va-t-il se passer d'après vous ? L'infirmière va-t-elle obtempérer ? Va-t-elle au contraire refuser de se plier à l'injonction du médecin ?

Ce scénario n'est pas fictif ! Il reprend en tous points une expérience élaborée par Hofling et ses collègues (1966) afin d'étudier le problème de l'obéissance du personnel soignant. Alors que 98 % des infirmières qui lisent une description de cette étude déclarent qu'elles ne se soumettraient jamais à l'ordre du médecin, 95 % commencèrent à exécuter les ordres transmis. En fait, il fallut l'intervention d'un complice pour empêcher l'infirmière d'administrer le médicament.

Vous doutez encore du lien entre autorité et obéissance ? Les expériences de Milgram (1974) lèveront sans doute vos dernières hésitations.

Imaginez la situation suivante. Recruté par une petite annonce, vous vous présentez au laboratoire. L'expérimentateur ainsi qu'un autre sujet d'une cinquantaine d'années vous y attendent. La recherche, vous déclare-t-on, concerne les effets de la punition sur l'apprentissage. Un des deux participants, l'élève, apprendra des paires de mots. L'autre, le professeur, devra lire à voix haute le premier mot de chaque paire suivi de quatre autres mots. A l'élève d'indiquer lequel des quatre mots appartient à la paire originale. A chaque erreur, le professeur est chargé d'administrer un choc électrique d'intensité croissante. On tire au sort les rôles. Vous vous retrouvez dans le rôle du professeur. Dans un premier temps, vous aidez l'expérimentateur à ligoter l'élève sur une chaise et à lui attacher des électrodes. Installé ensuite dans une autre pièce, vous faites face à un générateur de chocs électriques muni de 30 boutons allant de 15 à 450 volts. Sous les premiers boutons, vous pouvez lire « Choc léger ». En bout de rangée, on retrouve par deux fois un énigmatique label « XXX ». Les quatre labels précédents indiquent clairement « Danger : choc sévère ». Pour avoir une idée de ce que représentent les chocs, vous expérimentez un choc de 45 volts. L'expérience peut débuter ! Après une série de bonnes réponses, l'élève commet une erreur, ce qui vous force à sévir. Vous enfoncez le premier bouton...

A votre avis, à quel moment vous arrêterez-vous ? Quand pensez-vous que vous résisterez aux injonctions de l'expérimentateur vous intimant l'ordre de continuer à envoyer des chocs électriques de plus en plus douloureux ? Quatre commentaires successifs sont d'ailleurs prévus au cas où vous refuseriez d'obtempérer : « Continuez, s'il vous plaît », « L'expérience requiert que vous continuiez », « Il est absolument essentiel que vous continuiez » et « Vous n'avez pas d'autre choix, vous devez continuer ». L'expérience s'arrête lorsque les quatre injonctions ne suffisent pas à vous convaincre de poursuivre ou lorsque le choc maximum est utilisé à trois reprises. A la pression exercée par l'expérimentateur s'opposent les appels de l'élève pour mettre fin à l'expérience. Après des grognements (à partir de 75 volts), l'élève vous crie sa douleur (dès 120 volts). Viennent ensuite de véritables hurlements (à partir de 165 volts). Au bout d'un certain moment (à partir de 345 volts), il ne produit plus aucune réponse.

En réalité, vous êtes le seul véritable sujet de cette expérience. L'élève n'est autre qu'un complice de l'expérimentateur. Il ne subit aucun choc électrique mais connaît son rôle par cœur. Milgram, le psychologue social qui a imaginé cette mise en scène, voulait créer une situation inédite dans laquelle un sujet isolé se retrouverait piégé entre ses convictions intimes et la pression d'une autorité. Même si Milgram désirait montrer un certain niveau de soumission, les résultats le stupéfient

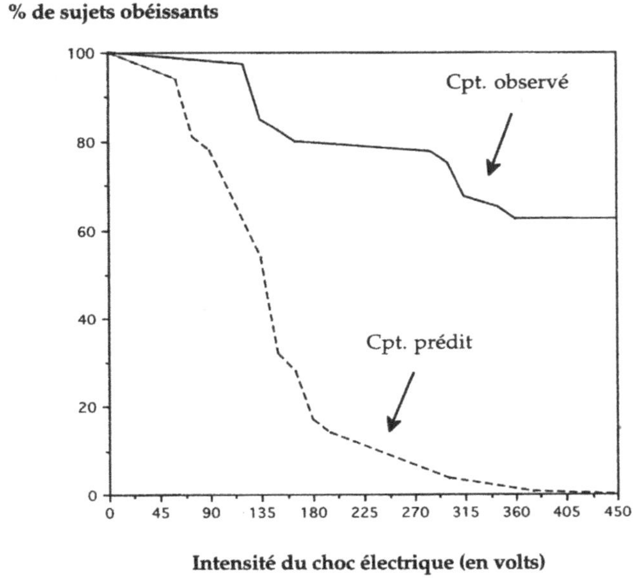

Figure 7.3 — Comportement d'obéissance prédit et observé dans l'expérience de Milgram.

malgré tout. Ne s'était-il pas adressé à des psychiatres avant d'entamer la recherche? Ces spécialistes de l'âme humaine ne lui avaient-ils pas confié que seul 1 individu sur 1000 serait susceptible d'infliger une décharge électrique de 450 volts? D'autres personnes ne lui avaient-elles pas déclaré qu'aucune n'aurait envoyé la décharge fatale? Des étudiants priés de se mettre dans la peau du sujet avaient prétendu quant à eux qu'ils n'auraient jamais franchi la barre des 210 volts. En fait, les données révèlent que le niveau moyen de choc administré était de 368 volts : 62,5 % des sujets sont allés jusqu'au terme de l'expérience!

Ces résultats indiquent-ils que les sujets de Milgram étaient des gens dérangés, voire des psychopathes? Certainement pas! Comme le montrent des enregistrements filmés et des questionnaires post-expérimentaux, tous sont extrêmement nerveux, certains transpirent, se mordent les lèvres ou serrent les poings. De plus, parmi les 40 sujets qui, dans une condition de contrôle, pouvaient choisir le niveau de choc à administrer, deux seulement franchirent la barre des 150 volts et 70 % n'allèrent pas au-delà de 75 volts. Ne mettre en cause que la personnalité des individus reviendrait sans aucun doute à tomber dans le piège de l'**erreur fondamentale d'attribution**. Les circonstances dans lesquelles ont eu lieu ces expériences ont une importance primordiale. Grâce au travail minutieux de Milgram et aux nombreuses variations du schéma expérimental qu'il a imaginées, nous sommes en mesure d'apprécier la manière dont les déterminants situationnels modulent l'obéissance des sujets.

Les facteurs d'obéissance

On pourrait penser que les rapports du professeur avec l'autorité scientifique constituent un facteur de première importance. Il est possible que de braves citoyens versent dans l'horreur parce que l'expérience se déroule à l'université de Yale, institution prestigieuse s'il en est et peu susceptible de mener des recherches au cours desquelles les participants risquent des dommages corporels. Sensible à cette critique, Milgram s'est empressé de déménager son laboratoire dans un environnement moins rassurant. Cette fois, les sujets devaient se rendre dans un bureau discret situé dans une petite ville voisine. Les locaux étaient peu avenants et la firme responsable de l'expérience était inconnue. L'expérimentateur en tablier blanc pouvait être le premier charlatan venu. Malgré tous ces éléments peu rassurants, le niveau d'obéissance reste incroyablement élevé (47,5 %) et ne diffère pas de façon significative du niveau observé dans le scénario standard.

Une série d'autres expériences se sont attachées à mettre en exergue le poids de l'autorité scientifique. Dans une variante, l'expérimentateur donne ses ordres par téléphone. Même si certains sujets se rebiffent et n'envoient pas les chocs prévus, l'obéissance totale se maintient malgré tout à 21 %. Dans un autre scénario, l'expérimentateur accepte de prendre la place de l'élève qui refuse de prendre son rôle avant d'avoir vu quelqu'un placé dans la même situation. Cette fois, le professeur désobéit dans tous les cas. Les encouragements de l'élève pour poursuivre le supplice n'y font d'ailleurs rien. Tous les sujets de cette condition s'arrêtent avant d'atteindre 175 volts. Dans une autre version encore, l'expérimentateur annonce qu'il doit s'absenter. Il propose à un autre sujet, initialement chargé de relever les temps de réaction, de prendre sa place. Celui-ci, un complice de l'expérimentateur, suggère au professeur d'accroître le niveau des chocs de 15 volts à chaque nouvelle erreur de l'élève. Dans ce contexte, l'obéissance des professeurs se situe seulement (?) autour de 20 %. Plus intéressant, lorsque le professeur refuse d'obtempérer et que le complice entreprend d'envoyer les chocs lui-même, plusieurs des participants s'interposent physiquement et vont jusqu'à couper l'alimentation du générateur de chocs de manière à stopper l'expérience. On reste perplexe devant l'absence d'actes héroïques de ce genre lorsque l'expérimentateur en blouse blanche est installé aux commandes. Bref, tous ces scénarios attestent la puissance de l'autorité scientifique.

Les résultats recueillis dans les variantes que nous venons d'évoquer ne laissent planer aucun doute. La confrontation directe avec l'autorité pousse les gens à se soumettre bien plus que lorsque les ordres sont transmis par un quidam sans prétention. Mais si la blouse blanche de l'expérimentateur est une arme redoutable, la proximité de la victime ne serait-elle pas à même de diminuer le taux d'obéissance? Milgram a manipulé ce facteur dans différentes conditions. La version extrême de l'expérience consiste à minimiser les informations qui parviennent au professeur. Le professeur n'entend donc plus les plaintes de l'élève. Seul lui parvient le bruit sourd des coups de pieds de l'élève sur la paroi de la salle dans laquelle il est enfermé. Dans ce cas de figure, la docilité des professeurs passe de 62,5 % dans la version standard à 65 %. Deux autres versions rapprochent physiquement le professeur de l'élève. Lorsque ces derniers se retrouvent dans la même pièce et que le professeur ne peut donc plus ignorer la souffrance de l'élève, 40 % des sujets se montrent encore dociles. Enfin, Milgram a demandé au professeur de s'asseoir à côté de l'élève et de maintenir l'électrode sur la main de l'élève qui se débattait et suppliait qu'on termine l'expérience. Cette condition donne lieu à 30 % de soumission.

Ces résultats font apparaître deux phénomènes. L'existence d'un lien entre la victime et son bourreau diminue la probabilité d'obéissance. C'est un constat bien connu des militaires. Comme l'illustre le succès médiatique des bombardements «chirurgicaux» réalisés par les forces coalisées contre des centres névralgiques du régime irakien pendant la guerre du Golfe, il est plus facile de raser un village entier sans vision des conséquences concrètes que de tuer à mains nues une seule autre personne. Avec une lucidité terrifiante, les militants antinucléaires américains partagent la même intuition lorsqu'ils conseillent d'enfermer les codes d'accès aux armes nucléaires dans les entrailles d'un collaborateur présidentiel. Avant d'envoyer les missiles sur la tête de millions de gens, le président n'aura d'autre choix que d'exécuter un «véritable» être humain pour lui extirper son secret. Le second message n'est guère plus optimiste : la confrontation immédiate avec la souffrance et la douleur n'arrête pas grand monde. Après tout, près d'une personne sur trois continue de se plier aux injonctions de l'expérimentateur.

Que se passerait-il si, au lieu d'éloigner l'autorité ou de rapprocher la victime, le professeur était confronté à une contestation explicite ? Après tout, les travaux d'Asch le montrent, la dissidence se révèle décisive dans la manifestation de la conformité ou de l'indépendance. Milgram a imaginé deux versions différentes de l'expérience dans l'espoir de révéler les effets de la rébellion. Dans un premier scénario, deux comparses aident le sujet dans sa tâche. Le premier comparse doit lire les mots à l'élève alors que le deuxième informe le sujet naïf de l'exactitude de la réponse. La tâche du sujet consiste uniquement à envoyer les chocs électriques en cas de mauvaise réponse. Un des comparses se rebiffe à 150 volts, à savoir dès que l'élève demande de mettre fin à l'expérience. Un peu plus tard, à 210 volts, le second comparse refuse d'obtempérer. Le sujet doit, s'il veut poursuivre l'expérience, reprendre l'ensemble des tâches délaissées par ses collègues. Dans ces conditions, seulement 10 % des sujets vont jusqu'au bout. La rébellion est donc contagieuse mais elle n'est pas suffisante pour décourager complètement la soumission. Les résultats de cette variante contrastent toutefois avec ceux d'une autre version dans laquelle le sujet a pour mission de proposer les mots et de vérifier l'exactitude des réponses, laissant à un comparse le soin d'administrer les chocs électriques. Dans ce contexte de diffusion de responsabilité, 92,5 % des participants obéissent jusqu'au bout. Bien sûr, ce n'était pas eux qui délivraient les chocs. Ce phénomène de diffusion de responsabilité est patent au niveau des institutions judiciaires et militaires. On pense aussi à la réaction des marchands de canons qui se donnent bonne conscience en prétextant que ce ne sont pas eux qui se servent des armes qu'ils fabriquent.

La contestation de l'autorité ne vient pas toujours de la base. Parfois, le désaccord au sein de la fonction dirigeante suffit pour que des subalternes en mal de révolte réagissent contre des ordres estimés injustes. Dans cette expérience, 20 sujets sont confrontés à deux expérimentateurs. A 150 volts, une faille apparaît. L'un des expérimentateurs émet le désir de mettre fin à la session. Sur les 19 participants encore en lice à ce moment, 18 stoppent l'expérience immédiatement, le dernier sujet ne continuant que pour un seul niveau supplémentaire de choc.

Cette série d'expériences illustre de façon dramatique la soumission qu'engendre une autorité. Comment rendre compte de ces comportements ? Une première clef d'interprétation réside dans le rapport des participants à leur responsabilité. Dès l'instant où le professeur met en veilleuse ses obligations sociales, il se place dans ce que Milgram appelle un état agentique. Autrement dit, il se glisse dans la peau d'un simple exécutant qui ne se préoccupe plus des conséquences de ses actes. Cette métamorphose permet à l'autorité de s'exercer sans rencontrer trop de résistance. A côté de l'état agentique, la condamnation de la victime constitue un second élément qui amène les sujets à se soumettre aveuglément. Cette tendance à blâmer la victime participe d'une croyance plus générale selon laquelle l'univers est un endroit ordonné et juste où les gens ont ce qu'ils méritent (Lerner, 1980). Si quelque chose de négatif arrive à quelqu'un, c'est qu'il le mérite, qu'il a fait quelque chose qui justifie son malheur. Milgram n'a pas manqué d'observer cette tendance à reprocher à l'élève sa maladresse. Aux dires de certains participants, l'élève était tellement stupide et entêté qu'il méritait bien de recevoir des chocs électriques. Enfin, contrairement à ce que la plupart d'entre nous se plaisent à croire, la pression nécessaire pour induire des conduites allant à l'encontre de nos convictions intimes ne doit pas être très forte. En fait, des aspects dérisoires de notre environnement sont susceptibles de nous entraîner dans des scénarios difficiles à prévoir. Demander aux sujets, comme Milgram l'a fait, d'augmenter la punition de l'élève par petites étapes de 15 volts à chaque nouvelle erreur est le plus sûr moyen d'actualiser la **norme de la consistance**. Pourquoi refuser maintenant alors que l'on ne s'est pas opposé à l'envoi d'un choc à peine plus léger? Les travaux sur la **dissonance cognitive** et la **soumission sans pression** présentés au chapitre 5 illustrent comment notre propre comportement est souvent l'alibi de notre docilité. Pas à pas, le comportement acceptable nous entraîne vers une conduite inavouable.

Il est indéniable que les diverses situations expérimentales créées par Milgram ont un caractère artificiel. Aucun d'entre nous ne se trouvera jamais dans la peau du professeur. Il est facile, dès lors, de mettre en question les conclusions de ces recherches. Pourtant, d'autres auteurs ne nous laissent guère d'illusions. Dans une recherche menée aux Pays-Bas, Meeus et Raaijmakers (1986) ont confronté leurs sujets à des demandeurs d'emploi soumis à une épreuve de sélection. Il s'agissait d'exprimer des commentaires désagréables en vue de déstabiliser le candidat dans le cadre d'une prétendue étude sur les effets du stress. Au bout du compte, l'échec à l'épreuve de sélection et, par voie de conséquence, le prolongement de la période de chômage pour le demandeur d'emploi s'avéraient inévitables. Les réactions désespérées du chômeur n'ont pas empêché 90 % des participants d'exécuter toutes les instructions. En somme, si des situations comme celles imaginées par Milgram ont pu mettre en évidence de tels taux de soumission totale, que penser de ce qui peut se produire dans les institutions où les ordres sont encore plus contraignants, la diffusion de responsabilité plus facile, et la contagion plus grande.

Pour le psychologue social, les réactions aux recherches de Milgram donnent autant matière à réflexion que les résultats eux-mêmes. Qu'il s'agisse des étudiants ou du grand public, les gens éprouvent une réelle difficulté à apprécier le message de Milgram. Les questions à l'issue d'un exposé sont toujours les mêmes : «A-t-on réalisé cette expérience avec d'autres nationalités?», «Qu'en est-il des différences entre sexes?», «Les résultats sont-ils les mêmes avec des participants du Sud?», etc. On en revient toujours à la difficulté d'accorder aux situations l'importance qui leur revient. Constatant la difficulté des gens à accepter les conclusions de Milgram, Bierbrauer (1979) a proposé à ses sujets de revivre l'expérience soit en tant qu'observateurs soit en tant que professeurs. Même dans ces conditions, les participants persistent à croire que leurs amis ou connaissances ne seraient pas très obéissants. Curieusement, certains observateurs manifestent une réaction diamétralement opposée et renoncent à leurs nobles idéaux sur la nature humaine. Shafer (1980) projette le film de Milgram à certains de ses étudiants et leur demande ensuite de prédire le comportement du professeur en l'absence de pressions de l'expérimentateur. Alors que ces étudiants s'attendent à des chocs de 43 à 174 volts avec une moyenne de 119 volts, d'autres étudiants qui n'ont pas vu le film de Milgram prévoient des chocs de 38 à 127 volts avec une moyenne de 84 volts. Forcés de mettre en question leur croyance selon laquelle «l'homme est fondamentalement bon et raisonnable», la seule issue pour les premiers étudiants semble être de professer que «l'homme est un loup pour l'homme». Notez que ces deux explications, bonté et cruauté, situent la responsabilité des actes dans l'être humain et non dans la situation. Quoique différente, l'explication est toujours personnologique : elle a toujours trait à la personne (Leyens, 1983).

De l'obéissance à la révolte

Tout comme c'était le cas pour le conformisme, la soumission à l'autorité constitue une norme puissante qui s'apprend. Certes, les recherches de Milgram ont été reproduites dans de nombreux laboratoires et, dans l'ensemble, les résultats ne varient guère. Toutefois, les différentes caractéristiques de l'expérience laissent entrevoir le rôle déterminant des conventions sociales. Milgram a su tirer le meilleur parti des divers signes qui nous poussent à suivre les détenteurs de l'autorité. Dans notre vie quotidienne, les signes de l'autorité sont d'ailleurs aisés à reconnaître. Par les uniformes qu'ils portent, les policiers, les militaires, les pompiers, et les vigiles nous renseignent instantanément sur la fonction qu'ils assument dans le corps social. Les promeneurs obéissent bien plus volontiers aux ordres d'un individu revêtu d'un uniforme (Bickman, 1974). Les piétons sont trois fois plus nombreux à traverser une chaussée alors que le feu est rouge si le passant indiscipliné qui montre l'exemple porte un costume et une cravate plutôt qu'un bleu de travail. Les scientifiques utilisent, quant à eux, des titres comme celui de docteur ou de professeur pour marquer leur statut par rapport aux gens moins instruits. L'étude d'Hofling évoquée plus haut montre bien la facilité inquiétante avec laquelle ces symboles d'autorité suscitent l'obéissance. Les biens matériels nous incitent eux aussi au respect. Doob et Gross (1968) ont remarqué que les propriétaires d'une voiture de luxe bénéficiaient d'un traitement de faveur par rapport à ceux qui possédaient une voiture plus modeste. Lorsqu'une voiture de petite cylindrée restait immobile alors que le feu de signalisation était passé au vert, les conducteurs qui étaient derrière elle klaxonnaient quasiment tous et à plusieurs reprises. Deux automobilistes avaient même carrément embouti le pare-chocs arrière de la petite cylindrée. Face à une voiture plus prestigieuse, par contre, la moitié des conducteurs attendaient sans se manifester que la voiture démarre. Doob et Gross ont poussé la curiosité jusqu'à demander à des étudiants ce qu'ils feraient dans l'un ou l'autre cas. Ceux-ci sous-estimaient nettement le temps qu'ils auraient mis avant de klaxonner à l'endroit d'une voiture de luxe. En fait, les étudiants masculins pensaient même qu'ils réagiraient plus rapidement à l'encontre de la grosse voiture que de la petite cylindrée. Ces résultats font penser aux réponses récoltées par Milgram avant de réaliser son expérience.

Si la norme d'autorité peut être exploitée à des fins contestables, l'acceptation d'une autorité légitime n'en reste pas moins essentielle pour le bon fonctionnement de la vie en société. Presque tous les groupes, informels ou bien organisés, attribuent des rôles qui demandent à certains membres d'exercer une autorité sur les autres. Obéir à nos parents, nos maîtres, nos supérieurs, nos élus, nos experts présente d'énormes avantages. Ce que montre Milgram, toutefois, c'est la difficulté de résister aux pressions de l'autorité même lorsqu'il nous faudrait la mettre en question. A moins que ne s'imposent d'autres règles de conduite, l'obéissance et les auto-justifications ne laisseront que peu de chances à la révolte. Rien d'étonnant à ce que les adeptes d'une secte aient toutes les peines du monde à contester leur gourou. Revêtu de tout l'attirail du pouvoir, le leader charismatique exerce son emprise en comptant sur la réticence de ses ouailles à se rebeller même lorsqu'il s'agit de poser des actes saugrenus ou dégradants.

L'examen des processus qui conduisent à la soumission permet aussi de tirer certains enseignements sur la manière dont on peut se défendre contre une docilité aveugle. Aucune expérience ne met en évidence les facteurs susceptibles de faciliter la révolte aussi clairement que l'étude réalisée par Gamson, Fireman et Rytina (1982). Imaginez le scénario suivant. Une annonce paraît dans les journaux d'une petite ville de l'Etat du Michigan. Une société répondant au nom de MHRC (Manufacturer's Human Relations Consultants) recrute pour une étude de marché. A raison de 10$ pour deux heures, les volontaires devront prendre part à une discussion de groupe portant sur les règles sociales en vigueur dans leur communauté. Les personnes intéressées sont contactées par téléphone et invitées, ainsi que huit autres personnes, à se présenter au Holyday Inn de l'endroit. A l'heure du rendez-vous, les sujets sont conduits dans une pièce où neuf chaises sont disposées autour d'une table en U. Le local est également équipé de trois caméras vidéo et de neuf micros, un devant chacune des neuf places.

Une fois les volontaires installés, le coordinateur de l'étude, un homme plutôt jeune et bien habillé, leur confie que MHRC mène une étude pour le compte d'une grande compagnie pétrolière. Cette dernière, précise-t-il, est impliquée dans un procès qui l'oppose à un gérant de station-service de la région. Afin de donner à la Cour une meilleure idée des conventions sociales qui régissent la vie des gens dans cette région des Etats-Unis, MHRC est chargée de filmer une discussion portant sur divers aspects du cas litigieux. A ce moment, les participants sont invités à répondre à une série de questions portant sur leur attitude concernant les compagnies pétrolières, les droits des employés, leurs réactions par rapport aux relations extra-conjugales, etc. Une fois payés, ils signent un formulaire de consentement éclairé dans lequel les sujets acceptent que la bande vidéo demeure la propriété de la seule MHRC. Les caméras sont enclenchées et, après avoir rappelé le nom du projet et la date du jour, le coordinateur demande à chaque participant de se présenter à tour de rôle. A ce moment, les caméras sont stoppées et le coordinateur fournit quelques détails sur le litige. Les participants apprennent ainsi que le gérant a été renvoyé de la compagnie parce qu'il vivait en concubinage. La compagnie prétendait que ce comportement contrevenait aux normes sociales de la région. Pour sa part, l'employé avançait que sa vie privée n'était pas l'affaire de la compagnie et que la compagnie avait en fait surveillé de près ses activités parce qu'il s'était permis de critiquer la politique de prix de la compagnie dans une interview télévisée. A ce moment, l'enregistrement vidéo redémarre. Le coordinateur demande au groupe de se pencher sur la conduite du gérant et quitte la pièce pendant 5 minutes.

A son retour, le coordinateur stoppe encore une fois les caméras et demande aux participants de se concentrer sur un second thème de discussion : hésiteraient-ils à faire des affaires avec cet employé à cause de son style de vie? Cette fois, le coordinateur demande à trois des participants de réagir comme s'ils désapprouvaient les agissements du gérant. Après une nouvelle interruption, six des neuf participants sont chargés de s'offusquer de la conduite du gérant. Dans une dernière portion de la discussion de groupe, chacun des participants est invité à s'exprimer pendant quelques minutes devant la caméra. Le coordinateur leur demande explicitement de faire comme s'ils réprouvaient les mœurs de l'employé. Au terme de la session, les participants doivent encore signer une décharge autorisant MHRC à éditer la bande vidéo à sa guise et à l'exploiter au tribunal.

Quelle aura été selon vous la réaction des participants? Sur base des résultats de Milgram, on pourrait s'attendre à ce que les sujets capitulent devant les demandes du coordinateur et se plient sans rechigner à l'ensemble des ordres. Les résultats sont loin du compte. En réalité, un seul des 33 groupes laisse le scénario se dérouler jusqu'à son terme. Dans tous les autres groupes, les participants se rebiffent. Pas question pour eux d'agir de manière aussi injuste à leurs yeux et de salir la réputation du gérant. Tandis que certains sujets se réfugient derrière le mur du silence pendant la discussion de groupe, d'autres s'opposent au coordinateur en mettant en question ce genre de pratiques déloyales. Dans plus de trois quarts des groupes, la majorité des participants refusent de signer la décharge. Pire, neuf des 33 groupes menacent d'engager une action à l'encontre de la société MHRC, par exemple en publiant ses agissements dans la presse. Même dans les groupes les plus dociles, une grande partie des membres mettent des bâtons dans les roues. Pour tout dire, l'ambition des chercheurs était de tester un total de 80 groupes. Un complice devait d'ailleurs se glisser au sein de certains de ces groupes afin de mobiliser les participants et de fomenter la révolte. La réaction spontanée des participants sera à ce point vigoureuse que cette manipulation sera rangée aux oubliettes.

Cette recherche, ratée à bien des égards, constitue une réussite si on considère ce qu'elle nous apprend sur la soumission à l'autorité. Elle confirme d'abord que les gens résistent parfois à une autorité injuste. Ensuite, et plus fondamentalement, elle suggère un ingrédient important de la révolte. Les sujets de l'étude de Gamson et de ses collègues, contrairement à ceux de Milgram, se sont retrouvés à plusieurs. Ils pouvaient parler et échanger leurs interprétations de la situation, en particulier pendant l'absence du coordinateur. C'est sans doute grâce à la présence des autres participants, certains plus téméraires que d'autres, et à la possibilité de communiquer avec eux que se précise peu à peu le sentiment d'illégitimité. Rappelez-vous l'effet redoutable de la **dissidence** dans le paradigme d'Asch. Ici aussi, l'apparition, timorée au début, davantage assurée avec le temps, d'opinions dissidentes alimente la contestation et parvient à faire contrepoids à la norme d'autorité. En somme, seule l'instauration d'un nouveau consensus est de nature à renverser des pratiques jugées désormais inacceptables. La désobéissance est souvent un acte collectif.

Le chapitre suivant examine de plus près les divers processus à l'œuvre lorsque les individus mettent en commun leurs opinions. Nous nous pencherons également sur la question de la résistance à la majorité. Nous verrons que l'influence de la minorité n'est pas, loin s'en faut, aussi dérisoire que peuvent le laisser entendre les travaux sur la conformité.

Chapitre 8
Résistance et innovation

Qu'il s'agisse de délibérations de fin d'année ou de décisions de maintenir ou de lever un mot d'ordre de grève, une multitude de circonstances nous conduisent à tenir compte de l'avis des autres pour prendre une décision. Loin de nous prémunir contre ce genre de situations, nous sommes souvent désireux de sonder notre entourage dans l'espoir de prendre ensemble une décision davantage équilibrée.

Le mérite principal de la discussion de groupe réside à nos yeux dans son potentiel de sage compromis. Toutefois, cette vertu peut s'avérer plus mythique que réelle. Sherif n'a-t-il pas montré comment des groupes de sujets confrontés à l'effet autocinétique pouvaient certes opter pour une position moyenne mais pouvaient tout aussi facilement donner une solution originale ou se ranger derrière les estimations d'un individu plus influent que les autres ? Dans ces deux derniers cas, les produits du groupe n'ont pas grand chose à voir avec la moyenne des positions individuelles. Dans ce chapitre, nous nous pencherons sur deux phénomènes, la polarisation de groupe et l'influence minoritaire, qui ne sont pas sans rappeler les résultats quelque peu surprenants de Sherif.

LA POLARISATION DE GROUPE

C'est un fait incontestable, nous valorisons souvent la prise de décision en commun parce que celle-ci induirait à la prudence ! Pourtant, les recherches de psychologie sociale indiquent que nous nous trompons à cet égard. Dans la plupart des cas, les gens s'accordent sur une position davantage extrême que la moyenne des positions antérieures à la discussion. Nous allons voir que, renouant avec les thèmes abordés dans le chapitre précédent, l'explication de ce phénomène met en évidence les dépendances informationnelle et normative.

La première recherche empirique sur les effets de la discussion en groupe remonte à 1961 lorsqu'un doctorand du nom de Stoner conduisit une expérience originale. S'inspirant d'une tâche imaginée par Wallach et Kogan (1959) pour étudier les différences individuelles dans la prise de risque, Stoner proposa une douzaine de problèmes à des étudiants du Massachusetts Institute of Technology. Chacun des problèmes décrivait un personnage fictif face à un dilemme mettant en jeu une option attirante mais risquée et une option moins désirable mais plus sûre. La tâche des sujets consistait à conseiller, d'abord seul, puis en groupe, puis à nouveau seul, le personnage en question sur la stratégie à adopter. Selon les estimations de certains chercheurs, cette expérience aurait été suivie de plus de 300 autres.

Dans un des problèmes, les participants pouvaient par exemple lire que «M. A., ingénieur électricien marié et père d'un enfant, travaille pour une grande société d'électronique depuis sa sortie de l'université, il y a cinq ans. Il est assuré d'un emploi à vie avec un salaire modeste mais décent, ainsi que d'une pension appréciable. Il est très peu probable que son salaire augmente beaucoup avant sa pension. Au cours d'une foire commerciale, M. A. se voit offrir un emploi auprès d'une petite entreprise récemment créée dont l'avenir est plus qu'incertain. Le nouvel emploi serait beaucoup mieux rémunéré et offrirait la possibilité de devenir actionnaire de la société pour autant que celle-ci survive à la compétition face aux groupes plus importants. Imaginez que vous deviez conseiller M. A. Voici différentes probabilités que la nouvelle société s'avère saine sur le plan financier. Cochez la plus faible probabilité vous paraissant acceptable pour que M. A. accepte le nouvel emploi.» Suivait alors une liste de propositions allant de 1 chance sur 10 à 10 chances sur 10. Le minimum de 1 signifie que l'on conseille d'opter pour le nouvel emploi même si le risque est très important. A l'inverse, le choix maximum de 10 équivaut à recommander la prudence la plus extrême. A la grande surprise de Stoner, les probabilités retenues au terme de la discussion de groupe furent inférieures à la moyenne des positions individuelles enregistrées avant la discussion. Autrement dit, un glissement vers le risque s'opéra suite à la mise en commun des avis.

Répliqués par plusieurs chercheurs, ces résultats vont, vous vous en doutez, provoquer l'intérêt immédiat des psychologues sociaux. Ceux-ci feront très vite un constat intéressant : le risque est loin d'apparaître dans toutes les situations. Ainsi, parmi les douze dilemmes retenus par Stoner, deux donnent systématiquement lieu à des jugements de groupe davantage prudents. Avec le temps et d'autres dilemmes, on s'est rendu compte que les réactions de prise de risque ou de prudence sont propres à chaque problème. Autrement dit, le même dilemme entraîne toujours le même

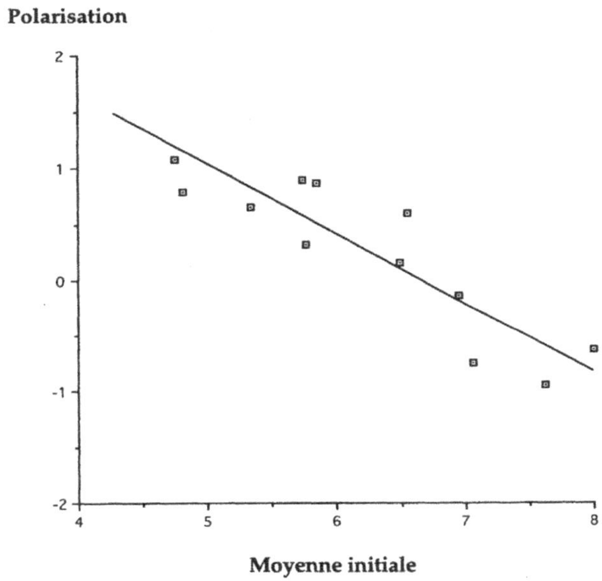

Figure 8.1 — Polarisation moyenne sur douze dilemmes en fonction de la moyenne initiale des réponses individuelles.

type de réaction de la part des sujets. Peu à peu, les chercheurs sont parvenus à maîtriser le phénomène au point de pouvoir rédiger des problèmes qui génèrent le risque ou, au contraire, la prudence.

Six ans après la découverte du phénomène par Stoner, Teger et Pruitt (1967) découvrent que plus les réactions de départ penchent en faveur du risque, plus le glissement ultérieur vers le risque est important. Inversement, plus les réponses initiales des sujets privilégient la prudence, plus les sujets se montrent conservateurs lorsqu'ils prononcent une décision collégiale. Une étude de Myers et Arenson (1972) fournit sans doute la plus belle illustration de la relation entre les réactions initiales des participants et le glissement résultant de la discussion de groupe. Ces auteurs ont donné à leurs sujets six problèmes imaginés par Stoner et clairement orientés vers le risque. Ils leur ont aussi proposé six autres dilemmes écrits de manière à susciter des réactions prudentes. Les sujets étaient répartis en groupes de 2 à 7 personnes. Les résultats dépassent les espoirs des chercheurs (voir figure 8.1). En effet, la corrélation entre le niveau initial de prise de risque et le glissement en faveur du risque atteint une valeur rarement rencontrée de .89.

En 1969, Moscovici et Zavalloni publient une étude qui permettra de généraliser le phénomène bien au-delà du cadre strict des dilemmes. Ces auteurs se penchent en effet sur de banales questions d'attitude. Concrètement, les participants doivent marquer, seul d'abord, en groupe ensuite, et seul à nouveau, leur accord ou leur désaccord face à une série d'énoncés tels que «de Gaulle est trop âgé pour mener à bien sa difficile tâche politique» ou encore «L'aide économique américaine est toujours utilisée pour exercer une pression politique». Visiblement, les discussions de groupe exacerbent les *a priori* des sujets. Ces résultats conduisent Moscovici et Zavalloni à redéfinir le phénomène comme une tendance générale à l'extrémisation des réponses initialement présentes chez les individus qui composent le groupe. Ils baptisent le phénomène : **polarisation de groupe**.

Armés du concept, les psychologues sociaux ont exploré un large ensemble de situations dans lesquelles la discussion de groupe est susceptible d'accentuer les opinions initiales des gens. Myers et Bishop (1971) se sont demandés ce qui se passerait si des gens ayant sensiblement les mêmes opinions se retrouvaient pour discuter ensemble. Cette situation ressemble à ce qui se produit lors du congrès d'un parti politique : les militants se retrouvent, discutent différentes motions, votent et puis repartent chez eux. Dans un premier temps, les sujets de Myers et Bishop, des lycéens, doivent répondre à un questionnaire de préjugés raciaux. Sur base de leurs réponses, on constitue deux groupes homogènes : les participants ayant le plus de préjugés d'une part et ceux avec le moins de préjugés d'autre part. Dans la deuxième partie de l'étude, les participants doivent réagir individuellement à huit propositions ayant trait à des questions raciales, puis discuter ces propositions en groupes avant de les réévaluer encore une fois. Les opinions recueillies après la discussion de groupe révèlent que les deux groupes de lycéens ont radicalisé leur position initiale. Autrement dit, le fossé s'est creusé un peu plus entre les groupes d'avis différents. On l'imagine bien, les conséquences dans des domaines aussi épineux que les préjugés raciaux ne sont pas négligeables.

Le phénomène de polarisation de groupe fait songer à une opération de développement photographique. De la même façon qu'on trempe la pellicule dans un bain chimique pour qu'apparaisse l'image, la discussion entre les gens fait ressortir l'opinion majoritaire. Ainsi, dans une enquête portant sur plus de 200 délibérations de jurys, Kalven et Zeisel (1966) ont constaté que la décision finale penchait plus de 9 fois sur 10 dans le sens de la majorité initiale. Une expérience conduite en laboratoire par Myers et Kaplan (1976) confirme ces observations réalisées sur des délibérations authentiques. Les faux jurys étaient composés d'étudiants universitaires. Ceux-ci devaient prononcer des jugements de culpabilité dans des dossiers d'infractions au code de la route. Les informations dispensées aux jurés étaient manipulées. Dans certains cas, elles encourageaient un verdict d'acquittement. Dans d'autres, la balance penchait plutôt en faveur de la culpabilité. Les discussions de groupe avaient pour effet d'augmenter très nettement la probabilité que la décision attendue se concrétise. Mais si nous savons que les positions de départ des membres du groupe de discussion permettent de prédire l'issue des débats, il reste encore à identifier le ou les mécanismes responsables. De toutes les explications avancées pour rendre compte de la polarisation de groupe, seules deux paraissent aujourd'hui viables.

La première interprétation insiste sur le rôle des processus normatifs. Au cœur de ceux-ci, on retrouve évidemment la motivation des individus pour une insertion gratifiante dans le tissu social. En d'autres termes, pour garantir une comparaison sociale qui tourne à leur avantage, les gens doivent tenir compte des informations disponibles sur autrui, en l'occurrence leur position sur le thème abordé. Au vu de ce que nous avons déjà dit sur le poids du consensus et de la similitude, on ne s'étonnera guère de constater que la connaissance de la position des autres participants suffit à faire fléchir le point de vue des membres du groupe. Dans la même perspective, Axsom et ses collègues (1987) ont montré que des messages persuasifs avaient davantage d'impact lorsqu'ils étaient accompagnés d'applaudissements.

L'effet PIP (Codol, 1975) vient encore amplifier les conséquences de la simple valorisation de la norme groupale. Rappelez-vous le premier chapitre : chacun des membres du groupe désire incarner au mieux la norme groupale. Chacun veut donc être un membre prototypique. Ce besoin de se différencier positivement, d'être le premier parmi les pairs, s'ajoute à un phénomène d'**ignorance plurielle**. En effet, avant la discussion, les participants se disent que les autres ne représentent sans doute pas aussi bien le point de vue qu'il convient d'avoir sur la question, mais lorsqu'ils apprennent la position des autres, ils se rendent compte alors qu'ils ne constituent peut-être pas autant qu'ils le pensaient le représentant idéal du groupe. Ils sont donc amenés à réajuster le tir. A mesure que la norme du groupe se dégage, chaque membre veille à l'incarner au mieux (Myers *et al.*, 1974).

La deuxième explication de la polarisation de groupe met en jeu l'influence informationnelle et suggère que ce phénomène est fondamentalement un processus de persuasion. Lorsqu'on met ensemble des gens pour discuter une question particulière, ceux-ci ont de grandes chances d'évoquer des arguments que certains ignoraient. Il s'agit alors pour les différents membres du groupe de traiter ces nouveaux arguments afin de les incorporer à leur base de connaissances. Dans la mesure où la majorité des arguments portant sur le thème abordé favorise un pôle de la réponse au problème plutôt que l'autre, la discussion engendre un phénomène de polarisation.

Dans une recherche illustrative, Vinokur et Burnstein (1974) ont d'abord demandé à leurs sujets de répondre de manière tout à fait classique à 5 dilemmes. Deux des problèmes favorisaient le risque, deux la prudence et le dernier était neutre. Les sujets

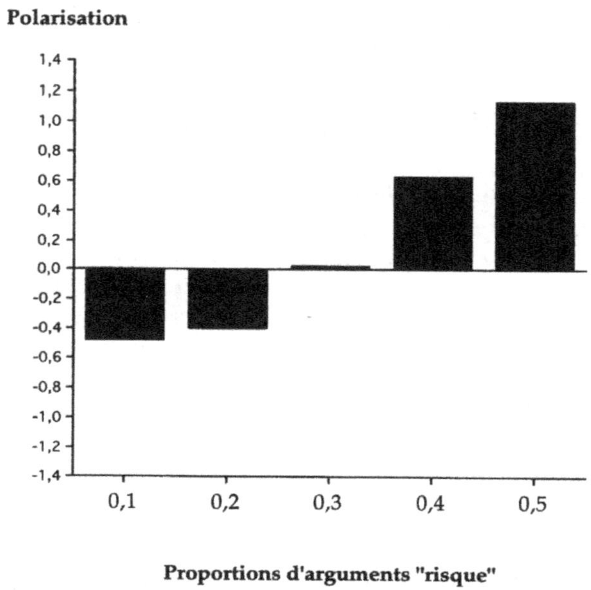

Figure 8.2 — Polarisation observée en fonction de la proportion d'arguments favorisant le risque.

étaient ensuite invités à fournir la liste complète de tous les arguments portant sur chacun des problèmes en veillant à indiquer si l'argument cité faisait pencher la balance du côté du risque ou de la prudence. Combinées, ces listes peuvent être considérées comme représentant l'ensemble des arguments relatifs à chacun des dilemmes. L'intérêt consiste évidemment à vérifier les proportions respectives d'arguments risqués et prudents selon les différents types de dilemmes. Comme prévu, aux dilemmes risqués correspond une proportion supérieure d'arguments risqués. Le résultat inverse émerge pour les dilemmes prudents. Mieux encore, le dilemme neutre donne lieu à une proportion équivalente d'arguments de chaque type. Les arguments relevés par les auteurs permettent également de constater qu'aucun d'entre eux n'est connu par plus d'un tiers des participants. De toute évidence, si les arguments étaient partagés avant même le début de la discussion, on n'observerait pas de polarisation.

Bien d'autres expériences ont permis de montrer que la seule connaissance des arguments, indépendamment de la position, suffit à entraîner un effet de polarisation. Celle d'Ebbesen et Bowers (1974) constitue un modèle du genre. Les auteurs ont retenu cinq problèmes de manière à couvrir une large palette de dilemmes allant du plus risqué au plus prudent. Pour chacun de ces dilemmes, ils ont créé cinq scénarios comprenant 10 arguments et les ont soigneusement mis en scène sous forme de discussion enregistrée. Selon le scénario, les proportions d'arguments favorisant le risque ou la prudence étaient fixées à .90, .70, .50, .30, et.10. Un scénario contenant 90 % d'arguments prônant le risque était donc préparé pour chacun des 5 problèmes. Dans l'étude proprement dite, les sujets sont d'abord invités à résoudre un dilemme de façon personnelle avant d'écouter un des cinq scénarios portant sur ce dilemme et de répondre à nouveau.

L'opération est répétée pour chacun des dilemmes. Comme on peut le voir sur la figure 8.2, la polarisation favorise nettement le risque lorsque 9 des 10 arguments sont risqués. Une polarisation en sens inverse émerge lorsque les arguments prudents sont nettement dominants. Des proportions moins déséquilibrées donnent lieu à des mouvements de polarisation moins tranchés. De façon intéressante, un scénario comprenant autant d'arguments risqués que d'arguments prudents ne produit absolument aucune polarisation. Enfin, la polarisation vers le risque est globalement plus forte que celle vers la prudence, un résultat fréquemment observé et qui montre que la prise de risque est davantage valorisée que les jugements conservateurs.

Pour la perspective informationnelle, ce sont les arguments et non les positions qui sont censés entraîner la polarisation. Cela signifie aussi, nous venons de le voir, que si les arguments sont distribués équitablement, le phénomène de polarisation peut parfaitement céder la place au compromis. Mais si les proportions des divers arguments évoqués au cours de la discussion orientent sans aucun doute les décisions des sujets (Hinsz & Davis, 1984), d'autres facteurs peuvent contribuer au phénomène, comme l'attention que les divers arguments reçoivent dans le cadre de la discussion.

En dépit de la créativité rencontrée dans le débat entre les tenants de l'interprétation normative et ceux de l'explication informationnelle, le doute subsiste malgré tout quant à l'indépendance des deux types de processus. Vous aurez bien compris que la connaissance des seuls arguments n'empêche pas vraiment d'inférer la position correspondante. Inversement, connaître la position de quelqu'un vous donne une idée du type d'arguments qu'il peut évoquer. Même si un examen attentif des nombreuses recherches traitant de la polarisation de groupe indique la supériorité de la dépendance informationnelle, les deux types d'influence exercent un effet sur les réponses des sujets (Isenberg, 1986). La sagesse incite donc à réconcilier les deux perspectives. Ce point de vue oecuménique est au cœur de la reformulation récente des phénomènes de polarisation en termes d'identité sociale. Confirmant les prédictions issues de la **théorie du référent informationnel** détaillée au chapitre précédent (Turner, 1987), plusieurs recherches montrent que la polarisation ne se manifeste que si les gens croient avoir affaire à des membres de leur groupe et non à un groupe concurrent. Ces résultats soulignent à nouveau combien la validité subjective des arguments découle de leur valeur normative.

En soi, le phénomène de polarisation de groupe ne signifie nullement que la décision collégiale est moins valable que les différents points de vue individuels. Dans bien des circonstances, les groupes ont sans doute intérêt à grossir le trait et à clarifier leur position sur une question donnée. Il est toutefois des circonstances dans lesquelles les produits d'un groupe se sont avérés des erreurs manifestes. L'histoire contemporaine fourmille de décisions collectives qui se sont soldées par un échec cuisant.

Si vous avez vu les terribles images de l'explosion de la navette spatiale Challenger, vous avez assisté de manière très concrète aux conséquences dramatiques de la pensée de groupe. Le 28 janvier 1986, 73 secondes exactement après le décollage, cet accident a causé la mort des sept personnes de l'équipage, a coûté des millions de dollars, a ébranlé la confiance de toute une nation, et a retardé le programme spatial de la NASA de plusieurs années. Ce sera la stupéfaction lorsque la commission d'enquête révélera que les responsables du programme spatial n'avaient pas donné suite aux avertissements de la compagnie qui fabriquait les joints de caoutchouc sur les fusées d'appoint. Cette dernière avait pourtant signalé que les températures très basses enregistrées ce jour-là pouvaient entraîner des dysfonctionnements (Esser & Lindoerfer, 1989). Un quart de siècle plus tôt, la décision américaine d'envahir Cuba s'est, elle aussi, révélée une erreur magistrale. Les 1400 opposants cubains envoyés sur les plages de leur pays afin de renverser Fidel Castro ont été mis hors combat en moins de trois jours. Manifestement, le groupe d'experts chargés, à la Maison Blanche, d'examiner la question de l'invasion avait commis de grossières erreurs d'appréciation. Entre autres bévues, aucune possibilité de retraite n'avait été envisagée et encore moins préparée. On pourrait sans problème allonger la liste des exemples.

Ce qu'à la suite de Janis (1982), on a appelé la **pensée de groupe** recouvre un ensemble de conditions qui affectent négativement la qualité de la prise de décision en groupe. Un premier aspect concerne le caractère sélectif du recueil d'informations. La pensée de groupe instaure un climat d'autocensure et de filtrage des informations qui hypothèque grandement la possibilité de découvrir des éléments allant à l'encontre des décisions antérieures ou des objectifs poursuivis. L'exemple de la navette Challenger illustre très bien ce point. Les ingénieurs qui craignaient la défaillance des joints de caoutchouc en cas de temps froid n'ont jamais eu l'occasion de faire part de leurs inquiétudes aux niveaux supérieurs de la hiérarchie. La pensée de groupe rend non seulement l'accès à l'information contradictoire très difficile mais, second aspect, elle favorise aussi l'interprétation biaisée des informations disponibles. La plupart du temps, les membres du groupe de discussion sont priés d'adopter une vue commune des choses. Dans la mesure où les informations ne sont examinées que sous un angle particulier, le repérage des éléments pouvant mettre en péril le succès de la décision est évidemment plus difficile.

Un troisième aspect concerne la manière dont le groupe gère les dissensions. Il est superflu de préciser que la pensée de groupe tolère assez mal l'indépendance de point de vue et que les opposants sont rappelés à l'ordre. Janis (1989) note à cet égard que le recours à un tour de table pour lancer la discussion, en particulier s'il démarre avec les points de vue de membres puissants et respectés du groupe, contribue à détériorer le processus de prise de décision. De fait, l'expression initiale des opinions majoritaires place tout avis contraire dans une position minoritaire. La situation ressemble alors vraiment à une expérience de type Asch. Un dernier aspect concerne la mise en cause des décisions passées. On retrouve ici un **effet pied-dans-la-porte** au niveau du groupe. Les comptes-rendus disponibles confirment le fait que les groupes passent un temps appréciable à justifier et expliquer le bien-fondé de leurs décisions antérieures au risque d'être entraînés dans un processus d'escalade. Ces symptômes ont de fortes chances d'apparaître lorsque les membres du groupe ressentent un grand besoin de cohésion, comme c'est le cas, par exemple, dans un contexte de conflits intergroupes (Staw & Ross, 1987). Tous ces facteurs augmentent sensiblement le taux de conformité, l'illusion d'unanimité et d'invulnérabilité et rendent dès lors probables l'adoption de décisions médiocres et le maintien d'options déficientes.

En résumé, la croyance populaire selon laquelle les décisions prises en groupe sont davantage prudentes ne peut que nous induire en erreur. La mise en commun des opinions a souvent pour conséquence de radicaliser l'avis initialement partagé par l'ensemble des individus. Ce résultat est la conséquence de processus normatifs et informationnels qui opèrent probablement de manière conjointe quoique à des degrés divers selon le contexte.

POUVOIR ET DÉVIANCE, REJET ET CHANGEMENT

L'Eglise catholique a bien compris le pouvoir des groupes unanimes et s'est organisée pour en prévenir les vices. Ainsi, lorsque l'Eglise envisage de canoniser quelqu'un, une commission de sages est réunie afin d'examiner les divers arguments en faveur d'une telle décision. Consciente des dangers de la pensée de groupe, la commission comprend toujours un membre chargé de mettre en lumière tous les éléments d'informations qui vont à l'encontre d'une décision de canonisation. Le nom de ce personnage est très connu : c'est l'avocat du diable. L'avocat du diable ne doit pas uniquement porter à la connaissance de ses collègues toutes les informations contradictoires dont il dispose. Il devra aussi aider à s'exprimer les membres de la commission qui ont des réticences. Que la canonisation ait lieu ou pas, la décision de la commission sort renforcée d'un tel processus. On le voit, parmi les remèdes qui permettent d'échapper à la pensée de groupe, la culture de la dissension se situe au rang des plus efficaces.

En dehors des commissions de canonisation, nous ne connaissons guère d'exemples où cette pratique de la contestation soit généralisée. Et pour cause ! La dissidence, la déviance et la marginalité ont mauvaise presse. Nous l'avons constaté dans les chapitres précédents. Qu'il s'agisse des techniques d'endoctrinement du changement d'attitudes, du despotisme éclairé de l'imitation, de la démocratie de la normalisation ou du totalitarisme de la conformité, tous ces « régimes » mettent en avant l'idée que le système dans lequel évolue l'individu lui préexiste et doit se perpétuer. Dans de tels systèmes, la norme de la majorité contrôle le comportement des individus : c'est elle qui donne la certitude, qui assure l'objectivité et qui est garante de la seule vérité. A contrario, toute dissidence devra être châtiée. Qu'il s'agisse de présidents de la république qui mettent les journalistes, les philosophes et les artistes sous écoute téléphonique ou de régimes totalitaires qui ordonnent l'exécution des dissidents politiques, l'opposition doit être jugulée.

Une telle conception fait partie intégrante de l'approche théorique de Festinger (1950) examinée au chapitre précédent. Pour cet auteur, le bon fonctionnement du groupe ne peut tolérer les divergences d'opinions, d'attitudes, de comportements, etc. Les **pressions vers l'uniformité** seront d'autant plus fortes que les écarts sont importants. Un scénario expérimental imaginé par Asch (1952) est très éclairant à cet égard. Il s'agissait de confronter un comparse à 16 authentiques participants et de lui demander de fournir une série de mauvaises réponses quant aux longueurs des lignes. En moins de temps qu'il ne faut pour le dire, les vrais sujets trouvent le comparse totalement ridicule et se mettent à rire à chacune de ses réponses. En fait, la situation fut à ce point loufoque et cruelle que l'expérimentateur, victime lui aussi de l'hilarité générale, ne put se résoudre à poursuivre l'expérience. Dans le meilleur des cas, donc, le marginal sera l'objet de quolibets et autres railleries. Pour Festinger, toutefois, les pressions vers l'uniformité ne se limiteront pas toujours à des conduites aussi anodines. Si le déviant ne réintègre pas les rangs, les frontières du groupe seront redéfinies de manière à l'exclure. C'est ce que montre très bien une expérience classique de Schachter (1951).

Cette recherche sur la déviance au sein des groupes donne une excellente idée du caractère dynamique du conflit et illustre aussi l'association étroite qui existe entre l'influence sociale et l'appartenance groupale. De 8 à 10 participants par groupe devaient prendre part à une discussion. Il s'agissait, à intervalles répétés, de recommander un traitement pour un cas de délinquance assez mineur. Trois comparses de l'expérimentateur étaient mêlés au groupe, chacun d'eux avec une mission précise. Le premier devait suivre scrupuleusement les options prises par les sujets naïfs. Le deuxième devait d'abord se montrer plus sévère que le reste du groupe puis se ranger peu à peu derrière l'avis majoritaire. Le dernier avait pour instruction de préconiser un traitement sévère sans jamais faire de concession au reste du groupe. Les discussions révèlent que l'expression d'une opinion minoritaire suscite un nombre important de tentatives d'influence par les autres membres du groupe. La réintégration dans le giron du groupe améliore la popularité du converti et diminue de façon drastique le nombre des communications qui lui sont adressées. Mais, surtout, l'absence de concession de la part du déviant a pour effet d'entamer sérieusement sa popularité. Lorsqu'il devient clair que le déviant ne transigera pas, certains des groupes finissent par le négliger totalement.

Si le point de vue de Festinger paraît tout à fait sensé et s'il prédit bien les réactions d'un groupe à l'encontre d'un déviant, on est tout de même en droit de s'interroger sur une série de faits troublants. Qu'en est-il en effet des bouleversements de conception, des changements d'opinions? Le monde n'est pas figé, les choses évoluent. Des révolutions sociales, économiques, technologiques viennent balayer les certitudes et imposent de nouvelles conduites. Comment cela se peut-il? Une façon évidente de sauvegarder l'idée de la stabilité tout en introduisant celle du changement consiste à reconnaître un rôle moteur à la majorité qualitative. Grâce à son statut, l'élite est susceptible de modifier les normes existantes sans risque de subir le discrédit. Le leader, en tant que dépositaire des valeurs de la majorité quantitative, est autorisé à amender la tradition.

Le crédit idiosyncrasique

Plusieurs conceptions ont marqué les recherches successives sur le leadership. La perspective qui nous semble la plus porteuse met en exergue les négociations continuelles qui se nouent entre le leader et ses supporters. Les interactions entre membres du groupe permettent de situer qui fait quoi. Dans la mesure où un individu contribue plus que d'autres aux objectifs du groupe, il héritera du rôle de leader. Mais, direz-vous, n'y-t-il pas là quelque contradiction? Comment le leader peut-il en même temps personnifier les normes du groupe d'appartenance et être l'initiateur du changement? Hollander (1985) rend compte de ce paradoxe avec le concept de crédit idiosyncrasique. Cette notion renvoit au pouvoir qu'un individu possède pour infléchir les normes de son groupe. Pour pouvoir introduire le changement, estime Hollander, un membre d'un groupe doit disposer d'un crédit aux yeux du reste du groupe. On s'en doute, ce crédit est l'apanage des chefs. C'est en effet en se conformant scrupuleusement aux normes groupales, en s'assurant que sa position est légitime, en veillant à ce que l'on paraisse disposer des qualités permettant d'atteindre les objectifs du groupe, en apparaissant comme étant identifié au groupe et à ses aspirations, que l'on héritera d'un crédit important.

La recherche confirme les intuitions de Hollander. Il en va ainsi d'une étude déjà ancienne que Merei (1949) a menée dans une crêche. Ce chercheur a introduit des enfants présentant un potentiel de leadership au sein de groupes d'enfants plus jeunes. Les données montrent que les meilleurs leaders sont ceux qui commencent par se plier aux pratiques existantes et attendent avant d'introduire des modifications mineures. Dans une étude plus large sur les gangs d'adolescents dans les villes américaines, Sherif et Sherif (1964) remarquent notamment que les leaders sont les membres qui peuvent le plus aisément se départir des normes imposées à l'ensemble du gang. Hollander et Julian (1970) ont observé, quant à eux, que des leaders qui croient avoir été élus de façon démocratique se sentent davantage compétents et sont davantage susceptibles de proposer des solutions divergentes de celles adoptées par le reste du groupe. Cette analyse interpersonnelle en termes de crédit idiosyncrasique ne peut toutefois omettre de prendre en compte le niveau intergroupal. En effet, les objectifs que s'assigne un groupe donné s'inscrivent dans un tissu de rapports que ce groupe entretient avec d'autres groupes (Rabbie et Bekkers, 1978). Cet aspect sera abordé de manière explicite au chapitre 11.

De nombreux exemples historiques viennent corroborer la théorie du crédit idiosyncrasique. On songe à l'action menée par le premier ministre israélien Rabin pour signer un accord de paix avec les Palestiniens. Il aura fallu un homme de la droite, un conservateur affiché, un ancien chef militaire ayant gagné ses galons lors des différents conflits opposant son pays aux nations arabes voisines, pour faire accepter la pilule de l'autonomie de certains territoires palestiniens. Ces concessions importantes auraient-elles pu voir le jour si elles avaient été l'œuvre d'un modéré notoire? Il est probable que non! Même pour Rabin, le virage opéré excédait sans doute le crédit dont le leader disposait. De fait, son assassinat et les élections qui ont suivi ont entériné un retour à une ligne plus dure.

Certes, certains leaders bouleversent les pratiques et les schémas de pensée. Reste que le cours de l'histoire a souvent été modifié par le courage et l'obstination d'individus démunis de tout crédit idiosyncrasique. Il suffit de songer à la manière dont les travaux de Pasteur ont révolutionné nos pratiques sanitaires et médicales. En cette fin de XXe siècle, le lait pasteurisé trône dans les rayons de nos supermarchés et la rage fait partie de ces maladies dont nous n'avons plus peur. Par l'intermédiaire des instituts de recherche qui portent son nom, cet illustre scientifique est intimement associé à la recherche de pointe en matière de lutte contre les maladies infectieuses, le sida en étant l'exemple le plus médiatisé. Voilà sans aucun doute une célébrité dont rêve tout scientifique. Mais, quoi qu'on en pense, l'idée que l'on pouvait se prémunir des virus n'a pas été admise du jour au lendemain. A l'origine, Pasteur n'avait pas droit de cité dans les milieux médicaux et les réactions de ses contemporains font penser aux railleries lancées à l'encontre du dissident de l'expérience d'Asch.

Sous l'impulsion de Faucheux (Faucheux & Moscovici (1967) et puis de Moscovici (1976), les psychologues sociaux ont progressivement accepté l'idée que des points de vue inédits ou des perspectives insolites peuvent s'imposer en dépit de leur caractère minoritaire. Le succès rencontré par certaines idées novatrices malgré le manque total de pouvoir de leurs défenseurs se situe au cœur des travaux sur l'influence minoritaire.

L'influence minoritaire

Vous vous installez confortablement dans votre fauteuil. Votre voisin vous a conseillé de ne pas rater le film de la soirée. Une histoire de crime et de procès, un film à suspense, vous a-t-il dit. Voilà, ça commence. Bizarre ! Vous n'êtes pas invité à assister aux préparatifs du crime et à la résolution de l'enquête par le génial inspecteur. Pas de traces non plus d'un procès au cours duquel un avocat de la défense hors du commun identifie le mobile du crime et sauve son client en confondant le coupable. Cette fois, les débats contradictoires ont déjà eu lieu. Vous vous retrouvez directement dans la salle des délibérations. Que diable peut-il se passer dans un tel film ? Quel est ce scénario peu conventionnel ? D'emblée, vous assistez au premier vote. L'enjeu est simple en apparence. Le jeune homme qui vient d'être jugé est-il coupable de paricide ? Le vote doit être unanime mais, les comptes sont rapidement faits, un des douze jurés ne partage pas l'avis de ses collègues. Henri Fonda, car c'est lui qui joue le rôle de l'empêcheur de tourner en rond, n'est pas convaincu de la culpabilité de l'accusé.

Votre voisin ne vous a pas menti : le scénario est palpitant. Pendant tout le reste du film, vous êtes le témoin des nombreuses tentatives des onze jurés favorables à la culpabilité pour faire changer d'avis le récalcitrant. Tous les arguments, aussi discutables soient-ils, sont utilisés. Les jurés veulent en finir au plus vite. L'atmosphère est lourde et la pression énorme. Même si les faits pointent en direction de l'accusé, le douzième juré tient bon. D'après ce dernier, la défense n'a pas fait son travail. Le dissident se met donc en devoir de décortiquer le dossier afin d'en trouver les failles. A force de discussions, de remises en question, il ébranle peu à peu les certitudes et renverse la vapeur. Un à un, il convainc ses collègues. Jusqu'au moment où il devient clair pour tout le monde que le risque d'envoyer un innocent en prison est réel. Le film se termine. La décision finale sanctionne le travail de conversion extraordinaire accompli par le héros du film. Le jeune homme est acquitté !

Ce film de Sidney Lumet s'intitule « Douze hommes en colère ». Si l'on s'en tient à la réalité de vrais jurys, l'histoire est moins que plausible, mais elle constitue l'une des plus belles mises en scène du phénomène d'influence minoritaire. Comment les psychologues sociaux en sont-ils venus à s'intéresser à ce phénomène ? Le mérite intellectuel en revient sans aucun doute à Faucheux et Moscovici. Nous sommes vers la fin des années soixante. Psychologues sociaux français, ils ressentent un malaise face aux travaux classiques sur l'influence sociale. Ceux-ci manifestent d'après eux un biais trop marqué en faveur de la conformité. Dans tous les cas de figure, le « puissant » l'emporte, qu'il s'agisse de l'expert auréolé de prestige scientifique, du modèle charismatique ou du groupe de référence ! Pour Moscovici (1976) qui donnera un habit théorique au nouveau mouvement, ce parti pris sied sans doute à l'idéologie du «melting pot» américain mais se révèle incapable d'expliquer des faits avérés d'influence minoritaire. Comment rendre intelligible la contestation dans un contexte où la loi du plus fort régit les opinions et les attitudes avec une telle efficacité? Si tout le monde est convaincu que le soleil tourne autour de la terre, comment modifier ce point de vue? Dans un univers qui fonctionnerait comme une expérience d'Asch, la vision héliocentrique du monde n'aurait jamais eu la moindre chance de s'imposer. Et pourtant... L'ambition de Moscovici est donc d'offrir une théorie de l'influence qui puisse rendre compte de faits historiques aussi divers que le développement du féminisme, l'impact de Martin Luther King ou la révolution copernicienne. Il propose un modèle génétique de l'influence sociale. Le choix du label «génétique» n'est pas innocent et vise à souligner la capacité des groupes à briser le statu quo et à générer le changement. Que nous dit ce modèle génétique?

Le modèle génétique de l'influence

Moscovici place le conflit au cœur du processus d'influence. Il ne fait pas de doute que le conflit est déjà présent dans la phase de normalisation mise en évidence par Sherif. Parce que les gens sont soucieux de démocratie, ils cherchent à se mettre d'accord en faisant des compromis. Mais si, une fois les normes établies, la conformité est une réaction aussi courante, c'est avant tout parce que la plupart des gens ont une sainte horreur du conflit. Pour beaucoup, une manière commode d'éviter la confrontation douloureuse avec autrui consiste à capituler. La majorité compte précisément sur ce malaise pour engendrer la conformité. Reste que le pouvoir du conflit peut se retourner contre elle. En effet, dans la mesure où la minorité résiste, voire accentue le conflit, elle peut espérer renverser la vapeur. Le secret de l'innovation se résume donc à mettre en question le consensus établi et à secouer le cocotier des convictions majoritaires. On le voit, la minorité n'est pas démunie en matière d'influence sociale. Des obstacles sérieux se dressent toutefois sur sa route. Si l'histoire se souvient de Galilée et si nos contemporains respectent le nom de Nelson Mandela, combien de minoritaires se sont heurtés à une majorité imperturbable? Au grand dam des membres d'Amnesty International, une telle organisation de gens imperturbables possède sans doute un fonds de commerce intarissable.

Quelles sont les conditions favorables à l'innovation? La recherche l'a montré, le style comportemental de la minorité est un facteur décisif. Etre fidèle à ses convictions, c'est le signe de la certitude, de la confiance, de l'objectivité et de la vérité. La fidélité à ses convictions, voilà bien le seul atout du fameux David Vincent, le héros de la série-culte «Les Envahisseurs». Seul à avoir vu les extraterrestres atterrir, il maintient ses convictions envers et contre tout. Peu à peu, il parvient à convaincre son entourage du danger qui menace. C'est exactement ce que montre la recherche. Pour autant que la source minoritaire adopte une conduite consistante dans le temps, l'issue du conflit pourra lui être favorable (Maass & Clark, 1984). Reste que la consistance constitue davantage une condition nécessaire que suffisante. D'autres aspects doivent éclairer les attributions que font les majoritaires pour rendre compte de la persévérance du minoritaire. Si, comme l'a montré Asch, le poids du nombre contribue à augmenter la soumission face à une majorité, le consensus s'avère un allié tout aussi précieux de la source minoritaire. Nous l'avons vu, rien n'est en effet plus aisé que d'éluder les arguments d'un farfelu isolé. Les choses sont toute différentes si plusieurs individus se mettent à soutenir un point de vue inhabituel. Dans ce cas, il paraît prudent d'examiner ce qu'ils ont à dire (Moscovici & Lage, 1976; Nemeth et coll., 1977). Dans une étude réunissant des étudiants au sein de jurys factices, Tindale et ses collègues ont montré que des factions minoritaires de trois ou quatre étaient nettement plus à même de bousculer les opinions des majoritaires qu'un dissident isolé. Dans le même esprit, une minorité marquera d'autant plus de points qu'elle consent à certains sacrifices pour avancer son point de vue et qu'elle ne peut espérer retirer des avantages d'un changement de cap de la majorité (Moscovici & Mugny, 1983). A leur manière, les facteurs évoqués à l'instant constituent des formes particulières de **consistance**. Ils contribuent à éviter le discrédit pour la minorité et suggèrent que la solution du problème viendra d'une prise en compte du message.

Une des premières expériences à mettre cet aspect de consistance clairement en évidence fut conduite par Moscovici *et al.* (1969). Le scénario reproduit en miroir la situation mise au point par Asch quelques vingt années plus tôt. Les sujets, réunis en groupe de six, croyaient participer à une étude sur la perception des couleurs. Après un test de vision, les sujets se voyaient présenter une série de 36 diapositives, toutes manifestement bleues et différant uniquement en termes d'intensité lumineuse. La tâche consistait à nommer à haute voix la couleur de chaque diapositive en utilisant un label simple. Deux sujets, assis en première et en seconde position, ou en première et quatrième position, étaient en fait des comparses de l'expérimentateur. Dans la condition expérimentale dite consistante, les deux comparses qualifiaient toutes les diapositives de «vert». Il s'agit donc ici d'une consistance intra-individuelle à travers le temps (consistance diachronique) et interindividuelle (consistance synchronique). Dans la condition inconsistante, les complices annonçaient «vert» à 24 reprises et «bleu» le reste du temps. Enfin, une condition de contrôle mettait en présence six sujets naïfs. Comme on peut le voir à la figure 8.3, les réponses «vert» représentent seulement .25 % des réponses recueillies en condition de contrôle. Dans la condition de minorité inconsis-

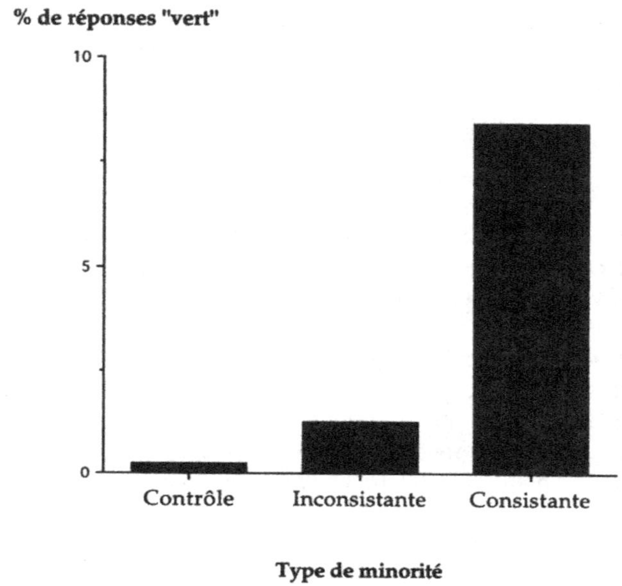

Figure 8.3 — Pourcentage de réponses «vert» selon le type de minorité.

tante, ce score est de 1.25 %, à peine plus que dans la condition de contrôle. Dans la condition de minorité consistante, 32 % des sujets naïfs donnent au moins une réponse «vert». Au total, on note 8.42 % de réponses «vert», une proportion significativement plus grande que dans les deux autres conditions. On le constate donc, une partie importante des membres de la majorité se sont laissés persuader.

Tout indique donc que le comportement ferme et confiant de la minorité instaure le doute quant à la perspective majoritaire, attire l'attention sur la minorité, signale l'existence d'un point de vue alternatif, démontre l'attachement de la minorité à sa position dissidente et annonce que le seul moyen de sortir du conflit consiste à prendre en considération son point de vue. A l'inverse de ce qui se passe dans les recherches sur la conformité, l'impact de la minorité ne se fait généralement sentir qu'après un certain temps. Mieux, la capitulation se manifeste surtout lorsque certaines défections se font jour au sein de la majorité dans une sorte d'effet «boule de neige» (Kiesler & Pallak, 1975). Toutefois, malgré ses effets bénéfiques, la consistance a aussi ses limites et il serait dangereux de tomber dans le piège de la rigidité et de la réponse monolithique (Mugny, 1982). Nemeth *et al.* (1974) ont ainsi montré que la minorité se révélait plus influente si elle variait ses réponses «vert» et «bleu-vert» en fonction de l'intensité lumineuse des diapositives, donnant ainsi un profil de réponses consistantes, que si elle produisait toujours la réponse «vert» sans tenir compte de la luminosité. Plus généralement, une attitude flexible et une volonté affichée de négociation constituent des atouts précieux de la source minoritaire.

Au vu de ces éléments, la situation expérimentale imaginée par Asch apparaît sous un jour nouveau. Le caractère évident de la réponse que doit fournir le vrai sujet n'a d'autre conséquence que de conférer un statut de minorité aux comparses. La majorité, c'est le monde extérieur et le sujet naïf d'Asch. Par le biais de leurs réponses inattendues, les comparses introduisent une fameuse dose d'ambiguïté dans la tâche et situent la relation sur un mode conflictuel. La consistance et le consensus dont ils font preuve ainsi que l'absence d'enjeu personnel dans leur entêtement ont tôt fait de briser les résistances des participants naïfs.

La nature de l'influence minoritaire

Au-delà de l'examen des situations d'influence en termes de conflit, Moscovici (1980, 1985) s'est interrogé sur la nature de l'influence majoritaire et minoritaire. Dans notre discussion concernant les formes d'influence en jeu dans la conformité, nous avons vu l'importance de la dépendance normative. Ainsi, les taux de conformité sont réduits de manière significative lorsqu'on garantit l'anonymat des réponses. De toute évidence, la minorité ne saurait se targuer de posséder le même attrait que la majorité sur le plan normatif. Faut-il dès lors soupçonner un rôle accru de l'influence informationnelle en présence de dissidence? C'est l'avis de Moscovici qui conteste avec force l'idée que les deux types d'influences, minoritaire et majoritaire, soient des phénomènes interchangeables.

Selon lui, la minorité force les membres de la majorité à se lancer dans un processus de validation. Ces derniers s'attachent ainsi à comprendre pourquoi la minorité défend son point de vue et examinent la position minoritaire de façon approfondie. Ce faisant, les majoritaires se mettent dans une disposition d'esprit propice à la conversion même si la réponse affichée ne témoigne guère de l'impact de la minorité. A l'opposé, la présence d'une majorité encourage un processus de comparaison sociale. Il s'agit plutôt de confronter ses propres réponses à celles d'autrui afin de s'adapter au mieux sans engager trop de ressources cognitives. Cette réaction privilégie donc la soumission mais sans réelle adoption de la réponse majoritaire.

A l'appui de cette thèse, Moscovici et d'autres mettent en avant une série de données empiriques. Quel que soit le scénario expérimental, l'objectif est toujours le même. Il s'agit de montrer que les sujets majoritaires sont affectés par le point de vue minoritaire

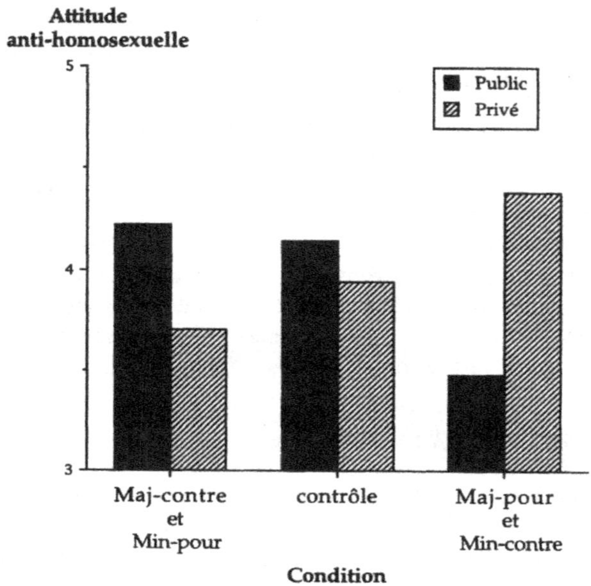

Figure 8.4 — Attitude à l'égard des homosexuels selon les conditions expérimentales et le caractère privé ou public de l'expression attitudinale.

sur un plan privé alors qu'il résistent en public. Inversement, il faudrait que les membres de la minorité soient séduits par le message de la majorité lorsqu'ils doivent répondre publiquement mais campent sur leur position dans leur for intérieur. Maass et Clark (1983) ont réalisé une expérience ingénieuse au cours de laquelle les sujets devaient lire le résumé d'une discussion d'une heure entre 5 étudiantes sur le thème des droits des homosexuels. Tandis que huit arguments reflétaient le point de vue d'un des membres du groupe, les huit autres représentaient les positions des 4 étudiants restants. Au vu de ces éléments, il apparaissait clairement que chacune des parties défendait avec consistance une vision radicale pour ou contre les droits des homosexuels. Confrontés simultanément à une influence majoritaire et à une influence minoritaire, les sujets réagissaient de manière très différente selon qu'ils devaient répondre de façon publique ou que la confidentialité de leur opinion était garantie. Comme on peut le voir à la figure 8.4., les réponses publiques révèlent l'impact de la majorité alors que les réponses privées attestent l'emprise de la minorité. Dans une deuxième expérience, Maass et Clark montrent également que les réflexions suscitées chez les participants au cours de la lecture du résumé prédisent leur attitude privée.

Les recherches les plus intrigantes sur la question de l'influence demeurent celles conduites par Moscovici et Personnaz (1980, 1986). En effet, ces auteurs mettent en évidence l'impact de la minorité dans les effets consécutifs. De tels effets se produisent lorsqu'on regarde un écran blanc après avoir observé une diapositive colorée pendant quelques secondes. On voit alors la couleur complémentaire à la couleur perçue, par exemple du pourpre après avoir perçu la couleur verte et du jaune-orange après avoir vu du bleu. Dans une première partie de l'expérience, des paires de sujets voient 5 diapositives bleues. Chacun note soigneusement la couleur de la diapositive ainsi que la couleur complémentaire (sur une échelle allant de 1 = jaune-orange à 9 = pourpre). Les sujets sont ensuite informés que 18.2 % (ou 81.8 %) des précédents participants rapportent comme eux la couleur bleue et que le reste déclare que la diapositive est verte. Suit alors une présentation de 15 diapositives au cours de laquelle la couleur des diapositives est fournie à voix haute. Le premier sujet à répondre, un comparse, annonce « vert » à chaque essai. Lors d'une troisième phase, les participants jugent de manière confidentielle la couleur et la couleur complémentaire de 15 nouvelles diapositives. Enfin, le sujet prend part à une quatrième et dernière phase au cours de laquelle il s'exprime seul et de manière anonyme. Comme prévu par Moscovici et Personnaz (1980), les sujets convaincus d'être face à un minoritaire déclarent voir du pourpre, la couleur complémentaire du vert, plutôt que du jaune-orange, la couleur complémentaire du bleu. Ces résultats, on s'en doute, ont fait l'objet de nombreuses critiques (Doms & Van Avermaet, 1980) et n'ont pas toujours été répliqués (Sorrentino, King & Leo, 1980).

A l'instar de ce que nous avons vu dans le chapitre sur la persuasion, le modèle de l'influence prôné par Moscovici (1980) souligne le contraste entre un traitement superficiel, propre à la situation majoritaire, et un traitement cognitif scrupuleux, typique de la situation minoritaire. En distinguant de manière aussi nette **soumission** et **conversion**, Moscovici trahit quelque peu l'esprit de son approche génétique où le conflit était omniprésent et entérine la distinction entre les **dépendances normative et informationnelle**. On s'en doute, le modèle de la conversion a suscité des commentaires enflammés et fait l'objet de nombreuses attaques sur les plans théorique et empirique (Latané & Wolf, 1981).

Influence et appartenances groupales

Revenons un instant au paradigme d'Asch. Certes, sur base de ce que les comparses disent, le sujet naïf est susceptible de considérer ces derniers comme une minorité. Il n'en reste pas moins que, dans le cadre de l'expérience, les comparses ont toutes les apparences de la majorité. Et même si rien ne les différencie du sujet naïf, ils manifestent une tout autre conviction. Voilà donc comment maximiser l'impact du message ! Empêcher la cible de rendre compte du message inattendu en invoquant quelque particularité de la source. Nous avons d'ailleurs vu que l'influence des comparses d'Asch est d'autant plus nette que ceux-ci sont perçus comme des sources indépendantes. A l'inverse, si les sujets peuvent percevoir le groupe comme une entité sociale homogène, il devient plus aisé de discréditer leur point de vue. On comprend dès lors que les minorités les plus handicapées sont les minorités doubles, celles qui non seulement délivrent un message inhabituel mais qui diffèrent aussi de la majorité d'une façon très saillante. La présence d'un attribut commun contribue à diminuer l'impact de la minorité parce qu'il suggère l'existence d'une collusion et d'un intérêt personnel dans le conflit (Mugny & Papastamou, 1980). Comme le suggèrent Maass et Clark (1984), des revendications de la part d'homosexuels auront peu de chances d'aboutir si les homosexuels sont seuls à se manifester. Les choses seront sans doute plus aisées si d'autres individus se rangent derrière le même message. Ainsi, Monseigneur Gaillot s'est fait une spécialité de défendre des causes «perdues». Voir cet homme d'Eglise prendre fait et cause pour des citoyens musulmans soupçonnés d'intégrisme et menacés d'expulsion sommaire ne porte pas seulement le problème sur le devant de la scène. Une telle alliance rend plus difficile une éviction rapide du problème par la majorité. Si un consensus minoritaire se manifeste, mieux vaut donc que celui-ci s'ancre dans une relative diversité.

Perez et Mugny (1987) se sont basés sur la théorie de la conversion pour traiter de façon originale la question des appartenances groupales de la minorité. Ces auteurs considèrent qu'un message devrait donner lieu à plus de soumission explicite s'il est issu de l'**endogroupe** (le groupe d'appartenance) que de l'**exogroupe** (l'*outgroup*). On l'imagine, le rejet public de la position défendue par l'exogroupe est tout ce qu'il y a de plus aisé. Dès lors, les préoccupations ayant trait à la comparaison sociale laisseraient la place à un réel travail de validation du message. De façon quelque peu paradoxale, l'exogroupe serait seul à pouvoir tabler sur un processus de conversion. En somme, les minoritaires produiraient plus de conversion s'ils appartiennent à un exogroupe plutôt qu'à l'endogroupe, et ce, pour les mêmes raisons qui font que les minoritaires entraînent plus de conversion que les majoritaires. David et Turner (1996) adoptent un point de vue diamétralement opposé. Ces auteurs abordent la question de l'appartenance groupale du minoritaire en s'appuyant sur la **théorie du référent informationnel** déjà abordée au chapitre 6. Selon cette perspective, notre communauté d'appartenance avec la source du message, que celle-ci soit minoritaire ou majoritaire, est le facteur clef dans l'émergence de l'influence sociale. Dans la mesure où nous nous attendons à partager le point de vue des gens qui appartiennent à la même catégorie sociale que nous, un désaccord avec les membres de notre groupe est susceptible d'engendrer de l'incertitude. A l'inverse, nous éprouvons assez peu de difficultés lorsque nous constatons des dissensions avec un ou des membre(s) d'un autre groupe. En effet, le fait que le message dissident émane d'un groupe dont nous ne faisons pas partie rend parfaitement compte du désaccord. La position minoritaire nous place donc face à une alternative simple : soit nous sommes influencés, soit nous catégorisons la source d'influence comme appartenant à un groupe différent du nôtre.

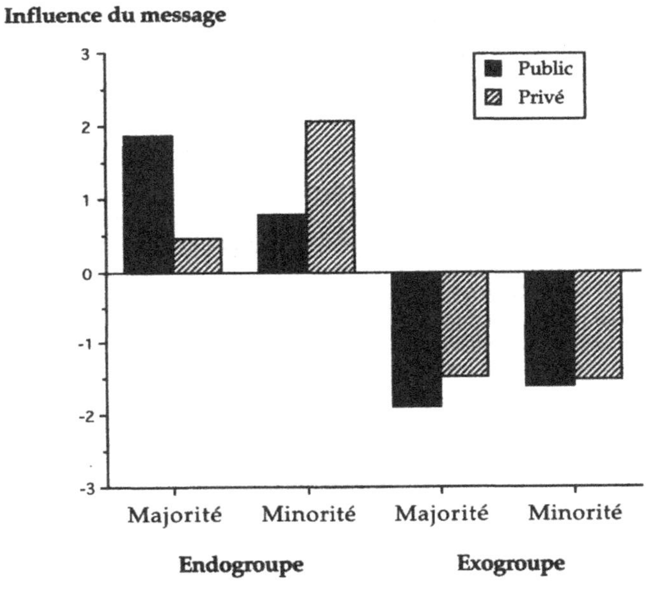

Figure 8.5 — Influence du message en fonction de l'appartenance groupale de la source, de son caractère majoritaire ou minoritaire et du caractère privé ou public de l'expression attitudinale.

Dans une des études conduites par David et Turner (1996), des étudiants plutôt favorables à l'écologie étaient invités à prendre part à une recherche portant sur la communication d'information et l'efficacité de différents styles langagiers. La recherche consistait à répondre à deux questionnaires et à évaluer une proposition de réglementation. Les participants en condition privée apprenaient que l'intégralité de leurs réponses allait demeurer confidentielle. Pour permettre de mettre en relation leurs différentes réponses sans qu'il soit nécessaire de demander leur nom, ils étaient invités à se doter d'un code personnel à inscrire sur l'ensemble des documents utilisés lors de la recherche. Les participants de la condition publique étaient, quant à eux, avertis qu'une fois tous les questionnaires remplis, ils allaient devoir communiquer oralement l'ensemble de leurs réponses et qu'une discussion de groupe enregistrée serait organisée.

Dans une phase de prétest, tous les participants commençaient par exprimer leur accord ou leur désaccord avec cinq énoncés portant sur l'impact de différents styles langagiers. Dans la foulée, ils répondaient à 20 items dont 12 avaient directement trait à l'écologie. Dans la deuxième phase de l'étude, les sujets devaient écouter l'enregistrement d'une proposition de réglementation pro-écologiste (endogroupe) ou anti-écologiste (exogroupe) émanant d'un groupe minoritaire ou majoritaire. Tout en écoutant la cassette, ils devaient suivre scrupuleusement une version écrite du texte. Au terme de l'enregistrement, les participants évaluaient le niveau d'efficacité du style langagier utilisé dans la proposition. Lors de la dernière phase, l'expérimentateur indiquait que certaines façons d'exprimer les idées pouvaient avoir des conséquences plus ou moins durables sur l'opinion des auditeurs. Pour permettre de vérifier l'impact du style langagier propre à la proposition, les participants étaient priés de répondre au même questionnaire que celui déjà rempli lors du prétest.

Comme le révèlent les glissements d'opinion entre le prétest et le post-test (voir la figure 8.5), la présentation de la source d'influence comme étant un groupe anti-écologiste donne lieu à un effet boomerang dans tous les cas de figure. Autrement dit, que le groupe représente une majorité ou une minorité et que l'expression de l'attitude se fasse ou non sous le couvert de la confidentialité, les participants confrontés à un exogroupe terminent l'expérience avec des convictions pro-écologistes renforcées. Les choses sont radicalement différentes lorsque les sujets se trouvent face à un message pro-écologiste émanant de l'endogroupe. Si c'est un endogroupe majoritaire qui soumet la proposition de réglementation, son influence se marque surtout sur le plan public. A l'inverse, les sujets confrontés à un message endogroupe minoritaire se montrent surtout sensibles sur le plan privé. Ces résultats, tout en entérinant la distinction proposée par Moscovici (1980) entre soumission et conversion, soulignent l'importance des appartenances sociales dans le phénomène d'influence (Turner, 1991).

Dans la vie quotidienne, les membres de la majorité sont souvent tentés de gérer le problème minoritaire en faisant preuve d'ostracisme. Dépeindre les opposants comme des farfelus, des incompétents, des extrémistes, etc., permet de détourner l'attention de leur message. A l'inverse, et rappelez-vous l'expérience de Wilder (1990) relatée au chapitre précédent, tout ce qui empêche d'enfermer les novateurs dans un groupe différent du sien renforce la valeur de leur démarche et force l'examen de leur point de vue. Il n'y a donc pas de doute, les frontières sociales entre les groupes jouent un rôle certain dans l'exercice de l'influence.

Processus d'influence minoritaire et majoritaire

Les gens confrontés à un avis majoritaire laissent-ils vraiment leurs capacités cognitives au vestiaire pour se centrer sur les seules contraintes sociales? Nemeth (1986, 1995) pense que non. Avec d'autres, elles soutient l'idée qu'une majorité est elle aussi susceptible de provoquer un travail intellectuel important. La thèse originale que défend Nemeth consiste à dire que la majorité et la minorité entraînent toutes deux une mobilisation cognitive appréciable. Toutefois, et c'est le point crucial, l'une et l'autre génèrent des modes de pensée radicalement différents. Tandis que l'expression d'un avis majoritaire conduit à adopter un mode de pensée convergente, focalisée sur le message, la rencontre d'un avis minoritaire oriente les gens vers un mode de pensée divergente, les poussant à reconsidérer de façon plus créative la problématique abordée dans le message.

Une étude réalisée par Nemeth et ses collègues (1990) exploite une procédure expérimentale très séduisante pour mettre en évidence les effets différentiels de la majorité et de la minorité en matière de traitement de l'information. Par groupe de 4, les sujets

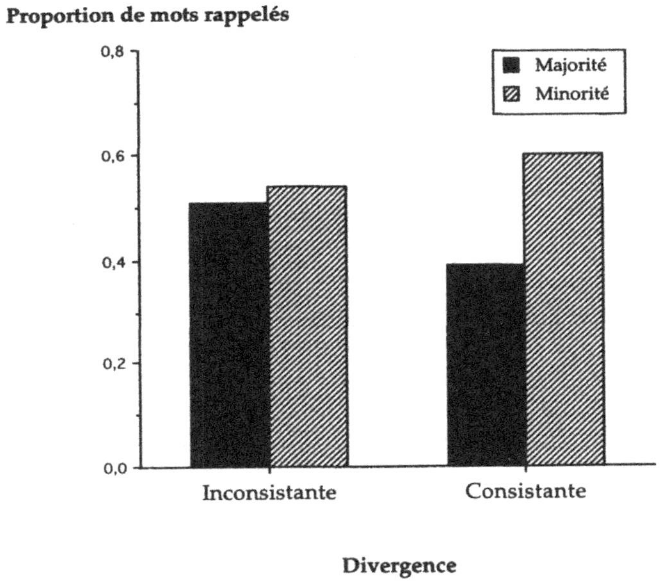

Figure 8.6 — Proportion de mots rappelés en fonction du type de divergence et de son caractère majoritaire ou minoritaire.

écoutaient trois listes de quatorze mots. Après la lecture de chaque liste, les participants devaient indiquer l'étiquette catégorielle que leur suggéraient les mots de la liste. Comme les listes de mots contenaient toujours quatre noms de fruits et deux noms d'oiseaux, les sujets donnaient la catégorie «fruits» pour réponse. Sous prétexte de fournir un feed-back concernant les réponses de chacun, les sujets étaient informés qu'une minorité (un seul) ou majorité (trois) d'entre eux avait fourni le label moins évident, «oiseaux». Pour varier la consistance de la divergence, le label inattendu était annoncé pour chacune des trois listes ou pour la première d'entre elles. A l'issue de l'expérience, les sujets étaient invités à restituer un maximum des 42 mots présentés dans les listes. Comme le montre la figure 8.6, le rappel était meilleur lorsque les sujets faisaient face à une minorité. Qui plus est, tout indique que les sujets confrontés à une minorité consistante examinaient les mots des listes avec davantage d'attention que les sujets mis en face d'une majorité consistante. De telles études suggèrent bien que tous les désaccords ne se valent pas.

A côté des styles différents de pensée provoqués par la majorité ou la minorité, une série d'études ont examiné de manière plus directe la quantité et le type d'arguments générés en présence d'une minorité. Ainsi, on se souviendra que, dans l'étude de Maass et Clark (1983) évoquée plus haut, les participants ont également fourni leurs réflexions à propos des droits des homosexuels. Vu sous l'angle du nombre total de réflexions générées par les sujets, la position minoritaire n'est guère avantagée par rapport à la position majoritaire. Au niveau du fond, par contre, le point de vue minoritaire provoque davantage de réflexions favorables. Pour le point de vue majoritaire, ce sont les réactions défavorables qui l'emportent. Dans une recherche de Martin (1996), les sujets, des étudiants gallois favorables à la défense de leur langue, doivent lire un texte prônant l'abandon du gallois. Qu'ils soient ou non informés explicitement que le texte reprend un point de vue minoritaire, les participants génèrent le même nombre de réflexions. Pour tester de manière directe les propositions de Nemeth (1986), les réflexions des sujets ont été classées en deux catégories selon qu'elles reprennent explicitement un argument avancé dans le message ou qu'elles mettent en avant une idée originale développée par le sujet. Comme prévu, cette deuxième catégorie est davantage représentée lorsque le statut minoritaire du message est explicite. Une mesure directe de l'originalité des réflexions confirme ce pattern (voir aussi Mucchi-Faina, Maass & Volpato, 1991; de Dreu & de Vries, 1993).

Si la minorité n'est pas totalement démunie face à la majorité, elle n'a pas non plus les meilleurs atouts dans son jeu. Selon Nemeth, son principal mérite n'est pas tant de pouvoir remettre en cause la direction adoptée par la majorité que de forcer le groupe à prendre en considération des options concurrentes et à mieux fonder ses décisions. Autrement dit, l'existence de dissension améliore la qualité de la décision de groupe. Notre examen du phénomène de la pensée de groupe le laissait déjà entendre, la meilleure façon d'éviter l'excès de confiance dans les décisions de groupe consiste à adopter une série de mesures autorisant et même encourageant l'expression d'avis contraires. Les antidotes d'un unanimisme aveuglant sont donc assez clairs. Le leader devrait inciter les membres du groupe à exprimer leurs objections, le groupe devrait se subdiviser en sous-groupes de manière à pouvoir ensuite apprécier les divergences, il devrait également se doter d'un avocat du diable et faire appel à intervalles réguliers à des experts extérieurs chargés de mettre les membres du groupe sur le grill.

Ces réflexions sur les conséquences positives de la dissension dans les groupes trouvent des prolongements intéressants au niveau des règles de délibération dans les jurys d'assises. Faut-il par exemple retenir la règle de la majorité ou celle de l'unanimité? Nemeth (1977) s'est penchée sur cette question suite à la décision de la Cour Suprême des Etats Unis en 1972 d'autoriser les verdicts majoritaires. Les sujets, tous des étudiants universitaires, étaient répartis en jurys et devaient se prononcer sur la culpabilité ou l'innocence d'un individu accusé de meurtre. Chaque jury comprenait des gens favorisant l'un ou l'autre verdict. Enfin, Nemeth exigea de certains jurys qu'ils se prononcent à l'unanimité alors que les autres pouvaient adopter une règle majoritaire des 2/3. Sans surprise, les jurys qui devaient produire un verdict unanime et donc gérer les avis minoritaires prirent davantage de temps pour prononcer leur verdict. De manière plus intéressante, ces jurés étaient davantage confiants à propos de leur décision, se souvenaient mieux des informations fournies et étaient aussi davantage susceptibles de changer radicalement d'avis à l'égard de l'accusé. Ces trois résultats montrent que le jury examine les dossiers de manière plus scrupuleuse lorsqu'il se trouve dans l'obligation de résoudre les dissensions. Sans que le doute soit permis, ils plaident en faveur de la règle de l'unanimité.

Que conclure dès lors à propos des divers arguments théoriques portant sur les processus de traitement de l'information en présence d'une majorité ou d'une minorité? Au vu de la recherche, il est incontestable que Moscovici et ses collègues ont permis d'explorer de nouveaux territoires en matière d'influence sociale. Toutefois, les travaux accumulés depuis un quart de siècle sur la question de l'influence minoritaire permettent de mettre en doute le lien privilégié entre la position minoritaire et le processus de conversion d'une part et la position majoritaire et le processus de soumission d'autre part (Kruglanski & Mackie, 1990).

Au terme de cette deuxième partie, nous sommes en mesure d'apprécier l'importance des processus d'influence sociale. De toute évidence, les attitudes et les normes constituent des guides en matière de conduites et d'opinions. Conscients de ce statut, les psychologues sociaux ont mis à jour de nombreux leviers permettant de modifier les attitudes et d'instaurer de nouvelles normes. A première vue, la meilleure façon de se prémunir contre un embrigadement aveugle consiste à mettre à contribution nos capacités de réflexion et notre esprit critique. Deux raisons, cependant, nous poussent à considérer ce genre de réponse comme illusoire sinon dangereuse. D'une part, le suivisme et la conformité dont nous faisons si souvent preuve, même si ces termes ne sont guère flatteurs, nous garantissent des interactions fructueuses avec autrui. D'autre part, l'investissement volontariste de nos ressources intellectuelles peut de manière tout aussi implacable nous conduire vers des réponses douteuses. En somme, il serait malvenu d'adopter une vision trop manichéenne des processus d'influence. Sans doute convient-il davantage d'en jauger les produits au cas par cas. C'est dans cette nécessaire association entre le processus et le contenu que réside le salut. Le même esprit prévaudra dans la dernière partie de ce livre au moment où nous aborderons les interactions sociales.

TROISIÈME PARTIE

INTERACTIONS SOCIALES

Le bateau sur lequel PL a embarqué à Dunkerque a été mitraillé par l'aviation allemande. C'est la débandade. PL rencontre X, un mobilisé belge comme lui. Cédant en fin de compte à leurs suppliques, un cafetier français les relègue dans une remise avec ses deux chiens. Les Allemands n'arrêtent pas de bombarder Dunkerque et les chiens hurlent à mort. PL et X décident de sortir. A peine dehors, une bombe tombe sur le café. Quelques jours plus tard, un fermier flamand propose à PL et X de passer la nuit dans son fenil mais ils préfèrent laisser la place à des enfants qui viennent d'arriver. Alors que PL et X dorment dans le verger, le fenil est bombardé. PL et X continuent leur marche lorsqu'ils aperçoivent un soldat allemand. C'est le premier Allemand qu'ils voient. Surprise et panique. Comme le soldat n'a pas l'air menaçant, X suggère à PL, qui parle allemand, de lui demander ce qui se passe. C'est ainsi qu'ils apprendront la capitulation de la Belgique. Sur le chemin de Bruxelles, ils se font dépasser par un camion débordant de réfugiés. L'épouse de PL en fait partie avec sa famille. Le camionneur finira par s'arrêter et il faudra le menacer pour qu'il accepte de faire monter X. Arrivés à destination, PL et X ne se reverront plus jamais et PL gardera une rancœur tenace envers les Français.

JP, un neveu de PL, a été élevé près de la frontière belgo-allemande. Il est parfaitement bilingue. Enrôlé de force à la fabrique d'armes de Liège, il sabote les fusils destinés aux Allemands et cache des munitions pour la résistance. Dénoncé par une collègue de travail, il est envoyé en Allemagne et deviendra un récidiviste des évasions. L'une d'elles réussissant mieux que les précédentes, voici JP près d'un café, toujours en Allemagne. Il ne peut résister à l'envie d'une bière. Il se glisse au milieu des soldats qui sont attablés et commande sa bière. La serveuse est comme hypnotisée et, sitôt le verre rempli, elle s'échappe, c'est le cas de le dire, dans une arrière-pièce. «Me voilà repéré», pense JP qui boit sa bière cul sec et se précipite vers la porte. Alors qu'il va sortir, quelqu'un l'agrippe par le bras et l'emmène dans l'arrière-pièce. Là, le patron du café et sa femme pleurent de joie, l'appellent Hans, et le serrent dans leurs bras. Ils confondent JP avec leur fils, envoyé sur le front de l'Est, et dont JP est le parfait sosie. Pour convaincre le couple de sa véritable identité, JP avoue qu'il est évadé. Qu'à cela ne tienne, les deux Allemands feront passer JP pour leur fils jusqu'à la fin de la guerre. Hans a une sœur qui a épousé un officier de la Gestapo. Celui-ci respectera la décision de ses beaux-parents mais JP ne voudra jamais lui serrer la main. Hans n'est pas revenu. Après la guerre, JP a échangé des lettres occasionnelles avec les parents de Hans, et puis la correspondance s'est tarie. Trente ans après, JP ne supporte toujours pas d'entendre une musique militaire allemande.

Ce récit, véridique, accumule trop de coïncidences extravagantes pour servir de scénario à un film. Nous en ferons pourtant le fil conducteur des trois chapitres qui suivent. On y traitera d'amitié, d'aide, d'altruisme, d'agression et de conflits intergroupes.

Chapitre 9
Attraction et altruisme

L'introduction et le premier chapitre de ce livre ont insisté sur l'importance vitale d'autrui pour chacun de nous. Dans des périodes de grosses tensions, nous nous tournons vers un autrui que nous voulons à la fois semblable et différent de nous. Les chapitres sur l'influence sociale ont montré que nous agissons volontiers comme autrui, que nous lui obéissons et faisons donc pencher la balance du côté de la similitude. Bref, autrui est capital pour notre bien-être. D'ailleurs, les sondages montrent que parmi les principales causes de bonheur figurent celles d'avoir des copains, des amis, et d'être aimé (Berscheid, 1985).

Il existe une série de théories à propos des relations d'attraction et d'amour. Selon les cas, elles réussissent très bien à expliquer certains facteurs et échouent à rendre compte d'autres variables. Dans la première partie de ce chapitre, nous exposerons pas à pas un cadre intégratif. Nous détaillerons chaque composante du modèle en épinglant les facteurs qui sont particulièrement bien expliqués par chacune d'elles. La deuxième partie du chapitre sera consacrée à l'empathie et aux réactions altruistes. Ici encore, nous proposerons un modèle susceptible d'englober la plupart des facteurs qui influencent ces phénomènes. Enfin, dans la troisième et dernière partie du chapitre, nous présenterons un modèle de prise de décision pour rendre compte de l'assistance ou de la non-assistance à personnes en danger.

ATTRACTION, AMITIÉ ET AMOUR

Que ce soit à court ou à long terme, l'attirance envers quelqu'un suppose l'obtention d'une satisfaction quelconque. Nous sommes attirés par qui est susceptible de nous faire plaisir. Ce plaisir dépend non seulement des bénéfices et des coûts de la relation, mais aussi des autres possibilités qui s'offrent à nous. Nous aurons beau être adulé par une jeune fille qui nous passe tous nos caprices, elle deviendra notre souffre-douleur plutôt que notre amie si son côté «mémère» nous horripile et si nous sommes par ailleurs un don Juan à qui personne ne résiste. Supposons maintenant que nous ayons rencontré l'amour de notre vie. Nous nagerons dans le bonheur... pendant un certain temps. Après le moment d'éblouissement, il faudra «investir» dans la relation; nos parents appelaient cela «mettre de l'eau dans son vin». Sans doute serons-nous d'autant plus prêts à ces petits sacrifices journaliers qu'aucune tentation ne viendra nous distraire?

La figure 9.1 illustre les grandes composantes du modèle que nous détaillerons dans les pages qui suivent (Rusbult, 1983).

Gratifications et coûts

Les premiers éléments à prendre en compte sont les coûts et les bénéfices. Cela paraît choquant. Nous voudrions être appréciés pour nous-

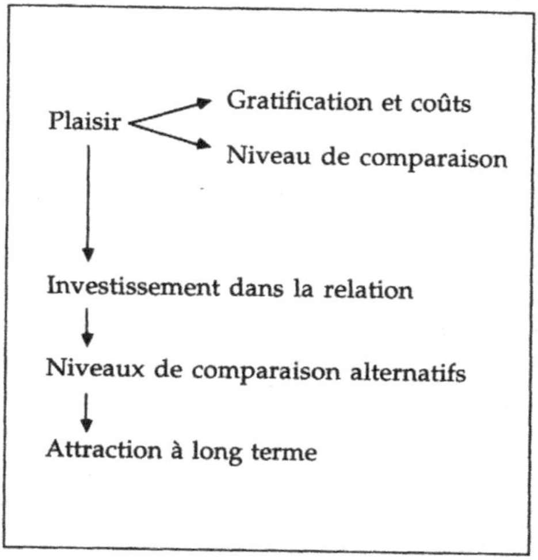

Figure 9.1 — Modèle d'attraction et d'amitié en fontion du temps.

mêmes et non pour les avantages qui peuvent découler d'une amitié. Il ne faut pas faire l'ange. Les chapitres précédents ont d'ailleurs montré que nous-mêmes recherchions la présence ou l'avis d'autrui quand cela nous arrangeait bien.

Réciprocité. Qu'y a-t-il de plus gratifiant que l'amour d'autrui et l'estime qu'il nous porte ? Nous devrions apprécier et aimer ceux qui nous accordent leur estime et nous aiment. C'est le principe de **réciprocité**; rappelez-vous le chapitre 6. Ironiquement, ce principe ne vaut que si nous percevons la gentillesse de l'autre comme non entachée d'une recherche de bénéfices secondaires. Les flagorneurs n'ont en général pas beaucoup d'amis car les gens dont ils sont prêts à cirer les chaussures finissent par s'en apercevoir et les mépriser (Jones, 1964).

Réciprocité ne veut pas dire coup de foudre. Imaginez la situation suivante. Pendant une soirée, vous faites la connaissance de Zède avec qui vous bavardez quelque temps. Votre verre étant vide, vous interrompez la conversation pour aller au bar. A votre retour, Zède a le dos tourné et discute avec une tierce personne. Vous entendez qu'il est question de vous et vous ne pouvez vous empêcher de tendre une oreille discrète. Si Zède chante vos louanges, il y a gros à parier que vous le trouverez très sympathique mais si, par contre, il vous tourne en ridicule, il y a sans doute peu de chances que vous l'apprécierez. Admettons maintenant que vous soyez fort assoiffé ce soir-là et que vous rendiez de fréquentes visites au bar de sorte que le scénario qui vient d'être décrit se renouvelle plusieurs fois : à chaque retour, vous entendez Zède qui est intarissable à votre sujet. Supposons encore que Zède soit cohérent ou incohérent dans ses évaluations à votre propos. Quelle sera votre réaction à l'égard de Zède — nonobstant les effets de l'alcool ? Examinons quatre possibilités : (1) Zède se montre constamment élogieux à votre égard en parlant de vous ; (2) Zède persiste à donner de votre personne une image peu flatteuse ; (3) Zède qui vous était, au départ, favorable, en vient petit à petit à vous décrire très négativement comme dans la situation (2); et enfin (4) Zède, négatif au début, se montre de plus en plus élogieux comme dans la situation (1).

Grâce à un habile subterfuge, Aronson et Linder (1965) sont parvenus à tester expérimentalement ces quatre possibilités. Leurs résultats montrent que les facteurs les plus importants sont le gain et la perte d'estime. L'évaluation initialement négative crée chez le sujet concerné un état de tension désagréable — doute, colère, etc. — qui se relâche lorsque l'évaluation devient positive. Cette dernière est donc doublement renforçante : en elle-même par son caractère positif et aussi parce qu'elle détend le sujet. Le raisonnement est exactement inverse en ce qui concerne l'évaluation initialement positive qui devient négative. Pour obtenir cet effet de gain ou de perte, il faut que les gens perçoivent les changements comme graduels, comme une remise en cause des opinions originales et non comme une volte-face impulsive (Mettee et Aronson, 1974). Le gain ou la perte ne se réduisent donc pas à un phénomène de contraste perceptif.

Beauté. Qui n'a pas rêvé de sortir au bras d'Andie MacDowell ou de Brad Pitt? La **beauté** de son compagnon ou de sa compagne, au même titre que sa gentillesse à votre égard, est gratifiante. Essayez de sortir avec une des personnes citées et vous verrez les regards d'envie que cela provoquera. D'autant plus que les jugements de beauté sont consensuels, aussi bien pour les adultes (Murstein, 1972) que pour les enfants (Cavior et Dokecki, 1971). Et ce n'est pas que la beauté de votre partenaire que l'on vous enviera. En effet, les gens entretiennent la **théorie implicite** que ce qui est beau est bon (et tant pis pour la beauté du diable!). Aux personnes jugées belles, on accorde plus facilement des traits de personnalité désirables; on s'attend à ce qu'elles aient plus d'amis, que leur avenir soit plus rose, etc. Ces théories implicites de personnalité se retrouvent même chez des enfants d'âge préscolaire. Les enfants considérés comme beaux seront les plus populaires dans leur classe, ils bénéficieront d'*a priori* favorables de la part de leurs enseignants, et leur indocilité sera jugée plus bénigne. Ceci peut aller très loin. Clifford (1975) a montré que lorsque des professeurs évaluent un bel enfant, ils surestiment son quotient intellectuel, ses chances de succès dans les études ultérieures, et l'intérêt de ses parents pour les activités scolaires. Inversement, les enfants «peu gâtés par la nature» risquent, eux, d'avoir des problèmes.

D'après ce que nous savons de la **confirmation d'hypothèse** et de l'**auto-réalisation de la prophétie** (voir le chapitre 2), il n'est pas étonnant que la beauté fasse carrière dans la bonté. Snyder *et al.* (1977) ont demandé à des étudiants de s'entretenir au téléphone avec une étudiante inconnue. L'étudiant disposait d'une photo de son interlocutrice et, suivant la condition expérimentale, la photo montrait une personne jolie ou laide. Non seulement la photo a influencé le comportement des étudiants mais aussi celui de leurs interlocutrices. Et n'est-ce pas normal? Si on se montre gentil avec moi, pourquoi ne le serais-je pas en retour? C'est la réciprocité. Notons que le scénario donne les mêmes résultats lorsqu'une étudiante reçoit la photo d'un garçon (Andersen et Bem, 1981).

S'il est très facile de se mettre d'accord sur qui est beau, il l'est beaucoup moins de dire pourquoi. Néanmoins, les chercheurs se sont intéressés à certaines variables dont peu de personnes, sans doute, imaginent l'importance dans notre culture. La taille des hommes est une de ces variables. Feldman (1971) rapporte que les plus grands étudiants (supérieurs à 1 m 85 environ) de l'Université de Pittsburgh, aux Etats-Unis, commencent leur carrière avec un salaire de 12,40 % plus élevé que celui d'étudiants moins grands. Dans une autre étude, 140 orienteurs professionnels devaient décider entre deux candidats également qualifiés mais dont l'un mesurait à peu près 1 m 85 et l'autre 1 m 50. 72 % des sélectionneurs choisirent le plus grand des candidats. 1 % seulement exprima une préférence pour le plus petit!

Un visage de poupon est une autre variable, qui ne prétend pas à la beauté, mais qui entraîne des réactions typiques. Des adultes avec un gros crâne, de grands yeux ronds, des joues ballonnées, un nez court et un petit menton, ont ce qu'on pourrait appeler un faciès de poupon. Comme un bébé, ils induisent l'idée de dépendance et de fiabilité.

On les jugera davantage naïfs, soumis, cordiaux et honnêtes que des personnes avec un visage mûr. Lors de simulations de procès, on condamnera les «poupons» plus facilement pour négligence mais moins facilement pour préméditation (Zebrowitz, 1990).

Prenez deux photos représentant deux personnes différentes du même sexe. Réalisez une synthèse d'images de manière à obtenir une troisième photo. Faites évaluer les trois photos et vous verrez que la troisième sera préférée aux deux premières. Plus le nombre de photos est grand au départ pour la synthèse, plus le résultat sera édifiant. On a l'impression que la synthèse finale ressemble aux visages des actrices, acteurs, ou mannequins les plus séduisants (Langlois et Roggman, 1990)! Comme quoi, les canons de la beauté respectent la loi de Gauss et les plus grandes beautés ne sont jamais que des personnes littéralement moyennes — cette vérité en consolera peut-être certains. Cette «beauté moyenne» n'est pas sans relation avec le phénomène des «expositions répétées» qui sera traité plus loin.

Les coûts et bénéfices ont certainement joué un rôle déterminant dans les relations entre PL et X, d'une part, et entre JP et le couple allemand, d'autre part. Les bénéfices sont clairs chez PL et X. Leur amitié réciproque leur est extrêmement utile. Ils s'encouragent l'un l'autre; l'un a l'expérience des longues marches et l'autre parle la langue de l'occupant. D'ailleurs, l'amitié disparaîtra quand les bénéfices ne seront plus évidents. Les coûts, eux, sont particulièrement importants pour le couple allemand, mais que ne ferait-on pas pour un fils, ne serait-ce qu'un sosie? Ce couple a certainement pensé, à tort ou à raison, qu'il était aimé en retour de JP, et il a certainement trouvé que JP était le plus beau garçon de la région car, si la beauté entraîne l'attraction, l'inverse est également vrai : on trouve beaux ceux qu'on aime (Nisbett et Wilson, 1977).

Niveau de comparaison

Les coûts et les gratifications n'ont pas une signification absolue. D'un côté, il y a des gens qui ont l'art de trouver intéressant tout ce qui se fait sur terre et qui vous le disent avec un sourire à vous donner un coup de soleil. Dans le meilleur des cas, vous finissez par n'accorder pas plus d'importance à leurs minauderies qu'à leur dentition Suprabrite. D'un autre côté, des parents se coupent en quatre pour leurs enfants, ne comptent pas leur peine mais se réjouissent d'un sourire, en sachant pertinemment bien que leurs enfants s'en iront un jour, et que c'est très bien comme cela. Les professeurs qui se dévouent parfois corps et âme pour des étudiants doivent faire fi du mot «gratitude», il en va de leur santé mentale.

Il y a donc des **standards de comparaison**, des attentes qui font que l'on est satisfait de telles interactions mais pas de telles autres, alors qu'apparemment les coûts et les avantages semblent les mêmes. Cela dépend de soi, des individus en cause, et des situations (Kelley et

Thibaut, 1978). Certaines personnes, plus que d'autres, désirent avoir des relations utiles. On sera plus facilement prêt à des sacrifices pour quelqu'un de sa famille que pour un étranger. Certaines situations, davantage que d'autres, accentuent les bénéfices ou les coûts. Voyons maintenant quels sont les facteurs traditionnellement traités dans la littérature que l'on peut mettre en relation avec les standards de comparaison.

Proximité et familiarité. Avez-vous déjà remarqué comment se nouent beaucoup d'amitiés à l'université? Très souvent, on devient ami de la personne qui s'est assise près de soi pendant le premier cours. A l'armée, les amis partagent souvent la même chambrée alors que celles-ci sont distribuées au hasard, ou par ordre alphabétique (Segal, 1974). Sans doute le niveau de comparaison n'est-il pas seul en cause — autrui arrive à un moment de stress — mais il intervient probablement : nous n'avons pas d'attente particulière et voilà quelqu'un qui nous permet de n'être plus seul. En 1964, 57 % des futurs conjoints résidaient dans la même localité et 90 % dans le même département. Cette endogamie (se marier avec quelqu'un de son groupe) diminue avec le statut socio-économique. Plus on est élevé dans la hiérarchie, plus on a la possibilité de voyager et d'élargir le spectre des choix (Girard, 1964).

Festinger, Schachter et Back (1950) ont étudié 2 cités étudiantes ayant des caractéristiques architecturales bien précises. L'une était composée de 17 immeubles d'un étage contenant chacun 10 appartements. L'autre cité était constituée de maisons unifamiliales dont l'entrée donnait soit sur la rue soit sur une cour centrale. Dans les 2 communautés, les réseaux d'amitié se révélèrent étroitement dépendants de la distance entre appartements ou maisons. Le facteur responsable ne semble toutefois pas avoir été la proximité comme telle mais bien les contacts qu'elle permettait. C'est ainsi que dans la première cité, les gens logés près des boîtes aux lettres et des escaliers étaient souvent populaires. Dans l'autre communauté, ceux dont la porte d'entrée donnait sur la rue plutôt que sur la cour centrale étaient nettement défavorisés par rapport à leurs voisins.

La proximité entraîne la familiarité et celle-ci a des effets étonnants. Sans doute vous souvenez-vous que la première fois que vous avez dû faire un trajet, celui-ci vous a paru bien ennuyeux : le paysage était morne, les maisons sans charme. Après avoir emprunté cette route pendant plusieurs années, vous changez de domicile et donc de trajet, et vous en venez à regretter votre ancien itinéraire. L'habitude est une catégorie du beau. Le chercheur qui a le mieux mis en évidence cette maxime est Zajonc (1968). Il a pu montrer que notre attraction pour des formes diverses — des idéogrammes chinois par exemple — augmentait avec le nombre d'expositions (voir le chapitre 5). De même nous nous préférons sur une photo qui a été trafiquée de façon à nous voir en miroir que sur une photo normale, parce que, précisément, la photo trafiquée nous montre comme nous avons l'habitude de nous voir en nous regardant dans un miroir. Nos connaissances, elles, préfèrent la photo normale (Mita *et al.*, 1977). Nuttin (1985) a été jusqu'à montrer que nous préférons les lettres, surtout les initiales, de notre prénom et de notre nom que les autres lettres de l'alphabet. C'est un effet qui a été vérifié dans de nombreux pays avec différents alphabets. La familiarité ne peut cependant expliquer ce phénomène particulier; en effet, si vous vous appelez Walter Ygrec, que l'on vous présente les paires de lettres WB et SY, vous préférerez les lettres W et Y aux lettres B ou S qui sont pourtant beaucoup plus fréquentes dans notre langue.

Si **proximité** et **familiarité** contribuent à l'attraction, elles peuvent également favoriser les conflits et l'agression comme on le verra dans les deux chapitres suivants. En fait, ces deux facteurs apportent des informations qui sont aussi bien susceptibles de plaire que de déplaire.

Relations d'échanges et de communion. La psychologue M. Clark (1984) a introduit une distinction très intéressante entre «exchange and communal relationships» que nous avons traduite par **relations d'échanges et de communion.** Clark base sa distinction sur une différence de normes, mais on pourrait aussi bien y voir une différence de niveaux de comparaison. Combien de fois n'arrive-t-il pas à nos enfants de nous demander de l'argent pour aller manger à la cafétéria de l'école ou de l'université? A chaque fois, nous le leur donnons volontiers et nous oublions la chose. Si, par contre, nous avançons plusieurs fois de l'argent à un collègue qui «oublie» de nous rembourser, nous finissons par aller le trouver en lui réclamant notre dû. En d'autres termes, il y a des relations où l'on favorise la réciprocité (je lui prête de l'argent et j'espère qu'il fera de même quand l'occasion se présentera), alors que dans d'autres situations — de communion — nous sommes beaucoup plus altruistes et privilégions le besoin d'autrui. Il est clair que les relations conjugales, familiales et amicales ressortent davantage de la communion, alors que les relations avec des étrangers ou de simples connaissances relèvent surtout de l'échange.

Clark (1984) a opérationalisé le type de relation de manière ingénieuse. Les sujets rencontrent une personne sympathique qui vient s'installer dans la région et cherche à rencontrer des gens (communion), ou qui est déjà bien installée et a son réseau d'amitié (échange). Ensuite, sujets et comparse effectuent différentes tâches selon les besoins de l'expérience. Par exemple, ils doivent repérer et entourer des séquences numériques dans une grande matrice de chiffres. Une récompense leur sera allouée sur base de leur performance commune et il leur sera loisible, ensuite, de se la partager comme ils l'entendent. La comparse commence le travail et entoure les séries avec un marqueur rouge. Vient ensuite le tour du sujet qui dispose d'un marqueur rouge et d'un autre noir. Clark est évidemment intéressée de voir quel marqueur le sujet va employer. Un marqueur noir pour bien distinguer les performances, ou un marqueur rouge comme la comparse? Les résultats sont étonnants. Dans la condition d'échange, près de 90 % des participants utilisent un marqueur de couleur différente, contre 12.5 % dans la condition de communion. Dans une autre expérience, les chercheurs ont montré que les sujets impliqués dans une relation de communion sont toujours très attentifs aux besoins d'autrui alors que ceux qui sont engagés dans une relation d'échange ne le sont qu'à condition de bénéficier eux aussi d'une attention spéciale (voir Clark et Pataki, 1995).

La proximité a certainement joué chez PL et X, deux survivants à la recherche de leur compagnie et de leurs officiers. La familiarité est également intervenue. Que PL parle sa langue a sans doute fait en sorte que le soldat allemand se montre aimable et recommande à PL et X de retourner chez eux. Que ces deux derniers aient été belges plutôt que français peut expliquer la différence de réaction du cafetier français et du fermier flamand. Le récit montre aussi que proximité et familiarité apportent orage aussi bien que soleil, sinon comment expliquer la délation de la collègue de JP? Enfin, les aventures de JP illustrent très bien les relations d'échanges et de communion. Pour le couple qui l'adopte, il s'agissait indéniablement de communion, mais pour leur beau-fils sans doute n'y avait-il qu'échange : bouche cousue contre paix dans le ménage et la famille.

L'investissement

La différence entre les gratifications, d'une part, et les coûts et le niveau de comparaison, d'autre part, définit ce qu'on pourrait appeler la satisfaction dans la relation. En effet, si je gagne plus que je ne perds et que je n'attends, il y a de quoi être satisfait. Cette satisfaction peut rendre compte d'amitiés superficielles comme des copinages; elle prédit beaucoup plus difficilement une relation stable et intime. Cette dernière exige des efforts et des sacrifices, requiert éventuellement que soient postposées certaines gratifications, et demande parfois des investissements financiers. Somme toute, elle correspond à la relation de communion; elle ne peut se contenter de simples «échanges de bons procédés».

Similitude et complémentarité. Il est bien connu que les proverbes reflètent la sagesse populaire et il en existe pour toutes les situations. Ne dit-on pas que «qui se ressemble s'assemble», que «bon chien chasse de race», que «la pomme ne tombe pas loin de l'arbre», que «tel père tel fils», mais aussi que «les contraires s'attirent»? «Menteur comme un proverbe» admet un dernier. Avant de crier «menteur», examinons toutefois les recherches empiriques menées sur le lien entre **similitude** (dont on a déjà parlé dans le chapitre 6) et **complémentarité**. Peut-être ces deux derniers concepts enclenchent-ils l'attraction, ou l'amour, dans des conditions différentes?

Les recherches les plus classiques concernant la similitude d'attitudes et d'opinions ont été effectuées par Newcomb (1961). Celui-ci s'intéressait à la prise de connaissance dans des maisons communautaires pour étudiants. Les habitants de ces communautés étaient logés gratuitement pour autant qu'ils veuillent bien se prêter à quelques enquêtes échelonnées sur un semestre académique à propos, notamment, des opinions et des réseaux d'amitié. Newcomb a pu montrer qu'il existe, de fait, un lien entre similitude et attraction mais que, pour se manifester, celui-ci demande un certain temps, celui, précisément, de faire connaissance. En tenant compte de ce laps de temps et sur la base des opinions exprimées en début de semestre, lorsque les étudiants ne se connaissent pas encore, il est possible de prédire avec assez bien d'exactitude quelles seront les sympathies mutuelles en fin de semestre.

Dans l'obligation d'interagir, les étudiants de Newcomb avaient l'occasion de confronter leurs vues avec celles de leurs compagnons et de s'apercevoir des similitudes éventuelles. Il existe un autre moyen, plus rapide mais plus artificiel, d'arriver au même résultat. Il consiste à introduire chez les sujets d'une expérience la croyance qu'ils partagent ou non un certain nombre d'opinions avec un autre participant (Byrne, 1971). Les recherches menées avec ce paradigme montrent que l'attraction vis-à-vis d'une personne inconnue sera fonction de la proportion d'opinions semblables que nous partageons avec elle. Le contenu de ces opinions n'a guère d'importance; il peut s'agir aussi bien des taxes à l'importation que du service militaire. La variété des contenus doit être suffisante toutefois pour entraîner l'impression d'une similitude véritable.

On peut supposer que la similitude intervient dans l'attraction parce que d'une part, elle est gratifiante en elle-même et que d'autre part, elle laisse augurer des gratifications ultérieures pour autant que l'on s'investisse quelque peu. Elle est immédiatement gratifiante parce qu'elle valide nos opinions; «cela me fait plaisir d'apprendre que j'ai raison puisque Machin est d'accord avec moi». Elle induit aussi un investissement laissant présager des bénéfices : «je dois ménager Machin et même m'en faire un allié car, à deux, avec notre communauté d'idées, nous pouvons faire du bon travail». PL et X, mobilisés, belges et perdus l'un comme l'autre, ont certainement dû tenir ce langage.

Investir dans la similitude en vaut-il toujours la chandelle? Imaginez que la pianiste la plus prometteuse de sa génération connaisse une idylle avec le jeune pianiste virtuose auquel on la compare volontiers. Croyez-vous que leur idylle durera, qu'ils auront beaucoup d'enfants et vieilliront heureux ensemble? Il y a peu de chances, du moins selon la **théorie de la préservation de l'auto-évaluation** de Tesser. D'après cet auteur, nous apprécions les qualités des personnes aimées pour autant que notre ego n'en souffre pas.

Au niveau corrélationnel, par exemple, les grands savants s'entendent d'autant mieux avec leur progéniture que les spécialités des uns et des autres sont différentes. Il en est de même des frères et sœurs qui empruntent des trajectoires différentes (Tesser, 1980). Tesser et Cornell (1991) l'ont vérifié de manière empirique. Les participants à leur expérience échouaient prétendument à une tâche qui avaient énormément de pertinence pour eux, ou une pertinence tout à fait marginale. Ensuite, ils pouvaient aider un de leurs amis ou un étranger qui effectuait la même tâche, en donnant des indices plus ou moins faciles. La figure 9.2 montre que lorsque la tâche n'a pas d'importance, les gens aident davantage leurs amis en leur donnant des indices plus faciles qu'aux étrangers. C'est l'inverse qui se produit lorsque la tâche est essentielle à la bonne image des gens. Dans ce cas-là, il importe moins qu'un étranger y excelle qu'une personne dont nous sommes très proche. C'est un phénomène que l'on rencontre malheureusement souvent dans des équipes scientifiques. Un «patron» sans grande envergure n'a aucune difficulté à bien s'entendre avec des collègues étrangers et à leur reconnaître une réputation

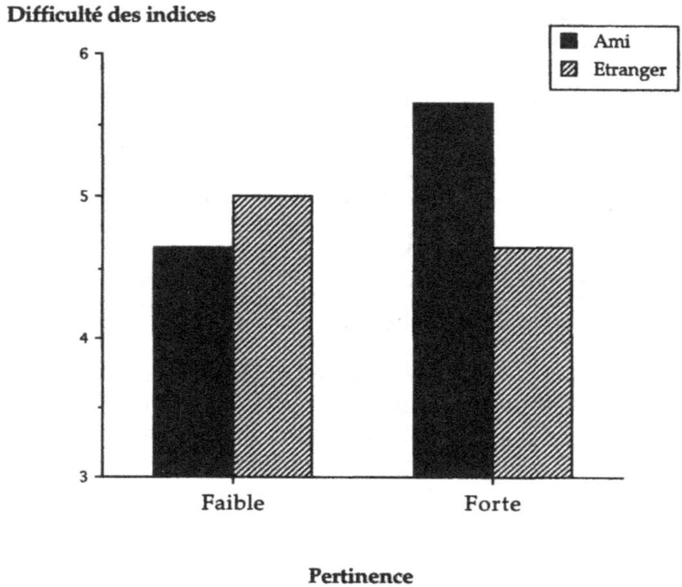

Figure 9.2 — Difficulté des indices fournis en fonction de la pertinence personnelle et de la proximité.

scientifique supérieure à la sienne, mais il ne supporte pas qu'un de ses collaborateurs prenne du coffre et fera des pieds et des mains, au moment de sa mise à la retraite, pour être remplacé par «un âne docile plutôt qu'un étalon farouche» (cette phrase a été textuellement donnée par un de ces «patrons»). Heureusement, ce type d'héritage ne se produit pas quand le patron a suffisamment d'envergure et se sent bien dans sa peau. C'est aussi ce que montrent Tesser et Cornell : quand l'estime de soi des sujets est magnifiée expérimentalement, ils n'éprouvent pas cette méfiance vis-à-vis d'une excellente performance de leur ami (voir la figure 9.2).

Les données obtenues par Tesser indiquent qu'au-delà d'une similitude d'opinions, les personnes engagées dans une relation stable de longue durée ont souvent des personnalités complémentaires (Berscheid et Walster, 1969). C'est facilement compréhensible; si une personne désordonnée a un brin de réalisme, elle se rendra compte qu'elle a tout avantage à s'allier avec quelqu'un de plus organisé qu'elle. De même, un individu autoritaire et dominant ressentira plus de plaisir à côtoyer une personne soumise, qu'une autre qui met toujours en doute ses capacités.

Styles d'attachement. Nous avons vu dans le premier chapitre comment Bowlby et Ainsworth ont étudié l'attachement chez les jeunes enfants. Le type d'attachement de l'enfance a-t-il une influence, et laquelle, sur les relations que les gens auront en tant qu'adultes? L'attachement fait irrésistiblement penser à l'amour et c'est dans ce cadre que deux typologies ont été proposées. Selon une première taxonomie (Hazan et Shaver, 1990), on pourrait distinguer trois types d'attachement à l'âge adulte, qui ont leur base dans l'enfance. Il y aurait l'attachement de type «sécurité»; les gens avec cet attachement n'auraient guère de difficultés à accorder leur confiance aux autres et à accepter de dépendre d'eux. Les gens avec un attachement de type «évitement» ne toléreraient pas bien l'intimité, se méfieraient d'autrui qui en veut toujours trop et risque de les tromper. Enfin, il y aurait l'attachement de type «anxiété/ambivalence» : ce sont les gens qui trouvent que l'autre ne donne pas assez, n'aime pas vraiment, et qui vivent donc avec la hantise d'être rejetés ou abandonnés. La deuxième taxonomie recouvre largement la précédente et repose sur les sentiments, positifs ou négatifs, que l'on a vis-à-vis de soi-même et d'autrui. Il y a donc quatre types possibles. Si l'on a une image positive de soi et d'autrui, on retrouve l'attachement de type «sécurité», alors qu'une image positive de l'autre mais négative de soi est associée au type «anxiété/ambivalence». Le type «évitement» renvoie quant à lui à une image négative des autres, quelle que soit l'image de soi. Selon Bartholomew (1990), les gens avec une image négative à la fois d'eux-mêmes et des autres adopteraient une attitude de peur, de crainte, alors que ceux avec une image appréciative d'eux-mêmes mais dépréciative des autres seraient distants et rejetteraient facilement autrui. On notera que les recherches actuelles n'ont pas pu montrer que les gens avec un type d'attachement donné choisissaient de manière privilégiée des partenaires qui avaient le même attachement.

Niveaux de comparaison alternatifs

Un ouvrier peut ne pas être satisfait du tout de son entreprise, il y restera probablement s'il sait qu'il ne trouvera pas de travail ailleurs. Et, chômeur, il serait encore plus malheureux. Il en va de même dans les relations conjugales. On sait ce qu'on a, on ne sait pas ce qu'on aura! Le personnel des centres d'accueil pour femmes battues ne s'étonne plus de voir bon nombre de femmes retourner chez leur mari ou compagnon qui, à coup sûr, continuera à les frapper. La réponse est que ces femmes ne voient pas d'alternative parce que, par exemple, elles dépendent financièrement du mari ou du compagnon. C'est tout le contraire qui s'est produit chez PL et JP; une fois revenus dans leur famille, auprès des êtres qu'ils chérissaient, le feu des amitiés «nécessaires» s'est petit à petit éteint.

Il n'est pas étonnant que la rupture d'une relation entraîne un stress considérable aussi bien chez celui ou celle qui décide de rompre que chez la personne qui se sent abandonnée. Toutefois, ce stress est moindre pour les individus qui entrevoient d'autres possibilités de relations (Simpson, 1987), soit parce qu'ils rompent précisément pour une autre relation, soit parce que d'autres opportunités sont possibles. Par ailleurs, les gens qui se sentent réellement engagés dans une relation auront tendance à dénigrer les qualités d'une autre «opportunité», pourtant très attractive (Johnson et Rusbult, 1989).

Nous voudrions terminer cette section consacrée à l'attraction en présentant brièvement un instrument fort utile au niveau des relations à l'intérieur d'un groupe donné.

Le test sociométrique

Ce test n'apparaît pas dans les manuels contemporains de psychologie sociale. Probablement parce que l'attraction y est surtout étudiée au niveau individuel. Ce test nous semble pourtant aussi simple qu'informatif à propos des réseaux d'attraction et de rejets, identifiant leaders, rejetés et isolés dans un groupe.

On distribue à chaque membre du groupe une feuille comprenant cinq colonnes. Dans la première figurent tous les membres du groupe par ordre alphabétique. Le chercheur propose une situation réelle ou fictive. Par exemple, la classe devant se rendre en vacances vertes, il s'agirait de distribuer les élèves dans des chambres avec trois lits à la plus grande satisfaction de tous. Dans la deuxième colonne, il faudra mettre une croix en face des noms des condisciples que l'on voudrait avoir comme compagnons de chambrée. Dans la troisième colonne, les noms de ceux que l'on ne voudrait vraiment pas avoir comme compagnons seront pointés. Dans la quatrième, les membres du groupe mettront une croix derrière les noms de ceux par qui ils croient avoir été choisis, et dans la cinquième, derrière les noms de ceux par qui ils croient avoir été rejetés. Cette présentation laisse la place à bien des variantes. On peut, par exemple, négliger les deux dernières colonnes. Pour des raisons éthiques que nous ne partageons pas nécessairement, certaines personnes se contentent de demander les choix propres.

Le dépouillement du test est facile. Il suffit de construire une matrice avec les noms des membres repris en colonnes et en rangs. Les réponses obtenues sont inscrites dans les rangs. Le dépouillement terminé, on aura donc en total des colonnes les choix et les rejets reçus par chaque

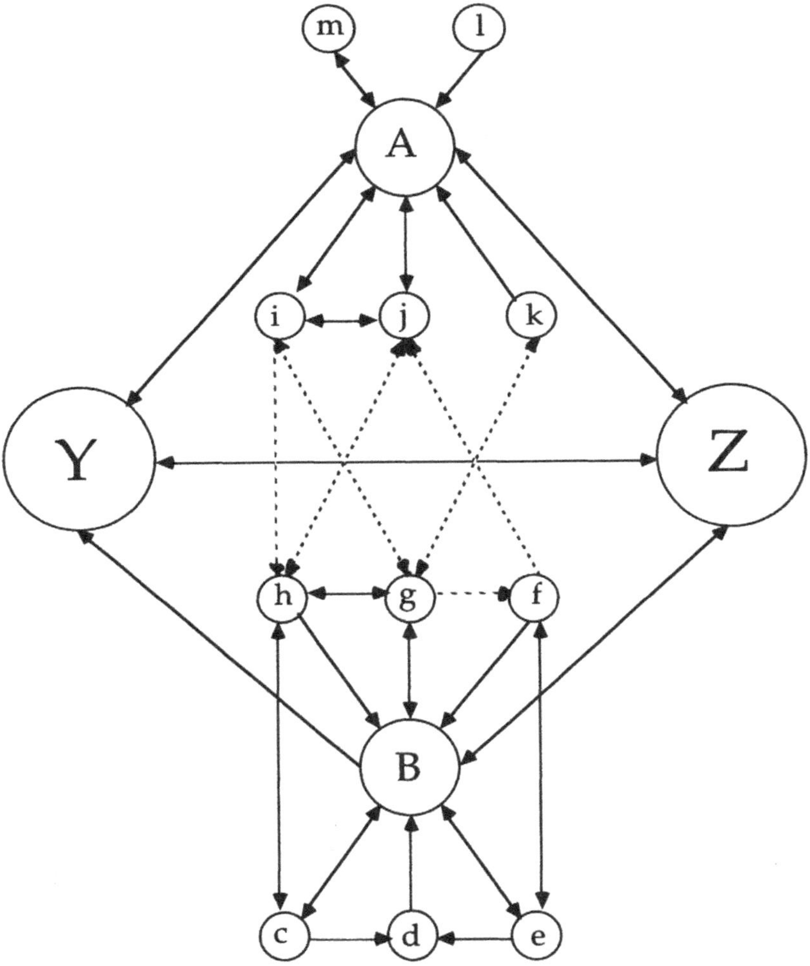

Figure 9.3 — Représentation graphique des choix et des rejets sociométriques dans un groupe fictif (— choix, --- rejet).

membre. Il en va de même pour la perception des choix et rejets. Ce tableau permet le calcul de divers indices : choix réciproques, choix correctement perçus, leadership, etc. Ces indices n'entrant pas dans notre propos, nous renvoyons le lecteur à des ouvrages spécialisés (Bastin, 1970). Contentons-nous de montrer ici qu'une représentation graphique des choix et rejets peut informer sur la dynamique du groupe. Dans l'exemple de la figure 9.3, par exemple, on voit que le groupe est constitué de deux «cliques» constituées chacune autour d'un leader. Toutefois, on pourrait imaginer d'unifier le groupe en travaillant au niveau des individus Y et Z qui ne font partie d'aucune clique à proprement parler mais ont une bonne relation avec les deux leaders de cliques.

AIDE, EMPATHIE ET ALTRUISME

L'**aide** et l'**altruisme** se définissent presque de la même façon : un comportement volontaire qui consiste à «faire du bien» à autrui, mais ils diffèrent au niveau du but ultime qui est recherché. Les psychologues sociaux sont d'accord pour dire que l'aide est une «bonne action» faite dans le but de rapporter des renforcements positifs internes ou externes à son auteur. L'altruisme est réservé aux comportements similaires qui ne dépendent pas de renforcements; le bien d'autrui est recherché pour lui-même. Ces mêmes psychologues ne sont pas d'accord entre eux sur l'existence de l'altruisme. Selon certains (Hatfield *et al.*, 1978), l'être humain est fondamentalement égoïste et ne ferait jamais qu'aider. Selon d'autres, comme Batson (1991, 1995), non seulement l'altruisme existe mais il est aussi possible de le montrer expérimentalement. D'après Batson, les gens se montrent altruistes à condition qu'ils puissent «empathiser» avec quelqu'un, c'est-à-dire ressentir ce que cette personne éprouve.

La controverse se situe au niveau des possibles renforcements internes. En effet, les renforcements externes étant par définition observables, ils ne posent pas de problèmes; le politicien qui fait du clientélisme n'est pas altruiste car il compte les voix que son aide lui rapportera. Les renforcements internes sont beaucoup plus insidieux, car souvent difficiles à repérer. On en distingue généralement trois sortes : 1) l'aide peut susciter des récompenses, comme une image flatteuse de soi, de la bonne humeur, un sentiment du devoir accompli; 2) l'aide peut également écarter des punitions, comme la culpabilité, la honte, ou le sentiment d'avoir violé des normes sociales; 3) enfin, l'aide peut réduire une activation déplaisante parce qu'elle restaure une situation de justice, par exemple. Il est certain que ces trois types de renforcement interviennent et nous allons montrer tour à tour leur rôle.

L'apport de récompenses

Prenons l'exemple du couple allemand qui héberge JP et le fait passer pour son fils, ou celui de PL et X qui cèdent l'abri du fenil aux jeunes réfugiés. S'agissait-il d'aide ou d'altruisme? Dans les deux cas, il est improbable que le comportement ait été dicté par des renforcements externes. Mais rien ne nous dit que le couple allemand n'a pas retiré d'immenses satisfactions internes, qu'ils n'ont pas agi pour eux et leur fils, plutôt que pour JP. De leur côté, peut-être PL et X étaient-ils tellement contents d'avoir trouvé le fermier compatissant que venir en aide aux enfants était un moyen de prolonger l'euphorie?

Brown et Smart (1991) ont montré que les individus avec une forte estime de soi surestiment leurs qualités sociales et aident davantage après qu'on leur ait fait croire qu'ils avaient échoué à une tâche intellectuelle. L'aide permet, en quelque sorte, de restaurer l'image flatteuse que ces individus avaient d'eux-mêmes et qui vient d'être ternie par le feed-back d'échec. Le même phénomène de surestimation des qualités interpersonnelles et d'augmentation de l'aide se produit chez les sujets à faible estime de soi, mais après un feed-back de réussite cette fois. Chez eux, l'aide affirme sans doute leur valeur. Et, grâce à leur comportement d'aide, tous (se) prouvent qu'ils sont «quelqu'un de bien».

La satisfaction du devoir accompli. Voici une autre version d'une expérience déjà résumée au chapitre 6. C'est l'étude du portefeuille perdu, trouvé, reperdu et retrouvé.

Rappelez-vous qu'un passant new yorkais trouve sur le trottoir une enveloppe contenant un portefeuille et une lettre qui lui apprend que le portefeuille, perdu, a été trouvé par l'auteur de la lettre qui s'apprêtait à le renvoyer à son propriétaire. Comble de malchance, c'est l'enveloppe entière qui est maintenant égarée. Dans la moitié des cas, environ, le signataire de la lettre était un Américain, semblable aux passants susceptibles de trouver l'enveloppe. Dans l'autre moitié, c'était manifestement un étranger d'un pays non identifiable. Voici maintenant l'originalité de cette nouvelle expérience. Dans l'une et l'autre condition, le contenu de la lettre était soit neutre, soit positif, soit négatif. Le contenu neutre était le suivant : «Cher Monsieur Erwin, je vous envoie votre portefeuille que j'ai trouvé. Tout y est comme je l'ai trouvé.» A cela s'ajoutait, pour le contenu positif, le plaisir qu'avait éprouvé l'auteur de la lettre à pouvoir rendre service à quelqu'un. Dans le cas du contenu négatif, par contre, l'accent était mis sur les ennuis provoqués par le fait de devoir renvoyer le portefeuille.

105 portefeuilles furent «perdus» de cette façon dans les rues de New York et 43 furent renvoyés intacts, c'est-à-dire avec tout l'argent, à Monsieur Erwin; au prix du portefeuille, c'est une étude dispendieuse mais, heureusement, les résultats sont intéressants. L'imitation a indéniablement joué et le modèle américain était plus efficace que l'étranger qui baragouinait l'anglais dans sa lettre. Dans l'ensemble, près de deux fois plus de portefeuilles furent renvoyés lorsque l'auteur de la lettre était américain plutôt qu'étranger. Plus intéressantes encore sont les données en fonction du contenu affectif de la lettre. Lorsque le modèle est un étranger, ce contenu n'a pas d'influence particulière (en moyenne, 5 portefeuilles sont retournés dans chacune des trois conditions). Lorsque le modèle est américain et irrité de devoir aider, il ne favorise pas plus d'imitation que le modèle étranger. Par contre, le modèle américain qui se montre heureux ou tout simplement neutre suscite 6 à 7 fois plus de renvois de portefeuilles que lorsqu'il est irrité.

En d'autres mots, quand le modèle est adéquat, le contenu positif de la lettre n'ajoute rien à la réaction spontanée. Cette absence de différence laisse penser que, spontanément, les gens imaginent le plaisir à rendre service à un compatriote. Cette spontanéité ne se manifeste pas pour un étranger. De même, lorsque le contenu est négatif et émane d'un modèle américain comme les sujets, ceux-ci pensent sans doute à la négligence de la personne qui a perdu son portefeuille, et ils aident peu (Hornstein, 1970).

Partager sa bonne humeur. De nombreuses études attestent le fait que les gens de bonne humeur, parce qu'ils viennent de trouver de l'argent, parce qu'ils ont réussi un examen, etc., sont particulièrement prêts à aider autrui. Le rôle de l'affect positif peut s'expliquer de différentes façons. Tout d'abord, la personne de bonne humeur interprétera les événements d'une manière favorable et l'aide ne lui semblera pas coûteuse. En deuxième lieu, l'affect positif trouve un prolongement dans le comportement d'aide : «Non seulement la vie me sourit mais je suis une personne bien». Enfin, l'affect positif peut provoquer une sélection de l'attention, rendant les aspects positifs de l'environnement plus saillants que les éléments négatifs (Isen, 1987).

L'évitement de punitions

Dans l'exemple introductif à ce chapitre, il est clair que le cafetier français et le camionneur belge ont aidé parce qu'il leur en eût coûté de faire autrement. De fait, combien de fois ne nous arrive-t-il pas d'être généreux, tout simplement pour «avoir la paix»?

Culpabilité. Lorsque les gens se sentent coupables d'avoir fait du tort à quelqu'un, ils seront davantage prêts à aider une tierce personne, complètement étrangère à leur **culpabilité**. Selon des chercheurs comme Cialdini (*et al.*, 1973), ce ne serait pas nécessairement la culpabilité qui serait en jeu. D'après lui, les gens aideraient même lorsqu'ils ne ressentent aucune culpabilité, mais parce qu'ils se sentent d'**humeur triste** et qu'aider leur apparaît comme une façon d'alléger leur tristesse. Si c'était le cas, cela signifierait que l'humeur négative n'aurait qu'un effet très limité dans le temps (Salovey *et al.*, 1991).

Reconnaissance du besoin. Il existe différentes normes, sociales ou personnelles, qui font en sorte que nous nous sentons obligés d'aider dans certaines situations, sous peine de ressentir de la gêne, ou tout simplement l'opprobre. Le degré de dépendance de la personne à aider intervient dans ces normes (voir chapitre 6). De fait, beaucoup de recherches (Berkowitz, 1972) ont démontré qu'on aidait davantage une personne qui dépendait de nous qu'une autre, non dépendante. Encore faut-il que cette dépendance soit légitime. Savez-vous, par exemple, qu'une personne à qui il manque 5 francs pour acheter un carton de lait trouvera plus facilement de l'aide qu'une autre à qui il manque la même somme pour une pâte de biscuit surgelée (Bickman et Kamzan, 1973)? Priver quelqu'un de lait est beaucoup plus gênant que le spolier de sa pâte à biscuit préférée.

Les exemples de **comportements prosociaux** sont là pour nous rappeler ce qu'il convient de faire. Supposez que vous, Monsieur, soyez en voiture; à un moment donné, vous voyez deux voitures arrêtées sur l'accotement; le conducteur de l'une aide la conductrice de l'autre à changer un pneu crevé; vous continuez votre chemin et, un peu plus loin, une autre voiture est arrêtée avec un pneu manifestement à plat; à côté de la voiture, la conductrice attend la bonne âme qui l'aidera. Si vous réagissez comme les sujets de l'étude de Bryan et Test (1967), il y a beaucoup de chances que vous serez cette bonne âme, beaucoup plus en tout cas que si vous n'aviez pas vu l'exemple d'aide quelques centaines de mètres plus tôt. C'est là un phénomène que connaissent bien les gens dont le gagne-pain dépend des pourboires qu'ils reçoivent : ils s'arrangent pour vous faire croire que les clients précédents ont donné des pourboires plantureux, en laissant par exemple dans l'assiette des billets plutôt que des piécettes, enlevées au fur et à mesure. La tactique est efficace car personne n'a envie de passer pour un grippe-sou.

L'évitement d'une activation déplaisante

Voir une personne dans le besoin peut être déplaisant. Sa souffrance peut nous être désagréable ou correspondre à une situation inattendue ou injuste. Dans ce cas, l'aide permet d'éloigner ce déplaisir. C'est peut-être ce qui est arrivé au fermier flamand ou à PL et X. Pourquoi auraient-ils eu un toit pour s'abriter alors que d'autres n'avaient rien?

La théorie du monde juste. En général, les gens aiment croire que le monde dans lequel ils vivent est juste. Certains le croient plus que d'autres, mais tous, dans une certaine mesure, pensent qu'ils ont mérité ce qu'ils possèdent. Si le monde est juste, cela veut également dire que ceux qui n'ont rien l'ont aussi mérité! Lerner (1980) a tiré les conséquences de cette croyance en un monde juste. Selon lui, la première réaction des gens devant une injustice dont une personne est l'objet sera d'intervenir pour rétablir la justice. S'ils n'y parviennent pas, ils décideront que la personne a mérité son sort (voir chapitre 7).

Dans le cadre de leur cours de psychologie, des étudiantes devaient observer la performance d'une autre participante lors d'un test d'apprentissage durant lequel toute erreur était sanctionnée par un choc électrique douloureux. La victime était évidemment une comparse de l'expérimentateur mais les étudiantes étaient amenées à croire qu'elle aussi devait satisfaire aux exigences du cours de psychologie et qu'en acceptant de participer elle ignorait tout des chocs électriques. Trois conditions de l'expérience retiendront notre attention. Dans deux de celles-ci, l'expérimentateur intervenait après un certain laps de temps d'observation et demandait aux étudiantes ce qu'elles estimaient le plus instructif pour le reste de l'étude : voir l'autre participante continuer à recevoir des chocs pour chaque erreur, la voir recevoir des récompenses financières pour chaque bonne réponse, ou la voir recevoir un feed-back neutre. Après que les sujets eurent répondu de manière anonyme, l'expérimentateur leur annonçait que la décision du groupe était de récompenser la victime, ou il les laissait dans l'incertitude. Dans une troisième condition, l'expérimentateur intervenait en disant que l'expérience était terminée et il faisait savoir aux étudiantes que la victime avait été très réticente à recevoir les chocs et n'avait accepté que pour le bénéfice des autres sujets; en d'autres termes, elle s'était sacrifiée pour ses compagnes inconnues et se présentait donc comme une martyre. Dans les trois conditions, les étudiantes devaient évaluer la victime. Les résultats sont tout à fait conformes aux hypothèses de la théorie du monde juste. Quand, dans les deux premières conditions, l'expérimentateur donne l'occasion aux sujets de rétablir la justice, les sujets saisissent l'opportunité : 23 sujets sur 25 choisissent la solution financière, et les 2 autres un feed-back neutre. Quant à l'évaluation de la victime, elle est la plus positive dans la première condition, quand les sujets savent que la victime sera dédommagée, et elle est la plus négative pour la martyre à propos de laquelle il n'est pas possible de faire quoi que ce soit pour rétablir un monde juste. Les résultats sont intermédiaires quand la décision du groupe est inconnue, les sujets ignorant si la justice a vraiment été restaurée (Lerner et Simmons, 1966).

Certaines campagnes publicitaires s'appuient également sur le fait que les gens pensent que la justice doit régner dans le monde. C'est pourquoi, en même temps qu'un virement, beaucoup d'organismes caritatifs envoient par exemple une série de cartes postales sans obligation de paiement et avec le conseil de ne pas renvoyer les cartes si on ne les veut pas. Si toutes les personnes recevant ces cartes les empochaient sans plus, ces organismes prendraient un fameux bouillon; mais celui-ci est improbable car de nombreuses personnes ainsi contactées estiment qu'elles ne peuvent accepter les cartes postales gratuitement et elles remplissent la formule de virement, le plus souvent pour un montant supérieur au prix des cartes postales : «Réellement, c'était sympathique et courageux de faire ainsi confiance à notre honnêteté».

Réactions négatives à l'aide

Dans les années soixante, on ne taguait pas; on barbouillait, et un des slogans préférés en Europe occidentale était : «US Go home». Actuellement, il doit encore fleurir sur les murs d'autres pays. Il signifie que celui qui a été aidé n'aime pas nécessairement son bienfaiteur.

Ce rejet de l'aide est différent de la dévaluation de la martyre dans l'expérience résumée plus haut. Selon Lerner, l'aide apportée par la martyre créait une situation d'injustice; la bienfaitrice était lésée et, comme il n'y avait pas moyen de compenser les dommages encourus, les sujets choisissaient de dénigrer cette personne qui devait avoir mérité son sort. Avec le slogan «US Go home», il s'agit d'autre chose. Dans ce cas, l'aide est ressentie comme une enfreinte à la liberté, c'est la **réactance**, ou comme une menace pour l'estime de soi des bénéficiaires. Ce n'est pas pour rien que les dames patronnesses sont brocardées.

Assez curieusement, alors que le rejet de l'aide fait immédiatement penser aux grandes nations ou aux personnes d'un statut élevé, la recherche montre que les gens ont surtout du mal à accepter l'aide qui leur est apportée par des personnes semblables à eux (Nadler et Fisher, 1986). Etre aidé par un puissant, très différent de nous, n'aurait pas d'incidence sur notre estime de nous-mêmes. Ce ne serait pas du tout le cas d'un autrui semblable. Puisqu'il est semblable, pourquoi éprouve-t-il le besoin de montrer par son aide qu'il est différent?

Il existe une autre raison pour laquelle les bénéficiaires d'une aide ne devraient pas nécessairement se montrer reconnaissants et être, au contraire, furieux. Aux yeux de tierces personnes, le fait de recevoir de l'aide signifie souvent que l'on est incompétent et que, sans aide, on ne réussirait pas. Nous connaissons sans doute tous des personnes qui ont l'art de se mettre en évidence et de «venir aider» au moment où les jeux sont faits, lorsqu'une manifestation sera un succès ou quand une idée de recherche donnera sûrement des résultats intéressants. Pour ces Machiavel, il s'agit vraiment d'un art. En effet, s'ils interviennent trop tôt, ils aideront peut-être vraiment, ce qu'ils ne veulent absolument pas, et s'ils interviennent au bon moment mais de manière trop grossière ou trop discrète, les observateurs ne se tromperont pas sur l'origine réelle du mérite. Ce que nous appellerons le «**patronage**» (*overhelping*) est donc une tactique périlleuse (Gilbert et Silvera, 1996). D'une part, il s'agit de bien peser les capacités de la personne que l'on fera éventuellement semblant d'aider, sous peine de l'aider vraiment. D'autre part, il faut faire en sorte qu'au moment de son attribution de compétence, l'observateur soustraie une aide en réalité inutile, alors que l'on sait depuis le chapitre 3 que les gens n'excellent pas dans l'exercice de la correction.

L'empathie

On l'a dit plus haut, les psychologues discutent sur l'existence de l'altruisme, c'est-à-dire sur la possibilité d'une aide qui n'aurait pas de renforcement internes comme buts premiers. Les lecteurs se demanderont peut-être pourquoi on ne demande pas aux sujets eux-mêmes ce qu'ils ressentent afin de savoir s'il s'agit d'aide ou d'altruisme. En fait, le recours à de telles réponses ne constitue pas une solution. Tout d'abord, les gens ne sont pas toujours conscients de ce qui les fait agir (Nisbett et Wilson, 1977a).

Nisbett et Wilson (1977b) ont montré à leurs sujets américains une vidéo d'un enseignant belge qui parlait de ses cours et étudiants avec un accent francophone très prononcé. Dans une condition, le comparse belge se montrait sympathique et enthousiaste; dans une deuxième condition, il se comportait de manière rigide et intolérante. Après la vidéo, les sujets évaluèrent l'enseignant et, sans surprise, ils trouvèrent l'enseignant enthousiaste plus plaisant que l'enseignant rigide. Les sujets eurent aussi à évaluer trois caractéristiques de l'enseignant : son apparence physique, son accent, et ses manières. Manifestement, ces trois caractéristiques ne changeaient pas d'après la condition expérimentale. Toutefois, les sujets de la condition sympathique les trouvèrent agréables alors que ceux de la condition rigide les estimèrent irritantes. Un **effet de halo** s'était donc produit : le degré de sympathie pour l'enseignant avait déteint sur ses caractéristiques. Les sujets sont-ils conscients de l'influence et de sa direction? Pour répondre à cette question, Nisbett et Wilson ont demandé à certains de leurs sujets si leur sympathie, ou antipathie, pour l'enseignant avait influencé leur évaluation de ses caractéristiques; à d'autres, ils demandèrent si les caractéristiques avaient influé sur leur sympathie. Tous les sujets nièrent une relation entre les estimations de sympathie et des caractéristiques, sauf les sujets de la condition rigide qui rapportèrent que les caractéristiques irritantes de l'enseignant avaient eu une influence sur leur antipathie. En d'autres termes, la seule fois où les sujets reconnaissent une relation causale, ils se trompent de direction.

Non seulement les gens ne sont pas toujours conscients des motifs de leurs actes, mais ce qu'ils croient qu'ils feraient peut être très différent de ce qu'ils font effectivement. En voici une belle illustration.

Nuttin *et al.* (1997) ont repris le scénario du portefeuille. Ils ont déposé une chemise transparente en plastique soit dans des cabines téléphoniques ou arrêts de bus, soit sur le pare-brise de voitures qui se trouvaient soit dans la région francophone, soit dans la région flamande de la Belgique. La chemise contenait une enveloppe non fermée avec une lettre au contenu urgent rédigée en français par un francophone pour un francophone, ou rédigée en flamand par un Flamand à l'intention d'un destinataire flamand. Dans la moitié des cas, un timbre était collé sur l'enveloppe; dans l'autre moitié des cas, soit le timbre non collé se trouvait dans la chemise, soit il s'y trouvait avec 3 autres timbres de même valeur. Nuttin *et al.* ont interrogé 132 personnes s'apprêtant à entrer dans leur voiture ou dans une cabine téléphonique (ou arrêt de bus) sur ce qu'ils auraient fait personnellement dans de telles circonstances. Seules 4 personnes ont avoué qu'elles n'auraient pas posté la lettre. Des étudiants ont également été interrogés; ils ont répondu qu'eux-mêmes posteraient la lettre dans 76 % des cas, que leurs compagnons le feraient dans 66 %, que des Flamands comme eux le feraient dans 60 % des cas, et que seulement 41 % des Wallons posteraient une lettre rédigée en flamand. Ils ont aussi dit que la lettre trouvée dans une cabine ou dans un arrêt de bus serait plus souvent postée que celle glissée sous l'essuie-glace du pare-brise. Lorsqu'on regarde les comportements effectifs, on s'aperçoit que 34 % des lettres environ ont été renvoyées. Les seuls facteurs qui ont aidé sont le fait que le timbre était déjà collé et, subsidiairement, que la lettre se trouvait sur le pare-brise de la voiture!

Rarement, une expérience aura été aussi complète. Non seulement on a questionné des étudiants pour comparer leurs résultats aux comportements réels, mais on a également pris la peine d'aller trouver des gens dans les mêmes conditions que les acteurs effectifs. Les résultats sont probants. Il n'y a aucune commune mesure entre acteurs effectifs et acteurs potentiels. Quant aux étudiants, lorsqu'ils identifient un facteur important, ils se trompent sur la direction de l'influence!

Pour montrer l'existence de l'altruisme induit par l'empathie et non par des renforcements internes (satisfaction interne, évitement de punition ou d'une activation déplaisante), Batson (1995) et ses collaborateurs conduiront une série de recherches très ingénieuses. Ces études ont en commun de confronter les participants avec un sujet dans le besoin et de manipuler l'empathie. Selon les expériences, l'empathie sera manipulée de diverses façons (partage de valeurs, consigne de se mettre dans la peau de l'autre, etc.), si bien qu'on ne peut reprocher à Batson de s'en être tenu à une opérationalisation spécifique. Chaque expérience mettra également en scène une autre variable de manière à avoir des prédictions différentes selon qu'intervient l'altruisme ou un des renforcements internes cités plus haut. Nous résumerons ici le cheminement de la démarche en n'envisageant que les sujets chez qui l'empathie est élevée. Ce sont, en effet, les seuls pour lesquels les différentes théories ont des prédictions différentes. Ces prédictions sont representées sur la figure 9.4.

Figure 9.4 — Prédictions dérivées des théories d'aide et d'altruisme chez des participants dont l'empathie est élevée.

	Aide	*Altruisme*
Apport de récompenses		
Bonne humeur garantie	Peu	Beaucoup
Attentes incertaines	Beaucoup	Beaucoup
Evitement des punitions		
Justification	Peu	Beaucoup
Absence d'excuse	Beaucoup	Beaucoup
Réactions à l'inconfort		
Evitement facile	Peu	Beaucoup
Evitement difficile	Beaucoup	Beaucoup

Pour confronter les prédictions de l'empathie et d'une possible amélioration de l'humeur, Batson *et al.* (1989) font croire à certains participants qu'ils verront un film qui les mettra, ou non, de bonne humeur. Avant de voir celui-ci, et sans que cela n'ait prétendument un rapport avec l'expérience du film, tous les sujets ont l'occasion d'aider une personne dans le besoin. Selon une explication en termes de renforcements internes, les sujets ne devraient aider que lorsqu'ils n'attendent pas d'amélioration de leurs affects; en effet, s'ils aident pour être de bonne humeur, on ne voit pas pourquoi ils le feraient quand ils ont la certitude que le film les détendra. Selon l'hypothèse de Batson, par contre, les sujets avec une empathie élevée devraient aider quel que soit le film. C'est de fait ce qui se produit.

Si, maintenant, le chercheur est intéressé par l'évitement des punitions, il peut confronter ses participants avec une aide coûteuse, comme prendre la place d'un sujet qui reçoit des chocs électriques, mais en leur donnant ou non une raison de ne pas aider (leurs compétences sont telles, par exemple, qu'ils ne seront sans doute pas à même d'aider). Dotés d'une excuse, les sujets ne devraient pas offrir leur aide si celle-ci ne constitue pour eux qu'une manière d'éviter une punition, une autocensure. Pour les supporters de l'altruisme, par contre, et comme on peut s'en apercevoir sur la figure 9.4, on n'attend pas de différence en fonction de la justification : les sujets hauts en empathie aideront quelle que soit la justification. C'est ce que trouvent Batson *et al.* (1988).

Enfin, la réaction à l'inconfort, à une stimulation désagréable, est étudiée en faisant en sorte qu'il soit facile ou quasiment impossible d'échapper à la vision d'un autre qui souffre et qu'on peut aider en recevant les chocs électriques à sa place. Si les gens sont motivés par l'inconfort, ils devraient aider lorsqu'il est difficile d'échapper à la vue de la souffrance et ne pas aider quand il y a moyen de l'éviter. Au contraire, selon l'hypothèse de l'empathie, les sujets chez qui on a induit une empathie élevée devraient aider dans toutes les conditions et c'est de fait ce qu'ils font (Batson, 1987, 1991).

INTERVENTIONS EN CAS D'URGENCE

Dans beaucoup de nos pays, il y a une obligation légale d'aider dans certaines situations : ça s'appelle assistance à personnes en danger. Et pourtant...

Les sujets de l'expérience de Darley et Batson (1973) sont des séminaristes, c'est-à-dire des personnes dont les valeurs altruistes devraient être hautement développées, par choix personnel ou par entraînement. Chacun de ces séminaristes avait reçu pour tâche de préparer une homélie qu'il devait aller donner dans un bâtiment voisin. Dans une condition, ils apprenaient qu'ils avaient bien le temps mais qu'ils pouvaient déjà se diriger vers le bâtiment en question. Dans l'autre condition, au contraire, on leur disait de se dépêcher car ils étaient en retard de quelques minutes. Sur leur chemin, les séminaristes passent à côté d'un homme affalé sur un seuil de porte, la tête presque par terre, en train de tousser et de geindre. L'ironie de cette expérience était que la moitié des séminaristes avaient dû préparer une homélie sur le thème du bon Samaritain. Il s'agit d'une parabole de l'Evangile mettant en scène un homme souffrant le long de la route, à côté duquel passent sans broncher des prêtres, des Lévites, et qui est secouru par un habitant de Samarie, dont on n'espérerait précisément pas d'aide. Donc, non seulement Darley et Batson ont travaillé avec une population spéciale, dont on attend un haut degré d'altruisme, mais ils ont également rendu saillantes les normes altruistes par le thème même de l'homélie. Peine perdue; c'est la situation d'empressement ou non qui constitue le facteur décisif. Lorsqu'ils sont en retard, seuls 10 % des séminaristes s'arrêtent pour offrir leur aide, alors que 63 % de ceux qui ont bien le temps le font. On constatera que certains séminaristes, surtout lorsqu'ils étaient pressés, sont tellement plongés dans leurs pensées qu'ils ne remarquent même pas l'homme affalé qui grognait et toussait pour attirer leur attention.

Voici maintenant un fait divers. Le 13 mars 1964, à New York, il est 3 heures et demie du matin quand Kitty Genovese laisse sa voiture dans le parking qui jouxte son immeuble et rentre à pied chez elle. Soudain, elle est attaquée par un homme qui essaie de la poignarder. Elle se débat, elle hurle; par deux fois son assaillant bat en retraite devant la possibilité que les cris aient ameuté des voisins; par deux fois il revient à la charge et, finalement, Kitty Genovese succombe sous les coups. L'attaque a duré une demi-heure. Lors de l'enquête, on établira que 38 personnes ont vu le meurtre depuis les fenêtres de leur appartement. Aucun de ces témoins n'est intervenu pour aider Kitty Genovese; aucun n'a téléphoné à la police pour la prévenir.

Cet incident a aussitôt fait la manchette des journaux et de prétendus savants n'ont pas manqué d'interpréter ce manque de réaction. On a parlé d'apathie, d'égoïsme, d'indifférence, d'aliénation, d'inhumanité, etc. Plusieurs lecteurs de journaux ont même proposé que la presse reproduise les noms et adresses de ces témoins pour que soient plus facilement mis au pilori ces déchets de la race humaine! Plutôt que de crier à l'apathie, à l'indifférence ou au sadisme inconscient, 2 chercheurs, Latané et Darley (1970) ont mené une série impressionnante d'études pour comprendre le phénomène. Leur intuition était que le malheur de Kitty Genovese avait été d'avoir eu 38 témoins plutôt qu'un seul.

Imaginez la situation suivante. Un étudiant se présente dans un bâtiment universitaire pour prendre part à un entretien sur les problèmes de la vie urbaine. Il est conduit dans une salle d'attente où il doit remplir des questionnaires. Au bout de quelques minutes, une fumée âcre et suffisamment dense pour faire croire à un incendie se dégage d'une bouche de ventilation. Que va faire l'étudiant? Va-t-il intervenir, chercher à prévenir les occupants de l'immeuble ou, au contraire, restera-t-il sans autres réactions que tousser et ouvrir la fenêtre? Dans certains cas, l'étudiant était seul dans la salle d'attente; dans d'autres, il s'y trouvait avec 2 autres personnes qui étaient, soit des sujets naïfs comme lui, soit des comparses qui avaient reçu pour instruction de ne pas réagir.

75 % des sujets solitaires sont intervenus, généralement en signalant la fumée aux personnes qu'ils rencontraient dans le couloir, contre 10 % seulement des sujets qui

avaient en face d'eux des comparses impassibles. Ces derniers ont sans doute joué le rôle de modèles de non-intervention. Que se passe-t-il maintenant dans les groupes de 3 sujets naïfs? Etant donné que la probabilité d'intervention d'un individu solitaire est de 75 %, la probabilité qu'un individu au moins sur les 3 réagisse est légèrement supérieure à 98 %, soit $1\text{-}(1\text{-}0.75)^3$. En réalité, 38 % des groupes seulement ont eu une réaction et celle-ci fut également plus tardive que celle des sujets solitaires. Mais peut-être ces résultats sont-ils dus au fait que les individus en groupe, plongés dans leur questionnaire pour ne pas paraître indiscrets, furent plus lents à remarquer la fumée que ceux qui avaient la salle d'attente à leur seule disposition? On se rappellera que, dans l'expérience de Darley et Batson (1973), beaucoup de séminaristes pressés n'avaient pas non plus remarqué l'homme qui sollicitait leur aide.

Remarquer la situation ne suffit pas; encore faut-il la percevoir comme un cas d'urgence. Dans une autre recherche, des sujets sont accueillis par une prétendue secrétaire qui leur donne des questionnaires à remplir pendant qu'elle va chercher du matériel dans son bureau qui se trouve à côté. On l'entend ouvrir et fermer des tiroirs, monter sur un escabeau, tomber et crier de douleur. A nouveau, les sujets seuls venaient en aide plus fréquemment (70 %) et plus rapidement que des groupes de 2 personnes qui ne se connaissaient pas (40 % alors que la probabilité théorique est de 91 %). Toutefois, beaucoup de ceux qui ne vinrent pas au secours de la secrétaire rapportèrent ultérieurement qu'ils n'avaient pas cru la chute sérieuse au point d'intervenir et d'embarrasser éventuellement la secrétaire.

Dans l'expérience suivante, toutes les précautions furent prises pour qu'il soit impossible de ne pas remarquer l'incident et de ne pas le percevoir comme exigeant une assistance. Dans le cadre d'une recherche sur la vie universitaire, un sujet est invité à discuter avec d'autres de ses problèmes personnels au niveau de l'université. Pour éviter la gêne du face-à-face que peut susciter le thème de cette discussion, les participants sont placés dans des chambres individuelles et ils doivent se parler au moyen d'un interphone. Chacun à tour de rôle, ils doivent d'abord exposer leurs problèmes et ensuite réagir à ceux des autres — l'expérimentateur n'écoutera pas ces conversations. Dans une condition, il n'y a que 2 participants : le sujet et un comparse que nous appellerons la victime; dans une deuxième, il y en a 3 : le sujet, la victime et un autre comparse; dans la troisième, enfin, il y en a 6 : le sujet, la victime et 4 autres comparses.

Lors du premier tour de parole, la victime se présente et, avec hésitation, avoue qu'elle est sujette à des crises d'épilepsie, surtout lorsqu'elle étudie et passe des examens. Au deuxième tour, le débit de parole de la victime, d'abord normal, devient de plus en plus saccadé : balbutiant, bégayant, haletant, la victime signale qu'elle a une crise et appelle à l'aide. Ensuite, c'est le silence.

Le sujet ne peut pas ne pas avoir entendu ces cris de détresse. Comment réagira-t-il? Lorsqu'il sait qu'il est le seul à avoir entendu la victime, il lui porte secours dans tous les cas et prend en moyenne 52 secondes pour se décider. Lorsqu'il sait qu'il y a un autre participant susceptible de venir en aide, mais dont il ne connaît pas la réaction, il intervient dans 85 % des cas, avec une rapidité moyenne de 93 secondes. Enfin, quand il y a 4 autres personnes, il ne réagit plus que 62 fois sur 100 et après 166 secondes seulement (voir figure 9.5).

A la suite de leurs expériences, Latané et Darley ont suggéré un modèle de prise de décision pour rendre compte de l'assistance en cas d'urgence. Comme on le voit sur la figure 9.6, il faut d'abord que les

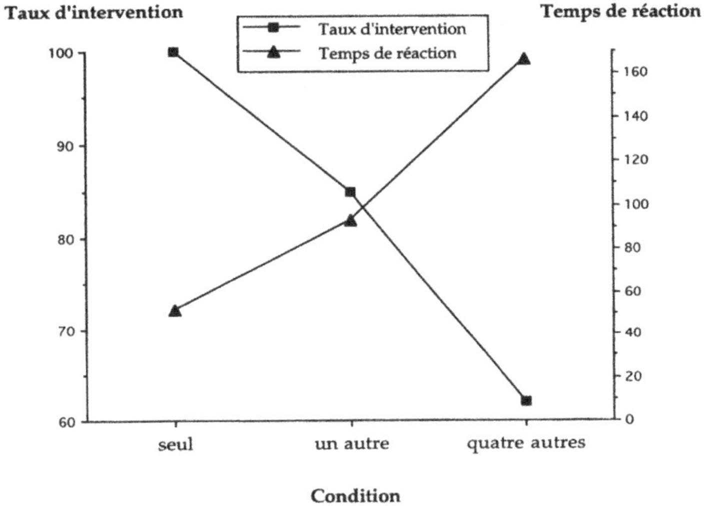

Figure 9.5 — La présence d'autres personnes réduit l'intervention des spectateurs.

gens remarquent l'incident. Apparemment, c'est quelque chose qui arrive moins facilement lorsque les gens sont pressés ou qu'ils sont plusieurs. Ayant remarqué l'incident, il faut qu'ils le définissent comme une situation d'urgence nécessitant une intervention. Ensuite, il s'agira de décider

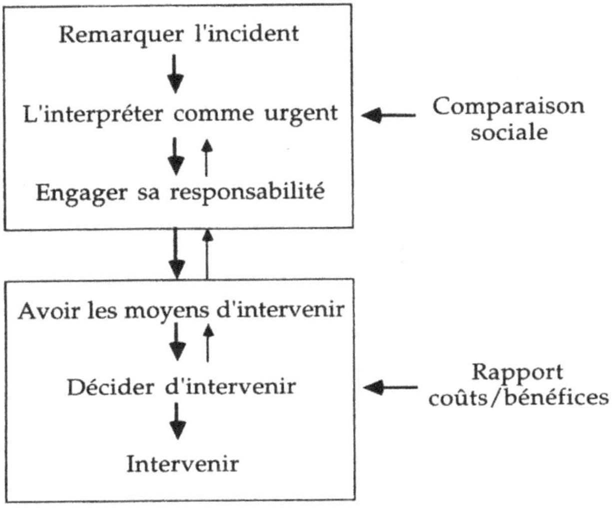

Figure 9.6 — Modèle de prise de décision d'intervention en cas d'urgence.

s'ils veulent bien engager leur responsabilité. Les gens peuvent très bien effectuer des allers-retours entre ces différentes étapes. Par exemple, on remarque que lorsque les gens savent qu'ils n'ont pas à venir en aide dans un cas d'urgence, ils définissent plus facilement cette situation comme nécessitant du secours. Inversement, lorsqu'ils savent qu'ils sont responsables, ils interprètent plus facilement les événements comme non graves. La comparaison sociale est très importante pendant ces trois premières étapes et elle explique les réactions moindres lorsque beaucoup de personnes sont susceptibles d'intervenir. Les gens ont tendance à se regarder, subrepticement, les uns les autres pour voir si et comment l'autre réagit : c'est l'hésitation ou l'inaction consensuelle. Cette comparaison explique également que cet effet de moindre assistance s'obtient lorsque les personnes ne se connaissent pas (Piliavin *et al.*, 1969). Les gens hésitent face à des inconnus. Ils sont moins embarrassés en présence d'amis : on ose se regarder, on ose parler et poser des questions (« On y va ? »), et on ose même risquer d'être ridicule.

Si les gens s'estiment responsables, encore faut-il qu'ils aient les moyens d'intervenir. Rien ne sert de jouer au martyr. Enfin, s'ils en ont les moyens, reste la décision d'intervenir. Ces deux dernières étapes ne dépendent plus tellement de la comparaison sociale. En fait, on s'attendrait à ce qu'elles suivent une logique de coûts et de bénéfices. De ce point de vue, le nombre de témoins devrait favoriser l'intervention. En effet, il est sans doute moins dangereux de s'interposer lors d'un événement à risque lorsqu'on est plusieurs que seul. Ce n'est pourtant pas ce qui se produit, nous apprennent Latané et Darley ; selon leurs expériences, un vol a plus de chances d'être signalé s'il y a un seul témoin que s'il y en a deux.

Comme les études sur le conformisme et la soumission à l'autorité, pour ne prendre que deux exemples, les expériences de Latané et Darley ont l'immense mérite de mettre en exergue l'importance des facteurs situationnels sur le comportement. Non, les témoins du meurtre de Kitty Genovese n'avaient pas une personnalité perverse ; ils n'étaient ni sadiques, ni indifférents, ni déshumanisés ; ils étaient 38, chacun dans leur appartement de grande ville, ne se connaissant pas ou guère.

Chapitre 10
L'agression interpersonnelle

Dans ce chapitre, nous envisagerons exclusivement l'**agression hostile interpersonnelle**. Elle correspond à un comportement dont le but premier est de faire mal, physiquement ou psychiquement, à une autre personne. On la distingue de l'**agression instrumentale** qui a les mêmes caractéristiques observables mais qui n'a pas pour intention d'infliger une souffrance, n'étant que le moyen vers une autre fin. Dans le récit qui introduit cette partie du livre, le comportement de JP à l'égard de l'officier de la Gestapo est nettement hostile. Le refus persistant de serrer la main de cet officier qui a pourtant tenu sa promesse est une marque de mépris qui trouve sa justification en elle-même. Par contre, la collègue de JP s'est montrée agressive de manière instrumentale en dénonçant les activités de résistant de JP; en effet; elle cherchait sans doute moins à faire du tort à JP qu'à se faire bien voir de l'occupant. Ceci ne signifie nullement que toutes les dénonciations sont instrumentales; elles sont au contraire souvent hostiles : les «corbeaux» veulent faire du mal à leurs victimes.

On différencie également l'agression interpersonnelle, commise par un individu vis-à-vis d'un autre individu particulier, de l'agression collective. Nous n'aborderons pas ici les conflits intergroupes qui opposent des groupes de personnes à d'autres groupes. Ils feront l'objet du chapitre suivant.

Toutes les conceptions contemporaines en psychologie sociale concernant l'agression s'inspirent de la **théorie de la frustration-agression**. Le

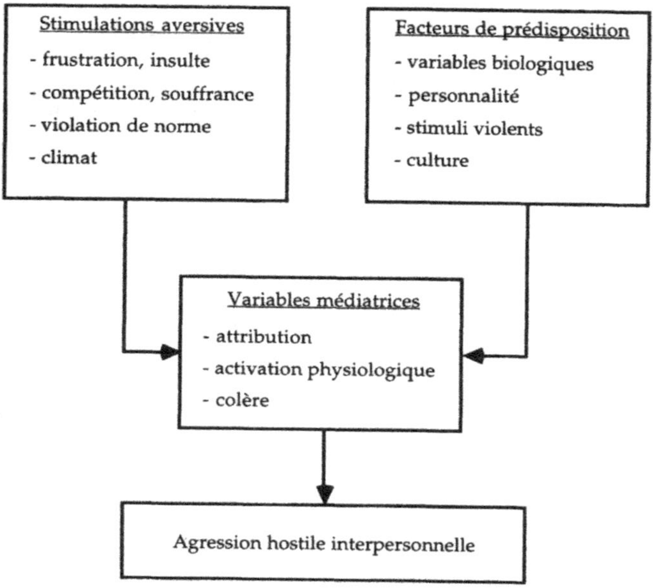

Figure 10.1 — Variables intervenant dans l'expression d'un comportement d'agression hostile.

livre à la base de cette théorie est l'œuvre de psychologues qui s'essaient à une grande synthèse des conceptions béhavioristes et psychanalytiques (Dollard, Doob, Miller, Mowrer et Sears, 1939). Pour eux, la **frustration** correspond à l'empêchement d'atteindre un but désiré. Toute frustration mènerait à une agression, même invisible, et toute agression résulterait d'une frustration, même invisible. Une telle formulation constitue un acte de foi plutôt qu'une théorie falsifiable. Elle donnera lieu à autant de critiques que de travaux empiriques.

Dans la suite de ce chapitre, nous suivrons un modèle largement inspiré par Berkowitz (1993). La figure 10.1 montre une série de facteurs situationnels, déplaisants pour ceux qui en font les frais, et qui sont susceptibles d'induire un comportement agressif. Les plus étudiés sont la frustration, les attaques de l'estime de soi, les violations de normes, et les stresseurs environnementaux. Lorsqu'un match de football se termine par une série de tirs au but et qu'un joueur rate son penalty, ses coéquipiers ne le lynchent pas pour autant. Pourtant, connaissant le football et l'argent qu'il draine, il s'agit d'une énorme frustration aussi bien sur le plan financier que sur celui de l'estime de soi. Ceci signifie que les facteurs inducteurs ne provoquent pas automatiquement un comportement agressif. En effet, les stimulations désagréables en provenance de la situation sont d'abord évaluées de manière à déterminer si elles sont commises avec malice ou intention. Si c'est le cas, l'évaluation débouchera sur une activation physiologique et une émotion de colère. Attribution, activation et émotion sont ce qu'on appelle des variables médiatrices ; c'est par leur intermédiaire que se produit l'effet. Par exemple, le fait de marcher sur le pied de quelqu'un donnera lieu à une riposte d'autant plus agressive que cette « maladresse » sera considérée comme une action délibérément effectuée pour faire mal.

A côté de l'instigation, une autre série de facteurs créent une prédisposition à l'agression. En caricaturant quelque peu, on pourrait les considérer comme nécessaires mais non suffisants. Ils relèvent de la biologie, de la personnalité, de la situation, et de la culture. Nous les détaillerons un à un dans les pages qui suivent. Ces facteurs de prédisposition vont intervenir lors d'une seconde « évaluation » qui sera déterminante pour le comportement : attaque ou fuite (fight or flight), agression ou autre solution. Si j'ai une personnalité agressive et que je me trouve dans un contexte propice à la violence, je ne me comporterai pas nécessairement agressivement. Si je suis maintenant provoqué par un malotru, je passerai plus facilement à l'acte agressif, sauf si ce malotru est deux fois plus fort que moi, auquel cas j'écraserai. Inversement, je peux me sentir délibérément attaqué mais être dans une situation (un examen universitaire, par exemple), ou avoir une personnalité telles que je répondrai par le sourire à mon bourreau.

LES STIMULATIONS AVERSIVES

Frustration, insulte, compétition et souffrance

Selon Berkowitz, nous serions enclins à réagir agressivement face à une situation déplaisante. C'est pourquoi toutes les frustrations ne donnent pas lieu à de l'agression. Lorsque j'achète un billet de Lotto, j'espère gagner, mais mes attentes ne sont pas énormes, et donc je ne passe pas ma rage de n'avoir rien gagné sur mes amis. Si, par contre, j'étudie de tout cœur la matière d'un examen que je veux réussir avec brio, et si l'examinateur me donne une cote moyenne après m'avoir posé distraitement quelques questions insignifiantes, je serai furieux et gare à mon entourage (Worchel, 1974).

Parce que les frustrations ne sont pas toujours très déplaisantes, certains chercheurs ont cru que les insultes et les attaques de l'estime de soi étaient de meilleurs déclencheurs de l'agression. C'est peut-être vrai, à condition que l'estime de soi soit réellement attaquée sur une dimension qui a de l'importance pour la personne visée.

Certains auteurs évoquent les situations de compétition pour bien montrer qu'il peut y avoir agression sans frustration. En effet, voilà bien des situations qui ne comprennent pas nécessairement une frustration et qui, pourtant, mènent souvent à l'agression (voir chapitre suivant). Dans une expérience, par exemple, des paires d'enfants de six ans sont amenés à jouer compétitivement ou non. Les expérimentateurs manipulent le résultat de la compétition de sorte que certains enfants gagnent ou perdent la plupart du temps. Lorsque les enfants sont laissés seuls avec des jouets, ceux qui ont participé à la compétition simulent davantage d'actes agressifs que les enfants dans la situation de contrôle. Ceux qui ont perdu sont évidemment les plus enclins à ce genre de comportements mais la différence avec les gagnants n'est pas grande (Worchel *et al.*, 1977). En fait, dans une compétition, des attentes se créent et des craintes se font jour : « Peut-être ne serai-je pas à la hauteur ? ». C'est donc moins la compétition en tant que telle qui importe que la façon dont elle est vécue.

Somme toute, on pourrait dire que la souffrance, physique ou morale, des gens les pousse à faire mal à d'autres personnes. Les psychologues et médecins qui travaillent avec des patients dépressifs ou ayant des souffrances chroniques savent bien de quoi il s'agit. Pour paraphraser Schachter, on pourrait dire que la misère aime que sa compagnie soit misérable (voir chapitre 1).

Berkowitz *et al.* (1981) ont voulu vérifier cette relation de manière expérimentale. Leurs sujets avaient une main soit dans de l'eau très froide, soit dans de l'eau tiède, et ils devaient donner des punitions ou des récompenses, selon leur bon vouloir, à un comparse qui effectuait une tâche. Certains sujets étaient avertis que les punitions feraient mal à la personne, tandis que les autres participants croyaient que les récompenses aideraient la personne à réussir sa tâche. En d'autres mots, l'expérimentateur induisait une croyance de souffrance ou d'aide chez des sujets dans le confort ou l'inconfort physiques. Dans l'ensemble, les participants donnèrent plus de récompenses que de punitions. Toutefois, la proportion de punitions fut la plus élevée chez les sujets qui avaient une main dans l'eau glacée et qui croyaient que les punitions entraînaient de la souffrance chez l'autre individu !

Violation de normes

Burnstein et Worchel (1962) ont réuni des groupes d'étudiants en leur demandant d'arriver à une décision commune concernant un délinquant. Dans deux conditions, les groupes comprenaient un comparse qui n'arrêtait pas de poser des questions (« Je ne vous suis plus », « Pourquoi avez-vous dit cela ? »), ralentissant ainsi la prise de décision et faisant échouer le groupe. Dans un cas, toutefois, le comportement frustrant du comparse n'était pas arbitraire et pouvait être attribué à un problème d'audition; il portait en effet un appareil acoustique. Dans une troisième condition, le comparse se comportait normalement, c'est-à-dire comme la moyenne des participants. Plus tard, tous les sujets eurent à décider avec qui ils voulaient continuer à travailler, et à évaluer l'apport de chaque membre. Dans la condition arbitraire, les étudiants décidèrent à l'unanimité, et publiquement, de rejeter le membre qui les avait ralentis sans raison; dans la condition non arbitraire, ils se montrèrent beaucoup plus tolérants pour le comparse prétendument handicapé. Toutefois, sur la mesure plus anonyme d'évaluation, le comparse des deux conditions de frustration fut jugé plus sévèrement que le comparse «normal»

Somme toute, déficient auditif ou non, le comparse a agacé les participants avec toutes ses questions. Cependant, rejeter publiquement un handicapé ne se fait pas. Ce serait une **violation de normes**, et les gens y sont sensibles. Rusher et Hammer (1996), par exemple, ont montré que des étudiantes qui n'aiment pas les lesbiennes ne critiquent pas directement leur homosexualité mais s'en prennent à des aspects sans rapport avec leur orientation sexuelle. La situation est loin d'être inhabituelle : «Je n'ai rien contre les homosexuels mais avouez qu'ils s'habillent drôlement». Les gens évitent de violer la norme, non seulement parce que cela ne se fait pas, mais aussi peut-être parce qu'ils craignent la réaction agressive qui pourrait s'ensuivre.

En fait, selon Da Gloria et de Ridder (1977, 1979), la violation de normes est la situation par excellence qui déclenche des comportements agressifs. Ils ont imaginé une mise en scène ingénieuse pour illustrer leur thèse. Deux sujets croient participer à une tâche de compétition dans laquelle, à un signal donné, il faut faire rentrer le plus vite possible un stylet dans une petite encoche. Les sujets sont avertis qu'ils peuvent empêcher leur adversaire de parvenir au but en lui envoyant des décharges électriques dans le stylet de manière à faire trembler sa main. Ils peuvent envoyer trois intensités différentes de décharge, sachant que le premier niveau réussit à faire échouer l'adversaire dans 50 % des cas, et le deuxième niveau dans 100 %. En d'autres termes, l'emploi du niveau 2 est normatif car il suffit pour atteindre le but. Recourir au troisième niveau ne fera pas gagner davantage mais il fera davantage mal. Au cours de l'expérience, certains sujets sont amenés à croire que leur adversaire leur envoie des chocs plus puissants que nécessaire. Le résultat ne se fait pas attendre : dans cette situation de violation de normes, les sujets réagissent en envoyant également des chocs de niveau 3.

Facteurs climatiques

Il existe de nombreux facteurs environnementaux désagréables, qui, sans que nous nous en rendions toujours compte, influencent notre comportement agressif. Par exemple un taux élevé d'ozone ou l'électricité atmosphérique, le bruit ambiant qu'on ne contrôle pas, la densité de population, ou tout simplement la fumée de cigarette pour les non-fumeurs. Nous nous contenterons d'épingler plus particulièrement un facteur : la chaleur.

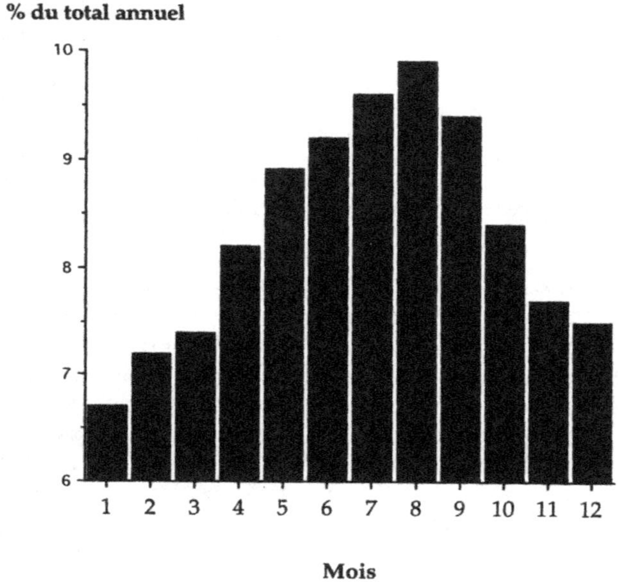

Figure 10.2 — Distribution mensuelle des attaques (à mains armées ou non).

Déjà au XIXe siècle, l'astronome-démographe-mathématicien belge Quetelet parlait de «la loi thermique de la délinquance». Le commun des mortels avait précédé Quetelet en disant que certaines gens ont la tête près du bonnet, ou qu'ils ont le sang chaud, sous- entendant que la chaleur rend plus facilement irritable et violent. Mieux même, avez-vous déjà remarqué que beaucoup de fêtes nationales tombent pendant les mois chauds de l'année?

Les régions, saisons, mois, et jours les plus chauds correspondent aux statistiques les plus élevées de crimes violents (meurtres, attaques, viols, violences familiales, etc.). La relation est généralement linéaire indiquant que plus il fait chaud plus les gens commettent des crimes; parfois, elle prend une forme en J, ce qui signifie que le nombre de crimes augmente plus rapidement pour les fortes températures que pour les plus faibles. A titre d'exemple, la figure 10.2 montre le nombre d'attaques (à mains armées ou non) en fonction des mois de l'année et ce pour un ensemble d'études conduites en Allemagne et dans différentes villes des USA à des époques allant de 1883 à 1977 (Anderson, 1989). L'agression peut être beaucoup plus subtile comme le suggère une étude de Kenrick et MacFarlane (1986). Ces deux chercheurs ont eu recours à un comparse qui a bloqué avec sa voiture un carrefour de la ville de Phoenix, en Arizona, pendant le printemps et l'été, avec des températures allant de 30 à 40°. Ils ont relevé le temps avant qu'un automobiliste ne klaxonne, ainsi que le nombre et la durée des coups de Klaxon. La relation entre ces mesures et la température ambiante était linéaire, surtout pour les voitures sans air conditionné.

Deux remarques sont de mise à ce point. Tout d'abord, les délits non violents (instrumentaux), ou planifiés, sont beaucoup moins sensibles à la chaleur. Donc, si les fêtes nationales se concentraient vraiment dans les mois les plus chauds de l'année, on pourrait émettre la suggestion que les événements qui ont conduit à ces fêtes devaient avoir une part d'impulsivité, malgré toute la planification dont ils ont dû faire l'objet. En deuxième lieu, le lecteur se demandera sans doute comment concilier les effets de la chaleur avec ceux de l'eau glacée de l'expérience de Berkowitz *et al.* (1981) mentionnés plus haut. En fait, du point de vue théorique, si l'eau avait été brûlante plutôt que glacée, on se serait attendu aux mêmes résultats, l'important étant que la stimulation soit désagréable. D'où la question : comment se fait-il que la chaleur ait davantage d'impact que le froid? Simplement, les données concernant la chaleur ont été obtenues en-dehors du laboratoire, et il est plus facile de se protéger du froid que de la chaleur : il suffit de s'habiller plus chaudement, ou de ne pas sortir. De plus, le fait de sortir, sans être engoncé dans ses vêtements, suscite davantage d'interactions sociales, donc davantage d'opportunités de se montrer agressif.

VARIABLES MÉDIATRICES

Comment frustration, insulte, violation de norme, chaleur, etc., mènent-elles à l'agression? Il est bien évident qu'aucun de ces facteurs ne déclenche automatiquement l'agression; la chaleur, par exemple, ne provoque pas inéluctablement l'agression comme elle fait fondre le beurre!

Moser et Levy-Leboyer (1985) ont observé les réactions agressives de gens qui avaient introduit de l'argent dans une cabine pour téléphoner et s'apercevaient que l'appareil ne fonctionnait pas. Les réactions étaient beaucoup plus nombreuses dans la condition qui vient d'être décrite que lorsqu'une note sur le mur signalait la façon de récupérer l'argent en cas de dysfonctionnement, et renseignait d'autres cabines à proximité. A part la différence de frustration entre les deux conditions, qu'est-ce qui peut expliquer la différence de réaction?

«Enfin une cabine téléphonique! Par chance, il me reste juste la monnaie nécessaire. Non, ce n'est pas possible! Je parie que ce sont ces voyous que je viens de croiser. Et tous ces horribles graffitis, ce sont eux aussi. On devrait leur faire nettoyer tous les murs de la ville pendant les vacances. Ils l'ont peut-être fait exprès. La moutarde me monte au nez. Allez, zou, plutôt que de m'exciter, j'arrache le fil. Au moins, comme cela c'est clair!» Tel pourrait être le monologue intérieur d'une personne prise dans la première condition : idées hostiles, sentiment d'excitation, émotion de colère, attribution d'intention se bousculent pour culminer finalement dans le vandalisme. Même si des pensées et sentiments identiques ont affleuré dans la deuxième condition, certains n'ont pu qu'être désamorcés par la notice sur le mur : «Non, ce n'est pas possible! Je tombe sur LA cabine en panne, mais la concurrence a du bon; maintenant qu'elles vont perdre leur monopole, les compagnies de téléphone deviennent plus polies.» Et la personne aussi.

Activation physiologique

Frustrations, compétition, insultes, normes violées, températures extrêmes, etc., entraînent une augmentation de l'**activation physiologique**. Dans le langage de tous les jours, on dirait que ces facteurs «énervent» les gens. Encore faut-il mettre une étiquette sur cet énervement par un processus d'attribution.

Dans certains cas, l'attribution est facile. La vue d'un uniforme de la Gestapo échauffe immédiatement le visage de JP, son cœur bat plus vite et à gros coups. JP ne doit pas réfléchir sur ce qui pourrait expliquer cet «énervement». Pour lui, la Gestapo est le symbole de la malfaisance, elle est la quintessence de toutes les souffrances qu'il a dû endurer pendant plusieurs années. De même, lorsque quelqu'un nous insulte en s'en prenant aux mœurs de notre mère, nous n'avons aucune difficulté à interpréter ce que nous ressentons.

Comme le suggère la **théorie du transfert d'excitation** (Zillmann, 1983), le processus n'est pas toujours aussi simple. Admettons que vous allez retrouver des amis au cinéma. Vous êtes tout excitée à l'idée de la soirée formidable qui vous attend. Le parking est déjà bien rempli, vous finissez par débusquer un emplacement libre mais, au moment de vous engager, un autre conducteur est plus prompt que vous. Vous voilà dans une rage bleue, quasiment sans raison car à la place de l'autre conducteur, vous auriez probablement fait la même chose. En fait, vous allez interpréter toutes les sensations corporelles dues à la perspective d'une soirée mémorable comme le résultat de la goujaterie de ce conducteur plus rapide que vous. Il y a quelques minutes, vous saviez pertinemment bien pourquoi votre cœur battait; maintenant, vous êtes sûre qu'il bat de rage.

L'erreur d'attribution peut jouer dans l'autre sens. Vous avez accepté d'aller rejoindre des amis à une soirée. La perspective ne vous enchante guère, vous êtes distraite sur la route et manquez de peu d'avoir un accident. Vous arrivez enfin à la soirée où vous faites connaissance avec un copain de votre meilleure amie. Votre cœur bat, et vous croyez être taquinée par Cupidon. C'est peut-être l'explication du succès des moniteurs de sports dangereux auprès de leurs élèves féminines; celles-ci se trompent sur les raisons de leurs battements de cœur!

Colère

La première réaction à la suite d'une stimulation désagréable comme une insulte ou une violation de normes est une amorce d'émotion négative, un sentiment d'irritabilité qui, s'il se développe, pourra être taxé de **colère**. Ici aussi les attributions auront une influence sur ce développement. Pensez aux expériences de Burnstein et Worchel, ou de Moser et Lévi-Leboyer. Un individu, toujours le même, freine la progression de votre groupe, ou le téléphone ne marche pas quand vous en avez besoin. Il est probable que votre première réaction est une bouffée de mauvaise humeur. Mais celle-ci est immédiatement tempérée par la vue de l'appareil auditif ou de l'affichette, et les idées hostiles n'ont pas l'occasion de proliférer.

Les attributions qui vont nuancer l'émotion négative de départ expliquent les différences de perspectives entre acteurs, victimes et observateurs d'actes agressifs. Les victimes (et les observateurs) d'un comportement violent le jugent plus sévèrement que son auteur même si ce sont eux qui l'ont provoqué (Mummendey *et al.*, 1984a, 1984b; Mummendey et Otten, 1989). Les victimes (et les observateurs) ont tout le «loisir» d'interpréter leur réaction négative comme de la colère; ils vont songer aux autres comportements déplaisants de l'acteur, à des ripostes éventuelles, etc. L'acteur, quant à lui, se focalisera sur son bon droit et, même s'il reconnaît qu'il a agi sous le coup de la colère, fera endosser à celle-ci la responsabilité de son acte : «Ce n'est pas vraiment moi; ce n'est qu'un mouvement de colère».

Souvent, la colère est considérée comme la cause de l'agression hostile. L'une amènerait l'autre. Pour Berkowitz, toutefois, colère et agression peuvent fonctionner parallèlement plutôt que successivement. S'il est difficile d'imaginer une agression hostile qui n'aurait pas de concomitant émotionnel, l'inverse peut très bien exister : les gens en colère ne se comportent heureusement pas toujours de manière agressive. Revenons aux interactions entre JP et l'officier de la Gestapo. Ce dernier, à moins d'être un ange, devait éprouver de la colère face à l'attitude insultante de JP. Il ne s'est pourtant jamais montré agressif à son égard. Une explication possible à ce manque d'agression est évidente : l'officier ne tenait pas à s'aliéner ses beaux-parents et, peut-être, son épouse. L'autre explication, tout aussi possible, est plus séduisante au niveau théorique. Tout en étant en colère, il se peut que l'officier ait trouvé des circonstances atténuantes à l'attitude de JP et qu'il ait même admiré son courage inconscient. L'officier n'était pas bête au point d'ignorer ce que la Gestapo représentait pour un évadé. On s'aperçoit ici que la colère peut existér sans agression, et sans même que cette dernière soit inhibée par des facteurs externes comme la peur de représailles, Tout simplement, la situation est telle qu'elle n'évite pas à la colère de se déployer et de s'avouer comme telle, mais, d'autre part, en raison de certains éléments dans l'interprétation de la situation, le passage à l'acte est jugé inadéquat.

FACTEURS DE PRÉDISPOSITION

Facteurs biologiques

Le profane, comme les psychanalystes et certains éthologues dans la foulée de Lorenz (1969), parlent volontiers d'instinct agressif ou de pulsion agressive. Tous veulent dire par là qu'à l'intérieur de nos organismes « quelque chose » chercherait à s'exprimer de manière agressive. Ce serait inéluctable et donc, autant l'accepter, et gérer le mieux possible cet instinct ou cette pulsion. Les pages précédentes ont montré, espérons-le, que si la situation est susceptible de provoquer certaines réponses agressives, elle n'est cependant pas le seul facteur responsable. Il faut également prendre en compte des facteurs dispositionnels. Il est très probable que l'agression soit en partie génétiquement déterminée. Cela ne justifie pas pour autant une position fataliste. Ce n'est pas parce qu'un enfant naît avec une maladie congénitale que les médecins vont se croiser les bras et dire « Tant pis, on n'y peut rien, c'est inné ». Ce n'est pas non plus parce que l'agression est partiellement sous influence biologique que les autres facteurs n'interviennent pas, pour la faire apparaître tout autant d'ailleurs que pour la faire disparaître.

Hérédité. Il est curieux de constater combien la question de l'hérédité de l'agression se pose de manière cyclique ; oubliée pendant les périodes d'abondance, elle refait surface quand vient la famine. Notre époque coïncide certainement avec beaucoup de préoccupations sociales et il n'est donc pas étonnant que les Etats-Unis consacrent à l'heure actuelle des sommes énormes à la découverte du gène violent. En fait, nous disposons de renseignements depuis plusieurs années déjà grâce aux études comparant des jumeaux vrais (monozygotes) et faux (dizygotes) sur diverses variables. Une de ces études prend en considération le casier judiciaire des individus et met en évidence une composante génétique de l'agression (Christiansen, 1974). On peut aussi comparer les effets des parents biologiques et adoptifs (Mednick *et al.*, 1987). Le poids des parents biologiques est supérieur à celui des parents adoptifs mais ceux-ci ne sont toutefois pas dénués de pouvoir. L'influence est évidemment la plus grande quand « gène » et apprentissage sont conjugués. Le pourcentage d'individus avec un casier judiciaire est de 13.5 lorsqu'aucun parent n'a un passé délictueux. Ce pourcentage double lorsque les deux types de parents ont eux aussi un casier judiciaire. La bonne nouvelle est que 75 % des enfants ne suivent pas les traces délinquantes de leurs parents, biologiques ou adoptifs.

Testostérone. On a beaucoup écrit ces dernières années sur les différences entre hommes et femmes. Au fil des ouvrages, d'ailleurs, la liste des différences et leur importance s'amenuisent. C'est le cas de l'agression. Alors que l'ouvrage classique dans le domaine des différences sexuelles (Maccoby et Jacklin, 1974) relevait que les hommes étaient sans conteste plus agressifs que les femmes, les publications plus récentes ont montré une diminution de la différence qui est d'autant plus prononcée (voire renversée) que les gens avancent en âge (Eagly et Steffen, 1986). Les hormones sexuelles sont évidemment les premières responsables auxquelles on songe. Si le lien entre testostérone, d'une part, et propension à l'agression et intolérance à la frustration, d'autre part, est assez bien établi (Olweus *et al.*, 1980), l'augmentation de progestérone chez les femmes ne produit pas nécessairement une baisse d'agression ou d'irritabilité (Bancroft et Backstrom, 1985). On ne sait toujours pas à quoi est due la différence d'effet entre testostérone et progestérone.

Bien d'autres facteurs biologiques interviennent en ce qui concerne l'agression : au niveau de la physiologie, de la chimie, de la neurologie. Les examiner nous entraînerait trop loin de notre propos (voir Brain et Benton, 1981 ; Moyer, 1976).

Personnalité

On a sans doute beaucoup exagéré l'importance de la personnalité comme structure de traits stable à travers les situations et à travers le temps. Il n'empêche que l'**agressivité** et les comportements d'agression se montrent remarquablement stables.

Consistance dans les réponses, les situations et le temps. Pour pouvoir parler de personnalité agressive, il faut montrer une triple stabilité : dans les réponses, dans les situations et dans le temps. Pour être dite agressive, une personne ne doit pas seulement répondre de manière agressive à un questionnaire, par exemple, mais montrer tout un éventail de réactions agressives. Ce répertoire agressif ne doit pas être restreint à une situation particulière mais s'exhiber aussi bien à la maison qu'au travail, avec des amis comme avec des étrangers. Enfin, cette manière de réagir à différentes situations avec divers comportements agressifs ne doit pas être limitée dans le temps mais doit se retrouver à des âges différents. Mieux même, l'agressivité repérée à un jeune âge devrait être prédictive de l'agressivité et des agressions à un âge plus avancé.

A l'université de Cambridge, Farrington (1989) a suivi pendant 23 ans plus de 400 individus masculins issus de milieux populaires de Londres. Ils furent interviewés pour la première fois alors qu'ils avaient environ 9 ans. On interrogea également leurs parents et leurs enseignants. Les résultats sont très éclairants. 14 % des participants considérés comme très agressifs à 9 ans ont un casier judiciaire à 21 ans, contre 4 % de ceux qui n'avaient pas été jugés agressifs. Les pourcentages montent à 22 et 7 à 32 ans. D'après ces chiffres, la susceptibilité à la violence détectée chez de jeunes garçons est donc prédictive de leur délinquance ultérieure. Et les filles dira-t-on? Eron et ses collaborateurs (1987) ont, eux, suivi pendant 22 ans plus de 400 filles et garçons de milieu rural, au nord de l'Etat de New York, c'est-à-dire depuis qu'ils avaient 8 ans jusqu'à l'âge de 30 ans. Leurs conclusions rejoignent celles de Farrington et il n'y a pas de différences entre garçons et filles au niveau de la prédiction. Selon Olweus (1979), on peut estimer la corrélation entre des mesures répétées d'agression à .7 quand la période test-retest n'excède pas 1 an et à .4 quand elle atteint 21 ans. Etant donné les corrélations habituellement observées en psychologie, cette stabilité est tout simplement remarquable.

Le type A. Selon les psychosomaticiens, le monde serait divisé en deux grandes catégories à peu près égales en nombre, les gens avec le type A et ceux avec le type B. Ceux du premier type seraient deux fois plus susceptibles que les autres d'avoir un accident cardiaque. Ce sont des gens extrêmement compétitifs; ils programment des activités futures alors qu'ils n'en ont pas encore fini avec celles qu'ils exécutent au pas de course; ils sont impatients, irritables et facilement colériques. D'après les recherches les plus récentes, ce sont surtout ces derniers aspects qui seraient prédictifs de la maladie cardiaque. En face de stresseurs, leur système nerveux autonome réagirait de manière excessive. Strube *et al.* (1984) ont pu montrer que leur agressivité n'est pas instrumentale, mais affective, réactive.

Personnalité agressive et attributions d'agression. Assurément, nous sommes loin d'avoir épuisé le sujet de la personnalité agressive, mais le propos de ce livre est la psychologie sociale, non la personnalité (pour plus de précisions sur des dimensions particulières de la personnalité agressive, voir Caprara, 1986). Pour illustrer notre modèle de départ, il nous faut toutefois montrer que les personnes avec une personnalité agressive hostile sont davantage que les autres susceptibles d'interpréter le monde en termes agressifs.

Dodge et Coie (1987) ont demandé à des enseignants de 1re et 3e années primaires de répartir leurs élèves socialement rejetés en 4 catégories : 1) ceux qui provoquent,

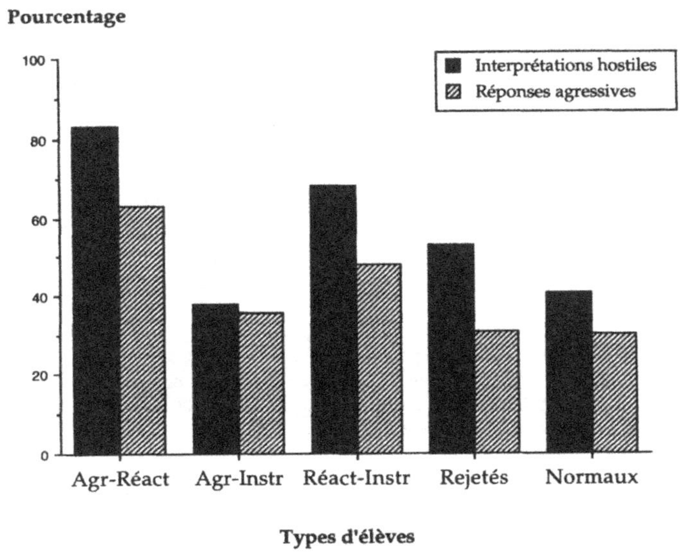

Figure 10.3 — Pourcentage d'interprétations hostiles et de réactions agressives face aux scènes ambigües.

menacent, se fâchent facilement, se vengent (les agressifs réactifs), 2) les «caïds» qui emploient leur force pour dominer (les agressifs instrumentaux), 3) ceux qui ont les caractéristiques des deux catégories précédentes (les réactifs-instrumentaux), et 4) les rejetés non agressifs. A ces 4 catégories d'enfants et à des élèves «normaux», Dodge et Coie ont montré des vidéos dans lesquelles un enfant était provoqué par un autre pour différentes raisons, des plus manifestement méchantes aux nettement prosociales, en passant par des intentions ambiguës. Après la projection, les chercheurs demandaient aux enfants comment ils avaient perçu le «provocateur» et comment ils auraient eux-mêmes réagi dans de telles circonstances. La figure 10.3 montre les réponses pour les vidéos ambiguës. On remarque que les enfants réactifs interprètent les scènes ambiguës de manière plus hostile que les autres enfants et qu'ils se disent davantage prêts à réagir agressivement.

Ces données concordent avec ce que nous apprend par ailleurs la littérature sur l'accessibilité chronique de certains concepts (Markus, 1977). Dans la mesure où un concept, par exemple celui de «ne pas se laisser marcher sur les pieds», fait partie du schéma de certaines personnes, il leur sera aisément accessible et ils auront tendance à l'employer quand ils seront dans l'incertitude. Manifestement, pour ces individus, dans le doute, il faut être le premier à frapper ou à insulter.

Indices associés à l'idée de violence

Si la réaction agressive dépend du décodage de la situation, des idées et des émotions agressives qui surviennent à ce moment, il est probable que des indices environnementaux associés au concept de violence faciliteront le passage à l'acte. Pour illustrer notre propos, nous passerons en revue deux phénomènes qui ont des implications évidentes dans la vie quotidienne.

Effet armes. Voici une expérience qui a été menée par Berkowitz et LePage en 1967.

Après avoir été ou non maltraités par un partenaire, les participants devaient administrer à ce dernier des chocs électriques dans le cadre d'une tâche de résolution de problèmes. Le nombre de chocs à envoyer était laissé à la discrétion de chaque participant mais il était subrepticement enregistré par le partenaire qui était, en fait, un comparse de l'expérimentateur. Pour certains participants, un fusil et un revolver se trouvaient à côté de la machine à délivrer les chocs et ils appartenaient prétendument au partenaire ; pour d'autres, ces armes n'avaient aucune connexion avec le partenaire. D'autres sujets encore avaient une raquette de Badminton à côté de leur machine ou, enfin, aucun objet. On remarque que chez les sujets non irrités préalablement par le partenaire, l'agression est minimale et n'est pas influencée par la présence des armes. La situation est tout à fait différente lorsque, initialement, le partenaire a maltraité le sujet. Dans ce cas, la simple présence des armes augmente l'agressivité des participants par rapport aux conditions dans lesquelles aucun indice agressif n'est présent. Ces résultats ont fait dire à Berkowitz que si le doigt presse la détente, celle-ci peut aussi entraîner le doigt.

On fait généralement rire les gens quand on leur dit qu'une personne qui a une arme est plus susceptible de s'en servir qu'une personne qui n'en a pas. Pourtant, les supporters de la dissuasion nucléaire soutiennent l'argument inverse. Or, voici des résultats qui attestent que la présence d'une arme dans l'environnement incite, en général, les personnes à se montrer plus agressives dans leur comportement, même si celui-ci n'a rien à voir avec l'arme en question.

Si le propos tenu jusqu'à présent est valable, cela signifie que l'arme comme telle est moins importante que sa signification. Si l'arme évoque l'anxiété plutôt que l'agression, elle devrait déboucher sans doute sur une diminution d'agression. C'est, de fait, ce qui s'est produit dans des réplications de l'expérience originale de Berkowitz et LePage où les expérimentateurs en sont presque venus à présenter des bazookas à leurs sujets expérimentaux (voir Turner *et al.*, 1977). Voici le résumé d'une série d'expériences menées par Leyens et ses collègues qui montrent l'importance de la signification des armes.

Etant donné que la présence d'une arme à côté de soi peut être anxiogène, pourquoi ne pas utiliser sa représentation imagée, comme le font les thérapeutes comportementaux

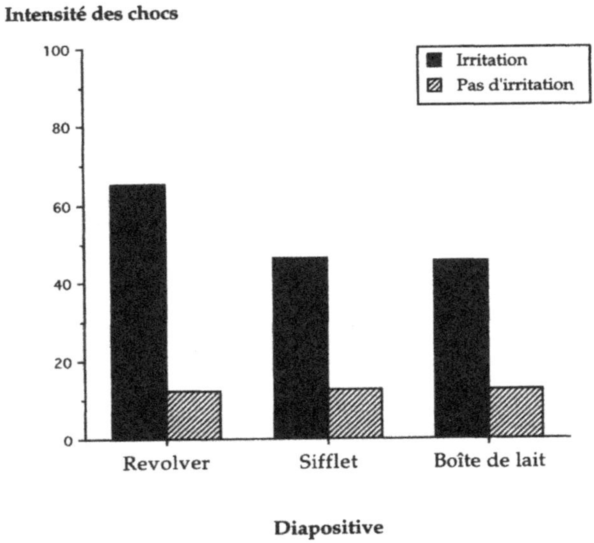

Figure 10.4 — Intensité des chocs électriques en fonction du degré d'agressivité de la diapositive et de l'irritation des sujets.

avec des patients phobiques (montrant une image de serpent, par exemple, plutôt qu'un vrai serpent) ?

Sous le prétexte d'une étude concernant l'apprentissage, des étudiants universitaires belges voyaient une diapositive représentant soit un revolver, soit un sifflet, soit une boîte de lait chocolaté. Après cette projection, la moitié des participants était irritée par un partenaire de connivence avec l'expérimentateur. Tous avaient ensuite l'occasion de manifester leur agressivité en décidant de l'intensité des chocs électriques qu'ils désiraient délivrer à leur partenaire pendant une tâche d'apprentissage qui allait suivre. La figure 10.4 montre clairement que si les trois types de diapositives n'ont donné lieu à aucune réaction différentielle en l'absence d'irritation préalable, la diapositive représentant le revolver incitait davantage les participants irrités à la violence que les deux autres (Leyens et Parke, 1975).

Si, maintenant, on demande aux participants qui voient la représentation d'un revolver de se concentrer sur la qualité esthétique de la diapositive, on devrait diminuer la signification agressive du revolver qui, dès lors, devrait perdre son pouvoir évocateur de violence. C'est de fait ce qu'ont vérifié Leyens, Cisneros et Hossay (1977). Plus étonnants encore sont les résultats suivants. Mahjoub et Leyens (1995) ont fait jouer des enfants palestiniens ou belges en groupes avec plusieurs jouets. Suivant les conditions expérimentales, tous les jouets étaient des petits camions, ou tous des camions sauf un qui était un revolver en plastique, ou encore tous des camions sauf une flûte qui avait la même forme que le revolver. Les enfants ont été filmés et leurs interactions analysées. Alors que les enfants belges se montraient davantage agressifs et compétitifs en présence de l'arme, l'opposé se produisit dans les groupes d'enfants palestiniens.

Ceux-ci se montrèrent davantage pacifiques et coopératifs. Ces résultats seraient ininterprétables si l'on ne savait pas qu'une arme, en fait une mitraillette, est employée dans une danse très populaire chez les enfants palestiniens exilés. A l'époque des expériences, elle était le symbole de l'unité d'un peuple et de sa victoire finale. Il était donc compréhensible qu'en présence d'une seule arme, les enfants palestiniens se montrent coopératifs; ils faisaient comme dans la danse : se passer l'arme de l'un à l'autre.

Nous reviendrons à l'importance des armes quand nous envisagerons les facteurs culturels. Qu'il suffise de dire ici qu'une arme, quelle qu'elle soit, n'a pas la même signification pour l'adolescent qui passe son temps à fusiller les merles du jardin, le collectionneur de fusils du XIXe siècle, ou encore le milicien qui doit la faire briller comme un sou neuf après chaque utilisation.

Les films violents. De ce qui précède, il devrait être clair que la vision de films violents facilite le passage à l'acte agressif. C'est ce que se sont employées à montrer toute une série de recherches expérimentales qui variaient le type de spectateurs et de films, les conditions de vision, la justification de la violence, etc. Les principaux effets sont les suivants.

1. Facilitation. Les films agressifs rendent les spectateurs davantage violents. Presque plus personne n'en doute maintenant (voir cependant Freedman, 1984) alors qu'il y a quelques décennies encore, des personnalités aussi importantes que Lorenz (1969) soutenaient que la vision d'un sport agressif purifiait les spectateurs de leur propre agressivité. Phillips (1986) a pu montrer que le taux d'homicides augmente sensiblement aux USA dans la semaine qui suit un match de boxe de poids lourds et ce proportionnellement à la publicité qui lui a été faite. De plus, la race des victimes d'homicides correspond à celle du perdant du match.

2. Apprentissage. Les films violents n'ont pas seulement un effet sur l'agression hostile; ils ont aussi un impact sur l'agression instrumentale. Les films donnent des idées. Grâce à eux, ou à cause d'eux, enfants et grandes personnes renouvellent leur répertoire de comportements agressifs.

3. Désinhibition. Il s'agit ici d'un cas particulier d'apprentissage en ce sens que les gens apprennent à ne pas avoir peur de commettre une certaine action, soit parce qu'elle est récompensée, soit simplement parce qu'elle n'est pas punie. Le suicide est considéré comme tabou dans notre société. Et c'est un acte des plus contagieux. Comme on l'a vu dans le chapitre 6, la publicité autour d'un suicide entraîne automatiquement une hausse des suicides dans les jours qui suivent, notamment sous la forme d'accidents de voiture (Phillips, 1986).

4. Désensibilisation. Surtout chez les enfants, les scènes de violence peuvent donner lieu à de l'anxiété, à des cauchemars. On s'habitue cependant à beaucoup de choses et notamment aux films agressifs. Ceci signifie que la vision de violence à hautes doses provoque sa banalisation; elle devient dès lors un moyen normal de régler les conflits.

5. Vision paranoïde du monde. Certaines personnes en arrivent à croire que le monde ressemble à l'image que la télévision en donne, et elles sont évidemment effrayées. Cette vision paranoïde du monde se rencontre souvent chez les personnes âgées qui regardent énormément de séries ou de films violents à la télévison. Elles s'imaginent que leur quartier n'est plus en sécurité et qu'il faut dès lors renforcer les forces de police. Cette suggestion termine la boucle puisque la police est, dans ce cas également, un indice associé à l'idée de violence.

Quelles sont les caractéristiques des spectateurs et des films qui mènent le plus à une agression hostile?

1. Les films violents augmentent l'agressivité des spectateurs, spécialement lorsque ceux-ci sont irrités ou de mauvaise humeur (par exemple, parce que le voisin de rangée au cinéma mange du pop-corn, ou que les enfants font du bruit pendant l'émission de TV). L'irritation n'est pourtant pas nécessaire et peut être remplacée par d'autres situations aux conséquences activantes.

2. L'anxiété des spectateurs est importante dans la mesure où elle peut bloquer le passage à l'acte agressif. La vision d'un combat au sort justifié et aux conséquences non tragiques sera donc plus susceptible de susciter l'agression de l'audience qu'un autre, injustifié et aux conséquences graves.

3. Si le vainqueur est sympathique au point que l'on s'identifie à lui, cette identification renforce l'agression.

4. La violence réelle entraîne davantage d'agression que la violence fictive pour autant cependant qu'elle n'inhibe pas les spectateurs en les rendant très anxieux. Ceci signifie donc que le potentiel agressif d'un journal télévisé est plus puissant que celui du film qui suit ou de la série américaine qui a précédé. On voit à nouveau que c'est la signification qui importe.

5. Enfants et adultes sont susceptibles d'être influencés, mais ils le seront sans doute par des films différents. Un enfant peut très bien être affecté par un scénario tellement sclérosé (rappelez-vous la notion de

script) qu'il laisse l'adulte de marbre. Et ce dernier peut réagir au message au second degré du film que ne peut saisir l'enfant.

La démonstration de l'effet des films agressifs ne s'est pas faite seulement en laboratoire avec des étudiants volontaires, des extraits de films et une machine à envoyer des chocs électriques. Par exemple, Leyens *et al.* (1975) ont travaillé dans une institution pour adolescents à qui ils ont montré, chaque soir pendant une semaine, soit des films agressifs, soit des films non agressifs. Les chercheurs se sont contentés d'observer le comportement spontané des adolescents durant la semaine précédant la projection, de même que pendant la semaine de projection et la semaine suivante. L'influence des films agressifs a été la plus grande juste après la vision mais elle était encore présente la semaine suivante. Eron et ses collaborateurs ont suivi une autre tactique. Dans le cadre de leur étude, citée plus haut, sur la constance de l'agression, ils ont questionné à plusieurs reprises (par exemple, 8 ans, 18 ans et 30 ans) leurs sujets sur leurs habitudes en matière de télévision. Leurs résultats permettent d'affirmer que plus les enfants voyaient des films agressifs à l'âge de 8 ans, plus ils étaient considérés comme agressifs dix ans plus tard (Lefkowitz *et al.*, 1977), et plus les hommes avaient un casier judiciaire chargé à l'âge de 30 ans (Huesmann *et al.*, 1984).

Selon le modèle esquissé en début de chapitre, la vision de films agressifs devrait amener des pensées, voire des émotions, hostiles chez les spectateurs. Et celles-ci devraient faciliter le passage à l'acte agressif. D'après Bushman et Geen (1990), c'est bien ce qui se passe. Après avoir vu une vidéo, leurs sujets expérimentaux listaient leurs pensées agressives et leurs émotions. Plus le film était agressif, plus le nombre d'idées violentes était élevé, plus les sujets se reconnaissaient hostiles, et plus leur pression systolique était élevée. Dans cette expérience, cependant, le comportement agressif n'était pas mesuré. Si c'est la signification du film qui importe plutôt que les images comme telles, il n'est peut-être pas indispensable que les gens voient ces images. Les anticiper peut suffire pour provoquer des «ruminations» agressives et déclencher le comportement. Leyens et Dunand (1991) ont conduit une expérience destinée à illustrer cette hypothèse alors que venait d'avoir lieu le drame du Heysel, dont on se souviendra qu'il est intervenu avant le match de football.

Dans cette expérience, deux participants et un comparse étaient invités à participer à un sondage et à assister à la projection d'un nouveau film. L'expérimentateur annonçait le titre du film et s'absentait pendant que les sujets répondaient au sondage. Profitant de cette absence, le comparse prétendait avoir entendu parler du film et vantait soit ses actions agressives soit sa romance. Au moment de commencer la projection, l'appareil tombait en panne. Pendant que l'expérimentateur se mettait à la recherche d'un technicien, un chercheur demandait si les sujets ne voulaient pas participer entre-temps à une autre expérience. Il s'agissait en fait de la mesure imaginée par Da Gloria et de Ridder et résumée en début de chapitre (mettre un stylet dans une encoche). Quand les participants croyaient qu'ils allaient voir un film très violent, ils se montraient plus agressifs vis-à-vis de leur partenaire que lorsqu'ils s'attendaient à voir un film romantique.

Pornographie et viol. Il existe depuis une quinzaine d'années toute une littérature expérimentale montrant que les films pornographiques qui contiennent des scènes de viol ont un effet auprès des spectateurs masculins. Il est à noter toutefois que les films érotiques ou pornographiques, sans agression, n'ont pas d'effets sur les spectateurs, si ce n'est celui de désinhibition (raisonnable!) aux niveaux fantasmatique, émotionnel et comportemental.

Donnerstein et Berkowitz (1981) ont montré à leurs sujets soit un bref film neutre, soit un film érotique de même longueur, soit un film érotico-agressif se terminant par un viol et des réactions de souffrance et de dégoût de la part de la victime, soit enfin le même film érotico-agressif mais avec des réactions positives, souriantes, chez la victime qui accréditent l'idée que «les femmes aiment cela». Les sujets devaient ensuite envoyer des chocs électriques à une comparse qui les avait préalablement ou non irrités. Quand les participants ont été irrités par la comparse, les films érotico-agressifs provoquent plus d'agression que les deux autres et les réactions, positives ou négatives, n'ont pas d'importance. Lorsque les participants n'ont pas été irrités, c'est le film avec le mythe du viol apprécié qui donne lieu au plus d'agression. Les différences d'agression dues aux réactions de la victime en fonction de l'irritation préalable pourraient s'expliquer par un manque d'empathie de la part des sujets irrités. Dans tous les cas, il semble bien que la vision répétée de films pornographiques et violents diminue progressivement l'empathie des spectateurs masculins (Linz, Donnerstein et Penrod, 1988).

Les facteurs culturels

A peu près tous les manuels américains de psychologie sociale présentent des statistiques relatives au nombre de meurtres commis dans différents pays. Les taux varient énormément, même si on considère seulement les pays industrialisés. Par exemple, alors que dans des pays comme la France, l'Espagne et les Pays-Bas, on observe environ 2 meurtres par an par 1000000 habitants, on arrive entre 60 et 100 selon les années aux Etats-Unis, soit infiniment plus que les 2 à 3 meurtres du Canada, pourtant voisin des USA. Ces chiffres posent inévitablement la question de l'impact de la culture et de la possession d'armes.

Les USA sont un camp armé. 50 % des Américains disent posséder une arme au moins chez eux. D'autres pays (Israël, Norvège et Suisse) ont un taux comparable mais leurs armes font partie du matériel militaire. L'arsenal d'armes possédées par les citoyens américains peut-il expliquer le nombre astronomique d'homicides qu'ils commettent? Les chiffres donnent à penser que oui puisque la corrélation entre homicides et acquisition d'armes de poing (celles qui sont utilisées de manière privilégiée lors d'un homicide) s'élève à .93 pour la période de 1960 à 1990 (Turner et Leyens, 1992). Toutefois, ce n'est qu'une corrélation et il est dès lors facile d'imaginer d'autres facteurs responsables (Toch et Lizotte, 1992).

De fait, peut-être possession d'armes et homicides sont-ils explicables en termes culturels? C'est ce genre d'explication que privilégie Nisbett (1993) en étudiant, à l'intérieur des Etats-Unis, la sous-culture de violence propre au Sud. En effet, le nombre d'homicides y est de 2 à 3 fois plus élevé que dans le Nord, et ce proportionnellement à la grandeur de la ville. Les homicides commis dans le Sud ont en particulier d'être presque toujours liés à des disputes et, donc, d'impliquer des gens qui se connaissent. Nisbett investigue les attitudes des Sudistes vis-à-vis de la violence. On savait déjà qu'ils étaient davantage en faveur des guerres, des châtiments corporels, et de la vente libre des armes. Nisbett observe en plus une valorisation de l'auto-protection : 2 fois plus de Sudistes que de Nordistes disent avoir des armes pour se protéger. Le Sud a également une sensibilité particulière à l'insulte et il apprend à y répondre de manière violente. A l'origine, ils étaient des éleveurs, à la merci de voleurs et leur économie pouvait de ce fait basculer du jour au lendemain. La riposte est donc pour eux une tradition. Dans la socialisation des enfants, on insiste fort sur les réactions aux insultes et aux provocations. Jusqu'il y a peu, il était d'ailleurs très rare que quelqu'un soit condamné pour homicide s'il avait été insulté ou s'il avait prévenu de son intention de tuer au cas où l'insulte n'aurait pas été retirée. Autre exemple, au Texas, l'homicide de l'amant de sa femme fut permis jusqu'en 1970 s'il était commis lors d'un flagrant délit. Nisbett conclut donc à une culture de l'honneur. Pour vérifier son hypothèse, il a comparé les statistiques d'homicides commis par des Blancs dans des villes à prédominance de Blancs, en prenant comme variables explicatives l'inégalité des ressources, la pauvreté, la proportion de jeunes entre 15 et 29 ans (c'est-à-dire l'âge le plus propice à commettre des crimes), la densité de population et le degré de Sudisme. Cette dernière variable reflète la mesure dans laquelle l'Etat dont fait partie la ville est peuplé par des descendants sudistes et c'est elle qui est la plus prédictive. La pauvreté intervient également mais on aperçoit de grosses différences entre Etats voisins (par exemple, entre l'Oklahoma, non sudiste, et le Texas, sudiste). Le nombre d'homicides est beaucoup moins grand dans une région pauvre et non sudiste que dans une région sudiste, éventuellement plus riche. Nisbett a encore vérifié si, à l'heure actuelle, les régions du Sud s'adonnant à l'élevage diffèrent des régions du Sud consacrées à l'agriculture. Effectivement, les homicides sont plus nombreux dans les premières que dans les secondes, mais la pauvreté y est plus grande aussi.

Il existe dans certaines familles une culture familiale de violence (Straus et Gelles, 1990). Les conflits et coups entre époux sont fréquents. La punition physique vis-à-vis des enfants est banalisée. Le stress, l'alcool et la pauvreté favorisent ces mauvais traitements. Les «valeurs» de violence passent d'une génération à l'autre et, souvent, les enfants battus deviennent des parents maltraitants.

AGRESSION HOSTILE ET CATHARSIS

Les facteurs biologiques et culturels, la personnalité et les indices présents dans la situation préparent éventuellement le terrain pour des indices agressifs. Ils font en sorte que les gens, en règle générale, interprètent la situation d'une certaine façon, évoquent des souvenirs particuliers, se sentent ou non en mesure d'affronter un adversaire, réagissent particulièrement par une activation physiologique, ont tendance à s'irriter, etc. Lorsqu'interviennent des stimuli déclencheurs comme des frustrations, des violations de normes, des insultes, les facteurs de prédisposition canalisent d'autant mieux la réaction. Il est probable qu'une insulte dans une culture de violence ou proférée après un film excitant et agressif, mettant en scène des injustices, sera interprétée comme beaucoup plus grave que si elle tombe dans un milieu de pacifistes totalement détendus ou après un programme culinaire à la télévision.

Admettons que la personne insultée réagisse par une agression hostile. Que se passera-t-il ensuite? Sans doute n'est-il pas inutile de terminer ce chapitre par l'examen d'une croyance très répandue, selon laquelle l'expression de l'agression diminuerait la pulsion agressive contenue dans l'être humain? Ce phénomène, la **catharsis**, repose sur l'idée que la pulsion agressive, ou instinct d'agression, serait contenue dans une sorte de marmite à pression en constante ébullition — en raison précisément de l'énergie agressive. A moins d'ouvrir de temps en temps une soupape, la marmite ne peut qu'exploser. A défaut de se montrer agressif on pourrait faire du sport, et tout le monde a probablement entendu parler de ces usines japonaises où les ouvriers décochent des uppercuts à des coussins à l'effigie de leurs patrons.

L'idée de catharsis repose sur un amalgame de phénomènes (Leyens, 1977). Prenons deux exemples. Mon fils me montre son bulletin, pitoyable, après que j'aie fait 10 km de jogging. Plutôt que de lui supprimer sa bande dessinée, je prends ma douche, m'installe dans le fauteuil et m'endors comme un sage. Autre exemple : voilà dix mois que je veux hurler ma colère au voisin; finalement je me décide : «Eh voisin, l'an dernier vous avez coupé votre gazon un dimanche. C'est interdit ! » Le voisin est tellement honteux qu'il se précipite dans sa maison. Je me sens fier comme Artaban.

Croyez-vous vraiment que je me sois purifié — c'est la signification du mot catharsis — de ma pulsion agressive dans les deux exemples ? Evidemment que je suis fatigué après 10 km de jogging, moi qui déteste même les escaliers, et que je suis donc peu désireux d'entamer une joute familiale. Cela n'a rien à voir avec une moindre agression. Attendez seulement que le son de la TV aille trop fort pendant ma sieste et vous verrez. L'autre exemple est encore plus intéressant. Voilà 10 mois que je ruminais ma rancœur envers cette tondeuse dominicale ; il n'y a aucun doute que la colère et les envies d'agression ont grandi en intensité. Quand je passe à l'acte, je suis aussitôt délivré d'un poids énorme. Cette impression de bien-être n'est pas non plus une catharsis car, en doutez-vous, la prochaine fois que mon voisin m'indisposera, je l'invectiverai avec autant de promptitude que d'audace. En d'autres mots, j'aurai appris à être plus agressif.

Pourtant la catharsis existe, mais elle n'a rien à voir avec un trop plein de pulsions qu'il faudrait évacuer sous peine d'explosion. Plutôt que de laisser pourrir un conflit, avec les ruminations que cela suppose, il vaut toujours mieux essayer de le résoudre, même au prix de discussions serrées. Si un événement a été traumatisant, plutôt que de ruminer sa vengeance, il vaut mieux s'expliquer. Ce n'est pas toujours possible, ni même souhaitable, de le faire avec le responsable du traumatisme mais on peut recourir à une tierce personne. Cette « mise en parole » permet que se réalise un processus que les psychanalystes appellent la perlaboration, c'est-à-dire une réinterprétation de la situation, du conflit, du traumatisme, réinterprétation qui mettra un terme à nos ruminations. On ne doit plus y revenir puisqu'on a pu l'exorciser par la parole. Les psychologues sociaux (Rimé, 1989) parlent de partage social des émotions et ont montré son efficacité en ce qui concerne l'enraiement de la rumination mentale.

Ce chapitre s'est limité à l'examen de l'agression hostile interpersonnelle. Dans le chapitre suivant, nous envisagerons les tensions entre groupes de personnes. Sans doute les facteurs évoqués à propos de l'agression individuelle ont-ils un effet sur les conflits intergroupes. Toutefois, la spécificité de ceux-ci exige un regard complémentaire quelque peu différent.

Chapitre 11
Relations et conflits intergroupes

Les souvenirs qui ont introduit la troisième et dernière partie de ce livre datent de la Seconde Guerre Mondiale. On n'y a pas parlé des Alliés et des Allemands en tant que nations engagées dans un conflit armé. Les héros étaient des individus ordinaires avec des comportements — amitié, agression, aide ou altruisme — qui n'avaient rien de guerriers. Pourtant, leurs interactions ne sont complètement compréhensibles que si on les inscrit dans le cadre de relations intergroupes.

Un sujet, seul dans une pièce, est face à un clavier avec deux boutons, A et B. Lors d'un signal donné, il doit appuyer sur un des boutons, A ou B; un gain ou une perte de points s'ensuit. Le but de la tâche est de gagner le plus possible de points. Dans une autre pièce, un autre sujet se trouve devant le même appareillage avec la même tâche (Kelley, Thibaut, Radloff et Mundy, 1962). Très vite, l'un et l'autre sujet poussent toujours le même bouton et reçoivent à chaque fois des points. Il n'y a rien d'étonnant à cela, direz-vous : chacun apprend quel bouton lui donne des points. La surprise vient de ce que les deux sujets, contrairement à ce qu'ils croient, ne sont pas indépendants : le bouton que pousse l'un détermine en fait les points reçus ou retranchés chez l'autre. Les personnes apprennent très vite la stratégie gain-ne pas changer de bouton. Si vous vous essayez à l'exercice, vous verrez que quels que soient les boutons choisis au départ par les deux participants, ils opteront rapidement tous les deux pour le bouton gain. Lorsqu'ils sont mis au courant de leur interdépendance, les sujets apprennent la bonne solution encore plus rapidement.

Dans la situation qui vient d'être décrite, les individus contrôlent mutuellement et entièrement leur sort. Que se passe-t-il lorsqu'on introduit une inégalité possible entre les gains, que les sujets peuvent choisir entre gagner le plus possible à deux ou gagner plus que l'autre? Une telle possibilité existe dans le jeu appelé **dilemme du prisonnier**. Admettons que deux individus soient arrêtés parce qu'on les accuse de faits graves mais sans preuves suffisantes. On essaie de les faire « se mettre à table » en promettant qu'on

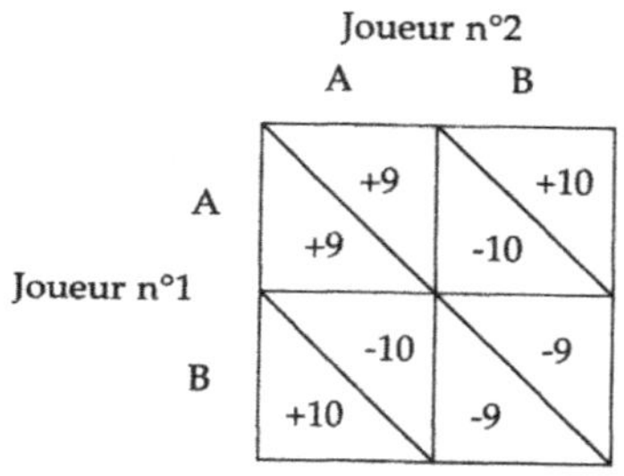

Figure 11.1 — Exemple de matrice du dilemme du prisonnier.

<u>Matrice 1</u> (permet le favoritisme endogroupe, l'équité ou l'altruisme)

Membre 74 du groupe Klee	1	2	3	4	5	6	7	8	9	10	11	12	13	14
Membre 44 du groupe Kandinsky	14	13	12	11	10	9	8	7	6	5	4	3	2	1

<u>Matrice 2</u> (permet de maximiser la différence entre groupes ou le gain commun)

Membre 12 du groupe Klee	7	8	9	10	11	12	13	14	15	16	17	18	19
Membre 50 du groupe Kandinsky	1	3	5	7	9	11	13	15	17	19	21	23	25

Figure 11.2 — Exemple de matrices d'allocation utilisées dans le paradigme du groupe minimal.

tiendra compte de leur collaboration. S'ils parlent tous les deux, ils s'en sortiront avec des circonstances atténuantes. Si l'un se confesse alors que l'autre s'obstine à se taire, le premier s'en sortira à bon compte et l'autre écopera du maximum. Si les deux se taisent, on ne pourra les condamner que pour des peccadilles. La situation expérimentale est expliquée aux deux joueurs : ils ont à leur disposition deux choix, A et B. S'ils choisissent tous les deux A, ils gagneront chacun 9 points. S'ils choisissent tous les deux B, chacun perdra 9 points. Si l'un choisit A et l'autre B, le premier perdra 10 points et le second gagnera 10 points (voir figure 11.1). La solution la plus «coopérative» serait évidemment que les deux joueurs choisissent A à tous les coups : ils seraient sûrs de gagner chaque fois. Mais ils gagneraient la même chose ! On remarque que ce choix «coopératif» (tous les deux A) ne se présente que dans environ 25 % des cas ! En d'autres mots, si les gens ignorent qu'ils sont interdépendants, ils choisissent la solution récompense ; s'ils savent que leur sort dépend entièrement d'autrui, ils optent pour la coopération ; s'ils se rendent compte que leurs gains peuvent varier, ils entrent en compétition. Par ailleurs, les joueurs compétitifs ont toujours l'impression d'avoir raison, même s'ils rencontrent des joueurs coopératifs au départ. En effet, au bout d'un certain temps, ces derniers abandonneront leurs choix coopératifs pour ne pas perdre continuellement et les joueurs compétitifs diront : «Vous voyez, heureusement que j'avais pris les devants, sinon cet enf... me ruinait.»

Voici une autre situation. Les sujets sont élèves d'une classe de l'enseignement secondaire. Ils voient une série de deux diapositives de peinture abstraite et doivent inscrire à chaque fois sur une feuille la peinture qu'ils préfèrent. Ils savent que, pour chaque paire, un peintre est Klee et l'autre Kandinsky mais ils ne savent pas quelle peinture est de quel peintre. Une fois les jugements terminés et les feuilles ramassées, l'expérimentateur fait semblant de corriger, appelle chaque élève individuellement et lui murmure à l'oreille qu'il est «dans le groupe Klee». Vient ensuite une tâche de répartition d'argent entre membres du groupe d'appartenance (Klee) — l'**endogroupe** — et de l'autre groupe (Kandinsky) — l'**exogroupe**. Les sujets reçoivent une série de matrices — dont deux exemples sont donnés sur la figure 11.2 — et doivent choisir une des colonnes. Ces matrices ont été imaginées par le psychologue social Claude Flament pour pouvoir déterminer les stratégies de partage employées par les sujets. Dans la matrice 1, la somme est constante, mais, à mesure que l'on s'éloigne du centre correspondant à une égalité presque parfaite, et que l'on va vers la droite, on augmente à la fois la part de l'endogroupe et l'inégalité. Dans la matrice 2, la colonne centrale est strictement égalitaire; si on s'éloigne vers la droite, la somme augmente mais la part de l'exogroupe est prépondérante; si, par contre, on va vers la gauche, la somme diminue mais c'est la part de l'endogroupe qui devient de plus en plus importante (pour une revue des matrices et des stratégies, voir Bourhis, Gagnon et Sachdev, 1994).

La situation de groupe est ici vraiment minimale. Les sujets faisaient partie d'une même classe scolaire. Quelle peut bien être pour eux l'importance de faire partie du groupe Klee plutôt que du groupe Kandinsky? Néanmoins, les sujets privilégient leur groupe, quitte à gagner moins en valeur absolue; ils ne choisissent cependant que rarement les colonnes extrêmes pour ne pas être trop inégaux (Tajfel *et al.*, 1971). Ces résultats se retrouveront dans bien d'autres expériences, que les groupes soient formés par tirage aléatoire, ou que des notes remplacent l'argent.

BIAIS PRO-ENDOGROUPE, PRÉJUGÉS ET DISCRIMINATION

Biais pro-endogroupe

La situation des groupes Klee et Kandinsky exemplifie ce qu'on appelle un **biais pro-endogroupe**. Celui-ci revient à favoriser, dans les comportements ou les perceptions, les membres de l'endogroupe, c'est-à-dire du groupe d'appartenance. Par définition, donc, ce favoritisme installe une différence entre l'endogroupe et l'exogroupe (l'*outgroup* comme disent les Anglo-Saxons). On parle parfois aussi d'**ethnocentrisme** (Sumner, 1906).

Le biais pro-endogroupe est susceptible de se manifester de mille et une façons. Rappelez-vous le chapitre 2 et les stéréotypes. Si nous ne manquons pas de bienveillance quand il s'agit d'utiliser des stéréotypes pour décrire notre groupe d'appartenance, nous montrons beaucoup moins d'indulgence pour le groupe voisin. Les Siciliens se reconnaîtront chauvins mais diront des Français qu'ils sont égocentriques.

Toujours au niveau du langage, Maass *et al.* (1996) ont montré que les qualités de l'endogroupe sont formulées en termes plus abstraits, suggérant la stabilité, que ne le sont celles de l'exogroupe. L'inverse se produit pour les défauts. Nous sommes courageux et les autres se sont bien défendus. Ils sont agressifs et nous commettons parfois des irrégularités.

L'**erreur ultime d'attribution** (Pettigrew, 1979) peut également être considérée comme un biais pro-endogroupe. Par exemple, les gens attribuent plus facilement à des facteurs internes des comportements positifs effectués par des membres de l'endogroupe que de l'exogroupe. De même, ils attribuent davantage à des causes externes les comportements négatifs des membres de l'endogroupe que de l'exogroupe (Hewstone, 1990, mais voir Vala, Leyens et Monteiro, 1988).

La distinction entre «nous» et «eux» est donc fondamentale et très facile à établir comme le montre une expérience de Perdue *et al.* (1990). Sous le prétexte d'une tâche lexicale, des sujets visionnent des paires de «mots» : un élément est formé d'une syllabe dépourvue de sens, l'autre élément d'un pronom personnel désignant l'endogroupe (par exemple, «nous»), l'exogroupe (par exemple, «eux»), ou aucune de ces deux catégories (par exemple, «tu»). Ultérieurement, quand les sujets doivent évaluer les syllabes dépourvues de sens, celles qui ont été associées à un pronom de l'endogroupe sont jugées le plus favorablement, et celles associées à un pronom de l'exogroupe, le plus défavorablement.

Le biais pro-endogroupe peut parfois être encore plus insidieux. Vallone, Ross et Lepper (1985) ont montré à des partisans pro-Arabes et pro-Israéliens des extraits de journaux télévisés concernant l'invasion du Liban par les Israéliens et les massacres des camps de Sabra et Chatilla en 1982. Les extraits étaient factuels et relativement neutres. Il n'empêche que chaque clan estimait que les nouvelles données à la télévision étaient biaisées contre sa position. Personne n'était content car chacun aurait voulu que sa cause soit présentée comme la meilleure et la plus légitime.

Dernier exemple : il est reconnu que les bombardements intensifs de démoralisation de l'ennemi ont souvent un effet opposé à celui qui est recherché. Pensez au Blitzkrieg de Londres, à Pearl Harbor, ou au Viêt-nam. Nous sommes tout prêts à accepter cette constatation lorsque notre pays ou des alliés risquent de faire les frais d'une telle stratégie. Par contre, si un pays peu aimé est susceptible d'être attaqué par notre Etat ou des alliés, la stratégie nous paraît tout à fait adéquate. En d'autres termes, nous prônons la conciliation pour nous et la force pour les autres (Rothbart et Hallmark, 1988).

Discrimination

Le dernier exemple nous amène naturellement à définir la **discrimination**, qui est un comportement négatif visant un exogroupe. Il ne faut pas la confondre avec le biais pro-endogroupe. Par exemple, dans l'expérience Klee-Kandinsky de Tajfel, il s'agissait d'un biais pro-endogroupe et non d'une discrimination en ce sens qu'aucun comportement négatif n'était infligé à l'exogroupe; d'ailleurs, dans ce type de situation sociale minimale, les sujets ne montrent pas plus, et éventuellement moins, de comportements négatifs (par exemple, envoyer des stimuli désagréables) envers l'exogroupe qu'envers l'endogroupe (Mummendey *et al.*, 1992).

Nous connaissons tous des exemples de comportements discriminatoires dont nous avons été les auteurs ou les victimes. Une très vieille recherche de LaPiere (1934) est souvent citée pour montrer la sensibilité de la discrimination aux situations. Lorsqu'elle est contactée par lettre, la direction de plusieurs hôtels refuse de réserver des chambres à des Chinois. Par ailleurs, lorsqu'un couple chinois se présente à des hôtels en compagnie de LaPiere et demande une chambre, on n'enregistre presque pas de refus. Le même type de recherche a été effectué en 1989 au Canada par Henry (1991). Des personnes à l'accent étranger (antillais par exemple) ou anglais répondent par téléphone à des offres d'emploi. La discrimination contre les étrangers est massive. Dans une autre condition, les comparses se présentent en personne aux entreprises qui embauchent et cette fois-ci l'origine ne joue plus. Ces études ont souvent été évoquées pour distinguer le comportement (la réaction lorsque les comparses, chinois ou antillais, se présentent en personne) des attitudes (la réaction lorsqu'ils écrivent ou téléphonent). La jugeabilité sociale (voir chapitre 2) offre une autre explication. Par lettre ou au téléphone, les gens n'ont guère de renseignements sur le client ou le postulant, si ce n'est sa catégorie d'appartenance et, dans l'incertitude, ils refusent. Par contre, les renseignements autres que catégoriels sont beaucoup plus nombreux lorsqu'ils voient les personnes, et ils acceptent (Fiske et Leyens, 1996).

La discrimination peut être internalisée par les victimes comme le montrent merveilleusement les études de Steele et Aronson (1995). Rappelez-vous les étudiants noirs qui doivent résoudre une tâche très difficile qui leur est présentée comme une mesure d'intelligence. Ils réussissent moins bien que si la même tâche est dite relative à des processus cognitifs (voir chapitre 3).

Préjugés

Il ne faut pas confondre non plus discrimination et **préjugé**. Celui-ci est un sentiment, généralement négatif, à l'endroit de personnes du seul fait qu'elles sont membres d'un groupe donné. C'est ce que ressent PL vis-à-vis des Français, et JP vis-à-vis des Allemands, ou du moins de la Gestapo. Les préjugés les plus connus sont : le **racisme** qui vise les personnes d'une autre «race», l'**antisémitisme** qui concerne les Juifs, et le **sexisme** qui a trait aux relations hommes-femmes. Souvent mais pas nécessairement, la discrimination est associée à des préjugés; en effet, je puis entretenir des préjugés vis-à-vis d'un groupe donné mais m'abstenir de tout comportement de discrimination parce que je sais que cela sera mal vu; de même, la société peut m'amener à discriminer un groupe à propos duquel je n'ai aucun préjugé. Je puis, par exemple, favoriser les hétérosexuels, ou les Francophones, sans pour autant ressentir un sentiment négatif vis-à-vis des homosexuels, ou des Anglophones.

Les préjugés évoluent avec le temps. Le racisme, par exemple, ne s'exprime plus comme il le faisait il y a un demi-siècle. Il existe cependant encore. Ce glissement dans les préjugés, ou cet écart entre l'expression et le sentiment sont à l'origine de plusieurs théories sur le **racisme** dit **moderne** (Dovidio et Gaertner, 1986). Ces théories ont été développées aux U.S.A., et elles commencent à faire l'objet de vérifications en Europe. La théorie du **racisme symbolique** est la plus pessimiste; selon elle, le préjugé raciste n'aurait pas évolué mais son expression serait devenue plus subtile. La théorie de l'**ambivalence-amplification** est la plus optimiste : les sentiments vis-à-vis des personnes d'une autre ethnie seraient amplifiés selon les situations qui amorcent des valeurs ou des stéréotypes positifs ou négatifs. Selon la théorie du **racisme régressif**, les idées égalitaires ne seraient battues en brèche que par des situations stressantes qui feraient régresser les individus vers des comportements de discrimination. Le manque de contrôle serait donc responsable d'un racisme larvé; c'est sans doute ce manque de contrôle qui a fait dire à Raymond Barre, alors premier ministre, qu'un attentat contre une synagogue avait blessé des passants français innocents (quels étaient les passants coupables?). Enfin, le **racisme aversif** soutient que les préjugés racistes seraient activement combattus mais réapparaîtraient néanmoins, subrepticement, là où ils trouveraient une justification.

Nous avons défini la discrimination comme un comportement négatif à l'encontre d'un exogroupe, et le préjugé comme un sentiment, généralement négatif, à propos de membres d'un exogroupe. Est-ce toujours négatif? Les Flamands n'ont-ils pas un préjugé favorable envers les Québécois qui, comme eux, ont souffert la tyrannie d'une autre langue? Les femmes qui font de la politique ne font-elles pas l'objet d'une discrimination positive afin de contrecarrer l'omniprésence des hommes? Il est vrai que les préjugés peuvent être positifs même s'ils sont généralement négatifs. Le cas de la discrimination positive est plus délicat : favoriser certaines personnes ne revient-il pas souvent à en défavoriser d'autres?

Un paradoxe : surexclusion de l'endogroupe et brebis galeuse

Avez-vous déjà, comme l'un de nous, été approché par un scientologue qui vous dit : «Psychologue? Donc nous sommes proches l'un de l'autre»? Quelle eût été votre réaction? *A priori*, nous devrions aimer, et favoriser, ceux qui expriment des intérêts semblables aux nôtres et veulent faire partie de notre groupe (voir chapitre 9). Et pourtant... Le paradoxe n'est qu'apparent car l'exclusivité que l'on montre par rapport à son groupe d'appartenance est également une manière de le mettre en valeur.

Au lendemain de la seconde Guerre Mondiale, les psychologues se sont interrogés sur la délation dont étaient victimes les Juifs. Serait-il possible que les antisémites excellent à distinguer les visages juifs de non juifs? Pour répondre à ces questions, les chercheurs ont distribué à leurs sujets, ayant ou non des préjugés antisémites, des photos de visages juifs et non juifs. Les sujets devaient répartir les clichés en deux tas d'après l'origine des personnes photographiées. Dans l'ensemble, les antisémites reconnaissaient mieux les visages juifs. Une explication possible du phénomène est que les antisémites plaçaient davantage de photos dans la catégorie «Juifs» que ne le faisaient les sujets sans préjugés (voir Leyens, Yzerbyt et Bellour, 1993).

Leyens et Yzerbyt (1992) défendent l'idée que les antisémites n'encombraient pas la catégorie «juifs» mais protégeaient la catégorie «nous, non juifs». Pour des racistes, il est impératif que l'endogroupe ne soit pas infiltré et, en cas de doute, ils préfèrent classer quelqu'un dans la catégorie de l'exogroupe que de l'endogroupe. C'est le phénomène de la **surexclusion de l'endogroupe** et il explique la sévérité, voire le sadisme, avec lesquels sont examinés et testés des candidats à certains groupes exclusifs, par exemple certains cercles d'étudiants. La surexclusion de l'endogroupe se manifeste aussi dans la vie de tous les jours.

La Belgique connaît une longue tradition de conflits linguistiques entre francophones et néerlandophones. Des étudiants wallons (francophones) devaient décider si des cibles décrites par des stéréotypes appartenaient à leur groupe linguistique. Etant donné les stéréotypes employés, les cibles étaient soit flamandes (néerlandophones) soit francophones. Les sujets wallons ont classé moins de cibles dans leur endogroupe que dans l'exogroupe et ils ont eu besoin de davantage d'informations pour se décider à propos des membres de leur propre groupe (voir aussi Yzerbyt *et al.*, 1995). Des résultats comparables ont été obtenus avec Italiens du Nord et du Sud (Capozza *et al.*, 1996).

En Afrique du Sud, Pettigrew *et al.* (1958) ont conduit une expérience originale qui peut s'interpréter selon la surexclusion de l'endogroupe. Les chercheurs présentaient à leurs sujets un visage différent pour chaque œil pendant un temps très court. Soit les visages appartenaient à la même ethnie (et nous ne considérerons ici que les ethnies blanche et indienne), soit ils appartenaient à deux ethnies différentes. Les Afrikaners et les Blancs anglophones étaient réticents à percevoir un visage «racialement mitigé» comme «purement européen» (40 % et 37 % respectivement), beaucoup plus que les Indiens n'étaient réticents à percevoir une combinaison de visages comme «purement indien» (63 %). Le mélange d'ethnies était évidemment beaucoup plus dangereux pour les Afrikaners et les Blancs anglophones que pour les Indiens.

Dans les études précédentes, les membres d'un groupe refusaient l'accès de celui-ci à des personnes douteuses, qu'ils soupçonnaient de ne pas avoir toutes les qualités requises pour faire partie de leur élite. Mais que se passe-t-il quand un membre établi du groupe se méconduit? Posons la question autrement : à méconduite égale, quel membre sera davantage méjugé, celui de l'endogroupe ou celui de l'exogroupe? Si l'on s'en tient à une version littérale du biais pro-endogroupe, on devrait se montrer plus tolérant pour les membres de l'endogroupe. N'est-ce pas cela la solidarité? C'est de fait ce qu'ont trouvé Linville et Jones (1980) qui demandaient à leurs sujets américains blancs de juger un candidat médiocre à une prestigieuse école de médecine. Il faut noter toutefois qu'ils ont observé l'inverse lorsque le candidat était brillant, un résultat qui va à l'encontre du favoritisme pour l'endogroupe. Linville et Jones expliquent leurs données par la vision davantage complexe et nuancée que les gens ont de leur groupe par rapport à un groupe étranger (nous examinerons l'homogénéité subjective des endo- et exogroupes un peu plus loin).

Marques et ses collègues (1988) ont trouvé des résultats complètement opposés à ceux de Linville et Jones : le «bon» membre de l'endogroupe est jugé plus favorablement que le «bon» membre de l'exogroupe et l'inverse se produit pour le «mauvais» membre. Ils expliquent leurs résultats en termes de favoritisme et d'identité sociale positive (voir plus loin dans ce chapitre). La préférence pour le bon membre de son groupe est en accord avec le biais pro-endogroupe et le mauvais membre, considéré comme une **brebis galeuse**, doit être rejeté pour maintenir une image positive de son groupe. Il faut écarter du panier l'orange gâtée avant qu'elle ne contamine les oranges saines.

Comment réconcilier les résultats de Linville et Jones et ceux de Marques? En fait, les gens adoptent la première tactique lorsqu'il n'y a pas de tension entre les groupes et appliquent la seconde lorsqu'ils sentent leur groupe menacé (Branscombe *et al.*, 1993). Les partis politiques connaissent bien ce phénomène, eux qui se contentent généralement de faire leur lessive interne juste avant les élections, moment où les brebis galeuses risquent de leur faire perdre des voix.

THÉORIES EXPLICATIVES

Personnalité, frustrations et boucs émissaires

Les premières explications de l'ethnocentrisme, de la discrimination et des préjugés ont pris la personnalité pour cible. Au lendemain de la seconde Guerre Mondiale, des Juifs américains et d'autres, émigrés d'Allemagne et d'Autriche, ont développé la **théorie de la personnalité autoritaire** (Adorno *et al.*, 1950). Selon eux, ethnocentrisme, antisémitisme, fascisme et conservatisme font partie d'un syndrome : la personnalité autoritaire ou autoritariste. Les individus qui en sont affligés auraient été élevés de manière rigide, dans le respect religieux d'une autorité (paternelle) toute-puissante. Leurs pulsions agressives et sexuelles ne peuvent s'exprimer. Ils deviennent ultérieurement des êtres fragiles. Sans qu'on le leur demande, ils déroulent des tapis devant les pieds de leurs supérieurs, mais gare à leurs subordonnés car ils déchargent sur les plus faibles l'hostilité réprimée pendant l'enfance. Un test, composé de plusieurs échelles (E pour ethnocentrisme, A-S pour antisémitisme, F pour fascisme et PEC pour conservatisme politique et économique) fut mis au point pour tester cette théorie. Actuellement, la majeure partie de la recherche sur l'extrémisme de droite est conduite au Canada par Altemeyer (1988). Il a développé un questionnaire dont voici deux items :

– « Ce serait une bonne chose si les autorités en charge censuraient les magazines et les films afin de préserver les jeunes de leurs contenus orduriers »

– « Il n'y a absolument rien de mal avec les camps de nudistes »

Si vous êtes d'accord avec la première affirmation mais pas avec la seconde... En fait, il y a beaucoup à parier que si on faisait passer de tels items en France ou en Belgique au moment où nous écrivons ces lignes (printemps 1997), on obtiendrait des scores d'extrémisme de droite beaucoup plus élevés qu'il y a quelques mois. En effet, entre-temps, les deux pays ont connu de dramatiques affaires de pédophilie suivies de « délations civiques ». Cette constatation ne remet pas en cause, au contraire, un extrémisme de droite, mais bien le fait que la personnalité profonde en soit la cause. Comment la personnalité aurait-elle pu changer en l'espace de quelques mois ? La même critique s'applique à la théorie de Rokeach (1960) qui défendra l'idée que tout **dogmatisme**, de droite ou de gauche, est caractérisé par des réactions d'intolérance trouvant leur justification dans l'autorité (pour une vue critique de ces théories, voir Billig, 1976 ; Brown, 1995).

La théorie du **bouc émissaire** est davantage situationniste que les précédentes. C'est une émanation de la théorie de la frustration-agression. Dollard et ses collègues (1939) avaient remarqué, notamment, que le nombre de lynchages de Noirs dans les Etats du Sud des Etats-Unis suivait la courbe du prix du coton. Autrement dit, les frustrations dues à la récession économique se traduisaient en hostilité qui frappait des personnes étrangères à la crise, mais sans danger : des boucs émissaires. Comme pour les théories précédentes, aucun élément ne spécifie quel sera le bouc émissaire parmi toutes les minorités inoffensives.

La théorie de la **privation relative** soutient que ce ne sont pas les frustrations en tant que telles qui importent, mais l'écart entre l'attendu et l'obtenu. Ces frustrations relatives peuvent prendre plusieurs formes. La **privation relative intrapersonnelle** renvoie à l'écart entre les positions passée ou actuelle et anticipée d'un individu. C'est la privation d'un ministre qui a perdu son portefeuille ministériel et qui, du jour au lendemain, se retrouve privé d'un pouvoir qu'il chérissait. La **privation relative interpersonnelle** est l'écart entre la position d'un individu et celle des autres personnes. Ce pourrait être celle du ministre destitué qui se comparerait aux autres ministres toujours en poste. La **privation relative intergroupe** correspond à l'écart entre la position des membres d'un groupe et celle de membres d'autres groupes. C'est la privation des psychothérapeutes, dont les clients ne peuvent bénéficier de la sécurité sociale, face aux psychiatres. Ce dernier type de privation relative est le plus susceptible de mener à des mouvements de contestation (voir Guimond et Tougas, 1994, pour une revue de la littérature).

L'hypothèse de contacts entre groupes

La psychologie sociale a connu une heure de gloire en 1954, lorsque la Cour Suprême des Etats-Unis déclara inconstitutionnelle la ségrégation raciale dans les écoles. Ses magistrats furent convaincus par des psychologues sociaux que la discrimination, les mauvaises performances scolaires et la basse estime de soi des Noirs américains provenaient de la ségrégation des écoles, c'est-à-dire d'un manque de contacts entre membres de groupes différents.

Les experts psychologues n'étaient pas naïfs au point de croire que le seul contact entre élèves blancs et noirs suffirait pour résoudre les problèmes. Leur témoignage était assorti de recommandations que voici, inspirées du livre d'Allport (1954) *The Nature of Prejudice* :

1. Les participants des deux groupes doivent avoir un statut égal dans les limites de la situation de contact.
2. Les caractéristiques des membres du groupe défavorisé avec lesquels le contact a lieu doivent infirmer les stéréotypes en vigueur les concernant.
3. La situation de contact doit encourager, voire requérir, une coopération pour mener à bien un objectif commun.
4. La situation de contact doit avoir un haut potentiel de création de liens, c'est-à-dire qu'elle doit permettre aux individus de se connaître en tant qu'individus, plutôt qu'en tant que membres stéréotypés.
5. Les normes sociales de la situation de contact doivent favoriser l'égalité des groupes et des relations intergroupes égalitaires.

Peut-être exprimerons-nous un préjugé en affirmant que l'**hypothèse de contact** reflète l'angélisme et le puritanisme protestant américains?

D'une part, elle insiste sur l'importance de traiter les gens comme des individus et non comme des membres d'un groupe. D'autre part, elle fait reposer cette « individualisation » sur le bon vouloir et la connaissance d'autrui : la discrimination serait le résultat de l'ignorance et de la paresse (la problématique était déjà présente au chapitre 2).

Les conditions de succès du contact ont été soigneusement testées par Cook (1979) qui était, avec Chein et Clark, un des experts ayant témoigné devant la Cour Suprême des Etats-Unis. Cook sélectionnait des personnes racistes blanches (qui ne seraient, par exemple, pas entrées dans un bassin de natation où pataugeaient des Noirs). Il les faisait ensuite travailler, une à la fois, avec deux autres personnes, une de peau blanche et une de peau noire. La Noire était compétente et la Blanche n'avait manifestement pas de préjugé contre les Noirs. Avec le temps, la personne raciste évoluait et ses préjugés diminuaient fortement.

Un premier problème avec l'hypothèse de contact concerne la présence simultanée de ses cinq conditions dans la vie réelle. Les expériences de Cook ont été effectuées en laboratoire, ce qui permet, par construction, de contrôler les variables perturbatrices. Dans la vie quotidienne, c'est surtout le support institutionnel et l'absence de compétition qui sont rarement rencontrés. Stroebe *et al.* (1988) les ont trouvées, sur le terrain, avec des étudiants américains qui venaient étudier en France et en Allemagne. Manifestement, les autorités académiques encouragent ces échanges et il n'existe pas de compétition entre étudiants autochtones et étrangers puisqu'ils ont chacun leur propre programme et n'entreront pas en concurrence sur le marché du travail. Malgré ces conditions idéales, les résultats ne sont pas du tout ceux attendus par l'hypothèse de contact. Si, en fin de séjour, les stéréotypes diminuent par rapport à ce qu'ils étaient au départ, les attitudes deviennent plus négatives envers les pays hôtes, surtout la France.

Un autre problème concerne la généralisation. Combien de fois n'entendons-nous pas dire par les gens qu'ils ne sont pas racistes parce qu'ils ont un ami de telle « race » ? Dans quelle mesure le contact avec certaines personnes de l'exogroupe va-t-il changer les préjugés et la discrimination à l'égard de l'ensemble des membres de cet exogroupe ? Une étude déjà très ancienne révèle que la tolérance ne se généralise pas toujours à différentes situations alors que ce sont les mêmes individus qui sont concernés. Des mineurs, blancs et noirs, de Virginie aux USA ne montraient pas de discrimination sur les lieux de travail, mais ne se côtoyaient pas une fois leur travail terminé (Minard, 1952). Si, pour de mêmes individus, la tolérance ne se généralise pas à différentes situations, elle doit encore moins le faire d'un individu particulier à tout un ensemble de personnes.

Hamilton et Bishop (1976) ont montré que l'arrivée d'une famille étrangère dans un quartier résidentiel peut contribuer à une réduction des préjugés. Ils ont aussi montré que cette amélioration n'était nullement due aux contacts privilégiés, mais au fait que les catastrophes redoutées ne s'étaient pas réalisées. Nous savons tous, par contre, que l'afflux d'étrangers dans une commune, urbaine ou rurale, provoque des tensions. Population locale et nouveaux arrivants se rejettent la responsabilité d'incidents qui iront croissants. Les écoles gardent rarement une population mi-autochtone mi-immigrée; les uns ou les autres quittent après quelques mois. En fait, le contact provoque souvent des situations qui vont exactement à l'opposé de ce qu'avaient préconisé les chercheurs ayant témoigné auprès de la Cour Suprême des Etats-Unis.

La théorie du conflit réel

Alors que se gagnait le procès en Cour Suprême des Etats-Unis, Sherif et ses collaborateurs (1961) ont organisé plusieurs camps de vacances dans le domaine de la Grotte aux Voleurs. Ces camps s'adressaient à une vingtaine d'adolescents blancs de 11 à 12 ans, protestants, soigneusement sélectionnés. Le déroulement des camps était le même à quelques variantes près. Certaines fois, le camp démarrait avec tous les enfants dans un même groupe; quand la culture de groupe était installée, avec ses normes et ses réseaux d'amitié (rappelez-vous le chapitre 6), Sherif répartissait les adolescents en deux groupes différents en bouleversant sciemment les relations d'amitié. Ou alors, les groupes étaient immédiatement formés mais aucun ne connaissait l'existence de l'autre groupe avant la formation d'une culture de groupe.

Le simple renseignement qu'un autre groupe existe, qu'il y a «nous» et «eux», suffit à instaurer un climat d'hostilité larvée. Celle-ci éclate lorsque les chercheurs passent à la deuxième phase du camp avec des jeux de compétition entre les deux groupes. Les insultes volent. Les raids contre les cabanes se multiplient. Un fanion de groupe est brûlé. Un leader, efficace en temps de paix, ne l'est plus en temps de guerre et est remplacé. Les amitiés sont exclusives à l'endogroupe. On bannit les contacts avec l'autre groupe, un phénomène que Newcomb (1947) avait appelé **hostilité autistique**.

Dans un troisième temps, Sherif introduit des activités coopératives de contact : cinéma, repas ensemble, etc. Peine perdue : les repas, par exemple, se transforment en batailles avec les victuailles comme projectiles. Enfin, lors d'une quatrième phase, Sherif invente des jeux dits de **coopération supra-ordonnée**, en ce sens que leur réussite nécessite la collaboration des deux groupes. Par exemple, le camion amenant l'eau au camp s'embourbe et il faut les bras de tous pour le sortir du gué. Cette stratégie rétablit l'harmonie entre les groupes, et on voit réapparaître les anciennes amitiés. On peut d'ailleurs se demander si, à la clôture du camp, les enfants forment encore deux groupes ou un seul.

Le déroulement des événements observés par Sherif n'est nullement spécifique aux adolescents. Blake et Mouton (1962) ainsi que Diab (1970) l'ont vérifié avec des adultes. Ils montrent que le contact, en tant que tel, n'est nullement suffisant et peut, au contraire, susciter des problèmes. Sherif était d'ailleurs un opposant farouche de l'hypothèse de contact. Le problème avec la solution qu'il propose, c'est qu'elle invite les parties antagonistes à se choisir un ennemi commun. Il est bien connu que Wallons et Flamands ne se sentent jamais aussi belges que lors des rencontres (victorieuses) de l'équipe nationale de football. Français et Allemands se sentent de vrais européens face à la mauvaise volonté des Britanniques. Croates et Bosniaques se coalisent contre les Serbes, etc.

Cette théorie a été baptisée par LeVine et Campbell (1972) **théorie du conflit réaliste** en ce sens que nous vivons dans un monde aux ressources limitées où, souvent, les possessions de l'un se font au détriment de l'autre.

La théorie de l'identité sociale

Dans les camps de vacances de Sherif, l'hostilité entre groupes s'est manifestée dès l'instant où ces groupes ont eu connaissance de leur existence respective. C'est-à-dire avant toute compétition. Ceci signifierait que le monde aux ressources désirées mais limitées auquel font allusion LeVine et Campbell ne serait nullement une condition nécessaire au biais pro-endogroupe et à la discrimination. Rappelez-vous aussi l'expérience Klee-Kandinsky résumée au début de ce chapitre : les enfants se connaissaient depuis longtemps, ils ne savaient sans doute pas qui étaient Klee et Kandinsky, ils ne savaient certainement pas qui était avec eux dans le groupe Klee, et pourtant, au moment de distribuer des points à leur groupe et aux «Kandinsky», ils ont préféré gagner moins que possible mais davantage que les «autres».

Pour rendre compte de ces résultats, et d'autres que nous verrons plus tard, Tajfel va élaborer la **théorie de l'identité sociale**. Celle-ci repose sur un tripode : **catégorisation, identité et comparaison**. Selon Tajfel, la catégorisation en «eux» et «nous» est suffisante pour créer un groupe. Une fois membres d'un groupe, les individus recherchent une identité sociale positive. Pour ce faire, ils vont se comparer à d'autres groupes. Dans l'expérience Klee-Kandinsky, appelée situation de **groupe minimal**, les matrices de points distribuées par l'expérimentateur constituent l'unique façon d'obtenir une identité sociale positive. Donc, les gens

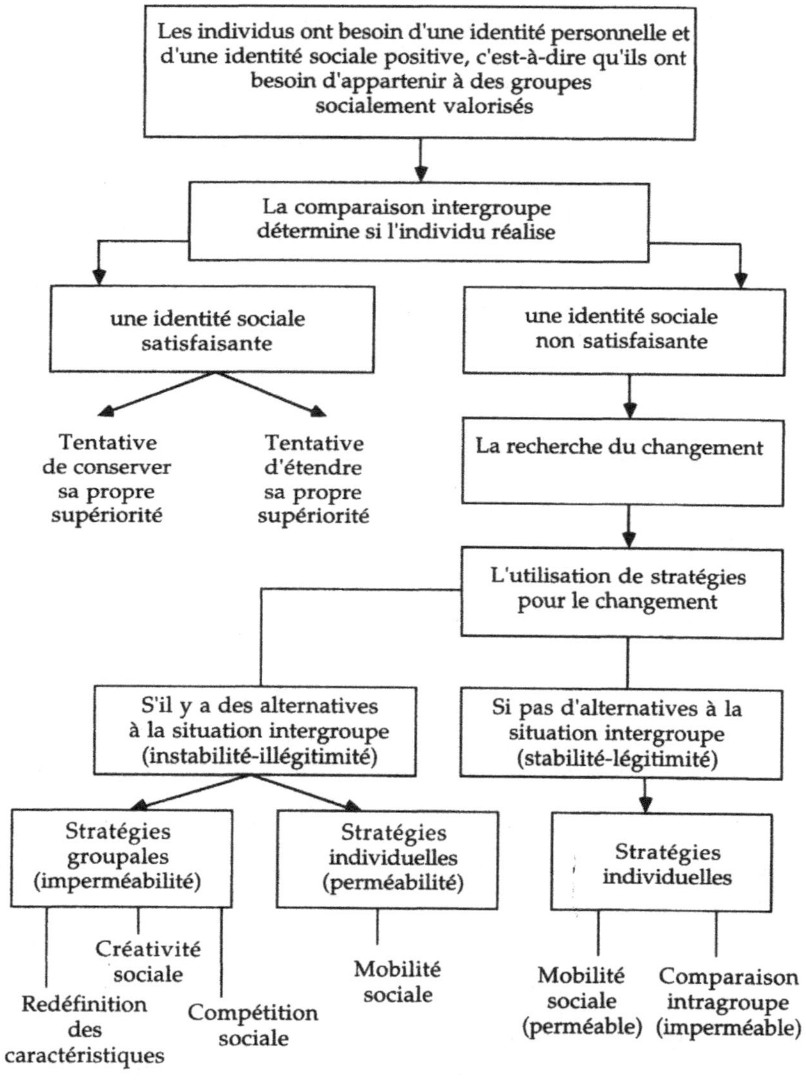

Figure 11.3 — Représentation schématique de la Théorie de l'Identité Sociale.

favoriseront leur propre groupe. Ceci signifie que le biais pro-endogroupe ne serait pas une manifestation contre un autre groupe, mais une manière pour les individus d'un groupe de s'attribuer une image favorable en tant que membres de ce groupe précis (voir la figure 11.3). Dans la vie quotidienne, les points sont remplacés par des éléments plus essentiels, le biais pro-endogroupe ne laissera pas l'exogroupe indifférent, et un phénomène d'escalade a donc toutes les chances de se mettre en place.

Evidemment, il n'est pas toujours possible d'obtenir par comparaison une identité sociale positive. Cela fut pendant longtemps le cas des femmes en tant que groupe social, ce fut également celui des Noirs aux Etats-Unis. L'identité sociale «noire» était à ce point négative que, dans les années quarante, on remarquait que les enfants noirs préféraient jouer avec une poupée blanche plutôt que noire (Clark et Clark, 1947). Si l'on ne perçoit pas de changement possible dans les relations intergroupes, si la situation est considérée légitime et éternelle comme dans le cas des femmes et des Noirs, la seule façon d'obtenir une identité personnelle positive est de recourir à des stratégies individuelles. Les gens peuvent alors opter pour la **mobilité sociale** : en épousant, par exemple, quelqu'un de l'autre groupe, ou en adoptant la langue du groupe dominant comme cela arriva en Belgique, en Espagne ou au Canada. Ils peuvent aussi utiliser la comparaison intragroupe en se comparant, à l'intérieur de leur propre groupe, à plus malheureux, plus bas, qu'eux. C'est ainsi qu'il fut un temps où un bon parti dans un mariage noir américain était une personne avec la couleur de peau la plus chocolat au lait possible : plus le mariage était «blanc», plus le conjoint se distanciait positivement de ses congénères.

Si les relations intergroupes semblent illégitimes et instables, si un changement est possible, les gens ont deux options. Ils peuvent choisir une solution individuelle telle que la mobilité sociale, et ce sera souvent le cas quand les frontières entre groupes sont perméables (Ellemers, 1993). Par exemple, des roturiers ont peu de chances de devenir subitement des aristocrates, sauf s'ils ont suffisamment d'argent pour se payer un titre. L'autre solution est le **changement social** : il ne s'agit plus de «passer» dans un autre groupe, comme avec la mobilité sociale, mais de changer en tant que groupe. Ce changement social peut s'effectuer de diverses façons. En redéfinissant les caractéristiques, prétendument infamantes, de l'endogroupe : les dialectes sont remis à l'honneur, «Black is beautiful» et adoption d'un «look afro-américain». En faisant preuve de créativité sociale : des groupes infériorisés économiquement peuvent décider que la culture, et non plus l'argent, est l'élément décisif. Ou encore en recourant à la compétition sociale : les groupes dominés cherchent le changement social par l'affrontement.

L'essentialisme psychologique

On distingue en général trois grandes sortes d'objets : les objets naturels, comme les oiseaux, les poireaux ou les émeraudes, qui sont indépendants de l'activité humaine; les objets artéfactuels — des chaises, un cendrier ou un ordinateur — qui sont fabriqués par l'être humain; et les objets sociaux, comme les Yougoslaves, les extravertis ou les pervers. Les objets sociaux ont ceci de particulier qu'ils correspondent à des catégories sociales arbitraires. Même la catégorie «Noir» par rapport à «Blanc» est arbitraire en ce sens que toutes les sociétés ne disposent pas de la couleur «noire», ou «blanche», dans leur vocabulaire.

Une différence fondamentale entre les objets naturels et artéfactuels est leur pouvoir d'évocation. A partir du mot oiseau, je peux évoquer une infinité de choses : il a des plumes, les os creux, il pond des œufs, il a le sang chaud, des globules, etc. Que puis-je dire d'une chaise si ce n'est qu'elle sert à s'asseoir? Pas même qu'elle a quatre pieds. Cette différence dans le potentiel d'évocation fait en sorte qu'on se base sur des experts pour connaître la nature des objets naturels; ce sont ces experts qui peuvent dire la différence entre un guépard et un léopard. Ce type d'expert n'existe pas pour les objets artéfactuels; si quelqu'un vous disait qu'il est expert dans la nature d'une chaise, vous le prendriez avec raison pour un excentrique. En d'autres termes, les gens sont prêts à accorder une «essence» aux objets naturels, mais pas aux objets artéfactuels : l'hirondelle de cheminée aurait une essence particulière qui fait ce qu'elle est et qui la distingue non seulement d'une chauve-souris mais aussi de tout autre oiseau (Medin, 1989).

Alors que les catégories sociales sont fondamentalement arbitraires, les gens ont tendance à traiter les objets sociaux comme des objets naturels, et à leur attribuer une essence (Rothbart et Taylor, 1992; Yzerbyt *et al.*, 1997). Le plus bel exemple d'**essentialisme**, et de son caractère arbitraire, nous vient du procès de Valladolid, après la découverte des Amériques. Les Indiens étaient-ils des êtres humains? Pour les Européens, cette question revenait à savoir s'ils avaient une âme. On dit que les Indiens répondaient à la même question par des recherches anatomiques sur les dépouilles des Conquistadores. Pour eux, l'essence était de nature biologique, et non théologique. L'essentialisme rend compte de nombreux conflits contemporains, dont nous n'évoquerons qu'un seul cas. Au Rwanda et au Burundi, Hutus et Tutsis correspondaient à des différences,

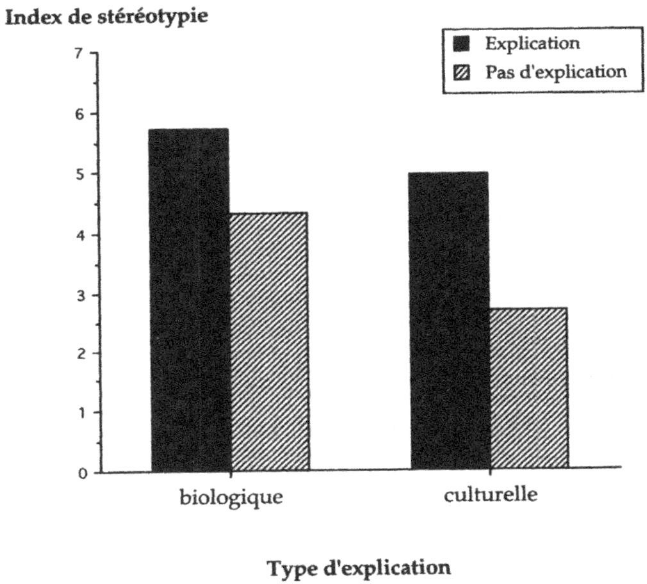

Figure 11.4 — Index de stéréotypisation en fonction du type de catégorie et de l'explication.

perméables, de statut économique. Les colonisateurs y ont vu des différences de «droit du sol» (privilégiant les Hutus) et de gènes (privilégiant les Tutsis). En effet, pour expliquer les différences de nombre, de taille et d'éducation entre les deux groupes, les savants de l'époque argumentèrent que les Tutsis étaient des «Hamites» venus d'Ethiopie qui se seraient emparés du pouvoir par la persuasion et la ruse au détriment des occupants légitimes, les Hutus. Cet essentialisme plaisait particulièrement au petit clergé missionnaire flamand dont le sol et la langue avaient souffert de l'impérialisme francophone. Il fut donc répandu sans peine et intériorisé par les intéressés eux-mêmes. C'est lui qui justifie les exactions ethniques d'aujourd'hui sur base d'un essentialisme additionnel, à savoir «le génie de la langue» : dans leur majorité, les Hutus ne parlent que le français et sont donc choyés par la France qui se méfie des Tutsis dont beaucoup ont appris l'anglais en exil (Braeckman, 1996).

Une expérience de Hoffman et Hurst (1990) illustre très bien l'idée d'essentialisme. Les participants recevaient des informations concernant deux groupes habitant une planète imaginaire : les Ackmiens et les Orinthiens. Suivant la condition expérimentale, Orinthiens et Ackmiens étaient d'espèces différentes ou ne différaient que géographiquement. Pour tous les sujets, les informations faisaient clairement apparaître que la majorité des membres d'un groupe travaillaient en-dehors de la maison alors que les autres s'occupaient surtout de tâches ménagères. Leur personnalité, toutefois, ne différait pas selon les groupes. Certains participants devaient trouver une explication à la différence de comportements alors que les autres passaient immédiatement à la phase finale de l'expérience qui consistait à juger chacun des groupes sur une série de traits stéréotypiques des hommes (qui travaillent au dehors et subviennent aux besoins du ménage) et des femmes (qui restent au foyer pour veiller sur les enfants). Les résultats apparaissent sur la figure 11.4. On s'aperçoit que les traits sont plus polarisés lorsque les gens ont été encouragés à trouver une explication aux différences et que les groupes ressortent d'espèces différentes, c'est-à-dire lorsque les groupes peuvent être expliqués par une essence différente.

Plus loin, nous reviendrons aux implications de l'essentialisme psychologique. Notons qu'à nouveau les gens se sentent particulièrement en mesure de porter un jugement lorsqu'ils disposent d'une théorie adéquate (Yzerbyt et Schadron, 1996).

A la lumière des théories qui viennent d'être passées en revue, comment expliquer les réactions de PL et JP à l'endroit de la France et de l'Allemagne au moment des faits comme des décennies plus tard? La hargne de PL à l'endroit du cafetier français pourrait se comprendre comme la recherche du bouc émissaire; il était plus facile et moins dangereux de s'en prendre à cet homme, qui ne brillait pas par sa générosité, qu'à l'armée allemande. Cette explication ne rend cependant pas compte de la persistance du sentiment de PL. Pendant le reste de la guerre, PL a eu l'occasion de côtoyer beaucoup d'Allemands, certains très bons, d'autres moins. Pendant la même période, il n'a guère eu de contacts avec des Français. Mais, depuis lors, PL a rencontré des Français. L'hypothèse du contact n'est donc pas entièrement satisfaisante. Peut-être la recherche d'une identité sociale positive a-t-elle joué? En effet, l'élocution (française) de PL n'est pas brillante, ses langues maternelles étant le wallon et l'allemand. Sa réaction peut être celle du «petit Belge» complexé. Ce qui est certain, c'est que PL a doté les Français d'une essence particulière. Comme JP l'a fait avec les Allemands. Ce qui peut sembler curieux dans le cas de JP, c'est la différence qu'il a opérée entre sa collègue belge qui l'a dénoncé et le couple allemand qui l'a sauvé. La collaboratrice a été traitée de brebis galeuse et cela n'a en rien affecté le sentiment patriotique de JP. Le couple allemand a été considéré comme une exception parmi un peuple assimilable à la Gestapo. En fait, pour lui, cette distinction entre «nous» et «eux» était sans doute vitale. Sans cette identité sociale positive qu'il s'attribuait, qu'aurait-il pu faire?

HOMOGÉNÉITÉ DES GROUPES

Dans les années cinquante, des psychologues expérimentaux, regroupés sous la bannière du «New Look», ont renouvelé la problématique de la perception en y introduisant des variables motivationnelles. Par exemple, on montrait des pièces de monnaie à des enfants en leur demandant d'estimer leur diamètre. Alors que des enfants de milieux aisés réussissaient sans peine la tâche, les enfants pauvres surestimaient la taille des pièces ayant le plus de valeur. Ces enfants ne souffraient pas d'un quelconque manque de vitamines car, en face de disques en carton de mêmes dimensions que les pièces de monnaie, leurs estimations étaient les mêmes que celles des enfants riches. Tajfel (1959) ne parvint pas à reproduire ces résultats en Angleterre et pensa à attribuer cette différence à l'absence de corrélation entre la taille des pièces britanniques et leur valeur.

Cette hypothèse fera avancer la recherche sur les stéréotypes d'un pas de géant (Tajfel, 1969). Son premier test semble toutefois fort éloigné de la psychologie sociale.

Des lignes verticales sont présentées, une à une, et à plusieurs reprises, à trois groupes de sujets. Les lignes sont toutes de grandeur différente et les sujets doivent estimer le plus exactement possible leur hauteur. Pour un groupe de sujets, les quatre lignes les plus grandes sont systématiquement étiquetées A alors que la lettre B est attachée aux quatre lignes les plus courtes. Il y a donc une corrélation entre la catégorie et la taille. Un deuxième groupe voit les mêmes lignes sans étiquetage alors que celui-ci est appliqué au hasard, c'est-à-dire sans relation avec la taille réelle, pour le troisième groupe. Les estimations des participants des deux derniers groupes sont proches de la réalité. Ce n'est pas le cas des sujets du premier groupe qui exagèrent la différence entre la plus grande ligne B et la plus petite ligne A. Ils tendent aussi à sous-estimer les différences à l'intérieur des groupes, A et B.

Bien qu'elle ne soit pas la plus convaincante au niveau des résultats, l'expérience de Tajfel et Wilkes (1963) est l'illustration la plus célèbre d'un phénomène capital, à savoir la tendance à surestimer les différences entre groupes ainsi que les ressemblances à l'intérieur des groupes (voir Krueger, 1992, et Wilder, 1986). La découverte de Tajfel est importante également parce que, de manière exclusivement cognitive, elle renouvelle la problématique théorique des stéréotypes. Remplacez les lignes par des caractéristiques de personnalité et vous aurez une explication, du moins partielle, des stéréotypes; remplacez-les par des théories essentialistes et vous aurez un début de réponse aux conflits intergroupes. On l'a vu en début de chapitre, Tajfel et les théoriciens de l'Identité Sociale s'intéresseront surtout aux différences entre groupes sociaux, alors que d'autres chercheurs, principalement en Cognition Sociale, étudieront l'homogénéité à l'intérieur des groupes, et plus spécialement l'asymétrie d'homogénéité entre endogroupe et exogroupe. En effet, les recherches montrent souvent que l'exogroupe est perçu de manière plus homogène que l'endogroupe (voir Ostrom et Sedikides, 1992; Park, Judd et Ryan, 1991). Percevoir comme semblables les uns aux autres tous les membres d'un autre groupe, ennemi par exemple, c'est en quelque sorte déindividuer ses membres. Perdant ainsi leur statut d'êtres humains singuliers, ils peuvent faire l'objet de préjugés, de discriminations, d'agressions. Les explications avancées pour rendre compte de cette asymétrie sont nombreuses.

Selon le modèle par exemplaires (voir chapitre 2), l'homogénéité de l'exogroupe serait due à une connaissance plus approfondie de l'endogroupe que de l'exogroupe. Pour juger du caractère chauvin des Français et des Belges, je passerais en revue tous les Français et Belges dont je me souviens. L'homogénéité de l'exogroupe résulterait d'une connaissance plus riche, plus complexe et plus diversifiée de l'endogroupe que de l'exogroupe (Linville, Fischer et Salovey, 1989). La familiarité n'est cependant pas capable d'expliquer l'asymétrie entre hommes et femmes. Chacun de nous, quel que soit son sexe, connaît sans doute à peu près autant de femmes que d'hommes. Ce qui ferait la différence serait que nous connaîtrions au moins une personne privilégiée dans un des groupes : nous. Les recherches ne semblent toutefois pas indiquer que familiarité, nombre d'exemplaires dont on se souvient, et information privilégiée concernant sa propre personne constituent des variables décisives pour expliquer l'homogénéité de l'exogroupe.

Selon une hypothèse récente (Park, Ryan et Judd, 1992), les gens organiseraient leur connaissance d'une catégorie en **sous-groupes**. Or, les gens seraient plus motivés à nuancer l'endogroupe que l'exogroupe, une nuance qui se traduirait par davantage de sous-groupes pour le premier que pour le dernier. Si vous êtes Français, par exemple, vous pourrez fractionner la catégorie Français en davantage de sous-groupes que vous ne pourrez le faire pour la catégorie Belge ou Britannique. Cette organisation en sous-groupes a des avantages fonctionnels certains. D'une part, les sous-groupes permettent de défendre l'intégrité de l'entièreté du groupe : « Vous vous trompez de cible, mon ami, les Français dont vous vous moquez sont en fait des Parisiens, c'est-à-dire une minorité ». D'autre part, la pluralité des sous-groupes est une arme contre les stéréotypes : « Attention, ne généralisez pas trop vite, tous les Français ne sont pas des French lovers ».

La **théorie de l'auto-catégorisation**, quant à elle, explique l'asymétrie d'homogénéité par une différence de niveau de comparaison. En jugeant mon groupe, je me situerais au niveau interpersonnel et ferais des comparaisons entre moi et les autres membres de mon groupe. J'y verrais donc beaucoup de différences. Par contre, en jugeant un exogroupe, je travaillerais à un niveau intergroupe et comparerais mon endogroupe à cet exogroupe particulier. Je ne constaterais donc pas beaucoup de différences à l'intérieur de cet exogroupe (Oakes, Haslam et Turner, 1994).

L'homogénéité endogroupale est parfois plus prononcée que l'homogénéité exogroupale. Comment expliquer ce phénomène et dans quelles conditions apparaît-il? Se basant sur la théorie de l'identité sociale, Simon (1992) émet l'hypothèse que l'homogénéité de l'endogroupe peut renforcer l'estime de soi des membres. Ce serait particulièrement le cas lorsque l'endogroupe constitue une minorité. Dans des circonstances « normales », les gens imaginent spontanément qu'ils font partie de la majorité et conçoivent donc leur groupe de manière diversifiée. Dans d'autres cas, cependant, ils sont forcés d'admettre qu'ils appartiennent à la minorité. Or, les travaux de Festinger et de ses élèves sur les pressions à l'uniformité ont montré que les groupes extrêmes tendent souvent à se scinder en groupuscules encore plus petits parce que leur fragilité ne tolère pas la variété; pour ces groupes, l'unanimité est un ukase. Ceci explique donc l'effet d'homogénéité endogroupale d'une minorité quantitative.

Les minorités qualitatives, elles aussi, peuvent se voir de manière plus homogène qu'elles ne perçoivent la majorité. C'est le cas des minorités sans prestige social, qui se regardent avec les yeux des groupes plus prestigieux. C'est le cas des femmes par rapport aux hommes. «Toutes les femmes qui se respectent savent cuisiner avec plus ou moins de bonheur. La plupart des hommes savent à peine comment faire bouillir de l'eau, mais il faut aussi admettre que les plus grands cuisiniers sont masculins». C'est mon opinion d'homme; elle est partagée par les autres hommes... et par les femmes (Lorenzi-Cioldi, 1994).

RÉDUCTION DU BIAIS PRO-ENDOGROUPE, DE LA DISCRIMINATION ET DES CONFLITS INTERGROUPES

Les pages précédentes auront sans doute donné l'impression aux lecteurs que les psychologues se sont davantage intéressés à comprendre l'escalade de la tension entre groupes qu'à chercher à la désamorcer. Peut-être la première démarche est-elle plus facile que la seconde?

Décatégorisation, recatégorisation et catégorisations croisées

Sous-jacente à l'hypothèse du contact, il y a l'idée que les gens placent autrui dans une catégorie (autre que la leur) par ignorance. Si les gens étaient suffisamment informés, ils se rendraient compte de la spécificité et de la richesse de chaque individu, et ne chercheraient donc pas à le cloisonner dans une catégorie particulière. Dans cette optique, les catégories sociales sont un mal qu'il faut dépasser : «Nous sommes tous citoyens du monde». Lorsque l'hypothèse du contact fut formulée, c'était l'époque des Relations Humaines aux Etats-Unis et, d'ailleurs, plusieurs experts appelés à témoigner en faveur de la déségrégation scolaire devant la Cour Suprême des Etats-Unis appartenaient à ce mouvement. Leur solution était de **décatégoriser** (Miller et Brewer, 1984). Elle est toujours présente aujourd'hui chez ceux qui prônent le «color-blindness», c'est-à-dire la cécité devant les différences de pigmentation de peau et autres caractéristiques physiques. C'est une solution envisageable en laboratoire, voire dans un camp de vacances. Elle est tout simplement irréaliste et non fonctionnelle dans la vie courante. Nous l'avons vu dès le début de ce livre : catégoriser est un processus indispensable au fonctionnement humain. S'il faut mettre quelque chose en cause, ce sont les essences et attributs accolés aux catégories mais pas le processus de catégorisation. Allez-vous cesser de penser parce que ce sont les idées qui génèrent les guerres?

Devant la naïveté de la décatégorisation, certains auteurs ont prôné la **recatégorisation**. Noirs et Blancs des Etats-Unis ne seraient plus que des citoyens des USA. «Flamand et Wallon sont nos prénoms, Belge est notre nom», entend-on, de plus en plus rarement, en Belgique. Notons que, lorsqu'elles réussissent, décatégorisation et recatégorisation n'ont pas les mêmes effets. Toutes les deux réduisent ou suppriment le biais pro-endogroupe, mais de manière différente; la décatégorisation ramène l'endogroupe au niveau de l'exogroupe alors que la recatégorisation élève l'exogroupe au niveau de l'endogroupe (Gaertner *et al.*, 1993). De ce point de vue, donc, la recatégorisation aurait des conséquences davantage positives que la décatégoristion. C'était, somme toute, la situation réussie par Sherif à la fin de ses camps de vacances.

Le problème avec la recatégorisation est qu'elle ne peut que rassembler un nombre limité de groupes, et que ce redéploiement des groupes sociaux se fait généralement sous la contrainte d'une menace externe. On fait bloc devant l'ennemi.

Hewstone et Brown (1986; Brown, 1995) ont proposé un modèle qui reprend la plupart des recommandations originales de l'hypothèse de contact tout en maintenant saillante l'appartenance groupale. Cet amendement faciliterait la généralisation à l'entièreté de l'exogroupe. Toutefois, la généralisation peut être négative si le contact s'est effectué avec des membres d'un groupe ayant provoqué une impression déplaisante. Ce modèle est un compromis astucieux, mais il attend toujours des données qui le confortent au-delà de la spéculation. D'autre part, dans ce modèle, quels sont les poids respectifs à accorder à la décatégorisation et aux catégories? Qu'est-ce qui fait qu'un pays fédéralisé réussit ou bascule dans le séparatisme?

Les optimistes se diront peut-être que la solution émergera avec une société qui, par la force des choses, deviendra davantage pluraliste. Viendra un moment où le partage des caractéristiques entre membres de différents groupes sera tel qu'il sera difficile de discriminer en faveur d'un groupe spécifique, parce que celui-ci ne sera plus «pur». Les psychologues parlent à ce propos de **catégorisations croisées** (Vanbeselaere, 1991). Prenons le cas simpliste de Turcs et d'Allemands qui se retrouvent ou non au chômage. Quatre groupes sont possibles et ils se répartissent suivant qu'ils divergent pour deux caractéristiques (par exemple, les Allemands chômeurs et les Turcs non-chômeurs) ou qu'ils sont semblables pour une des deux (par exemple, tous les Allemands, ou tous les chômeurs). Même pour un cas aussi simple, ne comprenant que deux fois deux groupes, les prédictions sont complexes. Une prédiction, strictement catégorielle, revient à considérer les quatre groupes comme des entités également distinctes; pour chaque sujet, Allemand ou Turc, chômeur ou non, il y a un endogroupe et trois exogroupes. D'où, quel que soit l'exogroupe, un biais pro-endogroupe apparaîtrait. Une autre prédiction soutient que similitudes intragroupes et différences intergroupes s'équilibreront et, donc, que la catégorisation croisée fera disparaître tout biais. La troisième prédiction distingue les groupes qui diffèrent par deux caractéristiques ou une seule; le biais serait maximal pour les premiers et moindre pour les seconds. Cette dernière prédiction, qui tient compte des gradations, semble la mieux étayée du point de vue empirique. Il convient toutefois de rester prudent en ce qui concerne les conclusions car on ne peut réduire une société pluraliste à quatre cellules.

Conversion, comptabilité et sous-typage

Si les tensions entre groupes se nourrissent d'essences pernicieuses, et si celles-ci dépendent du contenu des stéréotypes, ne pourrait-on réduire les premières en influant sur les derniers. Le postulat de base est que les stéréotypes seraient menacés, et éventuellement changés, par des informations qui les contrediraient. Toutefois, ces informations contradictoires peuvent se présenter de différentes façons. Celles-ci susciteraient des réactions spécifiques que les psychologues ont expliquées par trois modèles.

La contradiction peut venir d'une seule personne. Sans doute les attitudes vis-à-vis du symbole qu'est le port du tchador, le voile musulman, ont-elles évolué en Belgique depuis que Nabela Benaïssa s'est fait un des porte-parole des familles d'enfants enlevés et victimes de pédophiles? Les psychologues sociaux parlent à ce propos d'un modèle par **conversion**. La contradiction peut aussi survenir, par petites touches, d'un ensemble de personnes. Face à cette constellation de caractéristiques incohérentes avec les attentes, les gens réagiraient comme des **comptables** recensant ce qui tombe dans la colonne des confirmations et dans celle des incohérences. Enfin, les caractéristiques incohérentes peuvent se concentrer chez certains individus plutôt que d'être disséminées sur l'ensemble de l'exogroupe. On parlera de **sous-typage** (à ne pas confondre avec les sous-groupes dont on a parlé en envisageant l'homogénéité des groupes).

Il n'y a pas de raison de douter de l'existence de la conversion. Que l'on pense au charisme de Martin Luther King, ou à l'aura de Nelson Mandela. Pourtant, dans les conditions contrôlées des recherches expérimentales, ce phénomène n'est pas encore apparu. Quant au sous-typage, il est un excellent moyen de ne pas changer l'ensemble de la vision du groupe. Il permet d'enkyster les exceptions. C'est le modèle comptable qui rend, en fait, le mieux compte des changements des stéréotypes. Lorsque l'incohérence porte sur de nombreuses dimensions et touche l'ensemble d'un groupe, il devient de plus en plus difficile de soutenir que ce groupe possède les caractéristiques qui lui étaient attribuées au départ. Toutefois, et on l'avait déjà remarqué dans le deuxième chapitre, les individus dépenseront beaucoup d'énergie pour maintenir intactes leurs théories concernant les groupes. Ce n'est pas étonnant : une théorie qui changerait constamment n'aurait plus d'utilité.

Une série d'études célèbres ont mesuré avec la même méthodologie les stéréotypes vis-à-vis des 10 mêmes groupes dans une même université américaine à trois époques différentes : dans les années trente quand Katz et Braly (1933) mirent au point la première mesure valable des stéréotypes, un peu après la Seconde Guerre Mondiale (Gilbert, 1951), et en 1967 (Karlins, Coffman et Walters, 1969). Parmi les 10 groupes figuraient les Allemands, les Japonais et les Noirs américains. Les résultats montrent à la fois la stabilité et la flexibilité des stéréotypes. Avec le temps, les Allemands perdent leur caractère scientifique (78 %, 62 %, 47 %). Le côté intelligent et travailleur des Japonais (45 % et 44 %) diminue de manière drastique avec la guerre (11 % et 12 %) mais reprend de l'importance ensuite (20 % et 57 %). Alors que 84 % des Noirs américains étaient considérés comme superstitieux en 1933, et 75 % comme paresseux, les pourcentages tombent graduellement pour atteindre respectivement 13 % et 26 % en 1967; par ailleurs, le sens de la musique leur est de plus en plus reconnu (26 %, 33 % et 47 %).

Il ressort de ces études que les interactions sont toutes puissantes pour décider des stéréotypes. Quand les savants allemands commencent à immigrer aux USA, tous les Allemands sont considérés comme scientifiques; après la guerre, les USA reprendront le flambeau de la science et donc, en 1967, les Allemands ne sont plus jugés aussi scientifiques qu'en 1933 — aux yeux des étudiants de Princeton. Le cas des Japonais est clair : la guerre leur a porté un coup qui ne s'est pas révélé mortel et il existe d'ailleurs aujourd'hui aux USA un mythe de l'Asiatique intellectuellement surdoué. L'image des Afro-Américains, comme on doit le dire aujourd'hui, a fortement évolué, Dieu merci. Cette évolution est sans doute moins la résultante d'une modification des interactions avec les Noirs que de celle d'interventions en faveur des Noirs. Somme toute, Sherif qui était un adversaire du contact en tant que tel avait également insisté sur les interactions. En conclusion, on remarque les influences réciproques entre stéréotypes et qualités des interactions.

La réaction de PL à l'égard des Français à partir de son interaction malheureuse avec le cafetier français est typique de ce qu'on appelle la stéréotypisation. Dans ce cas, elle donne raison aux détracteurs des stéréotypes parce que PL est responsable du contenu, absurde, de son stéréotype et de l'essence, non flatteuse, qu'il a attribuée à tout un peuple. JP, quant à lui, était pris au piège de son interaction avec le couple allemand; il ne pouvait pas se comporter avec ces personnes comme il aurait rêvé le faire avec tous les Allemands, et comme il ne se gênait pas de le faire avec l'officier de la Gestapo. JP a dû créer un sous-type des Allemands pour s'entendre avec le couple, peut-être celui des parents, désarmés dans tous les sens du terme, et dont l'enfant était envoyé à la mort. On peut certainement regretter la rancune de PL et de JP, mais leurs réactions sont représentatives. Elles attestent qu'un monde sans catégories est une utopie.

Justice procédurale et pouvoir

Les interactions mettent en œuvre le partage de biens matériels et symboliques. C'est très souvent l'injustice perçue au niveau de ce partage qui contribue aux conflits entre groupes. Le biais pro-endogroupe, la discrimination et les préjugés contribuent à ce sentiment d'injustice. D'autre part, une répartition juste n'est pas aussi simple qu'il peut paraître à première vue (Azzi, 1994; Folger, 1984).

Prenons le cas de la Belgique et, pour simplifier, réduisons-la uniquement aux deux communautés, flamande et française. La communauté flamande est numériquement plus importante et économiquement plus riche que la communauté française. Elle rapporte donc davantage d'impôts à l'état central. La communauté flamande compte également moins de chômeurs, moins de personnes âgées et malades; elle coûte donc proportionnellement moins que la communauté française.

Selon la **théorie de l'équité** (Walster, Walster et Berscheid, 1978), une relation entre deux groupes serait juste dans la mesure où les bénéfices seraient proportionnels aux contributions de chacun. Donc, dans la mesure où la communauté flamande intervient majoritairement dans les impôts, elle devrait recevoir en retour davantage de bénéfices. Est-ce à dire, suivant cette logique, que les enfants flamands auraient droit à de meilleures écoles et à des enseignants davantage motivés, parce que mieux payés, que les enfants francophones? Cela signifie-t-il que la sécurité sociale devrait fonctionner plus généreusement pour les Flamands que pour les Francophones? Avec ces exemples, on s'aperçoit qu'une justice basée uniquement sur l'équité, ou la proportionnalité, soulève des difficultés. Comme l'a montré la théorie de la privation relative, les gens réagissent lorsqu'ils estiment recevoir moins qu'ils n'espéraient. Il peut donc arriver que recevoir plus que la proportionnalité soit considéré comme injuste et, inversement, que recevoir moins soit vécu comme juste. En fait, beaucoup de partages requièrent l'égalité plutôt que l'équité. C'est le cas des biens symboliques, comme l'éducation ou la santé, lorsque les groupes désirent une relation harmonieuse à long terme; on parle d'ailleurs du droit à l'éducation et à la santé pour tous.

Il faut aussi distinguer justices individuelle et collective. Dans un cas, on protège les droits individuels, par exemple ceux des chômeurs, et dans l'autre on reconnaît les droits des groupes en tant que tels, par exemple ceux des minorités linguistiques ou religieuses. Il existe un lien entre types de justice, individuelle et collective, et types de ressources, privées, souvent matérielles et divisibles entre individus, ou collectives, souvent symboliques et non divisibles. Généralement, les ressources privées relèvent de la justice individuelle et sont partagées entre groupes de manière proportionnelle. Par contre, les ressources collectives dépendent de la justice collective et répondent à la règle de l'égalité (Azzi, 1992).

Nous venons de proposer des distinctions bien claires avec des règles précises. La réalité est beaucoup moins tranchée que nous ne l'avons laissé croire jusqu'à présent. En effet, la ressource la plus importante est celle du pouvoir. Celui-ci peut être considéré comme une ressource privée, relevant de la proportionnalité, et, de fait, au niveau central de l'état belge, les parlementaires flamands sont plus nombreux que les francophones. Le pouvoir est aussi une ressource collective, relevant de l'égalité; cet aspect égalitaire est représenté en Belgique au niveau des ministres fédéraux. Cela n'empêche pas les conflits. Dans un cas de figure comme la Belgique, il est inévitable que la majorité flamande veuille faire triompher pour n'importe quel problème une justice individuelle, et la proportionnalité, sur le thème «démocratique» que tout le monde est égal. Il est tout aussi normal que la minorité francophone demande une justice collective, et l'égalité.

Si l'on veut éviter des conflits sanglants, ou l'éclatement de l'état central, il faut trouver des règles de procédure — on parle de **justice procédurale** — au niveau de la distribution du pouvoir qui respectent à la fois la proportionnalité et le droit de la minorité. Si les parlementaires flamands représentaient 65 % des voix et que la majorité simple (51 %) était de mise, la communauté flamande l'emporterait à tous les coups. S'il fallait une majorité des deux tiers, la communauté française aurait un droit de veto. Une solution a donc été trouvée; il s'agit d'«établir une représentation proportionnelle avec une majorité simple mais d'exiger que cette majorité inclue des votes de chaque groupe. (...) Quand le parlement doit prendre une décision concernant les intérêts ethno-linguistiques, l'adoption d'une décision exige l'accord d'une majorité des représentants flamands et d'une majorité des représentants francophones» (Azzi, 1994, p. 316).

L'approche abordée dans cette dernière section du chapitre est très différente de celles qui ont précédé. Personne ne niera l'existence des conflits en Belgique. Chaque communauté a à sa disposition un répertoire de stéréotypes qui la concerne autant qu'il concerne l'autre communauté. Les nominations de fonctionnaires, mais aussi la coopération internationale, font l'objet de discriminations. Pourtant, un minimum de règles de procédure permet à chaque communauté de garder son identité sans enflammer les tensions.

Les auteurs de ce livre sont belges (nul n'est parfait, comme disent certains). Et ils espèrent que ce livre sera lu et utilisé en-dehors de leur pays. Il est vrai que pour la justice procédurale, la Belgique est une mine d'or. Mais elle n'est pas le seul exemple. Pensons à l'Europe. Là aussi, certaines procédures efficaces ont été trouvées, mais beaucoup reste à faire. L'actuel droit de veto par un seul pays, souvent la Grande-Bretagne d'ailleurs, montre bien les déficiences du système actuel.

Il y a partout des Beyrouth, Bruxelles, Mostar, Jérusalem ou Toulon. Décidément, il est bien compliqué de trouver l'exact dosage entre similitudes et différences !

Conclusions
Expérimentation et questions éthiques

Chers lecteurs, dans ce livre, nous avons donné le meilleur de nous-mêmes avec l'espoir de vous faire partager notre enthousiasme pour la psychologie sociale expérimentale. Bien sûr, le panorama que nous offrons n'est pas complet. Nous avons sélectionné certains thèmes plutôt que d'autres. Nous aurions pu parler notamment du Moi, des groupes, du leadership, de la communication, des différences inter-culturelles. Notre choix représente nos préférences personnelles plus qu'un jugement de valeur. Dans les limites de cet ouvrage, en offrir davantage nous aurait obligés à traiter certains sujets de manière superficielle. Nous avons dû également faire des choix à l'intérieur des thèmes abordés, et nous avons retenu les points les plus importants à nos yeux. Nous n'avons pas consacré de chapitres à des thèmes tels que le droit, la santé, ou l'environnement. Pour ne pas creuser davantage encore le fossé entre une psychologie sociale appliquée et une autre fondamentale, nous avons préféré suggérer des applications chaque fois que c'était pertinent.

Contrairement à une pratique courante dans nos pays, nous avons aussi délibérément choisi de ne pas entretenir de polémiques (sauf maintenant !). En effet, celles-ci servent davantage les ego des protagonistes et les conversations des initiés que l'intérêt du lecteur. Toutefois, il est possible que les pages suivantes, consacrées à l'expérimentation en psychologie sociale ainsi qu'aux questions éthiques qui lui sont associées, prêtent à controverse. Si celle-ci est constructive, nous aurons atteint notre but.

Nous sommes opposés aux études conduites «pour voir si» (voir si les musiques baroque et romantique affectent différemment la mémoire, voir si les étudiantes aux yeux bleus ou verts réussissent mieux les examens oraux que les étudiantes aux yeux marrons ou gris). Accumuler le savoir de manière intégrative dans notre discipline est suffisamment difficile déjà, de telles recherches ne peuvent qu'accentuer le côté «mosaïque» que certains, comme Sartre (1960), reprochent à la psychologie sociale expérimentale. Nous estimons en outre que toute expérience doit être basée sur une hypothèse justifiée au niveau théorique. Nous ne voulons pas dire par là que l'hypothèse doit nécessairement être déduite d'une théorie existante. Elle peut en effet provenir de l'intuition du chercheur ou encore d'un fait divers, par exemple, mais nous recommandons en tout cas que sa présentation prenne en compte les théories disponibles, ne serait-ce que pour s'y opposer. Les noms de Schachter et de Festinger sont apparus à maintes reprises au cours de ce livre. Ces deux chercheurs illustrent à merveille les perspectives que nous préconisons. Festinger avait l'habitude de tester des hypothèses déduites formellement d'une théorie; Schachter, lui, préférait partir d'une observation qu'il confrontait aux théories existantes avec l'espoir de pouvoir en proposer une nouvelle. Enfin, notons que lorsque c'est possible, le «chic du chic» consiste à proposer et tester une hypothèse susceptible de départager deux théories concurrentes, ou de cerner les limites d'application de l'une et de l'autre.

Bien sûr, l'expérimentation n'est pas la seule manière de tester des hypothèses en psychologie sociale. Des méthodes statistiques peuvent remplir cet office, mais elles sont plus sophistiquées et exigeantes que ne l'imaginent certains de leurs utilisateurs. L'expérience reste, toutefois, la voie royale. Les psychologues sociaux se sont d'ailleurs révélés d'excellents expérimentateurs, l'invention de la méthode des comparses le prouve.

Trois critiques ont généralement été adressées aux expériences de laboratoire : la trivialité de leurs résultats, leur caractère artificiel, et les questions éthiques qu'elles soulèvent.

Une fois les résultats d'une expérience connus, il est facile de crier à l'évidence. Imaginez que Milgram n'ait pas demandé à des psychiatres de prédire les résultats de ses expériences mais les ait directement confrontés aux données. Il est probable que certains de ces psychiatres auraient commenté sans peine l'obéissance massive qu'aucun n'avait prédite. Une anecdote devrait suffire à clore ce paragraphe concernant la trivialité des résultats. Rappelez-vous Hovland, ce chercheur qui s'est illustré dans le domaine du changement d'attitudes. Pendant la seconde

Guerre Mondiale, il dirigeait une équipe de psychologues. Ceux-ci se réunissaient régulièrement avec des officiers pour discuter des résultats de leurs recherches. A chaque réunion, un général critiquait la trivialité des résultats et déplorait que l'armée américaine dépense autant d'argent et de temps pour chercher ce que sait d'avance toute personne de bon sens. Au début d'une de ces réunions, alors que le général entamait son refrain, Hovland lui dit : « Vous permettez, mon général, je voudrais m'assurer que vous avez reçu un rapport exact de nos recherches. » Hovland prit le rapport que le général avait raturé à grands traits, le feuilleta. « Il y a eu une erreur; vous n'avez pas le bon rapport. Le voici. » Et il déposa devant le général un rapport dont les résultats étaient exactement à l'opposé de ceux que ce dernier avait qualifiés de triviaux. Il paraît que le général comprit très bien la leçon.

Selon certains critiques, le laboratoire n'est pas la réalité. Sans doute veulent-ils dire par là que la réalité du laboratoire est différente de la réalité à laquelle ils pensent. Le laboratoire fait partie de la réalité mais il est vrai que, par construction, il comporte une dimension artificielle puisque le chercheur s'efforce de contrôler certaines variables, mission qui est souvent impossible en-dehors du laboratoire. S'en prendre au caractère artificiel du laboratoire n'est pas très malin. Que connaîtrait-on des lois de la pesanteur si on s'était contenté d'observer des pains au levain ou des feuilles d'arbre emportées par le vent d'automne (Banaji et Crowder, 1989)? Plutôt que de pourfendre l'aspect artificiel du laboratoire, mieux vaut distinguer réalismes expérimental et mondain et examiner la généralisation possible de leurs résultats en-dehors du laboratoire. C'est, somme toute, cette généralisation qui importe au chercheur. Par réalisme expérimental, on entend une situation qui a peu de chances de se retrouver telle quelle en-dehors du laboratoire mais dans laquelle les sujets sont très impliqués. Ce sont, par exemple, les expériences d'Asch sur le conformisme ou celles de Milgram sur l'obéissance. Le réalisme mondain, quant à lui, renvoie à des situations presqu'identiques à celles que l'on retrouve hors du laboratoire. Les études sur le changement d'attitude sont souvent de ce type : les sujets lisent un article provenant d'une source experte ou non, avec de bons ou de mauvais arguments, presqu'exactement comme dans leur magazine préféré.

Intrinsèquement, un réalisme n'est pas supérieur à un autre. Le choix dépend de ce que le chercheur veut étudier, de ses talents et habitudes en matière de mise en scène expérimentale, et de ce qu'il veut bien sacrifier comme rigueur scientifique. L'objet d'étude dictera en grande partie le type de réalisme adopté. Si l'on traite des variables hautement motivationnelles comme le conformisme, l'agression ou l'obéissance à des ordres sadiques, il faudra construire une situation à la fois opaque pour que le sujet ne soupçonne pas les buts de la recherche, et très impliquante pour qu'il adopte le comportement attendu. Le réalisme expérimental est donc indiqué. Si la duperie n'est pas importante, comme c'est souvent le cas en persuasion, on optera pour un réalisme mondain. Le choix reflétera aussi les habitudes de mise en scène du chercheur. En effet, une expérience n'est jamais qu'une mise en scène! Si l'expérimentateur est un mauvais metteur en scène, il n'obtiendra pas de résultats, quelle que soit la justesse des hypothèses testées (songez aux expériences sur la dissonance cognitive; sans talent, le chercheur ne parviendra jamais à créer chez les participants un état de dissonance cognitive). L'efficacité d'une expérience dépend donc à la fois de la valeur de l'hypothèse testée et de la mise en scène. Enfin, alors que le réalisme expérimental favorise l'implication des participants au détriment de la variance erreur, le réalisme mondain privilégie la standardisation aux dépens de l'implication des participants. Une expérience papier-crayon ou sur ordinateur permet de très bien contrôler les éventuels facteurs perturbants, y compris ceux en provenance de l'expérimentateur, mais elle passionne rarement les participants. A l'opposé, dans une grande mise en scène, l'expérimentateur doit parfois improviser et toujours déployer une série de variables susceptibles d'être interprétées différemment par les sujets, ce qui augmente la variance mais captive les sujets.

Quel réalisme est davantage généralisable? L'expérimental ou le mondain? La réponse n'est pas du tout évidente. Le réalisme mondain étant plus proche de la vie de tous les jours, il devrait être davantage généralisable, mais si les sujets n'ont guère payé d'attention à ce qu'ils ont fait pendant l'expérience, leurs réponses ont peu de chances de se généraliser à d'autres situations. Par contre, le réalisme expérimental est hautement spécifique, il ne se rencontrera probablement jamais plus, mais son «charme» a sans doute mis à nu les participants.

Une solution qui nous paraît tout à fait dérisoire est de vouloir calquer le monde extérieur à l'intérieur du laboratoire. Une anecdote sera plus convaincante que bien des discours. A l'occasion d'un colloque de psychologie écologique, l'un de nous (jph) assista à la présentation d'une étude dans laquelle le chercheur avait reproduit au moindre détail près des bureaux de fonctionnaires dans son laboratoire. Les sujets travaillaient pendant les heures de bureau plusieurs jours d'affilée et tous leurs comportements étaient filmés et enregistrés. Le chercheur était manifestement fier de la validité écologique de son dispositif jusqu'au moment où un auditeur lui demanda : «Et quand les gens allaient aux toilettes?» Le chercheur eut l'honnêteté de répondre que ses sujets n'étaient jamais allés aux toilettes pendant les heures de bureau, mais, aux rires qui accueillirent sa réponse, il se rendit bien compte que son argument était anéanti.

Si vous voulez une réalité extérieure au laboratoire, sortez du laboratoire ! Faites comme Deconchy lorsqu'il étudie ses sujets orthodoxes. Prenez exemple sur Sherif et ses camps de vacances. Nous irons même plus loin : si vous quittez le laboratoire, n'essayez pas à toute force de conduire une étude que vous auriez pu conduire en laboratoire. Profitez du terrain et du fait que vous ne pouvez pas contrôler toutes les variables; soyez attentif aux facteurs spécifiques du terrain. En effet, lorsque vous conduisez une expérience en laboratoire, vous décidez des variables intéressantes à manipuler, à mesurer et à contrôler. Si tout se passe exactement comme vous l'espérez, vous ne trouverez pas plus que ce que vous avez prédit. C'est différent sur le terrain où il est impossible de tout contrôler. Faites un pari sur cette impossibilité; peut-être vous apportera-t-elle d'agréables surprises? Un exemple valant toutes les statistiques, voici à nouveau une anecdote. Lorsque les premières recherches de laboratoire montrèrent un impact des films violents sur le comportement agressif des spectateurs, l'industrie télévisuelle cria à l'artifice. Comme c'était dans l'air du temps (fin des années 60), les chercheurs émigrèrent vers le terrain pour observer les comportements agressifs de groupes d'adolescents qui venaient de voir des films violents «normaux» et non plus édités ou fabriqués pour les besoins de la cause. Ce changement de lieu n'entraîna pas un changement de perspective chez les chercheurs et les premières études sur le terrain conclurent, comme les expériences de laboratoire, que les sujets étaient influencés, individuellement, et de manière immédiate (sans médiation) par les films. Lorsque Leyens *et al.* (1975) conduisirent leur recherche sur des adolescents en difficulté avec la Justice, ils durent travailler avec des groupes déjà constitués. Certes, on pouvait répartir aléatoirement les groupes dans les différentes conditions de films, mais on ne pouvait pas répartir les sujets dans les divers groupes. Leyens *et al.* eurent l'idée de mesurer le degré de dominance des sujets dans les groupes et observèrent que les hautement dominants réagissaient dès le premier film agressif alors qu'il fallait attendre plusieurs jours pour voir une augmentation d'agression chez les plus dominés. Cela signifiait-il que les dominés avaient besoin de davantage de stimulations agressives avant de réagir, qu'ils imitaient les plus dominants, ou encore qu'ils finissaient par rendre leurs coups à ces derniers? Ces interrogations mettaient en question une influence non médiatisée des films sur des individus en groupe et elle fut à l'origine d'un nouveau courant de recherches sur les effets d'audience en matière de violence dans les médias.

A nos yeux, la réponse la plus appropriée à la critique du caractère artificiel est d'effectuer un aller-retour constant entre laboratoire et terrain. Le terrain pour les idées nouvelles; le laboratoire, pour la précision. La réponse aux questions éthiques sera beaucoup plus circonstanciée parce que les problèmes qu'elles soulèvent nous semblent beaucoup plus fondamentaux que ceux de la trivialité ou de l'aspect artificiel.

Comme vous avez pu vous en rendre compte à plusieurs reprises dans cet ouvrage, participer à une expérience de laboratoire n'est pas nécessairement agréable. Souvent, des événements déplaisants se produisent : le sujet doit recevoir ou envoyer des chocs électriques, il est saturé de bombardements sonores ou, au contraire, privé de toute perception pendant des heures entières, il est insulté, etc. Souvent aussi, le fait de participer à une expérience dévoile au sujet des aspects de sa personne qu'il aurait peut-être préféré ignorer : conformisme, agressivité ou apathie par exemple. Enfin, la plupart du temps, le sujet est systématiquement berné par l'expérimentateur et ses compères : une expérience sur l'obéissance lui est présentée comme ayant trait à l'apprentissage, une autre sur l'agressivité est camouflée en étude psychophysiologique.

Un des moyens préconisés pour contourner l'obstacle éthique est de transférer les études du laboratoire sur le terrain, une réponse comparable à celle qui fut apportée à la critique du caractère artificiel. Plusieurs exemples en ont été fournis dans divers chapitres de ce livre. Plutôt que d'être observés en laboratoire, les sujets le furent dans des lieux aussi «naturels» et différents que salles d'attente, débits de boisson, écoles, autoroutes, pelotons militaires, bibliothèques, etc. Selon nous, le recours au terrain ne résoud pas les problèmes éthiques. Le sujet qui accepte de participer à une étude de laboratoire sait qu'il sera observé même s'il ne connaît pas l'objet exact d'observation. Ce n'est pas le cas dans la plupart des investigations sur le terrain, où il ignore qu'il prend part à une étude psychologique, n'est pas conscient d'être soumis à des manipulations expérimentales, et n'a donc pas la possibilité de refuser sa participation.

Une autre solution, plus radicale, a été proposée par un petit nombre de psychologues. Il s'agit du jeu dramatique, encore appelé jeu de rôles ou simulation : les sujets, mis au courant du caractère fictif de l'expérience, agissent *comme si* elle était réelle. Prenons le cas de l'expérience de Milgram : les participants savent que l'élève est un comparse qui ne reçoit aucun choc électrique mais ils doivent agir *comme si* des chocs véritables étaient envoyés à un sujet naïf. Avouons-le d'emblée : cette approche ne nous convainc pas. Pour que celle-ci soit valable, elle doit traduire au maximum ce que feraient des sujets «naïfs», sans connaissance de la supercherie. La meilleure illustration de cette condition, pour notre point de vue, a été fournie par l'étude de Zimbardo *et al.* (1973), résumée au chapitre 6. Rappelez-vous, cette expérience simulait une situation de prison avec des étudiants comme geôliers et prisonniers. Elle avait été programmée pour plusieurs semaines. On dut l'arrêter au bout de quelques jours tant les protagonistes étaient entrés dans la peau de leur «personnage». Manifestement, aucun gain éthique n'a été obtenu par ce jeu de rôle. Notre autre critique vient du contenu même de ce livre où nous avons à maintes reprises montré que «dire ce que l'on ferait» et «faire ce qu'on croit que l'on ferait» sont deux choses différentes, de même que «dire pourquoi l'on ferait telle chose» n'est pas la même chose que «faire telle chose pour telle raison.»

Si l'on rejette les études sur le terrain de même que les jeux de rôle, quelle solution adopter? Respecter certaines règles, personnelles, en espérant qu'elles soient partagées par les éventuels comités d'éthique. Deux règles nous semblent fondamentales.

Tout d'abord, il ne faut jamais programmer une expérience sans être certain que le sujet qui y a participé en sortira en aussi bonne forme qu'il y est entré. Cette règle est personnelle car elle repose sur ce que l'on se sent capable d'effectuer pendant l'entretien post-expérimental, ou *debriefing* en anglais. Nous sommes, par exemple, de grands admirateurs des expériences de Milgram sur l'obéissance. Pourtant, nous nous sommes toujours opposés à ce qu'elles soient reproduites dans nos laboratoires. En effet, nous n'étions pas certains qu'un entretien post-expérimental viendrait à bout des problèmes soulevés par le comportement des participants.

Dans cet entretien post-expérimental, il est indispensable que l'expérimentateur ou un de ses collaborateurs informe chaque sujet des buts réels de l'expérience, dévoile la tromperie et en explique les raisons, et permette également au sujet d'exprimer ses réactions. Selon nous, cet entretien fait partie intégrante de l'expérience dont il constitue une des périodes les plus importantes et les plus délicates. Le participant à une expérience rend service au chercheur et il a le droit de savoir à quoi celui-ci s'intéresse réellement. Cette information, à elle seule, est insuffisante : imaginez un sujet conformiste des expériences d'Asch qui apprend que les jugements de lignes qu'il a fournis étaient en fait destinés à mesurer son taux de conformisme. Cette seule information va sans doute augmenter sa confusion ou sa colère. Il s'agira alors de lui expliquer les raisons qui ont rendu nécessaire le recours à la tromperie («Dans la vie quotidienne, il est extrêmement rare de trouver une majorité unanime qui commette systématiquement des erreurs dans les estimations de longueurs, alors...); cette étape est primordiale si l'on veut que le sujet comprenne l'intérêt de la recherche et accepte d'avoir été leurré. Il se peut que la nouvelle de la tromperie embarrasse le sujet («Mon Dieu, je me suis montré conformiste et grégaire») ou qu'il néglige cette information parce qu'il est encore sous le coup des premières impressions de l'expérience («Vous me dites maintenant que ce n'étaient pas de véritables chocs électriques parce que vous avez vu ma nervosité...»); il importe dès lors d'écouter ses réactions et de lui faire comprendre que s'il s'est montré conformiste ou nerveux par exemple, c'est parce que la situation a été construite de façon à privilégier de tels comportements.

La deuxième règle concerne l'information du sujet avant que ne commence l'expérience. Celui-ci doit savoir qu'il participe à une étude, qu'il peut interrompre à tout moment sa participation sans préjudice, et que l'on tiendra compte de son comportement. Ce dernier aspect est le plus important, mais que veut dire exactement «tenir compte du comportement»? Ce principe correspond plus ou moins au «consentement éclairé» selon, notamment, le code éthique de l'APA (American Psychological Association, 1982) qui est imposé à quiconque veut publier dans ses prestigieux journaux. Certains redoutent que ce principe s'impose ailleurs qu'aux Etats-Unis. Qu'ils se rassurent en lisant le code de l'APA. En voici quelques extraits :

> «Excepté pour les recherches à risques réduits, le chercheur doit établir un contrat clair, honnête et loyal avec les participants à la recherche, avant qu'ils n'y prennent part, contrat qui mentionne clairement les obligations et responsabilités de chacun.»
> «Il doit informer les participants de tous les aspects de la recherche qui peuvent raisonnablement influencer leur consentement à participer et expliquer tous les autres aspects à propos desquels les participants demandent des renseignements.»
> «Il y a des études dont les exigences méthodologiques rendent nécessaires la dissimulation ou le mensonge. Avant de mener une telle étude, le chercheur a la responsabilité toute particulière
> 1) de déterminer si le recours à de telles procédures se justifie par l'importance attendue de l'étude sur les plans scientifique, pédagogique, ou appliqué;
> 2) de rechercher si des procédures alternatives, qui ne font pas appel à la dissimulation et au mensonge, sont disponibles;
> 3) de veiller à ce que les participants reçoivent suffisamment d'explications le plus tôt possible.»

A la lecture de ces quelques paragraphes, il est clair que l'on ne demande ni naïveté ni hypocrisie de la part des chercheurs. Simplement de la décence. Dans la faculté de psychologie de notre université, nous avons la chance d'avoir une commission d'éthique, composée de juristes, de chercheurs et de praticiens, à laquelle nous pouvons soumettre des plans d'expérience lorsque nous avons des doutes sur leur caractère éthique. C'est une commission, qui donne des avis, et non un comité qui délivre des permissions. La responsabilité personnelle du chercheur reste entière mais elle est éclairée d'opinions émanant de sources diverses. La formule pourrait avantageusement se répandre.

Quand une étude met en scène une duperie, la notion de «consentement éclairé» renvoie à l'entretien post-expérimental. C'est vraiment sur ce moment que repose l'éthique d'une recherche en psychologie sociale. L'entretien post-expérimental ne devrait prendre fin que lorsque le sujet a bien compris la recherche; qu'il est, si possible, satisfait d'y avoir participé; et que l'image qu'il se faisait de lui-même n'a en rien été amoindrie par l'expérience. C'est de ces conditions, notamment, que dépend l'avenir de la psychologie sociale expérimentale dans le public.

Bibliographie

Abelson, R.P. (1976). Script processing in attitude formation and decision making. In J.S. Carroll & J.W. Payne (Eds), *Cognition and social behavior.* Hillsdale, N.J. : Erlbaum.

Abelson, R.P. & Prentice, D.A. (1989). Beliefs as possessions : A funtional perspective. In A.R. Pratkanis, S.J. Breckler & A.G. Greenwald (Eds), *Attitude structure and function* (361-381). Hillsdale, NJ : Erlbaum.

Abrams, D., Wetherell, M.S., Cochrane, S., Hogg, M.A. & Turner, J.C. (1990). Knowing what to think by knowing who you are : Self categorization and the nature of norm formation, conformity, and group polarization. *British Journal of Social Psychology*, *29*, 97-119.

Adams, J. (1965). Inequity in social exchange. In L. Berkowitz (Ed.), *Advances in experimental social psychology* (Vol. 2). New York : Academic Press.

Adorno, T.W., Frenkel-Brunswik, E., Levinson, D.J. & Sanford, R.N. (1950). *The authoritarian personality.* New York : Harper & Row.

Ainsworth, M.D., Bell, S.M. & Stayton, D.J. (1974). Infant-mother attachment and coal development : «Socialisation» as a product of reciprocal responsivness to signals. In M.P.M. Richards (Ed.), *The integration of a child into a social world.* London : Cambridge University Press.

Ajzen, I. (1988). *Attitudes, personality, and behavior.* Milton Keynes, UK : Open University Press.

Ajzen, I. (1991). The theory of planned behavior. *Orgnaizational Behavior and Human Decision Processes*, *50*, 179-211.

Ajzen, I. (1996). The directive influence of attitudes and behavior. In P.M. Gollwitzer & J.A. Bargh (Eds), *The psychology of action* (385-403). New York : Guilford.

Ajzen, I. & Fishbein, M. (1980). *Understanding attitudes and predicting social behavior.* Englewood Cliffs, NJ : Prentice-Hall.

Ajzen, I. & Madden, T.J. (1986). Prediction of goal-directed behavior : Attitudes, intentions, and perceived behavioral control. *Journal of Experimental Social Psychology*, *22*, 453-474.

Alexander, C.N. Jr., Zucker, L.G. & Brody, C.L. (1970). Experimental expectations and autokinetic experiences : Consistency theories and judgmental convergence. *Sociometry, 33*, 108-122.

Allen, V.L. (1975). Social support for nonconformity. In L. Berkowitz (Ed.), *Advances in experimental social psychology* (Vol. 18, 2-43). New York : Academic Press.

Allen, V.L. & Levine, J.M. (1971). Social support and conformity : The role of independent assesment of reality. *Journal of Experimental Social Psychology, 7*, 48-58.

Allen, V.L. & Wilder, D.A. (1980). Impact of group consensus and social support on stimulus meaning : Mediation of conformity by cognitive restructuring. *Journal of Personality and Social Psychology, 39*, 1116-1124.

Allport, G.W. (1954). *The nature of prejudice*. Reading, MA : Addison-Wesley.

Allport, G.W. & Odbert, H.S. (1936). Trait names : A psycholexical study. *Psychological Monographs : General and Applied*, 47 (1, Whole No. 211).

Altemeyer, B. (1988). *Enemies of freedoom : Understanding right-wing authoritarianism.* San Francisco : Jossey-Bass.

Altman, I., Taylor, D.A. & Wheeler, L. (1971). Ecological aspects of group behavior in social isolation. *Journal of Applied Social Psychology, 1*, 76-100.

American Psychological Association (1982). Ethical principles in the conduct of research with human participants. Washington, DC : APA.

Andersen, S.M. & Bem, S.L. (1981). Sex typing and androginy in dyadic interaction : Individual differences in responsiveness to physical attractiveness. *Journal of Personality and Social Psychology, 41*, 74-86.

Anderson, C.A. (1989). Temperature and aggression : The ubiquitous effects of heat on the occurence of human violence. *Psychological Bulletin, 106*, 74-96.

Anderson, C.A. & Sedikides, C. (1991). Thinking about people : Contributions of a typological alternative to associationistic and dimensional models of person perception. *Journal of Personality and Social Psychology, 60*, 203-217.

Anderson, N. (1981). *Foundations of information integration theory*. New York : Academic Press.

Aronson, E. & Carlsmith, J.M. (1963). Effect of the severity of threat on the devaluation of forbidden behavior. *Journal of Abnormal and Social Psychology, 66*, 584-588.

Aronson, E. & Linder, D. (1965). Gain and loss of esteem as determinants of interpersonal attractiveness. *Journal of Experimental Social Psychology, 1*, 156-171.

Aronson, E. & Mills, J. (1959). The effect of severity of initiation on liking for a group. *Journal of Abnormal and Social Psychology, 59*, 177-181.

Asch, S.E. (1940). Studies in the principles of judgments and attitudes. II Determination of judgments by group and by ego standards. *Journal of Social Psychology, 12*, 433-445.

Asch, S.E. (1946). Forming impressions of personality. *Journal of Abnormal and Social Psychology, 41*, 258-290.

Asch, S.E. (1952). *Social psychology*. Englewood Cliffs, NJ : Prentice-Hall.

Asch, S.E. (1955). Studies of independence and conformity : A minority of one against a unanimous majority. *Psychology Monographs, 70*, 1-70.

Asch, S.E. (1956). Opinions and social pressure. *Scientific American, 193 (3)*, 31-35.

Asch, S.E. & Zukier, H. (1984). Thinking about persons. *Journal of Personality and Social Psychology, 46*, 1230-1240.

Axsom, D., Chaiken, S. & Yates, S. (1987). Audience response as a heuristic cue in persuasion. *Journal of Personality and Social Psychology, 53*, 30-40.

Ayeroff, F. & Abelson, R.P. (1976). ESP and ESB : Beliefs in personal success of mental telepathy. *Journal of Personality and Social Psychology, 34*, 240-247.

Azzi, A. (1992). Procedural justice and the allocation of power in intergroup relations : Studies in the U.S. and South Africa. *Personality and Social Psychology Bulletin, 18*, 736-747.

Azzi, A. (1994). Modes de resolution des conflits intergroupes. In R. Bourhis & J.-Ph. Leyens (Eds), *Perceptions, discrimination et relations intergroupes*. Bruxelles : Mardaga.

Banaji, M.R. & Crowder, R.G. (1989). The bankruptcy of everyday memory. *American Psychologist, 44*, 1185-1193.

Bancroft, J. & Backstrom, T. (1985). Premenstrual syndrome. *Clinical Endocrinology, 22*, 313-336.

Bandura, A. (1965). Influence of models' reinforcement contingencies on the acquisition of imitative responses. *Journal of Personality and Social Psychology, 1*, 589-595.

Bandura, A. (1971). *Social Learning Theory*. New York : General Learning Press.

Bandura, A., Blanchard, E.B. & Ritter, B. (1969). The relative efficacy of desensitization and modeling approaches for inducing behavioral, affective and attitudinal changes. *Journal of Personality and Social Psychology, 13*, 173-199.

Bandura, A., Grusec, J.E. & Menlove, F.L. (1967). Vicarious extinction of avoidance behavior. *Journal of Personality and Social Psychology, 5*, 16-23.

Bandura, A. & Menlove, F.L. (1968). Factors determining vicarious extinction of avoidance behavior through symbolic modeling. *Journal of Personality and Social Psychology, 8*, 99-108.

Barry, H.H. III, Child, I.L. & Bacon, M.K. (1959). Relation of child training to subsistence economy. *American Anthropologist, 61*, 51-63.

Bartholomew, K. (1990). Avoidance of intimacy : An attachment perspective. *Journal of Social and Personal Relationships, 7*, 147-178.

Bastin, G. (1970). *Les techniques sociométriques*. Paris : PUF.

Batson, C.D. (1987). Prosocial motivation : Is it ever truly altruistic? In L. Berkowitz (Ed.), *Advances in Experimental Social Psychology* (Vol. 20, 65-122). Orlando, FL : Academic Press.

Batson, C.D. (1991). *The altruism question : Toward a social-psychological answer*. Hillsdale, NJ : Erlbaum.

Batson, C.D. (1995). Prosocial motivation : Why do we help others? In A. Tesser (Ed.), *Advanced social psychology*. New York : McGraw-Hill.

Batson, S.D., Batson, J.G., Griffitt, C.A., Barrientos, S., Brandt, J.R., Sprengelmeyer, P. & Bayly, M.J., (1989). Negative-state relief and the empathy altruism hypothesis. *Journal of Persnality and Social Psychology, 56*, 922-933.

Batson, C.D., Dyck, J.L., Brandt, J.R., Batson, J.G., Powell, A.L., McMaster, M.R. & Griffitt, C. (1988). Five studies testing two new egoistic alternatives to the empathy-altruism hypothesis. *Journal of Personality and Social Psychology, 55*, 52-77.

Beauvois, J.-L. & Joule, R.V. (1996). *A radical dissonance theory*. Londres : Taylor & Francis.

Beauvois, J.-L. (1995). *Traité de la servitude libérale : Analyse de la soumission*. Paris : Dunod.

Bem, D.J. (1967). Self-perception : An alternative interpretation of cognitive dissonance phenomena. *Psychological Review, 74*, 183-200.

Bem, D.J. (1972). Self-perception theory. In L. Berkowitz (Ed.), *Advances in experimental social psychology* (Vol. 6, 1-62). New York : Academic Press.

Berkowitz, L. (1972). Social norms, feelings and other factors affecting helping and altruism. In L. Berkowitz (Ed.), *Advances in experimental social psychology* (Vol. 6). New York : Academic Press.

Berkowitz, L. (1993). *Aggression : Its causes, consequences, and control*. New York : McGraw Hill.

Berkowitz, L., Cochran, S.T. & Embree, M.C. (1981). Physical pain and the goal of aversively stimulated aggression. *Journal of Personality and Social Psychology, 40*, 687-700.

Berkowitz, L. & LePage, A. (1967). Weapons as aggression-eliciting stimuli. *Journal of Personality and Social Psychology, 7*, 202-207.

Berry, J.W. (1967). Independence and conformity in subsistence-level societies. *Journal of Personality and Social Psychology, 7*, 415-418.

Berry, S.H. & Kanouse, D.E. (1987). Physician response to a mailed survey : An experiment in timing of payment. *Public Opinion Quarterly, 51*, 102-114.

Berscheid, E. (1985). Interpersonal attraction. In G. Lindzey & E. Aronson (Eds), *The Handbook of Social Psychology*. New York : Random House.

Berscheid, E. & Walster, E. H. (1969). *Interpersonal attraction*. Reading, Mass : Addison-Wesley.

Bickman, L. (1974). The social power of a uniform. *Journal of Applied Social Psychology, 4*, 47-61.

Bickman, L. & Kamzan, L. (1973). The effect of race and need on helping behavior. *Journal of Social Psychology, 89*, 73-77.

Bierbrauer, G. (1979). Why did he do it? Attribution of obedience and the phenomenon of dispositional bias. *European Journal of Social Psychology, 9*, 67-84.

Billig, M. (1976). *Social psychology and intergroup relations*. London : Academic Press.

Binet, A. & Henri, V. (1894). De la suggestibilité naturelle chez les enfants. *L'Année Pychologique, 1*, 404-406.

Blake, R.R. & Mouton, J.S. (1962). Overevaluation of own group's product in intergroup competition. *Journal of Abnormal and Social Psychology, 64*, 237-238.

Bless, H., Bohner, G., Schwarz, N. & Strack, F. (1990). Mood and persuasion : A cognitive response analysis. *Personality and Social Psychology Bulletin, 16*, 331-345.

Bornstein, R.F. (1989). Exposure and affect : Overview and meta-analysis of research, 1968-1987. *Psychological Bulletin, 106*, 265-289.

Bornstein, R.F., Leone, D.R. & Galley, D.J. (1987). The generalizability of subliminal mere exposure effects : Influence of stimuli perceived without awareness on social behavior. *Journal of Personality and Social Psychology, 53*, 1070-1079.

Bourhis, R.Y., Gagnon, A. & Sachdev, I. (1994). Tout ce que vous avez toujours voulu savoir sur les matrices de Tajfel et que vous n'avez jamais osé demander... In J.C. Deschamps, J.F. Morales, D. Paez & H. Paicheler (Eds), *Identité sociale et catégorisation sociale : Perspectives actuelles*. Lausanne : Delachaux et Niestlé.

Bowlby, J. (1969). *Attachment and loss* (Vol. 1). London : The Hogarth Press and the Institute of Psycho-Analysis.

Braeckman, C. (1996). *Terreur africaine : Burundi, Rwanda, Raïre : Les racines de la violence*. Paris : Fayard.

Branscombe, N.R., Wann, D.L., Noel, J.G. & Coleman, J. (1993). In-group or out-group extremity : Importance of threatened social identity. *Personality and Social Psychology Bulletin, 19*, 381-388.

Breckler, S.J. (1984). Empirical validation of affect, behavior, and cognition as distinct components of attitudes. *Journal of Personality and Social Psychology, 47*, 1191-1205.

Brehm, J.W. (1956). Postdecision changes in the desirability of alternatives. *Journal of Abnormal and Social Psychology, 52*, 384-389.

Brehm, J.W. (1966). *A theory of psychological reactance*. San Diego, CA : Academic Press.

Brewer, M.B. (1988). A dual process model of impression formation. In T.K. Srull & R.S. Wyer (Eds), *Advances in social cognition* (Vol. 1, 1-36). Hillsdale, NJ : Erlbaum.

Brewer, M.B., Dull, V. & Lui, L. (1981). Perception of the elderly : Stereotypes as prototypes. *Journal of Personality and Social Psychology, 41*, 656-670.

Brown, J.D. & Smart, S.A. (1991). The self and social conduct : Linking self-representations to pro-social behavior. *Journal of Personality and Social Psychology, 60*, 368-375.

Brown, R. (1986). *Social psychology : The second edition.* New York : Free Press.

Brown, R. (1995). *Prejudice : Its social psychology.* Oxford : Basil Blackwell.

Bryan, J. & Test, M.A. (1967). Models and helping : Naturalistic studies in aiding behavior. *Journal of Personality and Social Psychology, 6*, 400-407.

Burger, J.M. (1986). Increasing compliance by improving the deal : The that's-not-all technique. *Journal of Personality and Social Psychology, 51*, 277-283.

Burstein, E. & Worchel, P. (1962). Arbitrariness of frustration and its consequences for aggression in a social situation. *Journal of Personality, 30*, 528-540.

Bushman, B.J. & Geen, R.G. (1990). Role of cognitive-emotional mediators and individual differences in the effects of media violence on aggression. *Journal of Personality and Social Psychology, 58*, 156-163.

Byrne, D. (1971). *The attraction paradigm.* New York : Academic Press.

Cacioppo, J.T. (1979). Efects of exogeneous changes in heart rate on the facilitation of thought and resistance to persuasion. *Journal of Personality and Social Psychology, 37*, 489-498.

Cacioppo, J.T., Marshall-Goodell, B.S., Tassinary, L.G. & Petty, R.E. (1992). Rudimentary determinants of attitudes : Classical conditionning is more effective when Prior knowledge about attitude stimulus is low than high. *Journal of Experimental Social Psychology, 28*, 207-233.

Cacioppo, J.T. & Petty, R.E. (1979). Effects of message repetition on cognitive response, recall, and persuasion. *Journal of Personality and Social Psychology, 37*, 97-109.

Cacioppo, J.T. & Petty, R.E. (1982). The need for cognition. *Journal of Personality and Social Psychology, 42*, 116-131.

Caetano, A., Vala, J. & Leyens, J.-Ph. (1996). *Status as a judgeability norm in person perception.* Manuscrit non publié, ICSTE, Lisbonne.

Calder, B.J., Ross, M. & Insko, C.A. (1973). Attitude change and attitude attribution : Effects of incentive, choice, and consequences. *Journal of Personality and Social Psychology, 25*, 34-99.

Capozza, D., Dazzi, C. & Minto, B. (1996). Ingroup overexclusion : A confirmation of the effect. *International Review of Social Psychology, 9/1*, 7-18.

Caprara, G.V. (1986). Indicators of aggression : The dissipation-rumination scale. *Personality and Individual Differences, 7*, 763-769.

Carey-Trefzer, C.J. (1949). The results of a clinical study of war-damaged children who attended the Child Guidance Clinic, The Hospital for Sick Children, Great Ormond Street, London. *Journal of Mental Science, 95*, 335-399.

Casler, L. (1965). The effects of extra tactile stimulation on a group of institutionalized infants. *Genetic Psychology Monographs, 71*, 137-175.

Cattaneo, C. (1864). Dell'antitesi come metodo di psicologia sociale. *Il Politecnico, 20*, 262-270.

Cavior, N. & Dokecki, P.R. (1971). Physical attractiveness self-concept : A test of Mead's hypothesis. *Proceedings of the 79th Annual convention of the American Psychological Association, 6*, 319-320.

Chaiken, S. (1987). The heuristic model of persuasion. In M.P. Zanna, J.M. Olson & C.P. Herman (Eds), *Social influence : The Ontario Symposium* (Vol. 5, 3-39). Hillsdale, NJ : Erlbaum.

Chaiken, S., Axsom, D., Liberman, A. & Wilson D. (1992). *Heuristic processing of persuasive messages : Chronic and temporary sources of rule accessibility.* Manuscript non publié, New York University, New York.

Chaiken, S. & Eagly, A.H. (1976). Communication modality as a determinant of message persuasiveness and message comprehension. *Journal of Personality and Social Psychology, 34*, 605-614.

Chapman, L.J. & Chapman, J.P. (1967). Genesis of popular but erroneous diagnostic observations. *Journal of Abnormal Psychology, 72*, 193-204.

Chen, S.C. (1937). Social modification of the activity of ants in nest-building. *Physiological Zoology, 10*, 420-436.

Christiansen, K.O. (1974). The genesis of aggressive criminality : Implications of a study of crime in a Danish twin study. In J. de Wit & W.W. Hartup (Eds), *Determinants and origins of aggressive behavior*. The Hague : Mouton.

Cialdini, R.B. (1988). *Influence : Science and practice* (2nd ed.). Glenview, IL : Scott, Foresman and Co.

Cialdini, R.B. (1995). Principles and techniques of social influence. In A. Tesser (Ed.), *Advanced social psychology* (257-281). New York : MacGraw-Hill.

Cialdini, R.B. & Ascani, K. (1976). Test of a concession procedure for inducing verbal, behavioral, and further compliance with a request to give blood. *Journal of Applied Psychology, 61*, 295-300.

Cialdini, R.B., Cacioppo, J.T., Bassett, R. & Miller, J.A. (1975). Lowball procedure for producing compliance : Commitment then cost. *Journal of Personality and Social Psychology, 36*, 463-476.

Cialdini, R.B., Darby, B.L. & Vincent, J.E. (1973). Transgression and altruism : A case for hedonism. *Journal of Experimental and Social Psychology, 9*, 502-516.

Cialdini, R.B., Reno, R. R. & Kallgren, C. A. (1990). A focus theory of normative conduct : Recycling the concept of norms to reduce littering in public places. *Journal of Personality and Social Psychology, 58*, 1015-1026.

Clark, K. B. & Clark, M.P. (1947). Racial identification and preference in Negro children. In H. Proshansky & B. Seidenberg (Eds), *Basic studies in social psychology*. New York : Holt Rinehart & Winston.

Clark, M.S. & Pataki, S. (1995). Interpersonal processes influencing attraction and relationships. In A. Tesser (Ed.), *Advanced social psychology*. New York : McGraw-Hill.

Clifford, M.M. (1975). Physical attractiveness and academic performance. *Child Study Journal, 5*, 201-209.

Coch, L. & French, J.R.P., Jr. (1948). Overcoming resistance to change. *Human Relations, 1*, 512-532.

Codol, J.-P. (1975). On the so-called superior conformity of the self behavior : Twenty experimental investigations. *European Journal of Social Psychology, 5*, 457-501.

Codol, J.-P. (1988). *Studies on self-centered assimilation processes*. Conférence présentée le 14 septembre 1988 à Aix-en-Provence.

Coleman, J.F., Blake, R.R. & Mouton, J.S. (1958). Task difficulty and conformity pressures. *Journal of Abnormal and Social Psychology, 57*, 120-122.

Cook, S.W. (1979). Social science and school desegregation : Did we mislead the Supreme Court? *Personality and Social Psychology Bulletin, 5*, 420-437.

Cooper, J. & Fazio, R.H. (1984). A new look at dissonance theory. In L. Berkowitz (Ed.), *Advances in Experimental Social Psychology* (Vol. 17, 229-266). San Diego, CA : Academic Press.

Copper, C., Mullen, B., Asuncion, A., Gibbons, P. Goethals, G.R., Riordan, C., Schroeder, D., Tice, D., Worth, L. (1991). Bias in the media : The subtle effects of a newscaster's smile. In B. Laczek (Ed.), *Media effects*.

Corneille, O., Leyens, J.-Ph. & Yzerbyt, V.Y. (1997). *Judgeability concerns in the overattribution bias : A closer look at the characterization stage*. Manuscrit non publié, université catholique de Louvain à Louvain-la-Neuve.

Cosmides, L. (1989). The logic of social exchange : Has natural selection shaped how humans reason? Studies with the Wason selection task. *Cognition, 31*, 187-276.

Cottrell, N.B. (1972). Social facilitation. In C.G. McClintock (Ed.), *Experimental Social Psychology*. New York : Holt, Rinehart and Winston.

Cottrell, N.B., Wack, D.L., Sekerak, G.J. & Rittle, R.H. (1968). Social facilitation of dominant responses by the presence of an audience and the mere presence of others. *Journal of Personality and Social Psychology, 9*, 245-250.

Cousins, S. (1989). Culture and selfhood in Japan and the U.S. *Journal of Personality and Social Psychology, 56*, 124-131.

Croizet, J.-C. & Claire, T.V. (sous presse). Extending the concept of stereotype threat to social class : The intellectual underperformance of students from low socioeconomic backgrounds. *Personality and Social Psychology Bulletin.*

Croyle, R. & Cooper, J. (1983). Dissonance arousal : Physiological evidence. *Journal of Personality and Social Psychology, 45*, 782-791.

Crutchfield, R.A. (1955). Conformity and character. *American Psychologist, 10*, 191-198.

Da Gloria, J. & de Ridder, R. (1977). Aggression in dyadic interaction. *European Journal of Social Psychology, 7*, 189-219.

Da Gloria, J. & de Ridder, R. (1979). Sex differences in aggression : Are current notions misleading? *European Journal of Social Psychology, 9*, 49-66.

Dardenne, B. & Leyens, J.-Ph. (1995) Confirmation bias as a social skill. *Personality and Social Psychology Bulletin, 21*, 1229-1239.

Darley, J.M. & Batson, C.D. (1973). «From Jerusalem to Jericho» : A study of situational and dispositional variables in helping behavior. *Journal of Personality and Social Psychology, 27*, 100-108.

Darley, J.M. & Fazio, R.H. (1980). Expectancy confirmation processes arising in the social interaction sequence. *American Psychologist, 35*, 867-881.

Darley, J.M. & Gross, P.H. (1983). A hypothesis-confirming bias in labeling effects. *Journal of Personality and Social Psychology, 44*, 20-33.

David, B. & Turner, J.C. (1996). Studies in self-categorization and minority conversion : Is being a member of the outgroup an advantage? *British Journal of Social Psychology, 35*, 179-201.

Davidson, A.R. & Jaccard, J.J. (1979). Variables that moderate the attitude-behavior relation : Results of a longitudinal study. *Journal of Personality and Social Psychology, 37*, 1364-1376.

Davison, G.C., Tsujimoto, R.N. & Glaros, A.G. (1973). Attribution and the maintenance of behavior change in falling asleep. *Journal of Abnormal Psychology, 82*, 124-133.

de Dreu, C.K.W. & de Vries, N.K. (1993). Numerical support, information processing and attitude change. *European Journal of Social Psychology, 23*, 647-662.

DeBono, K.G. & Harnish, R.J. (1988). Source expertise, source attractiveness, and the processing of persuasive information : A functional approach. *Journal of Personality and Social Psychology, 55*, 541-546.

Deconchy, J.-P. (1971). *L'orthodoxie religieuse. Essai de logique psycho-sociale*. Paris : Editions ouvrières.

Deconchy, J.-P. (1980). *Orthodoxie religieuse et sciences humaines*. Paris-La Haye : Mouton.

DeFleur, M.L. & Westie, F.R. (1958). Verbal attitudes and overt acts : An experiment on the salience of attitudes. *Amrican Sociological Review, 23*, 667-673.

Denhaerinck, P., Leyens, J.-Ph. & Yzerbyt, V.Y. (1989). The dilution effect and group membership : An instance of the pervasive impact of out-group homogeneity. *European Journal of Social Psychology, 19*, 243-250.

Deschamps, J.-C. & Clémence, A. (1987). *L'explication quotidienne : Perspectives psychosociologiques*. Cousset, Suisse : Delval.

Deutsch, M. & Gerard, H.B. (1955). A study of normative and informational social influences upon individual judgment. *Journal of Abnormal and Social Psychology, 51*, 629-636.

Devine, P.G. (1989). Stereotypes and prejudice : Their automatic and controlled components. *Journal of Personality and Social Psychology, 56*, 5-18.

Di Giacomo, J.P. (1997) *Emergence et développement de la psychologie sociale*. Manuscrit non publié. Université de Lille III.

Diab, L.N. (1970). A study of intra-group and intergroup relations among experimentally produced small groups. *Genetic Psychology Monographs, 82*, 49-82.

Diener, E. (1980). Deindividuation : The absence of self-awareness and self-regulation in group members. In P. Paulus (Ed.), *The psychology of group influence* (209-242). Hillsdale, NJ : Erlbaum.

Ditto, P.H. & Lopez, D.F. (1992). Motivated skepticism : Use of differential decision criteria for preferred and nonpreferred conclusions. *Journal of Personality and Social Psychology, 63*, 568-584.

Dodge, K. & Coie, J.D. (1987). Social information-processing factors in reactive and proactive aggression in children's peer groups. *Journal of Personality and Social Psychology, 53*, 1146-1158.

Dollard, J., Doob, L.W., Miller, N.E., Mowrer, O.H. & Sears, R.R. (1939). *Frustration and aggression*. New Haven, CT : Yale University Press.

Doms, M. & Van Avermaet, E. (1980). Majority influence, minority influence and conversion behavior : A replication. *Journal of Experimental Social Psychology, 16*, 283-292.

Donnerstein, E. & Berkowitz, L. (1981). Victim reactions in aggressive erotic films as a factor in violence against women. *Journal of Personality and Social Psychology, 41*, 710-724.

Doob, A.N. & Gross, A.E. (1968). Status of a frustrator as an inhibitor of horn-honking response. *Journal of Social Psychology, 76*, 213-218.

Dovidio, J. & Gaertner, S. (1986). *Prejudice, discrimination, and racism*. New York : Academic Press.

Dubois, N. (1994). *La norme d'internalité et le libéralisme*. Grenoble : P.U.G.

Duncan, B. (1976). Differential social perception and attribution of intergroup violence : Testing the lower limits of stereotyping Blacks. *Journal of Personality and Social Psychology, 34*, 590-598.

Eagly, A.H. & Chaiken, S. (1993). *The psychology of attitudes*. Fort Worth, FL : Harcourt Brace Jovanovich.

Eagly, A.H. & Steffen, V.J. (1986). Gender and aggressive behavior : A meta-analytic review of the social psychological literature. *Psychological Bulletin, 100*, 309-330.

Eagly, A.H., Wood, W. & Chaiken, S. (1978). Causal inferences about communicators and their effects on opinion change. *Journal of Personality and Social Psychology, 36*, 424-435.

Ebbesen, E.B. & Bowers, R.J. (1974). Proportion of risky to conservative arguments in a group discussion and choice shift. *Journal of Personality and Social Psychology, 29*, 316-327.

Ellemers, N. (1993). The influence of social structure variables on identity management strategies. In W. Stroebe & M. Hewstone (Eds), *European Review of Social Psychology* (Vol. 4, 27-57). Chichester : Wiley.

Erber, R. & Fiske, S.T. (1984). Outcome dependency and attention to inconsistent information about others. *Journal of Personality and Social Psychology, 47*, 709-726.

Eron, L.D., Huesmann, L.R., Dubow, E., Romanoff, R. & Yarmel, P. (1987). Aggression and its correlates over 22 years. In D. Crowell, I. Evans & C. O'Donnell (Eds), *Chilhood aggression and violence*. New York : Plenum.

Esser, J.K. & Lindoerfer, J.S. (1989). Groupthink and the space shuttle *Challenger* accident : Toward a quantitative case analysis. *Journal of Behavioral Decision making*, *2*, 167-177.

Farrington, D. (1989). Early predictors of adolescent aggression and adult violence. *Violence and Victims*, *4*, 79-100.

Faucheux, C. & Moscovici, S. (1967). Le style de comportement d'une minorité et son influence sur les réponses d'une majorité. *Bulletin C.E.R.P.*, *16*, 337-360.

Fazio, R.H. (1990). Multiple processes by which attitudes guide behavior : The MODE model as an interpretative framework. In M.P. Zanna (Ed.), *Advances in Experimental Social Psychology* (Vol. 23, 75-109). San Diego, CA : Academic Press.

Fazio, R.H., Effrein, E.A. & Falender, V.J. (1981). Self perceptions following social interaction. *Journal of Personality and Social Psychology*, *41*, 232-242.

Fazio, R.H. & Zanna, M.P. (1981). Direct experience and attitude-behavior consistency. In L. Berkowitz (Ed.), *Advances in Experimental Social Psychology* (Vol. 14, 161-202). San Diego, CA : Academic Press.

Fazio, R.H., Zanna, M.P. & Cooper, J. (1977). Dissonance and Self-perception : An integrative view of each theory's propre domain of application. *Journal of Experimental Social Psychology*, *13*, 464-479.

Fein, S., Hilton, J.L. & Miller, D.T. (1990). Suspicion of ulterior motivation and the correspondance bias. *Journal of Personality and Social Psychology*, *58*, 753-764.

Feldman, S.D. (1971). The presentation of shortness in everyday life-height and heightism in American society : Toward a sociology of stature. *Paper presented before the meetings of the American Sociological Association.*

Festinger, L. (1950). Informal social communication. *Psychological Review*, *57*, 271-282.

Festinger, L. (1954). A theory of social comparison processes. *Human Relations*, *7*, 117-140.

Festinger, L. (1957). *A theory of cognitive dissonance*. Stanford, CA : Stanford University Press.

Festinger, L. & Carlsmith, J. (1959). Cognitive consequences of forced compliance. *Journal of Abnormal and Social Psychology*, *58*, 203-210.

Festinger, L. & Maccoby, N. (1964). On resistance to persuasive communications. *Journal of Abnormal and Social Psychology*, *68*, 359-366.

Festinger, L., Pepitone, A. & Newcomb, T. (1952). Some consequences of de-individuation in a group. *Journal of Abnormal and Social Psychology*, *47*, 382-389.

Festinger, L., Schachter, S. & Back, K. (1950). *Social pressures in informal groups : A study of human factors in housing*. New York : Harper & Bros.

Fiedler, F.W. (1981). Leadership effectiveness. *American Behavioral Scientist*, *24*, 619-632.

Fishbein, M. & Ajzen, I. (1974). Attitudes toward objects as predictors of single and multiple behavioral criteria. *Psychological Review*, *81*, 59-74.

Fishbein, M. & Ajzen, I. (1975). *Belief, attitude, intention, and behavior : An introduction to theory and research*. Reading, MA : Addison-Wesley.

Fiske, S.T. & Leyens, J.-Ph. (1996). Let social psychology be faddish or, at least, heterogeneous. In C. McGarty & S.A. Haslam (Eds), *The message of social psychology*. Oxford : Basil Blackwell.

Fiske, S.T. & Neuberg, S.L. (1990). A continuum of impression formation from category based to individuating processes : Influences of information and motivation on attention and interpretation. In M.P. Zanna (Ed.), *Advances in experimental social psychology* (Vol. 23, 1-74). New York : Academic Press.

Foa, E.B. & Foa, U.G. (1980). Resource theory : Interpersonal behavior as exchange. In K.J. Gergen, M.S. Greenberg & R.H. Willis (Eds), *Social exchange : Advances in theory and research*. New York : Plenum.

Folger, R. (Ed.) (1984). *The sense of injustice : Social psychological perspectives*. New York : Plenum Press.

Fosterling, F. (1989). Models of covariation and attribution : How do they relate to the analogy of analysis of variance? *Journal of Personality and Social Psychology, 57*, 615-625.

Frank, M.G. & Gilovich, T. (1988). The dark side of self- and social perception : Black uniforms and agression in professional sports. *Journal of Personality and Social Psychology, 54*, 74-85.

Freedman, J.L. (1965). Long-term behavioral effects of cognitive dissonance. *Journal of Experimental Social Psychology, 1*, 103-120.

Freedman, J.L. (1984). Effect of television violence on aggressiveness. *Psychological Bulletin, 96*, 227-246.

Freedman, J.L. & Fraser, S.C. (1966). Compliance without pressure : The foot-in-the -door technique. *Journal of Personality and Social Psychology, 4*, 195-203.

Freedman, J.L. & Sears, D.O. (1965). Warning, distraction, and resistance to influence. *Journal of Personality and Social Psychology, 1*, 262-266.

Gaertner, S.L., Dovidio, J.F., Anastasio, A., Bachman, B. & Rust, M. (1993). The common ingroup identity model. Recategorization and the reduction of intergroup bias. *European Review of Social Psychology, 4*, 1-26.

Gamson, W.A., Fireman, B. & Rytina, S. (1982). *Encounters with unjust authority*. Homewood, IL : Dorsey Press.

Gerard, H.B. (1963). Emotional uncertainty and social comparison. *Journal of Abnormal Social Psychology, 66*, 568-573.

Gerard, H.B. & Rabbie, J.M. (1961). Fear and social comparison. *Journal of Abnormal Social Psychology, 62*, 586-592.

Gerard, H.B., Wilhelmy, R.A. & Conolley, E.S. (1968). Conformity and group size. *Journal of Presonality and Social Psychology, 8*, 79-82.

Gewirtz, J.L. & Baer, D.M. (1958a). The effect of a brief social deprivation on behavior for a social reinforcer. *Journal of Abnormal Social Psychology, 56*, 49-56.

Gigerenzer, G. (1991). How to make cognitive illusions disappear : Beyond «heuristics and biases». In W. Stroebe & M. Hewstone (Eds), *European Review of Social Psychology* (Vol. 2, 83-115). Chichester : Wiley.

Gilbert, D.T. (1989). Thinking lightly about others : Automatic components of the social inference process. In J.S. Uleman & J.A. Bargh (Eds), *Unintended thought : Limits of awareness, intention, and control* (189-211). New York : Guilford.

Gilbert, D.T. (1993). The assent of man : Mental representation and the control of belief. In D.M. Wegner & J.W. Pennebaker (Eds), *Handbook of mental control*. Englewood Cliffs, NJ : Prentice-Hall.

Gilbert, D.T., Giesler, R.B. & Morris, K.A. (1995). When comparisons arise. *Journal of Personality and Social Psychology, 69*, 227-235.

Gilbert, D.T. & Hixon, J.G. (1991). The trouble of thinking : Activation and application of stereotypic beliefs. *Journal of Experimental Social Psychology, 60*, 509-517.

Gilbert, D.T., Pelham, B.W. & Krull, D.S. (1988). On cognitive busyness : When person perceivers meet persons perceived. *Journal of Personality and Social Psychology, 54*, 733-740.

Gilbert, D.T. & Silvera, D.H. (1996). Overhelping. *Journal of Personality and Social Psychology, 70*, 678-690.

Gilbert, G.M. (1951). Stereotype persistance and change among college students. *Journal of Abnormal and Social Psychology, 46*, 245-254.

Gilovich, T. (1981). Seeing the past in the present : The effect of associations to familiar events on judgments and decisions. *Journal of Personality and Social Psychology, 40*, 797-808.

Girard, A. (1964). *Le choix du conjoint. Une enquête psycho-sociologique en France.* Paris : Presses Universitaires de France.

Gouldner, A.W. (1960). The norm of reciprocity : A preliminary statement. *American Sociological Review, 25*, 161-178.

Greenwald, A.G. (1968). Cognitive learning, cognitive response to persuasion, and attitude change. In A.G. Greenwald, T.C. Brock & T.M. Ostrom (Eds), *Psychological foundations of attitudes* (147-170). New York : Academic Press.

Guimond, S. & Tougas, F. (1994). Sentiments d'injustice et actions collectives : La privation relative. In Bourhis, R.Y. et Leyens J.-Ph. (Eds), *Stéréotypes, discrimination et relations intergroupes*. Liège : Mardaga.

Hall, E. (1966). *The hidden dimension.* Garden City, NY : Doubleday.

Hamilton, D.L. & Bishop, G.D. (1976). Attitudinal and behavioral effects of initial integration of white suburban neighborhoods. *Journal of Social Issues, 32*, 47-67.

Harkins, S.G. & Petty, R.E. (1987). Information utility and the multiple source effect. *Journal of Personality and Social Psychology, 52*, 260-268.

Harlow, H.F. (1932). Social facilitation of feeding in the albino rat. *Journal of General Psychology, 41*, 211-221.

Harlow, H.F. & Novak, M.A. (1973). Psychopathological perspectives. *Perspectives in Biology and Medicine, 16*, 461-478.

Harlow, H.F. & Harlow, M.K. (1965). The affectional system. In A.M. Schrier, H.F. Harlow & F. Stollnitz (Eds), *Behavior of nonhuman primates* (Vol. 2). New York : Academic Press.

Hatfield, E., Walster, G.W. & Piliavin, J.A. (1978). Equity theory and helping relationships. In L. Wispé (Ed.), *Altruism, sympathy, and helping : Psychological and sociological principles*. New York : Academic Press.

Haugtvedt, C.P. & Petty, R.E. (1992). Personality and persuasion : Need for cognition moderates the persistence and resistance of attitude changes. *Journal of Personality and Social Psychology, 63*, 308-319.

Haugtvedt, C.P., Petty, R.E. & Cacioppo, J.T. (1992). Need for cognition and advertising : Understanding the role of personality variables in consumer behavior. *Journal of Consumer Psychology, 1*, 239-260.

Hazan, C. & Shaver, P. (1990). Love and work : An attachment-theoretical perspective. *Journal of Personality and Social Psychology, 59*, 270-280.

Heider, F. (1958). *The psychology of interpersonal relationships.* New York : Wiley.

Heider, F. & Simmel, M. (1944). An experimental study of apparent behavior. *American Journal of Psychology, 57*, 243-259.

Henchy, T. & Glass, D.C. (1968). Evaluation apprehension and the social facilitation of dominant and subordinate responses. *Journal of Personality and Social Psychology, 10*, 446-454.

Henry, E. (1991). Préjugés et tolérance au Canada. In *Le nouveau visage du Canada : Incidence économique et sociale de l'immigration.* Ottawa : Conseil Economique du Planning Council of Metropolitan Toronto.

Hewstone, M. (1990). The ultimate attribution error : A review of the literature on intergroup causal attribution. *European Journal of Social Psychology, 20*, 311-355.

Hewstone, M. & Brown, R.J. (1986). Contact is not enough : An intergroup perspective on the contact hypothesis. In M. Hewstone & R.J. Brown (Eds), *Contact and conflict in intergroup discrimination* (1-44). Oxford : Blackwell.

Hewstone, M. & Jaspars, J. (1987). Covariation and causal attribution : A logical model of the intuitive analysis of variance. *Journal of Personality and Social Psychology, 53*, 663-672.

Higgins, E.T. (1996). Knowledge activation : Accessibility, applicability, and salience. In E.T. Higgins & A.W. Kruglanski (Eds), *Social psychology : Handbook of basic principles*. New York : Guilford.

Hilton, D.J. & Slugoski, B.R. (1986). Knowledge-based causal attribution : The abnormal conditions focus model. *Psychological Review, 93*, 75-88.

Hilton, D.J., Smith, R.H. & Kim, S.H. (1995). The process of causal explanation and dispositional attribution. *Journal of Personality and Social Psychology, 68*, 377-387.

Himmelfarb, S. (1993). The measurement of attitudes. In A.H. Eagly & S. Chaiken. *The Psychology of attitudes* (23-87). Fort Worth : Harcourt Brace.

Hinkle, S. & Brown, R. (1990). Intergroup comparisons and social identity : Some links and lacunae. In D. Abrams & M.A. Hogg, (Eds) : *Social identity theory : Constructive and critical advances*. Wheatsheaf : Harvester.

Hinsz, V.B. & Davis, J.H. (1984). Persuasive arguments theory, group polarization, and choice shifts. *Personality and Social Psychology Bulletin, 10*, 260-268.

Hoffman, C. & Hurst, N. (1990). Gender stereotypes : Perception or rationalization? *Journal of Personality and Social Psychology, 58*, 197-208.

Hofling, C.K., Brotzman, E., Dalrymple, S., Graves, N. & Pierce, C.M. (1966). An experimental study in nurse-physician relationships. *Journal of Nervous and Mental Disease, 143*, 171-180.

Hogg, M.A. & Turner, J.C. (1987). Intergroup behavior, self-stereotyping and the salience of social categories. *British Journal of Social Psychology, 26*, 325-340.

Hollander, E.P. (1985). Leadership and power. In G. Lindsey & E. Aronson (Eds), *The handbook of social psychology* (3rd ed., Vol. 2, 485-537). New York : Random House.

Hollander, E.P. & Julian, J.W. (1970). Studies in leader legitimacy, influence, and innovation. In L. Berkowitz (Ed.), *Advances in experimental social psychology* (Vol. 5). New York : Academic Press.

Hornstein, H.A., Fisch, E. & Holmes, M. (1968). Influence of a model's feeling about his behavior and his relevance as a comparison other on observers' helping behavior. *Journal of Personality and Social Psychology, 10*, 222-226.

Horstein, H.A. (1970). The influence of social models on helping. In J.R. Macaulay & L. Berkowitz (Eds), *Altruism and helping behavior*. New York : Academic Press.

Hovland, C.I., Janis, I.L. & Kelley, H.H. (1953). *Communication and persuasion : Psychological studies of opinion change*. New Haven, CT : Yale university Press.

Hovland, C.I. & Weiss, W. (1951). The influence of source credibility on communication effectiveness. *Public Opinion Quarterly, 15*, 635-650.

Huesmann, L.R., Eron, L.D., Lefkowitz, M.M. & Walder, L.O. (1984). The stability of aggression over time and generations. *Developmental Psychology, 20*, 1120-1134.

Humphrey, R. (1985). How work roles influence perception : Structural-cognitive processes and organizational behavior. *American Sociological Review, 50*, 242-252.

Insko, C.A., Drenan, S., Solomon, M.R., Smith, R. & Wade, T.J. (1983). Conformity as a function of the consistency of positive self-evaluation with being liked or being right. *Journal of Experimental Social Psychology, 19*, 341-358.

Isen, A.M. (1987). Positive affect, cognitive processes, and social behavior. In Berkowitz, L. (Ed.), *Advances in Experimental Social Psychology*, (Vol. 20). New York, Academic Press.

Isenberg, D.J. (1986). Group polarization : A critical review and meta-analysis. *Journal of Personality and Social Psychology, 50*, 1141-1151.

Jacoby, J., Hoyer, W.D., Sheluga, D.A. (1980). *Miscomprehension of televised communications*. New York : American Association of Advertising Agencies.

Janis, I. (1982). *Groupthink* (2nd ed.). Boston : Houghton Mifflin.

Janis, I. (1989). *Crucial decisions : Leadership in policymaking and crisis management*. New York : Free Press.

Janis, I.L. & Feshbach, S. (1953). Effects of fear-arousing communication. *Journal of Abnormal and Social Psychology, 48*, 78-92.

Janis, I.L. & Terwilliger, R. (1962). An experimental study of psychological resistances to fear-arousing communication. *Journal of Abnormal and Social Psychology, 65*, 403-410.

Janoff-Bulman, R. (1979). Characterological versus behavioral self-blame : Inquiries into depression and rape. *Journal of Personality and Social Psychology, 37*, 1798-1809.

Jarymowicz, M. (1988). Distance perçue entre soi et autrui, et altruisme. *Revue internationale de psychologie sociale, 1*, 275-285.

Jaspars, J.M.F. (1983). The process of causal attribution in common sense. In M. Hewstone (Ed.), *Attribution theory : Social and functional extensions* (28-44). London : Basil Blackwell.

Johnson, R.D. & Downing, L.L. (1979). Deindividuation and valence of cues : Effects on prosocial and antisocial behavior. *Journal of Personality and Social Psychology, 37*, 1532-1538.

Johnston, D.J. & Rusbult, C.E. (1989). Resisting temptation : Devaluation of alternative partners as a means of maintaining commitment in close relationships. *Journal of Personality and Social Psychology, 57*, 967-980.

Jones, E.E. (1964). *Ingratiation*. New York : Appleton-Century-Crofts.

Jones, E.E. (1990) *Interpersonal perception*. San Francisco : Freeman.

Jones, E.E. (1990). Constrained behavior and self-concept change. In J.M. Olson & M.P. Zanna (Eds), *Self-inference processes. The Ontario symposium* (Vol. 6, 69-86). Hillsdale, NJ : Erlbaum.

Jones, E.E. & Davis, K.E. (1965). From acts to disposition : The attribution process in person perception. In L. Berkowitz (Ed.), *Advances in experimental social psychology* (Vol. 2, 219-266). New York : Academic Press.

Jones, E.E., Davis, K.E. & Gergen, K.J. (1961). Role playing variations and their informational value for person perception. *Journal of Abnormal and Social Psychology, 63*, 302-310.

Jones, E.E. & Harris, V.A. (1967). The attribution af attitudes. *Journal of Experimental Social Psychology, 3*, 1-24.

Jones, E.E. & Nisbett, R. (1972). The actor and the observer : Divergent perceptions of the causes of behavior. In E.E. Jones, D.E. Kanouse, H.H. Kelley, R.E. Nisbett, S. Valins & B. Weiner (Eds), *Attribution : Perceiving the causes of behavior* (79-94). Morristown, NJ : General Learning.

Joule, R.V. (1987). Tobacco deprivation : The foot-in-the-door technique versus the low-ball technique. *European Journal of Social Psychology, 17*, 361-365.

Joule, R.V. & Beauvois, J.-L. (1987). Internalité, comportement et explication du comportement. In J.-L. Beauvois, R.V. Joule, et J.-M. Monteil (Eds). *Perspectives cognitives et conduites sociales* (Vol. 1). Cousset : Delval.

Kalven, H. Jr. & Zeisel, H. (1966). *The American jury*. London : University of Chicago Press.

Kaplan, M.F. & Miller, C.E. (1987). Group decision making and normative versus informational influence : Effects of type of issue and assigned decision rule. *Journal of Personality and Social Psychology, 53*, 306-313.

Karlins, M., Coffman, T.L. & Walters, G. (1969). On the fading of social stereotypes : Studies in three generations of college students. *Journal of Personality and Social Psychology, 13*, 1-16.

Katz, D. (1960). The functional approach to the study of attitudes. *Public Opinion Quarterly, 24*, 163-204.

Katz, D. & Braly, K.W. (1933). Racial stereotypes in one hundred college students. *Journal of Abnormal and Social Psychology, 28*, 280-290.

Katz, D. & Braly, K.W. (1935). Racial prejudice and racial stereotypes. *Journal of Abnormal and Social Psychology*, *30*, 175-193.

Kelley, H.H. (1967). Attribution theory in social psychology. In D. Levine (Ed.), *Nebraska symposium on motivation* (Vol. 15, 192-238). Lincoln : University of Nebraska Press.

Kelley, H.H. (1972). Causal schemata and the attribution process. In E.E. Jones, D.E. Kanouse, H.H. Kelley, R.E. Nisbett, S. Valins & B. Weiner (Eds), *Attribution : Perceiving the causes of behavior* (151-174). Morristown, NJ : General Learning Press.

Kelley, H.H. (1983). Epilogue : Perceived causal structures. In J. Jaspars, F. Fincham & M. Hewstone (Eds), *Attribution theory and research : Conceptual, developmental, and social dimensions*. London : Academic Press.

Kelley, H.H. & Thibaut, J. (1978). *Interpersonal relations*. New York : Wiley.

Kelley, H.H., Thibaut, J.W., Radloff, R. & Mundy, D. (1962). The development of cooperation in the «minimal social situation». *Psychological Monographs*, *76* (tout le n° 538).

Kelman, H.C. (1958). Compiance, identification, and internalization : Three processes of attitude change. *Journal of Conflict Resolution*, *2*, 51-60.

Kenrick, D.T. & MacFarlane, S.W. (1986). Ambient temperature and horn honking : A field study of the heat/aggression relationship. Environment and behavior, 18, 179-191.

Kiesler, C.A. (1971). *The psychology of commitments : Experiments linking behavior to belief*. New York : Academic Press.

Kiesler, C.A. & Kiesler, S. (1964). Role of forewarning in persuasive communications. *Journal of Abnormal and Social Psychology*, *68*, 547-549.

Kiesler, C.A. & Pallak, M.S. (1975). Minority influence : The effect of majority reactionaries and defectors, and minority and majority compromisers, upon majority opinion and attraction. *European Journal of Social Psychology*, *5*, 237-256.

Kitayama, S., Markus, H.R., Tummala, P., Kurokawa, M. & Kato, K. (1990). *Culture and self-cognition*. Manuscrit non publié.

Kothandapani, V. (1971). Validation of feeling, belief, and intention to act as three components of atttitude and their contribution to prediction of contraceptive behavior. *Journal of Personality and Social Psychology*, *19*, 321-333.

Kraus, S.J. (1995). Attitudes and the prediction of behavior : A meta analysis of the empirical literature. *Personality and Social Psychology Bulletin*, *21*, 58-75.

Krosnick, J.A., Betz, A.L., Jussim, L.J. & Lynn, A.R. (1992). Subliminal conditioning of attitudes. *Personality and Social Psychology Bulletin*, *18*, 152-162.

Krueger, J. (1992). On the overestimation of between-group differences. In M. Hewstone & W. Stroebe (Eds), *European Review of social psychology* (Vol. 3). Chichester : Wiley.

Kruglanski, A.W. (1989). The psychology of being «right» : The problem of accuracy in social perception and cognition. *Psychological Bulletin*, *106*, 395-409.

Kruglanski, A. & Mackie, D. (1990). Majority and minority influence : A judgmental approach. In W. Stroebe and M. Hewstone (Eds), *European Review of Social Psychology* (Vol. 1). New York : Wiley.

Kunst-Wilson, W.R. & Zajonc, R.B. (1980). Affective discrimination of stimuli that cannot be recognized. *Science*, *207*, 557-558.

Kutner, B., Wilkins, C. & Yarrow, P.R. (1952). Verbal attitudes and overt behavior involving racial prejudice. *Journal of Abnormal and Social Psychology*, *47*, 649-652.

Lalljee, M. & Abelson, R.P. (1983). The organization of explanations. In M. Hewstone (Ed.), *Attribution theory : Social and functional extensions*. Oxford : Basil Blackwell.

Langer E.J. (1975). The illusion of control. *Journal of Personality and Social Psychology*, *32*, 311-328.

Langer, E.J. & Abelson, R.P. (1974). A patient by any other name... Clinician group differences in labeling bias. *Journal of Consulting Psychology*, *42*, 4-9.

Langer, E., Blank, A. & Chanowitz, B. (1978). The mindlessness of ostensibly thoughtful action : The role of placebic information in interpersonal interaction. *Journal of Personality and Social Psychology, 36*, 635-642.

Langlois, J.H. & Roggman, L.A. (1990). Attractive faces are only average. *Psychological Science, 1*, 115-121.

LaPiere, R.T. (1934). Attitudes versus actions. *Social forces, 13*, 230-237.

Latané, B. (1981). The psychology of social impact. *American Psychologist, 36*, 343-356.

Latané, B. & Darley, J.M. (1970). *The unresponsive bystander : Why doesn't he help?* New York : Appleton-Century-Crofts.

Latané, B. & Wolf, S. (1981). The social impact of majorities and minorities. *Psychological Review, 88*, 438-453.

LeBon, G. (1985). *Psychologie des foules*. Paris : PUF.

Lefkowitz, M.M., Eron, L.D., Walder, L.O. & Huesmann, L.R. (1977). *Growing up to be violent*. New York : Pergamon.

Lepore, L. & Brown, R. (1997). Category and stereotype activation : Is prejudice inevitable? *Journal of Personality and Social Psychology, 72*, 275-287.

Lerner, M.J. (1980). *The belief in a just world : A fundamental delusion*. New York : Plenum.

Lerner, M.J. & Simmons, C.H. (1966). Observer's reaction to the «innocent victim» : Compassion or rejection. *Journal of Personality and Social Psychology, 4*, 203-210.

Leventhal, H. (1970). Finding and theory in the study of fear communications. In L. Berkowitz (Ed.), *Advances in experimental social psychology* (Vol. 5, 119-186). San Diego, CA : Academic Press

Levine, R.A. & Campbell, D.T. (1972). *Ethnocentrism : Theories of conflict, attitudes and group behavior*. New York : Willey.

Lewicka, M. (1988). On objective and subjective anchoring of cognitive acts : How behavioral valence modifies reasoning schemata. In W.J. Baker, L.P. Mos, H.V. Rappard & H.J. Stam (Eds), *Recent trends in theoretical psychology* (285-301). New York : Springer-Verlag.

Lewin, K. (1943). Forces behind food habits and methods of change. *Bulletin of the National Research Council, 108*, 35-65.

Leyens, J.-Ph. (1977). La valeur cathartique de l'agression : Un mythe ou une inconnue? *Année Psychologique, 77*, 525-550.

Leyens, J.-Ph. (1983). *Sommes-nous tous des psychologues? Approche psychosociale des théories implicites de personnalité*. Bruxelles : Mardaga.

Leyens, J.-Ph. (1990). Jean-Paul Codol's approach to social psychology. When social cognition resembles social cognition more than social cognition resembles social cognition. *Revue Internationale de Psychologie Sociale, 3*, 253-272.

Leyens, J.-Ph., Camino, L., Parke, R.D. & Berkowitz, L. (1975). Effects of movie violence on aggression in a field setting as a function of group dominance and cohesion. *Journal of Personality and Social Psychology, 32*, 346-360.

Leyens, J.-Ph., Cisneros, T. & Hossay, J.F. (1976). Decentration as a means for reducing aggression after exposure to violent stimuli. *European Journal of Social Psychology, 6*, 459-473.

Leyens, J.-Ph. & Dunand, M. (1991). Priming aggressive thoughts : The effect of the anticipation of a violent movie upon the aggressive behaviour of the spectators. *European Journal of Social Psychology, 21*, 507-516.

Leyens, J.-Ph. & Mahjoub, A. (1995). Les effets psychosociaux de la guerre chez les enfants et les adolescents. Une revue des recherches empiriques. In S. Mansour (Ed.), *L'enfant réfugié*. Paris : Syros.

Leyens, J.-Ph. & Parke, R.D. (1975). Aggressive slides can induce a weapons effect. *European Journal of Social Psychology, 5*, 229-236.

Leyens, J.-Ph. & Yzerbyt, V.Y. (1992). The ingroup overexclusion effect : Impact of valence and confirmation on stereotypical information search. *European Journal of Social Psychology, 22*, 549-569.

Leyens, J.-Ph., Yzerbyt, V.Y. & Bellour, F. (1993). Social judgeability and motivation : The ingroup overexclusion effect. In M.-F. Pichevin, M.-C. Hurtig & M. Piolat (Eds), *Studies on the self and social cognition*. World Scientific Publishing Co Pte Ldt, Singapore.

Leyens, J.-Ph., Yzerbyt, V.Y. & Corneille, O. (1996). The role of applicability in the emergence of the overattribution bias. *Journal of Personality and Social Psychology, 70*, 219-229.

Leyens, J.-Ph., Yzerbyt, V.Y. & Schadron, G. (1994). *Stereotypes and social cognition*. London : Sage.

Linde, T.F. & Patterson, C.H. (1964). Influence of orthopedic disability on conforming behavior. *Journal of Abnormal and Social Psychology, 68*, 115-118.

Linder, D.E., Cooper, J. & Jones, E.E. (1967). Decision freedom as a determinant of the role of incentive magnitude in attitude change. *Journal of Personality and Social Psychology, 6*, 245-254.

Linville, P.W., Fisher, G.W. & Salovey, P. (1989). Perceived distributions of the caracteristics of in-group and out-group members : Empirical evidence and a computer simulation. *Journal of Personality and Social Psychology, 57*, 165-188.

Linville, P.W. & Jones, E.E. (1980). Polarized appraisals of out-group members. *Journal of Personality and Social Psychology, 38*, 689-703.

Linz, D.G., Donnerstein, E. & Penrod, S. (1988). Effects of long term exposure to violent and sexually degrading depictions of women. *Journal of Personality and Social Psychology, 55*, 758-768.

Lorenz, K. (1969). *L'agression : Une histoire naturelle du mal*. Paris : Flammarion.

Lorenzi-Cioldi, F. (1994). *Les androgynes*. Paris : PUF.

Maass, A., Ceccarelli, R., Rudin, S. (1996). Linguistic intergroup bias : Evidence for in-group-protective motivation. *Journal of Personality and Social Psychology*, 71, 512-526.

Maass, A. & Clark, R.D. III. (1984). Hidden impact of minorities : Fifteen years of minority influence research. *Psychological Bulletin, 95*, 428-450.

Maass, A. & Clark, R.D. III. (1983). Internalization versus compliance : Differential processes underlying minority influence and conformity. *European Journal of Social Psychology, 13*, 197-215.

Maass, A., Salvi, D., Arcuri, L. & Semin, G. (1989). Language use in intergroup contexts : The linguistic intergroup bias. *Journal of Personality and Social Psychology, 57*, 981-993.

Maccoby, E.E. & Jacklin, C.N. (1974). *The psychology of sex differences*. Stanford, CA : Stanford University Press.

Mackie, D.M. & Worth, L.T. (1991). «Feeling good but not thinking straight» : Positive mood and persuasion. In J.P. Forgas (Ed.), *Emotion and social judgments* (201-220). Oxford : Pergamon.

MacNeil, M. & Sherif, M. (1976). Norm change over subject generations as a function of arbitrariness of prescribed norms. *Journal of Personality and Social Psychology, 34*, 762-773.

Macrae, C.N., Milne, A.B. & Bodenhausen, G.V. (1994). Stereotypes as energy-saving devices : A peek inside the cognitive toolbox. *Journal of Personality and Social Psychology, 66*, 37-47.

Mahjoub, A. & Leyens, J.-Ph. (1995). The weapons effect among children living in an armed-conflict environment. In A. Mahjoub (Ed.), *Approche psychosociale des traumatismes de guerre chez les enfants et adolescents palestiniens*. Tunis : Alif Editions de la Méditerranée.

Mann, L. (1981). The baiting crowd in episodes of threatened suicide. *Journal of Personality and Social Psychology, 41*, 703-709.

Manstead, A.S.R., Proffitt, C. & Smart, J.L. (1983). Predicting and understanding mothers' infant feeding intentions and behavior : Testing the theory of reasoned action. *Journal of Personality and Social Psychology, 44*, 657-671.

Marks, M.L., Mirvis, P.H., Hackett, E.J., Grady, J.F. Jr. (1986). Employee participation in a quality control circle prgram : Impact on quality of work life, productivity, and absenteism. *Journal of Applied Psychology, 71*, 61-69.

Markus, H. (1977). Self-schemata and processing information about the self. *Journal of Personality and Social Psychology, 35*, 63-78.

Markus, H.R. & Kitayama, S. (1991). Culture and the self : Implications for cognition, emotion, and motivation. *Psychological Review, 98*, 224-253.

Markus, H.R. & Kunda, Z. (1986). Stability and malleability of the self-concept. *Journal of Personality and Social Psychology, 51*, 858-866.

Marques, J.M. & Yzerbyt, V.Y. (1988). The black sheep effect : Judgmental extremity towards ingroup members in inter- and intra-group situations. *European Journal of Social Psychology, 18*, 287-292.

Marques, J.M., Yzerbyt, V.Y. & Leyens, J.-Ph. (1988). Extremity of judgments towards ingroup members as a function of ingroup identification. *European Journal of Social Psychology, 18*, 1-16.

Martin, R. (1996). Minority influence and argument generation. *British Journal of Social Psychology, 35*, 91-103.

Maurer, K.L., Park, B. & Rothbart, M. (1995). Subtyping versus subgrouping processes in stereotype representation. *Journal of Personality and Social Psychology, 69*, 812-824.

Mc Dougall, W. (1908). *An introduction to social psychology.* London : Methuen.

McAlister, A., Perry, C., Killen, J., Slinkard, L.A. & Maccoby, N. (1980). Pilot study of smoking, alcohol and drug abuse prevention. *American Journal of Public Health, 70*, 719-721.

McGill, A.L. (1989). Context effects in causal judgment. *Journal of Personality and Social Psychology, 57*, 189-200.

McGuire, W.J. (1964). Inducing reistance to persuasion : Some contemporary approaches. In L. Berkowitz (Ed.), *Advances in experimental social psychology* (Vol. 1, 192-229). New York : Academic Press.

McGuire, W.J. (1968). Personality and attitude change : An information-processing theory. In A.G. Greenwald, T.C. Brock & T.M. Ostrom (Eds), *Psychological foundations of attitudes* (171-196). New York : Academic Press.

McGuire, W.J. (1969). The nature of attitudes and attitude change. In G. Lindzey & E. Aronson (Eds), *The handbook of social psychology* (2nd ed., Vol. 3, 136-314). Reading, Mass. : Addison-Wesley.

McGuire, W.J. (1972). Attitude change : The information-processing paradigm. In C.G. McClintock (Ed.), *Experimental social psychology* (108-141). New York : Holt, Rinehart & Winston.

McGuire, W.J. (1989). The structure of individual attitudes and attitude systems. In A.R. Pratkanis, S.J. Breckler & A.G. Greenwald (Eds), *Attitude structure and function* (37-69). Hillsdale, NJ : Erlbaum.

McGuire, W.J. (1985). Attitudes and attitude change. In Lindzey, G. & Aronson, E. (Eds), *Handbook of social psychology* (3rd ed., Vol. 2, 233-346). New York : Random House.

Medcof, J.W. (1990). Peat : An integrative model of attribution processes. *Advances in experimental social psychology, 23*, 111-208.

Medin, D.L. (1989). Concepts and conceptual structure. *American Psychologist, 44*, 1469-1481.

Mednick, S.A., Gabrielli, W.F. & Hutchings, B. (1987). Genetic factors in the etiology of criminal behavior. In S.A. Mednick, T.E. Moffitt & S.A. Stack (Eds), *The causes of crime : New biological approaches*. Cambridge : Cambridge University Press.

Meeus, W.H. & Raaijmakers, Q.A. (1986). Administrative obedience : Carrying out orders to use psychological-administrative violence. *European Journal of Social Psychology, 16*, 311-324.

Merei, F. (1949). Group leadership and internalization. *Human Relations, 2*, 23-39.

Mettee, D. & Aronson, E. (1974). Affectiive reactions to appraisal from others. In T.L. Huston (Ed.), *Foundations of interpersonal attraction*. New York : Academic Press.

Mettee, D., Taylor, S.E. & Friedman, H. (1973). Affect conversion and the gain-loss effect. *Sociometry, 36*, 505-519.

Meumann, E. (1904). Haus-und-Schularbeit : Experimente an Kindern der volksschule. *Die Deutsche Schule, 8*, 278-303, 337-359, 416-431.

Meyerowitz, B.E. & Chaiken, S. (1987). The effects of message framing on breast self-examination attitudes, intentions, and behavior. *Journal of Personality and Social Psychology, 52*, 500-510.

Michotte, A. (1946). *La perception de la causalité*. Louvain : Presses Universitaires de Louvain.

Milgram, S. (1970). The experience of living in cities. *Science, 167*, 1461-1468.

Milgram, S. (1974). *Soumission à l'autorité*. Paris : Calmann-Lévy.

Miller, D.T. & McFarland, C. (1987). Pluralistic ignorance : When similarity is interpreted as dissimilarity. *Journal of Personality and Social Psychology, 53*, 298-305.

Miller, D.T., Norman, S.A. & Wright, E. (1978). Distortion in person perception as a consequence of the need for effective control. *Journal of Personality and Social Psychology, 36*, 598-607.

Miller, J.G. (1984). Culture and the development of everyday social explanation. *Journal of Personality and Social Psychology, 46*, 961-978.

Miller, N.E. & Brewer, M.B. (1984). *Groups in contact : The psychology of desegregation*. New York : Academic Press.

Minard, R.D. (1952). Race relationships in the Pocahontas coal field. *Journal of Social Issues, 8*, 408-420.

Mita, T.H., Dermer, M. & Knight, J. (1977). Reversed facial images and the mere exposure hypothesis. *Journal of Personality and Social Psychology, 35*, 597-601.

Monteil, J.-M. (1989). *Eduquer et former : Perspectives psycho-sociales*. Grenoble : Presses Universitaires de Grenoble.

Moscovici, S. (1976). *Social influence and social change*. Londres : Academic Press.

Moscovici, S. (1980). Toward a theory of conversion behavior. In L. Berkowitz (Ed.), *Advances in Experimental Social Psychology* (Vol. 13, 209-239). New York : Academic Press.

Moscovici, S. (1981). *L'âge des Foules*. Paris : Fayard.

Moscovici, S. (1985). Social influence and conformity. In G. Lindzey & E. Aronson (Eds), *Handbook of social psychology* (3rd ed., Vol. 2, 347-412). New York : Random House.

Moscovici, S. & Lage, E. (1976). Studies in social influence III : Majority versus minority influence in a group. *European Journal of Social Psychology, 6*, 149-174.

Moscovici, S., Lage, E. & Naffrechoux, M. (1969). Influence in a consistent minority on the responses of a majority in a color perception task. *Sociometry, 32*, 365-379.

Moscovici, S. & Mugny, G. (1983). Minority influence. In P.B. Paulus (Ed.), *Basic group processes* (41-64). New York : Springer Verlag.

Moscovici, S. & Personnaz, B. (1980). Studies in social influence V : Minority influence and conversion in a perceptual task. *Journal of Experimental Social Psychology, 16*, 270-282.

Moscovici, S. & Personnaz, B. (1986). Studies on latent influence by the spectrometer method I : The impact of psychologization in the case of conversion by a minority or a majority. *European Journal of Social Psychology, 16*, 345-360.

Moscovici, S. & Zavalloni, M. (1969). The group as polarizer of attitudes. *Journal of Personality and Social Psychology, 12*, 125-135.

Moser, G. & Levy-Leboyer, C. (1985). Inadequate environment and situation control : Is a malfunctioning phone always an occasion for aggression? *Environment and Behavior, 17*, 520-533.

Moyer, K.E. (1976). *The psychology of aggression*. New York : Harper & Row.

Mucchi-Faina, A., Maass, A. & Volpato, C. (1991). Social influence : The role of originality. *European Journal of Social Psychology, 21*, 183-197.

Mugny, G. (1982). *The power of minorities*. London : Academic Press.

Mugny, G. & Papastamou, S. (1980). When rigidity does not fail : Individualization and psychologization as resistances to the diffusion of minorities innovations. *European Journal of Social Psychology, 10*, 43-61.

Mullen, B. (1986). Atrocity as a function of lynch mob composition : A self-attention perspective. *Personality and Social Psychology Bulletin, 12*, 187-197.

Mullen, B., Futrell, D., Stairs, D., Tice, D., Baumeister, R., Dawson, K., Riordan, C., Radloff, C., Goethals, G., Kennedy, J. & Rosenfeld, P. (1986). Newscatsres' facial expressions and voting behavior of viewers : Can a smile elect a presdient? *Journal of Presonality and Social Psychology, 51*, 291-295.

Mummendey, A., Linneweber, V. & Löschper, G. (1984a). Actor or victim of aggression : Divergent perspectives - divergent evaluations. *European Journal of Social Psychology, 14*, 297-311.

Mummendey, A., Linneweber, V. & Löschper, G. (1984b). Aggression : From act to interaction. In A. Mummendey (Ed.), *Social psychology of aggression : From individual behavior to social interaction*. New York : Springer.

Mummendey, A. & Otten, S. (1989). Perspective specific differences in the segmentation and evaluation of aggressive interaction sequences. *European Journal of Social Psychology, 19*, 23-40.

Mummendey, A., Simon, B., Dietze, C., Gruenert, M., Haeger, G., Kesser, S., Lettgen, S. & Schaeferhoff, S. (1992). Categorization is not enough : Intergroup discrimination in negative outcome allocations. *Journal of Experimental Social Psychology, 28*, 125-144.

Murphy, G.L. & Medin, D.L. (1985). The role of theories in conceptual coherence. *Psychological Review, 92*, 289-316.

Murstein, B.I. (1972). Physical attractiveness and marital choice. *Journal of Personality and Social Psychology, 22*, 8-12.

Myers, D.G. & Arenson, S.J. (1972). Enhancement of dominant risk tendencies in group discussion. *Psychological Reports, 30*, 615-623.

Myers, D.G., Bach, P.J. & Schreiber, F.B. (1974). Normative and informational effects in group interaction. *Sociometry, 37*, 275-286.

Myers, D.G. & Bishop, G.D. (1971). The enhancement of dominant attitudes in group discussion. *Journal of Personality and Social Psychology, 20*, 386-391.

Myers, D.G. & Kaplan, M.F. (1976). Group-induced polarization in simulated juries. *Personality and Social Psychology Bulletin, 2*, 63-66.

Nadler, A. & Fisher, J.D. (1986). The role of threat to self esteem and perceived control in recipient reactions to aid : Theory development and empirical validation. In L. Berkowitz (Ed.), *Advances in experimental social psychology* (Vol. 19). New York : Academic Press.

Nemeth, C. (1977). Interactions between jurors as a function of majority vs. unanimity decision rules. *Journal of Applied Social Psychology, 7*, 38-56.

Nemeth, C. (1986). Differential contributions of majority and minority influence processes. *Psychological Review*, *93*, 10-20.

Nemeth, C. (1995). Dissent as driving cognition, attitudes and judgments. *Social Cognition*, 13, 273-291.

Nemeth, C. & Chiles, C. (1988). Modelling courage : The role of dissent in fostering independence. *European Journal of Social Psychology*, *18*, 275-280.

Nemeth, C., Mayseless, O., Sherman, J.W. & Brown, Y. (1990). Exposure of dissent and recall of information. *Journal of Applied Social Psychology*, *58*, 429-437.

Nemeth, C., Swedlund, M. & Kanki, G. (1974). Patterning of the minority's responses and their influence on the majority. *European Journal of Social Psychology*, *4*, 53-64.

Nemeth, C., Wachtler, J. & Endicott, J. (1977). Increasing the size of minority : Some gains and losses. *European Journal of Social Psychology*, *7*, 15-27.

Neuberg, S. L. (1989). The goal of forming accurate impressions during social interactions : Attenuating the impact of negative expectancies. *Journal of Personality and Social Psychology*, *56*, 374-386.

Newcomb, T.M. (1943). *Personality and Social Change*. New York : Dryden Press.

Newcomb, T.M. (1947). Autistic hostility and social reality. *Human Relations*, *1*, 69-86.

Newcomb, T.M. (1961). *The acquaintance process*. New York : Holt, Rinehart and Winston.

Newcomb, T.M. (1965). Attitude development as a function of reference groups : The Bennington study. In H. Proshansky & B. Seidenberg (Eds), *Basic studies in social psychology* (215-225). New York : Holt, Rinehart & Winston.

Newtson, D. (1974). Dispositional inferences from effects of actions : Effects chosen and effects forgone. *Journal of Experimental Social Psychology*, *10*, 489-496.

Niedenthal, P.M., & Cantor, N. (1986). Affective responses as guides to category-based inferences. *Motivation and Emotion*, *10*, 217-232.

Nisbett, R.E. (1993). Violence and US regional culture. *American Psychologist*, *48*, 441-449.

Nisbett, R.E., Caputo, C., Legant, P., & Maracek, J. (1973). Behavior as seen by the actor and as seen by the observer. *Journal of Personality and Social Psychology*, *27*, 154-164.

Nisbett, R.E., & Ross, L. (1980). *Human inference : Strategies and shortcomings of social judgment*. Englewood-Cliffs, NJ : Prentice-Hall.

Nisbett, R.E., & Wilson, T.D. (1977). Telling more than we can know : Verbal reports on mental processes. *Psychological Review*, *84*, 231-259.

Nisbett, R.E., Zukier, H., & Lemley, R.E. (1981). The dilution effect : Non-diagnostic information weakens the implications of diagnostic information. *Cognitive Psychology*, *13*, 248-277.

Nuttin, J.M. (1985). Narcissism beyond Gestalt and awareness : The name letter effect. *European Journal of Social Psychology*, *15*, 353-361.

Nuttin, J.M., Beckers, A., Leyens, J.-Ph. & Feys, J. (1997). *Prospects for an experimental analysis of evaluative and moral behavior in an intercultural context : Beyond interviews, questionnaires and paper and pencil measures*. Manuscrit non publié. Katholieke Universiteit van Leuven.

Oakes, P.J., Haslam, S. A. & Turner, J.C. (1994). *Stereotypes and social reality*. Oxford : Blackwell.

Olweus, D. (1979). Stability of aggressive reaction patterns in males : A review. *Psychological Bulletin*, *86*, 852-875.

Olweus, D., Mattsson, A., Schalling, D. & Low, H. (1980). Testosterone, aggression, physical, and personality dimensions in normal adolescent males. *Psychosomatic Medecine*, *42*, 253-269.

Orano, P. (1902). *Psicologia sociale*. Bari : Laterza.

Orvis, B.R., Cunningham, J.D. & Kelley, H.H. (1975). A closer examination of causal inference : The roles of consensus, distinctiveness, and consistency information. *Journal of Personality and Social Psychology, 32*, 605-616.

Osterhouse, R.A. & Brock, T.C. (1970). Distraction increases yielding to propaganda by inhibiting counterarguing. *Journal of Personality and Social Psychology, 15*, 344-358.

Ostrom, T.M. (1969). The relationship between the affective, behavioral and cognitive components of attitude. *Journal of Experimental Social Psychology, 5*, 12-30.

Ostrom, T.M. & Sedikides, C. (1992). Out-group homogeneity effect in natural and minimal groups. *Psychological Bulletin, 112*, 536-552.

Pallak, M.S., Cook, D.A. & Sullivan, J.J. (1980). Commitment and energy conservation. *Applied Social Psychology Annual, 1*, 235-253.

Park, B. (1986). A method for studying the development of impressions of real people. *Journal of Personality and Social Psychology, 51*, 907-917.

Park, B., Judd, C.M. & Ryan, C.S. (1991). Social categorization and the representation of variability information. In W. Stroebe & M. Hewstone (Eds), *European Review of Social Psychology* (Vol. 2, 211-245). Chichester : Wiley.

Park, B., Ryan, C.S. & Judd, C.M. (1992). Role of meaningful subgroups in explaining differences in perceived variability for in-group and out-group. *Journal of Personality and Social Psychology, 63*, 553-567.

Pavlov, I.P. (1927). *Conditioned reflexes*. London : Oxford University Press.

Peabody, D. (1967). Trait inferences : Evaluative and descriptive aspects. *Journal of Personality and Social Psychology Monograph, 7*, (whole number 644).

Peeters, G. & Czapinski, J. (1990). Positive-negative asymmetry in evaluations : The distinction between affective and informational negativity effects. In W. Stroebe & M. Hewstone (Eds), *European Review of Social Psychology* (Vol. 1, 33-60). New York : Wiley.

Perdue, C.W., Dovidio, J.F., Gurtman, M.B. & Tyler, R.B. (1990). «Us» and «them» : Social categorization and the process of intergroup bias. *Journal of Personality and Social Psychology, 59*, 475-486.

Pérez, J.A. & Mugny, G. (1987). Paradoxical effects of categorization in minority influence : When being an out-group is an advantage. *European Journal of Social Psychology, 17*, 157-169.

Pettigrew, T.F. (1979). The ultimate attribution error : Extending Allport's cognitive analysis of prejudice. *Personality and Social Psychology Bulletin, 5*, 461-475.

Pettigrew, T.F., Allport, G.W. & Barnett, E.O. (1958). Binocular resolution and perception of race in South Africa. *British Journal of Psychology, 49*, 265-278.

Petty, R.E. & Cacioppo, J.T. (1979). Effects of forewarning of persuasive intent and involvement on cognitive responses and persuasion. *Personality and Social Psychology Bulletin, 5*, 173-176.

Petty, R.E. & Cacioppo, J.T. (1980). Effects of issue involvement on attitudes in an advertising context. In G. Gorn & M. Goldberg.

Petty, R.E. & Cacioppo, J.T. (1984). The effects of involvement on responses to argument quantity and quality : Central and peripheral routes to persuasion. *Journal of Personality and Social Psychology, 46*, 69-81.

Petty, R.E. & Cacioppo, J.T. (1986). *Communication and persuasion : Central and peripheral routes to attitude change*. New York : Springer-Verlag.

Petty, R.E., Cacioppo, J.T. & Goldman R. (1981a). Personal involvement as a determinant of argument-based persuasion. *Journal of Personality and Social Psycholgy, 41*, 847-855.

Petty, R.E., Harkins, S.G. & Williams, K.D. (1980). The effects of group diffusion of cognitive effort on attitudes : An information-processing view. *Journal of Personality and Social Psychology, 38*, 81-92.

Petty, R.E., Ostrom, T.M. & Brock, T. (1981b). *Cognitive responses in persuasion*. Hillsdale, NJ : Erlbaum.

Petty, R.E., Wells, G.C. & Brock T.C. (1976). Distraction can enhance or reduce yielding to propaganda : Thought disruption versus effort justification. *Journal of Personality and Social Psycholgy*, *37*, 874-884.

Phillips, D.P. (1979). Suicide, motor vehicle fatalities, and the mass media : Evidence toward a theory of suggestion. *American Journal of Sociology*, *84*, 1150-1174.

Phillips, D.P. (1980). Airplane accidents, murder, and the mass-media : Towards a theory of imitation and suggestion. *Social Forces*, *58*, 1001-1024.

Phillips, D.P. (1986). Natural experiments on the effects of mass media violence on fatal aggression : Strengths and weaknesses of a new approach. In L. Berkowitz (Ed.), *Advances in experimental social psychology* (Vol. 19, 207-249). New York : Academic Press.

Piliavin, I.M., Rodin, J. & Piliavin, J.A. (1969). Good samaritanism : An underground phenomenon? *Journal of Personality and Social Psychology*, *13*, 289-299.

Pratkanis, A.R., Greenwald, A.G., Leippe, M.R. & Baumgardner, M.H. (1988). In search of reliable presuasion effects : III. The sleeper effect is dead : Long live the sleeper effect. *Journal of Personality and Social Psychology*, *54*, 203-218.

Prentice, D.A. & Miller, D.T. (1993). Pluralistic ignorance and alcohol use on campus : Some consequences of misperceiving the social norm. *Journal of Personality and Social Psychology*, *64*, 243-256.

Prentice-Dunn, S. & Rogers, R.W. (1989). Deindividuation and the self-regulation of behavior. In P. Paulus (Ed.), *The psychology of group influence*. Hillsdale, NJ : Erlbaum.

Punamäki, R.L. (1987). Psychological stress responses of Palestinian mothers and their children on conditions of military occupation and political violence. *The Quaterly Newsletter of the Laboratory of Comparative Human Cognition*, *9*, 76-84.

Rabbie, J.M. & Bekkers, F. (1978). Threatened leadership and intergroup competition. *European Journal of Social Psychology*, *8*, 9-20.

Razran, G.H.S. (1940). Conditioned response changes in rating and appraising sociopolitical slogans. *Psychological Bulletin*, *37*, 481.

Read, S.J. (1987). Constructing causal scenarios : A knowledge structure approach to causal reasoning. *Journal of Personality and Social Psychology*, *52*, 288-302.

Reeder, G.D. & Brewer, M.B. (1979). A schematic model of dispositional attribution in interpersonal perception. *Psychological Review*, *86*, 61-79.

Regan, D.T. (1971). Effects of a favor and liking on compliance. *Journal of Experimental Social Psychology*, *7*, 627-639.

Reicher, S.D. (1987). Crowd behavior as social action. In J.C. Turner, M.A. Hogg, P.J. Oakes, S.D. Reicher & M.S. Wetherell (Eds), *Rediscovering the social group : A self-categorization theory* (171-202). Oxford : Blackwell.

Reicher, S.D. (1996). «The Battle of Westminster» : Developing the social identoty model of crowd behaviour in order to explain the initiation and development of collective conflict. *European Journal of Social Psychology*, *26*, 115-134.

Reingen, D.H. (1978). On inducing compliance with requests. *Journal of Consumer Research*, *5*, 96-102.

Reingen, D.H. (1982). Test of a list procedure for inducing compliance with a request to donate money. *Journal of Applied Psychology*, *67*, 110-118.

Rhodes, N. & Wood, W. (1992). Self-esteem and intelligence affect influenceability : The mediating role of message reception. *Psychological Bulletin*, *111*, 156-171.

Ric, F. (1996). L'impuissance acquise (learned helplessness) chez l'être humain : Une présentation théorique. *L'Année Psychologique*, *96*, 677-702.

Rimé, B. (1989). Le partage social des émotions. in B. Rimé & K. Scherer (Eds), *Les émotions*. Lausanne : Delachaux et Niestlé.

Rogers, R.W. (1983). Cognitive and physiological processes in fear appeals and attitude change : A revised theory of protection motivation. In J.T. Cacioppo & R.E. Petty (Eds), *Social psychophysiology : A sourcebook*. New York : Guilford Press.

Rohrer, J.H., Baron, S.H., Hoffman, E.L. & Schwander, F.V. (1954). The stability of autokinetic judgments. *Journal of Abnormal and Social Psychology, 49*, 595-597.

Rojahn, K. & Pettigrew, T.F. (1992). Memory for schema-relevant information : A meta-analytic resolution. *British Journal of Social Psychology, 31*, 81-109.

Rokeach, M. (1960). *The open and the closed mind.* New York : Basic Books.

Rosenberg, M.J. (1960). An analysis of affective-cognitive consistency. In C.I. Hovland & M.J. Rosenberg (Eds), *Attitude organization and change* (15-64). New Haven, CT : Yale University Press.

Rosenberg, M.J. & Hovland, M.J. (1960). Cognitive, affective, and behavioral components of attitudes. In C.I. Hovland & M.J. Rosenberg (Eds), *Attitude organization and change* (1-14). New Haven, CT : Yale University Press.

Rosenberg, S. & Sedlak, A. (1972). Structural representations of implicit personality theory. Dans L. Berkowitz (Ed.), *Advances in experimental social psychology* (Vol. 6, 235-297). New York : Academic Press.

Rosenhan, D.L. (1973). On being sane in insane places. *Science, 179*, 250-258.

Rosenhan, D.L. (1975). The contextual nature of psychiatric diagnosis. *Journal of Abnormal Psychology, 84*, 462-474.

Roskos-Ewoldsen, D.R. & Fazio, R.H. (1992). The accessibiliy of source likability as a determinant of persuasion. *Society for Personality and Social Psychology*, Inc., *18*, 19-25.

Ross, E.A. (1908). *Social psychology : An outline and a source book.* New York : Macmilan.

Ross, L. (1977). The intuitive psychologist and his shortcomings : Distorsions in the attribution process. In L. Berkowitz (Ed.), *Advances in experimental social psychology* (Vol. 10, 174-221). New York : Academic Press.

Ross, L., Bierbrauer, G. & Hoffman, S. (1976). The role of attribution processes in conformity and dissent. *American Psychologist, 2*, 148-157.

Rothbart, M. & Hallmark, W. (1988). In-group and out-group differences in the perceived efficacy of coercion and conciliation in resolving social conflict. *Journal of Personality and Social Psychology, 55*, 248-257.

Rothbart, M. & Taylor, M. (1992). Category labels and social reality : Do we view social categories as natural kinds? In G. Semin and K. Fiedler (Eds), *Language, interaction and social cognition* (11-36). London : Sage.

Rusbult, C.E. (1983). A longitudinal test of the investment model : The development (and deterioration) of satisfaction and commitment in heterosexual involvements. *Journal of Personality and Social Psychology, 45*, 101-117.

Rusher, J.B. & Hammer, E.Y. (1996). Choosing to sever or maintain association induces biased impression formation. *Journal of Personality and Social Psychology, 70*, 701-712.

Sagar, H.A. & Schofield, J.W. (1980). Racial and behavioral cues in Black and White children's perceptions of ambiguously aggressive acts. *Journal of Personality and Social Psychology, 39*, 590-598.

Sagi, A. & Hoffman, M.L. (1976). Empathic distress in the newborn. *Developmental Psychology, 12*, 175-176.

Salancik, G.R. & Conway, M. (1975). Attitude inference from salient and relevant cognitive content about behavior. *Journal of Personality and Social Psychology, 32*, 829-840.

Salovey, P., Mayer, J.D. & Rosenhan, D.L. (1991). Mood and helping : Mood as a mediator of helping and helping as a regulator of mood. In M.S. Clark (Ed.), *Prosocial behavior : Review of personality and social psychology* (Vol. 12). Newbury Park, CA : Sage.

Sanitioso, R., Kunda, Z. & Fong, G.T. (1990). Motivated recruitment of autobiographical memory. *Journal of Personality and Social Psychology, 59*, 229-241.

Sartre, J.P. (1960). *Esquisse d'une théorie des émotions*. Paris : Hermann.

Schachter, S. (1951). Deviation, rejection and communication. *Journal of Abnormal and Social Psychology, 46*, 190-207.

Schachter, S. (1969). *The psychology of affiliation*. Stanford, CA : Stanford University Press.

Schachter, S. & Singer, J. (1962). Cognitive, social, and physiological determinants of emotional state. *Psychological Review, 69*, 379-399.

Scher, S.J. & Cooper, J. (1989). Motivational basis of dissonance : The singular role of behavioral consequences. *Journal of Personality and Social Psycholgy, 56*, 899-906.

Schifter, D.E. & Ajzen, I. (1985). Intention, perceived control, and weight loss : An application of the theory of planned behavior. *Journal of Personality and Social Psychology, 49*, 843-851.

Schlenker, B.R. (1982). Translating actions into attitudes : An identity-analytic approach to the explanation of social conduct. In L. Berkowitz (Ed.), *Advances in experimental social psychology* (Vol. 15, 151-181). New York : Academic Press.

Schwarz, N. & Clore, G.L. (1988). How do I feel about it? Informative functions of affective states. In K. Fiedler & J. Forgas (Eds), *Affect, cognition, and social behavior*. Toronto : Hogrefe.

Segal, M.W. (1974). Alphabet and attraction : An unobstrusive measure of the effect of propinquity in a field setting. *Journal of Personality and Social Psychology, 30*, 654-657.

Seligman, M.E.P. (1975). *Helplessness : On depression, development and death*. San Francisco : Freeman.

Semin, G.R. & Fiedler, K. (1989). Relocating attributional phenomena within a language-cognition interface : The case of actors' and observers' perspectives. *European Journal of Social Psychology, 19*, 491-508.

Shafer, M.A. (1980). Attributing evil to the subject, not the situation : Student reactions to Milgram's film on obedience. *Personality and Social Psychology Bulletin, 6*, 205-209.

Shavitt, S. (1989). Operationalizing the functional theories of attitudes. In A.R. Pratkanis, S.J. Breckler & A.G. Greenwald (Eds), *Attitude structure and function* (311-337). Hillsdale, NJ : Erlbaum.

Sherif, M. (1936). *The psychology of social norms*. New York : Harper & Row.

Sherif, M. (1965). Influences du groupe sur la formation des normes et des attitudes. In A. Lévy (Ed.), *Psychologie sociale. Textes fondamentaux* (Vol. 1). Paris : Dunod.

Sherif, M., Harvey, O.J., White, B.J., Hood, W.R. & Sherif, C.W. (1961). *Intergroup conflict and cooperation : The Robbers Cave experiment*. Norman : University of Oklahoma Book Exchange.

Sherif, M. & Sherif, C.W. (1964). *Reference groups*. New york : Harper & Row.

Siegel, A.E. & Siegel, S. (1957). Reference groups, membership groups, and attitude change. *Journal of Abnormal and Social Psychology, 55*, 360-364.

Simon, B. (1992). *On the asymmetry in the cognitive construal of ingroup and outgroup : A model of egocentric social categorization*. Manuscript under review.

Simpson, J.A. (1987). The dissolution of romantic relationships : Factors involved in relationship stability and emotional distress. *Journal of Personality and Social Psychology, 53*, 683-692.

Sinclair, R.C., Mark, M.M. & Clore, G.L. (1991). *Mood, misattribution, and persuasion : The informational impact of mood on processing strategy*. Manuscript non publié, University of Alberta, Canada.

Skeels, H. (1965). Adult status of children with contrasting early life experiences. *Monographs of the Society for Research in Child Development, 31*, n° 3.

Skowronski, J.J. & Carlston, D.E. (1989). Negativity and extremity biases in impression formation : A review of explanations. *Psychological Bulletin, 105*, 131-142.

Smetana, J.G. & Adler, N.E. (1980). Fishbein's Value x Expectancy Model : An examination of some assumptions. *Personality and Social Psychology Bulletin, 6*, 89-96.

Smith, E.R. & Zaràte, M.A. (1990). Exemplar and prototype use in social categorization. *Social Cognition, 8*, 243-262.

Smith, M.B., Bruner, J.S. & White, R.W. (1956). *Opinions and personality*. New York : Wiley and Sons.

Snyder, M. (1984). When belief creates reality. In L. Berkowitz (Ed.), *Advances in experimental social psychology* (Vol. 18, 248-306). New York : Academic Press.

Snyder, M. & De Bono, K.G. (1985). Appeals to image and claims about quality : Understanding the psychology of advertising. *Journal of Personality and Social Psycholgy, 49*, 586-597.

Snyder, M. & DeBono, K.G. (1987). A functional approach to attitudes and persuasion. In M.P. Zanna, J.M. Olson & C. P Herman (Eds), *Social influence : The Ontario Symposium* (Vol. 5, 107-125). Hilssdale, NJ : Erlbaum.

Snyder, M. & DeBono, K.G. (1989). Identifying attitude functions : Lessons from personality and social behavior. In A.R. Pratkanis, S.J. Breckler & A.G. Greenwald (Eds), *Attitude structure and function* (339-359). Hillsdale, NJ : Erlbaum.

Snyder, M. & Ebbesen, E. (1972). Dissonance awareness : A test of dissonance theory versus self-perception theory. *Journal of Experimental Social Psychology, 8*, 502-517.

Snyder, M. & Swann, W.B. (1976). When actions reflect attitudes : The politics of impression management. *Canadian Journal of Behavioural Science, 34*, 1034-1042.

Snyder, M. & Swann, W.B. (1978). Hypothesis testing processes in social interaction. *Journal of Personality and Social Psychology, 36*, 1202-1212.

Snyder, M., Tanke, E.D. & Berscheid, E. (1977). Social perception and interpersonal behavior : On the self-fulfilling nature of social stereotypes. *Journal of Personality and Social Psychology, 35*, 656-666.

Snyder, M.L. (1974). The field engulfing the behavior : An investigation of attributing emotional states and dispositions. In Jones, E.E. (1979).

Snyder, M.L. & Jones, E.E. (1974). Attitude attribution when behavior is constrained. *Journal of Experimental Social Psychology, 10*, 585-600.

Sorrentino, R.M., King, G. & Leo, G. (1980). The influence of the minority on perception : A note on a possible alternative explanation. *Journal of Experimental Social Psychology, 16*, 293-301.

Sousa, E. & Leyens, J.-Ph. (1987). A priori vs. spontaneous models of attribution : The case of gender and achievement. *British Journal of Social Psychology, 26*, 281-292.

Sperling, H.G. (1946). *An experimental study of some psychological factors in judgment*. MA thesis, New School for Social Research, New York; summarized in S.E. Asch (1952).

Spitz, R.A. (1945). Hospitalism : An inquiry into the genesis of psychiatric conditions in early childhood. *Psychoanalytic Study of the Child, 1*, 53-74.

Srull, T.K. & Wyer, R.S. (1989). Person memory and judgment. *Psychological Review, 96*, 58-83.

Staats, C.K. & Staats, A.W. (1958). Attitudes established by classical conditioning. *Journal of Abnormal and Social Psychology, 57*, 37-40.

Stangor, C. & McMillan, D. (1992). Memory for expectancy-consistent and expectancy-inconsistent social information : A meta-analytic review of the social psychological and social developmental literatures. *Psychological Bulletin, 111*, 42-61.

Staw, B.M. (1974). Attitudinal and behavioral consequences of changing a major organizational reward : A natural field experiment. *Journal of Personality and Social Psychology, 29*, 742-751.

Staw, B.M. & Ross, J. (1987). Behavior in escalation situations : Antecedents, prototypes, and solutions. *Research in Organizational Behavior, 9*, 39-78.

Steele, C.M. (1988). The psychology of self-affirmation : Sustaining the integrity of the self. *Advances in Experimental Social Psychology, 21*, 261-302. San Diego, CA : Academic Press.

Steele, C.M. & Aronson, J. (1995), Stereotype threat and the intellectual test performance of African Americans. *Journal of Personality and Social Psychology, 69*, 797-811.

Steele, C.M. & Liu, T.J. (1983). Dissonance processes as self-affirmation. *Journal of Personality and Social Psychology, 45*, 5-19.

Stoner, J.A.F. (1961). *A comparison of individual and group decisions involving risk*. Thèse de maîtrise non publiée. M.I.T.

Strack, F., Martin, L.L. & Schwartz, N. (1988). Priming and communication : Social determinants of information use in judgment of life satisfaction. *European Journal of Social Psychology, 18*, 429-442.

Strauss, M.A. & Gelles, R.J. (1990). *Physical violence in American families : Risk factors and adaptation to violence in 8,145 families*. New Brunswick, NJ : Transaction.

Stroebe, W., Lenkert, A. & Jonas, K. (1988). Familiarity may breed contempt : The impact of student exchange on national stereotypes and attitudes. In W. Stroebe, A.W. Kruglanski, D. Bar-Tal & M. Hewstone (Eds), *The social psychology of intergroup conflict* (167-187). Berlin : Springer.

Strube, M.J., Turner, C.W., Cerro, D., Stevens, J. & Hinchey, F. (1984). Interpersonal aggression and the type A coronary-prone behavior pattern : A theoretical distinction and practical implications. *Journal of Personality and Social Psychology, 47*, 839-847.

Sumner, W.G. (1906). *Folkways*. New York : Ginn.

Suomi, S.J., Harlow, H.F. (1971). Abnormal social behavior in young monkeys. In J. Helmuth (Ed.), *Exceptional infant : Studies in abnormalities* (Vol. 2). New York : Brunner Mazel.

Suomi, S.J., Harlow, H.F. & McKinney, W.T. (1972). Monkey psychiatrists. *American Journal of Psychiatry, 128*, 41-46.

Tajfel, H. (1959). Quantitative judgment in social perception. *British Journal of Psychology, 50*, 16-29.

Tajfel, H. (1969). The cognitive aspect of prejudice. *Journal of Social Issues, 25*, 79-97.

Tajfel, H., Billig, M., Bundy, R. & Flament, C. (1971). Social categorization and intergroup behaviour. *European Journal of Social Psychology, 1*, 149-178.

Tajfel, H. & Wilkes, A.L. (1963). Classification and quantitative judgment. *British Journal of Psychology, 54*, 101-114.

Tarde, G. (1898). *Etudes de psychologie sociale*. Paris : V. Giard et E. Brière.

Taylor, S.E. (1989). *Positive illusions : Creative self-deception and the healthy mind*. New York : Basic Books.

Taylor, S.E., Fiske, S.T., Etcoff, N.L. & Ruderman, A.J. (1978). Categorical bases of person memory and stereotyping. *Journal of Personality and Social Psychology, 36*, 778-793.

Teger, A.I. & Pruitt, D.G. (1967). Components of group risk taking. *Journal of Experimental Social Psychology, 3*, 189-205.

Tesser, A. (1980). Self-esteem maintenance in family dynamics. *Journal of Personality and Social Psychology, 39*, 77-91.

Tesser, A. & Cornell, D.P. (1991). On the confluence of self processes. *Journal of Experimental Social Psychology*, *27*, 501-526.

Tetlock, P.E. (1985). Accountability : A social check on the fundamental attribution error. *Social Psychology Quarterly*, *48*, 227-236.

Titchener, E.B. (1910). A text-book of psychology (rev. ed.). New York : Macmillan.

Toch, H. & Lizotte, A.J. (1992). Research and policy : The case of gun control. In P. Suedfeld & P.E. Tetlock (Eds), *Psychology and social policy*. New York : Hemisphere Publishing.

Triandis, H.C. (1977). *Interpersonal behavior*. Monterey, CA : Brooks/Cole.

Triplett, N.D. (1898). The dynamogenic factor in pacemaking and competition. *American Journal of Psychology*, *9*, 507-533.

Trope, Y. & Liberman, A. (1996). Social hypothesis testing : Cognitive and motivational mechanisms. In E.T. Higgins & A.W. Kruglanski (Eds), *Social psychology : Handbook of basic principles*. New York : Guilford.

Turner, C.W. & Leyens, J.-Ph. (1992). The weapons effect revisited : The effects of firearms on aggressive behavior. In P. Suedfeld & P.E. Tetlock (Eds), *Psychology and social policy*. New York : Hemisphere Publishing.

Turner, C.W., Simons, L.S., Berkowitz, L. & Frodi, A. (1977). The stimulating and inhibiting effects of weapons on aggressive behavior. *Aggressive Behavior*, *3*, 355-378.

Turner, J.C. (1991). *Social influence*. Milton Keynes : Open University Press.

Turner, J.C., Hogg, M.A., Oakes, P.J., Reicher, S.D. & Wetherell, M.S. (1987). *Rediscovering the social group : A self-categorization theory*. Oxford : Blackwell.

Tversky, A. (1977). Features of similarity. *Psychological Review*, *84*, 327-352.

Tversky, A. & Kahneman, D. (1983). Extensional versus intuitive reasoning : The conjunction fallacy in probability judgment. *Psychological Review*, *90*, 293-315.

Uleman, J.S. (1989). A framework for thinking intentionally about unintended thought. In J.S. Uleman & J.A. Bargh (Eds), *Unintended thought : Limits of awareness, intention, and control* (425-449). New York : Guilford.

Vala, J., Monteiro, M.B. & Leyens, J.-Ph. (1988). Perception of violence as a function of observer's ideology and actor's group membership. *British Journal of Social Psychology*, 231-237.

Vallone, R.P., Ross, L. & Lepper, M.R. (1985). The hostile media phenomenon : Biased perception and perception of media bias in coverage of the «Beirut Massacre». *Journal of Personality and Social Psychology*, *49*, 577-585.

Van Overwalle, F. (sous presse). Dispositional attributions require the joint application of the methods of difference and agreement. *Personality and Social Psychology Bulletin*.

Verplanken, B., Aarts, H., van Knippenberg, A. & van Knippenberg, D. (1994). Attitude versus general habit : Antecedents of travel mode choice. *Journal of Applied Social Psychology*, *24*, 285-300.

Vinokur, A. & Burnstein, E. (1974). Effects of partially shared persuasive arguments on group-induced shifts : A group-problem-solving approach. *Journal of Personality and Social Psychology*, *29*, 305-315.

Vinokur-Kaplan, D. (1978). To have or not-to-have another child : Family planning attitudes, intentions, and behavior. *Journal of Applied Social Psychology*, *8*, 29-46.

Wallach, M.A. & Kogan, N. (1959). Sex differences and judgment processes. *Journal of Personality*, *27*, 555-564.

Wallon, H. (1946). Le rôle de l'autre dans la conscience du moi. *Journal of Egyptian Psychology*, reproduit dans Enfance, *Numéro spécial*, 1959, 279-286.

Walster, E., Walster, G.W. & Berscheid, E. (1978). *Equity, Theory and Research*. Boston : Allyn and Bacon.

Watts, W.A. & Holt, L.E. (1979). Persistence of opinion change induced under conditions of forewarning and distraction. *Journal of Personality and Social Psychology, 37*, 778-789.

Webster, D.M. (1993). Motivated augmentation and reduction of the overattribution bias. *Journal of Personality and Social Psychology, 65* 261-271.

Weiner, B. (1985). An attributional theory of achievement motivation and emotion. *Psychological Review, 92*, 548-573.

Wells, G.L. & Petty, R.E. (1980). The effects of overt headmovements on persuasion : Compatibility and incompatibility of responses. *Basic and Applied Social Psychology, 1*, 219-230.

Wicklund, R.A. & Brehm, J.W. (1976). *Perspectives on cognitive dissonance*. Hillsdale, NJ : Erlbaum.

Wilder, D.A. (1977). Perception of groups, size of opposition, and social influence. *Journal of Experimental Social Psychology, 13*, 253-268.

Wilder, D.A. (1986). Social categorization : Implications for creation and reduction of intergroup bias. In L. Berkowitz (Ed.), *Advances in experimental social psychology* (Vol. 19). New York : Academic Press.

Wilder, D.A. (1990). Some determinants of the persuasive power of in-groups and out-groups : Organization of information and attribution of independence. *Journal of Personality and Social Psychology, 59*, 1202-1213.

Winch, R.F. (1958). *Mate selection : A study of complementary needs*. New York : Harper.

Worchel, S. (1974). The effects of three types of arbitrary thwarting on the instigation of aggression. *Journal of Personality, 42*, 301-318.

Worchel, S., Andreoli, V.A. & Folger, R. (1977). Intergroup cooperation and intergroup attraction : The effect of previous interaction and outcome of combined effort. *Journal of Experimental Social Pychology, 13*, 131-140.

Worth, L.T. & Mackie, D.M. (1987). Cognitive mediation of positive affect in persuasion. *Social Cognition, 5*, 76-94.

Wrightsman, L.S. Jr. (1960). Effects of waiting with others on changes in level of felt anxiety. *Journal of Abnormal Social Psychology, 61*, 216-222.

Yzerbyt, V.Y., Coull, A. & Rocher, S.J. (1995). *The cognitive costs of «refencing» : The role of atypicality judgments in the maintenance of stereotypes*. Manuscript non publié. Université catholique de Louvain à Louvain-la-Neuve.

Yzerbyt, V.Y., Leyens, J.-Ph. & Bellour, F. (1996). The ingroup overexclusion effect : Identity concerns in decisions about group membership. *European Journal of Social Psychology, 25*, 1-16.

Yzerbyt, V.Y., Leyens, J.-Ph. & Schadron, G. (sous presse). Social judgeability and the dilution of stereotypes : The impact of the nature and sequence of information. *Personality and Social Psychology Bulletin.*

Yzerbyt, V.Y., Rocher, S.J. & Schadron, G. (1997). Stereotypes as explanations : A subjective essentialistic view of group perception. In R. Spears, P. Oakes, N. Ellemers & A. Haslam (Eds), *The psychology of stereotyping and group life* (20-50). Oxford : Basil Blackwell.

Yzerbyt, V.Y. & Schadron, G.H. (1996). *Connaître et juger autrui : Une introduction à la cognition sociale*. Grenoble : Presses Universitaires de Grenoble.

Yzerbyt, V.Y., Schadron, G., Leyens, J.-Ph. & Rocher, S. (1994). Social judgeability : The impact of meta-informational cues on the use of stereotypes. *Journal of Personality and Social Psychology, 66*, 48-55.

Zajonc, R.B. (1965). Social facilitation. *Science, 149*, 269-274.

Zajonc, R.B. (1967). *Psychologie sociale expérimentale*. Paris : Dunod.

Zajonc, R.B. (1968). Attitudinal effects of mere exposure. *Journal of Personality and Social Psychology Monograph Supplement, 9*, 1-27.

Zajonc, R.B., Heingartner, A. & Herman, E.M. (1969). Social enhancement and impairment of performance in the cockroach. *Journal of Personality and Social Psychology*, *13*, 83-92.

Zanna, M.P. & Cooper, J. (1974). Dissonance and the pill : An attribution approach to studying the arousal properties of dissonance. *Journal of Personality and Social Psychology*, *29*, 703-709.

Zebrowitz, L.A. (1990). *Social perception*. Milton Keynes : Open University Press.

Zillmann, D. (1983). Arousal and aggression. In R.G. Geen & E. Donnerstein (Eds), *Aggression : Theoretical and empirical reviews, Vol. 1 : Theoretical and methodological issues*. New York : Academic Press.

Zimbardo, P.G. (1970). The human choice : Individuation, reason, and order versus deindividuation, impulse, and chaos. *In* W.J. Arnold & D. Levine (Eds), *Nebraska Symposium on Motivation 1969* (Vol. 17, 237-307). Lincoln : University of Nebraska Press.

Zimbardo, P.G. (1971). *The Stanford prison experiment*, script of the slide show.

Zimbardo, P.G., Banks, W.C., Haney, C. & Jaffe, D. (1973). The mind is a formidable jailer : A Pirandellian prison. *The New York Times Magazine*, 38-60.

Index

Table des matières

TROISIEME PARTIE
INTERACTIONS SOCIALES

Imprimé en Belgique par Pierre Mardaga, Liège.
Réimprimé en septembre 2015, sur les presses de la Snel,
pour le compte des éditions Mardaga (Bruxelles).